Historia de dos ciudades

y

Lecturas afines

McDougal Littell

A HOUGHTON MIFFLIN COMPANY

Evanston, Illinois   *Boston*   *Dallas*

Acknowledgments

University of Illinois Press: Excerpt from "Declaration of the Rights of Women" (*de "Declaración de los derechos de la mujer"*) from *Women in Revolutionary Paris* by Olympe de Gouges, translated and edited by Darlene Gay Levy, Harriet Branson Applewhite, and Mary Durham Johnson, pp. 87–91; Copyright © 1979 by the Board of Trustees of the University of Illinois. Translated and reprinted with the permission of the University of Illinois Press.

Editions Robert Laffont: "A Last Letter from Prison" (*Última carta desde la prisión"*) by Olympe de Gouges, from *Last Letters: Prisons and Prisoners of the French Revolution*, edited by Olivier Blanc, translated by Alan Sheridan. English translation Copyright © 1987 by Andre Deutsch Limited, London. Translated and reprinted by permission of Editions Robert Laffont, Paris.

Prentice Hall Publishers: "In Defense of the Terror" (*"En defensa del Terror"*) by Maximilien Robespierre, from *Problems in Western Civilization: The Challenge of History*, by Ludwig Frederick Schaefer, David Henry Fowler, Jacob Ernest Cooke; Copyright © 1965 by Charles Scribner's Sons. Translated and reprinted by permission of Prentice Hall Publishers.

Continued on page 552.

A Tale of Two Cities (*Historia en dos ciudades*) by Charles Dickens, translated into Spanish by Ella Geodovius. Translation Copyright © 1985 by Edamex S.A. de C.V. Reprinted by permission of Edamex S.A. de C.V., Mexico City.

Cover illustration by Keith Skeen.
Author photo: Culver Pictures.

Contenido

Historia de dos ciudades

Charles Dickens

Traducción de Ella Geodovius

INDICE

TERCERA PARTE: La huella de una tempestad

Primera parte

EL RESUCITADO

Capítulo 1

EL PERIODO

Era el mejor y el peor de los tiempos; era la edad de la sabiduría y de la estupidez; la época de la fe y de la incredulidad; la estación de la luz y de las tinieblas; era la primavera de la esperanza y el invierno de la desesperación. En el porvenir lo tendríamos todo y no tendríamos nada; todos íbamos directamente al cielo y directamente al lado opuesto. En suma, aquel periodo era tan semejante al actual que las autoridades de más renombre insistían en que la comparación se hiciera solamente en el grado superlativo, tanto en lo bueno como en lo malo.

Ocupaban el trono de Inglaterra un rey de mandíbula pronunciada y una reina sin belleza. En el trono de Francia se sentaba un rey con mandíbula pronunciada y una bella reina. En ambos países, los altos funcionarios que se ocupaban de las reservas oficiales de "los panes y los peces" veían con claridad cristalina que, en general, todo estaba definitivamente arreglado y fijado.

Era el año de Nuestro Señor de mil setecientos setenta y cinco. En aquel periodo afortunado, como en éste, le fueron hechas a Inglaterra algunas revelaciones espirituales. La señora Southcott, cuyo sublime advenimiento había profetizado un soldado raso de la guardia, anunciando que se tomaban medidas para destruir a Londres y Westminster, acababa de cumplir veinticinco años. El duende de Cock Lane se había llamado a sosiego hacía apenas unos doce años, después de haber transmitido sus mensajes, extraordinariamente faltos de originalidad, con pequeños golpes, exactamente, como los espíritus del año pasado. Simples mensajes de orden terrestre, relativos a acontecimientos reales, les fueron enviados a la Corona y al pueblo inglés por los súbditos británicos radicados en América. Y lo extraño es que estos mensajes han sido más importantes para la humanidad que todas las comunicaciones recibidas por intermedio de los continuadores del duende de Cock Lane.

Francia, menos favorecida en asuntos espiritistas que su hermana del escudo y del tridente, se deslizaba blandamente cuesta abajo, fabricando papel moneda y gastándolo. Bajo la dirección de sus pastores cristianos se entretenía de diversos modos; puede citarse el caso de un joven que fue cruelmente castigado; le cortaron las manos, le arrancaron la lengua con tenacillas y quemaron su cuerpo, por no haberse arrodillado bajo la lluvia para rendir honores a una procesión de monjas que pasaba a unas 50 ó 60 yardas de distancia. Cuando era ejecutada la inhumana sentencia, es probable que en los bosques de Francia y de Noruega crecieran árboles ya elegidos por ese guardabosque llamado Destino; árboles que serían derribados y aserrados en forma de tablas, con las que sería fabricado cierto aparato movible, complementado con un cesto y una cuchilla, y que figuraría en la historia de modo terrible. Es probable que, en los rústicos galpones de algunos labradores que trabajaban las tierras contiguas a París, estuvieran resguardados de la intemperie (durante ese mismo día) los toscos carros, salpicados con el fango de los campos, olfateados por los cerdos y sobre los que pasaban las gallinas, y que la Muerte ya había apartado para que fueran las carretas camino de la guillotina. Pero si aquel Guardabosque y la Muerte trabajaban incesantemente, lo hacían en silencio, y nadie oía sus pasos apagados; y si se sospechaba la existencia de algún peligro, se lo llamaba ateísmo o traición.

En Inglaterra no reinaba bastante orden ni protección como para justificar la jactancia nacional. En la capital se perpetraban noche tras noche robos audaces y asaltos a mano armada; se aconsejaba públicamente a las familias que salían de la ciudad, que tuvieran la precaución de mandar sus muebles a los depósitos de los fabricantes que ofrecían más seguridad. El que era bandolero durante la noche, de día comerciaba en la City, y si un colega lo reconocía y lo increpaba, el "capitán" le atravesaba resueltamente la cabeza con una bala y partía al paso de su caballo. La diligencia del correo era asaltada por siete bandidos; el guarda mataba a tiros a tres de ellos y los cuatro restantes lo baleaban a él "por haberle faltado las municiones"; después de lo cual la diligencia era saqueada en paz. El intendente de Londres, que es un soberbio potentado, fue asaltado en Turnham Green por un bandolero que despojó al ilustre personaje a la vista de todo su séquito. En las cárceles de Londres los presos se trababan en batalla con sus carceleros y la majestad de la Ley disparaba sobre ellos sus trabucos cargados con balas y metralla. En los salones de la Corte los ladrones arrebataban las cruces de brillantes del cuello de los nobles lores. Los mosqueteros iban a Saint Giles en busca de mercaderías de contrabando y cambiaban tiros con la multitud. Nadie pensaba que estos hechos fueran anormales. En medio de todo esto, el verdugo estaba en constante trajín, aunque su actividad era contraproducente; tan pronto ahorcaba a una fila de criminales de diversas categorías, como despachaba el sábado a un ladrón tomado preso el martes; tan pronto marcaba a fuego en Newgate las manos de docenas de culpables, como quemaba panfletos a la puerta de Westminster Hall. Hoy quitaba la vida a un terrible asesino y mañana se la quitaba a un infeliz ratero que le había robado seis peniques a un peoncito de granja.

Todas estas cosas y otras mil semejantes ocurrían en aquel buen año de mil setecientos setenta y cinco y en los años próximos. En medio de ellas, los dos hombres de mandíbulas prominentes y las dos damas (la fea y la hermosa) seguían adelante con bastante animación y ejercían con férrea mano sus derechos divinos, mientras el Guardabosque y la Otra trabajaban sin ser molestados. Así fue como aquel año de gracia llevó a Sus Majestades y a millares de criaturas insignificantes —los protagonistas de esta historia, entre otros— a lo largo del camino que se abría entre ellos.

Capítulo 2

LA DILIGENCIA

Era la noche de un viernes, a fines de noviembre. Ante la primera de las personas que intervienen en este relato se extendía el camino de Londres a Dover. La diligencia subía dando tumbos la cuesta de Shooter's Hill, en dirección a Dover. El viajero, como los demás que iban con él, marchaba cuesta arriba al lado del coche, pisando el fango; y no porque les agradara el ejercicio de caminar en tales condiciones, sino porque la pendiente, el vehículo, el barro y los arneses de los caballos eran muy pesados. Ya se habían detenido tres veces los caballos, además de haber cruzado una vez el camino, con la rebelde intención de volver a llevar la diligencia a Blackheath. Sin embargo, las riendas, la fusta, el cochero y el guarda, en combinación, habían actuado según aquella afirmación que niega a ciertos animales la facultad de razonar. Por consecuencia, la yunta capituló y volvió a cumplir con su deber.

Con las cabezas abatidas y las colas temblorosas, avanzaron entre el espeso barro, tropezando y cayendo a intervalos, como si estuvieran a punto de desarticularse. Cada vez que el conductor les daba algún descanso después de intentar reanudar la marcha, al grito de ¡Ya!, ¡ya!, el caballo delantero, con todos sus arreos, sacudía violentamente la cabeza como si negara voluntariosamente la posibilidad de trasponer la cuesta. Al oír este ruido, el pasajero se sobresaltaba y se sentía perturbado, como cualquier viajero nervioso.

En todas las hondonadas había una niebla que, semejante a un espíritu maléfico que anduviera en busca de un reposo que no hallaba, erraba sobre la pendiente. La niebla, viscosa, intensamente fría, avanzaba en lentas oleadas que se seguían y se sobrepasaban igual que las olas de un extraño mar; era tan densa que no podía penetrarla la luz de las lámparas del coche, y el conductor apenas podía ver algunas yardas del camino. El fétido vapor que despedían los caballos fatigados se unía a la niebla y parecía producirla.

Los otros dos pasajeros marchaban penosamente a un lado del vehículo. Los tres estaban arropados hasta los pómulos y por encima de las orejas, y calzaban botas altas. Ninguno de ellos hubiera podido decir cómo eran los otros; cada uno se ocultaba de los demás de manera que su personalidad fuera un misterio para sus compañeros de viaje. En aquel tiempo los viajeros evitaban mostrarse confidenciales con personas poco conocidas, pues cualquiera podía ser un ladrón o un cómplice de los ladrones. En cuanto a estos últimos, era lo más probable hallarlos en todas las casas de posta y en las cervecerías; tanto podía estar a sueldo de un "capitán" el posadero mismo o el último de los caballerizos.

En eso iba pensando el guarda de la diligencia de Dover, en aquella noche de un viernes del mes de noviembre del año mil setecientos setenta y cinco, mientras subía trabajosamente la cuesta de Shooter's Hill. El hombre ocupaba su sitio especial en la parte posterior de la diligencia y no perdía de vista el cajón de las armas que tenía al alcance de la mano; allí había un trabuco cargado, colocado sobre seis u ocho pistolas de caballería cargadas también y depositadas sobre un conjunto de sables.

Durante este viaje todos se hallaban en la amable situación habitual en estas ocasiones; es decir: el guarda desconfiaba de los pasajeros, éstos sospechaban unos de otros y del guarda. El cochero recelaba de todos, menos de los caballos, aunque podía haber jurado por los dos Testamentos que los pobres animales no eran apropiados para esta jornada.

—¡Ea, vamos, pues! —vociferó el cochero—. ¡Ea, vamos! ¡Un tirón más y estaremos arriba! ¡Malditos seáis por todo el trabajo que me dais para llevaros hasta allá! ¡José!

—¡Hola! —replicó el guarda.

—¿Qué hora crees tú que es?

—Las once y diez minutos, en punto.

—¡Por vida mía! ¡Y todavía no estamos en lo alto de Shooter's Hill! ¡Arre! ¡Adelante, vosotros!

El caballo de las enfáticas negativas recibió un latigazo tal que lo decidió a hacer un gran esfuerzo; sus tres compañeros lo imitaron. Una vez más siguió adelante la diligencia, escoltada por los tres pasajeros cuyas botas chapoteaban el fango. Cuando se detenía el vehículo, los tres hacían lo mismo. Si alguno hubiera tenido la osadía de proponer a los otros que avanzaran un poco entre la niebla y la oscuridad, se habría expuesto a que lo tomaran por un salteador y a que le dieran un balazo.

Aquel último esfuerzo de la yunta llevó el vehículo a la cumbre de la colina. Los caballos hicieron alto para respirar y el guarda bajó de su puesto para enganchar a la rueda la cadena que impediría que el descenso fuera precipitado. Después abrió la puerta del coche para que entraran los pasajeros.

—¡Chist! ¡José! —gritó el cochero en tono de advertencia, mirando hacia abajo desde su alto pescante.

—¿Qué dices, Tom?

Ambos prestaron oído.

—Digo que viene un caballo a medio galope, José.

—Me parece que viene a todo galope, Tom —contestó el guarda, mientras saltaba la puerta y subía ágilmente a su puesto—. ¡Caballeros, en nombre del rey, todos vosotros quedáis advertidos!

Con esta rápida precaución, amartilló su trabuco y se puso a la defensiva.

El pasajero al cual se refiere esta historia estaba con un pie en el estribo y los otros dos pasajeros lo seguían de cerca. Quedó mitad adentro y mitad fuera del vehículo, al tiempo que los otros esperaban en el camino. Los tres miraron alternativamente al guarda y al cochero, escuchando. No solamente el cochero y el guarda, sino también el caballo rebelde se volvía para mirar hacia atrás; este último paraba las orejas y no hacía ningún gesto negativo.

El silencio de la noche pareció intensificarse al cesar el ruido producido por la penosa marcha de la diligencia, a la que el jadear de los caballos imprimía un temblor, como si también ella se sintiera agitada. Los corazones de los pasajeros latían con tanta violencia que casi se les podía oír; en medio de aquel silencio se percibía su respiración agitada o contenida y se adivinaba la aceleración del pulso a causa de la expectativa.

Un caballo subía a galope furioso la pendiente de la colina.

—¡Sooo! ¡Deténgase el que viene o haré fuego!

El ruido cesó bruscamente después del chapoteo y los tumbos del caso, y una voz de hombre se hizo oír entre la niebla:

—¿Es ésta la diligencia de Dover?

—¿Qué os importa? —replicó el guarda—. Y vos, ¿quién sois?

—Pero ¿es ésa la diligencia de Dover?

—¿Para qué queréis saber?

—Si es la diligencia, busco a un pasajero.

—¿Qué pasajero?

—El señor Jarvis Lorry.

Nuestro pasajero manifestó que ése era su nombre. El guarda, el cochero y los otros dos pasajeros lo miraron con desconfianza.

—¡Quedaos donde estáis! —dijo el guarda, dirigiéndose a la voz venida de entre la niebla—. Si me equivoco, en toda vuestra vida podréis reparar ese error. Que conteste con toda claridad el caballero llamado Lorry.

—¿Qué ocurre? —preguntó el pasajero con voz levemente insegura—. ¿Quién me busca? ¿Es Jerry?

—No me gusta la voz de Jerry, si es el tal Jerry. Es más ronco de lo que conviene —gruñó el guarda para su capote.

—Sí, señor Lorry.

—¿Qué ocurre?

—Es un despacho que os envían de allá, T. y Cía.

—Guarda, conozco a este mensajero —dijo el señor Lorry, bajando al camino, ayudado con más premura que cortesía por sus dos compañeros de viaje, quienes subieron inmediatamente al coche, cerrando la puerta y levantando el vidrio de la ventana—. Puede acercarse; todo está bien.

—Espero que así sea, pero no estoy tan seguro —dijo el guarda, en su áspero soliloquio—. ¡Hola, vos!

—¡Bien! ¡Hola, vos! —replicó Jerry, cada vez más ronco.

—Avanzad paso a paso. ¿Me oís? Si en vuestra montura hay pistoleras, que no os vea llevar la mano a ellas. Soy endiabladamente propenso a cometer errores, y cuando me sucede eso, es en forma de plomo. Venid, que os vea.

La figura de un caballo con su jinete salieron de entre la niebla y avanzaron lentamente hasta el costado de la diligencia, donde estaba el pasajero, el jinete se inclinó, y, mirando al guarda, entregó un pequeño papel doblado. El caballo exhausto y el jinete estaban cubiertos de lodo, desde los cascos del animal hasta el sombrero del que lo montaba.

—¡Guarda! —llamó el viajero con tono tranquilo y confiado.

El guarda, vigilante, con el trabuco en las manos, sin perder de vista al mensajero, contestó brevemente:

—¡Señor!

—No hay nada que temer. Yo soy del Banco de Tellson, en Londres. Debéis conocerlo. Voy por negocios a París. Tomad una corona para beber algo. ¿Puedo leer esto?

—Sí, si os apresuráis, señor.

Desdobló el papel a la luz de la lámpara del coche y lo leyó para sí, y después en voz alta: "Esperad en Dover a la Señorita".

—Ya veis, guarda, que no he tardado. Jerry, di allá que mi respuesta es: "Vuelto a la vida".

Jerry se sobresaltó y dijo con su voz más ronca:

—Esa es una respuesta infernalmente extraña.

—Lleva ese mensaje y sabrán que he recibido el de ellos, tan seguramente como si lo escribiera. Apresúrate tanto como puedas. Buenas noches.

Con estas palabras el señor Lorry abrió la puerta del coche y entró; pero no tuvo la ayuda de sus compañeros de viaje, quienes habían ocultado rápidamente sus relojes y sus bolsas en las cañas de sus botas y fingían dormir, sin otra intención que la de sustraerse a cualquier acción posible.

El vehículo reanudó su trabajosa marcha entre oleadas de niebla, aun más densa que antes, y descendió la cuesta. El guarda no tardó en volver su trabuco al cajón de las armas, cuyo contenido examinó; después se cercioró de que tenía en el cinto las dos pistolas suplementarias y dio un vistazo a una caja que tenía debajo de su asiento en la que había algunas herramientas, dos antorchas y una cajita de yescas. Estaba tan bien provisto, que si las lámparas del coche eran apagadas voluntariamente por alguna tempestad o accidente, lo cual ocurría algunas veces, al guarda le bastaba con encerrarse en el coche y mantener la chispa del pedernal y la yesca fuera del alcance de la paja de los caballos para tener luz en cinco minutos, sin dificultad y sin peligro (si tenía suerte).

—¡Tom! —exclamó con voz contenida, desde el techo del vehículo.

—¡Hola, José!

—¿Oíste el mensaje?

—Sí, José.

—¿Qué deduces, Tom?

—Absolutamente nada, José.

—También eso es una coincidencia —murmuró el guarda—, porque yo tampoco deduje nada.

Jerry, solo en la niebla y en la oscuridad, desmontó, no solamente para aliviar de su peso al animal agotado de cansancio, sino también para limpiarse la cara salpicada de lodo y para sacudir su sombrero, cuyas alas empapadas podían contener hasta una cuarta de agua. Permaneció en su sitio, con las riendas al brazo, hasta que dejó de oír el ruido de las ruedas de la diligencia y volvió a reinar el silencio nocturno. Luego emprendió la vuelta despacio para bajar a pie la pendiente.

—Después de ese galope desde Temple-Bar, mi vieja, no me fiaré de tus patas hasta que te haya llevado a terreno llano —dijo, mirando a la yegua—. ¡Vuelto a la vida! Ese es un mensaje endiabladamente extraño. No te convendría a ti que ocurriera a menudo, Jerry. ¡Digo! ¡Estarías muy, pero muy mal, si se pusiera de moda eso de volver la gente muerta a la vida, Jerry!

Capítulo 3

LAS SOMBRAS DE LA NOCHE

Un hecho asombroso y que induce a meditar es que cada ser humano está constituído de tal manera que es un secreto y un misterio para todos los demás. Cuando llego de noche a una gran ciudad, me asalta el solemne pensamiento de que cada una de aquellas casas oscuramente apiñadas encierra su propio secreto; que cada una de sus habitaciones encierra su secreto, y que cada corazón guarda algún profundo secreto para el corazón que tenga más próximo. Algo del horror de la muerte misma es preferible a esto. Es algo así como hojear un libro que nos ha sido muy querido y esperar en vano volver a leerlo alguna vez. Es algo como mirar en las profundidades del agua inconmensurable, cuando alguna luz momentánea la ilumina, y creer ver tesoros enterrados en su fondo y otros objetos sumergidos. Estaba ordenado que el libro se cerraría con un resorte, y para siempre, cuando hubiéramos leído apenas una página. Estaba escrito que el agua quedaría aprisionada por hielos eternos, cuando la luz fugaz rozara su superficie, y nosotros, ignorándolo, mirábamos desde la orilla. Mi amigo, mi vecino, mi amor, la predilecta de mi alma, han muerto; la muerte es la definitiva consolidación y perpetuación del secreto que guardó siempre cada persona; es el secreto que yo llevaré conmigo hasta el fin de mi vida. En los cementerios que hay en esta ciudad que atravieso, ¿hay alguno de esos muertos que allí duermen que sea más impenetrable en su secreto que cualquiera de los activos individuos lo es para mí, o yo para ellos?

En cuanto a su secreto, su natural e inalienable herencia, el mensajero era tan dueño de él como el rey, el primer ministro o el comerciante más opulento de Londres son dueños de su secreto respectivo. Lo mismo ocurría con los tres pasajeros de la diligencia de Dover, encerrados en tan estrecho recinto. Cada uno era para el otro un misterio tan profundo como si los separase todo un condado o viajaran cada uno en su propio carruaje tirado por tres yuntas o por diez.

El mensajero avanzaba a un trote cómodo y se detenía con bastante frecuencia para beber en las cervecerías del camino, pero mostraba marcada tendencia a guardar silencio y a bajar sobre los ojos el ala de su sombrero. Los ojos y el sombrero armonizaban en el aspecto superficial; aquéllos eran negros, sin profundidad en la mirada ni intensidad en el color, demasiado juntos, como si temieran ser sorprendidos aisladamente en alguna falta si se apartaban mucho. Tenían una expresión siniestra bajo el raído sombrero que parecía una salivadera triangular, y miraban por sobre una gran bufanda que después de cubrir el mentón y la garganta bajaba hasta las rodillas. Cuando Jerry hacía alto para beber, apartaba la bufanda con la mano izquierda, y eso solamente durante el acto de beber, mientras sostenía el vaso con la diestra. Terminada la bebida, volvía a levantar el abrigo.

—¡No, Jerry, no! —se decía mientras cabalgaba insistiendo en el tema que lo preocupaba—. Eso no te convendría a ti que eres un honrado comerciante. Sería muy perjudicial para tu ramo de comercio. ¡Vuelto a. . .! ¡Que me abrumen si no creo que el hombre ha estado bebiendo!

Aquel mensaje lo preocupaba tanto que varias veces se quitó el sombrero y se rascó la cabeza con aire de perplejidad. Salvo en el occipucio, toda su cabeza estaba provista de tiesos cabellos negros que crecían casi hasta el nacimiento de su ancha nariz roma. Más que cabellos, parecían púas fabricadas en una herrería para proteger muros; los más entusiastas aficionados al juego de "salta la burra" lo hubieran rechazado como hombre muy peligroso para dar el salto por encima de él.

Volvía al trote de la yegua llevando el mensaje que debía entregar al sereno que estaba en su garita, a la puerta del Banco de Tellson, en Temple Bar, quien a su vez debía transmitirlo a las autoridades superiores que estaban dentro del edificio. Las sombras de la noche adquirían para Jerry formas sugeridas por el mensaje, y la yegua también parecía ver en ellas algo que la inquietaba, pues se espantaba ante cada sombra que aparecía en el camino.

Entretanto la diligencia continuaba su tedioso camino bamboleándose, traqueteando y rechinando, con sus tres pasajeros misteriosos. También estos interpretaban las sombras según se las presentaban su errante fantasía y sus ojos soñolientos.

El Banco Tellson tenía un interés en esta diligencia. Su representante pasó un brazo por la presilla de cuero que le impedía chocar contra su vecino reteniéndolo en su asiento, en el ángulo del coche, cada vez que el vehículo daba algún barquinazo excepcional, cabeceaba, con los ojos entornados, y vagamente percibía cómo reflejaban los vidrios de las ventanillas la luz de las dos lámparas. Lorry creía personificar al banco y soñaba que realizaba un excelente negocio; el ruido de los arneses se convertía en el tintineo de las monedas, y en el despacho de Tellson se descontaban en cinco minutos más cheques de los que se habían descontado a toda su clientela nacional y extranjera en el triple de ese tiempo. Luego soñaba que bajaba a la cámara subterránea del banco donde se guardaban los valores (cuyo secreto y cuya historia le eran bien conocidos), la abría con las grandes llaves y, a la débil luz de una bujía, lo encontraba todo seguro, a salvo, tal como lo había visto la última vez.

A pesar de que durante el viaje pensaba o soñaba casi constantemente con el banco, y aunque sentía vagamente las molestias causadas por la diligencia como se siente un dolor bajo la acción de un narcótico, Lorry estuvo continuamente dominado por la impresión que le produjo otra corriente de ideas durante aquella noche. El objeto de su viaje era sacar de su tumba a un hombre.

Las sombras de la noche no le indicaban cuál, entre la multitud de caras que le presentaba su imaginación, era la de la persona que iba a desenterrar. Y aunque todas pertenecían a un hombre de cuarenta y cinco años, se diferenciaban en las pasiones que expresaban y en el grado de demacración o lividez. El orgullo, el desprecio, el desafío, la obstinación, la sumisión y el lamento se sucedían en aquellas caras; también veía una gran variedad de mejillas hundidas, colores cadavéricos, manos y dedos enflaquecidos. Pero a pesar de todo, predominaba un rostro, y todas las cabezas estaban prematuramente encanecidas, blancas. Cien veces el pasajero, medio dormido, le preguntaba a este espectro:

—¿Cuánto tiempo estuvisteis sepultado?

La respuesta era siempre igual:

—Casi dieciocho años.

—¿Habíais perdido toda esperanza?

—Sí; hace mucho tiempo.

—¿Sabéis que sois devuelto a la vida?

—Es lo que me han dicho.

—¿Puedo esperar que deseáis vivir?

—No lo puedo decir.

—¿Debo mostrárosla? ¿Queréis venir a verla?

Las respuestas a estas preguntas eran variadas y contradictorias. Algunas veces era:

—¡Aguardad! Me moriría si la viera demasiado pronto.

Otras, en medio de una suave lluvia de lágrimas, decía:

—Llevadme a verla.

O también, mirando fijamente y confundido, el espectro decía:

—No la conozco. No comprendo.

Después de estos diálogos imaginarios, el pasajero creía estar cavando afanosamente con una pala, una llave, o con las manos, para sacar de su sepulcro a aquel desgraciado. Y una vez afuera, soñaba verlo con tierra en el rostro y en los cabellos, y luego convertirse súbitamente en polvo. Entonces Lorry se despertaba sobresaltado y bajaba el vidrio para sentir en el rostro la realidad de la niebla y de la lluvia.

Sin embargo, hasta cuando tenía los ojos abiertos y sentía en la cara el contacto de la niebla y de la lluvia, y veía el trémulo círculo de luz proyectada por las lámparas del coche, y del cerco del camino que iba quedando atrás, las sombras nocturnas se unían a las de su imaginación. El local del banco, junto a Temple-Bar, los asuntos despachados allí durante ese día, las cámaras subterráneas del banco, el mensajero enviado en su busca, el mensaje entregado, todo eso era la realidad que él reconocía. En medio de todo esto surgía el rostro espectral, y él volvía a hablarle.

—¿Cuánto tiempo estuvisteis sepultado?

—Casi dieciocho años.

—¿Puedo esperar que deseáis vivir?

—No lo puedo decir.

Y volvía a cavar, hasta que un movimiento de impaciencia de uno de los otros pasajeros le advertía que debía cerrar la ventana; la cerraba, aseguraba su brazo en la correa y se hacía conjeturas acerca de sus dormidos compañeros, hasta que se desvanecían en su imaginación y volvía a presentársele el banco y el sepulcro.

—¿Cuánto tiempo estuvisteis sepultado?

—Casi dieciocho años.

—¿Habíais perdido toda esperanza?. . .

—Hace mucho tiempo.

Oía estas palabras con tanta claridad como las que se le decían comúnmente, cuando despertó, fatigado, y vio que era de día y que las sombras nocturnas se habían disipado.

Bajó el vidrio y miró el sol naciente. Vio un surco de tierra labrada y un arado abandonado en él, cuando los caballos fueron desenganchados; más allá, un monte tallado que todavía conservaba hojas rojizas o doradas. Aunque la tierra estaba mojada y fría, el cielo aparecía completamente despejado y el sol se levantaba brillante, plácido y hermoso.

—¡Dieciocho años! —se dijo Lorry volviendo a mirar al sol—. ¡Bondadoso Creador del día! ¡Estar sepultado vivo durante dieciocho años!

Capítulo

LA PREPARACION

Cuando la diligencia llegó felizmente a Dover, antes del medio día, el jefe de los camareros del hotel Real Jorge abrió la puerta del coche según era su costumbre. Lo hizo con cierta ostentación y ceremonia, pues un viaje en diligencia desde Londres en pleno invierno, era una hazaña por la que merecían felicitaciones los arriesgados viajeros.

Sólo quedaba uno a quien felicitar, pues los otros dos habían sido dejados, a lo largo del camino, al llegar a sus destinos respectivos. El mohoso interior del coche, con su paja húmeda y sucia, su olor desagradable y su oscuridad, parecía una gran perrera. El señor Lorry que salió, sacudiéndose las pajas trenzadas que se habían adherido a su abrigo, a su sombrero de alas caídas y a sus botas enlodadas, ofrecía más bien el aspecto de un perro grande.

—Mozo, ¿parte mañana algún paquete para Calais? —preguntó.

—Sí, señor; si el tiempo sigue bueno y hay viento favorable. La marea será propicia a eso de las dos de la tarde. ¿Cama, señor?

—Sí, pero no me acostaré hasta la noche. Lo que necesito es un dormitorio y un peluquero.

—¿Y después el almuerzo, señor? Sí, señor. Por aquí, si gustáis. Mostradle el departamento Concord. Llevad la valija del señor y agua caliente. Quitadle las botas al señor y llevad un barbero a Concord. ¡Vamos, pues! ¡Listos para servir a Concord! Señor, hallaréis en vuestro cuarto un buen fuego de carbón.

El departamento Concord era siempre asignado a algún pasajero que traía la diligencia, y como estos viajeros llegaban siempre muy arrebujados, de pies a cabeza, el departamento ofrecía un gran interés para el personal del hotel Real Jorge, y era el siguiente: aunque sólo se veía entrar en él a una clase de persona, se observaba que salía una gran variedad de sujetos. A causa de esto cuando bajó el pasajero, otro camarero, dos mozos de cuerda, varias camareras y hasta la hotelera, rondaban casualmente por diversos puntos del trayecto entre el Concord y la sala del hotel. El huésped era un caballero de unos sesenta años, correctamente vestido con un traje marrón bien conservado, aunque bastante usado, con grandes puños cuadrados, bolsillos y grandes solapas, el que pasó cerca de los curiosos para ir a almorzar.

Aquella mañana el caballero del traje marrón era el único ocupante del comedor. Le habían puesto la mesa delante de la estufa donde ardía el fuego; esperaba el almuerzo sentado, tan inmóvil, como si un pintor lo estuviera retratando.

A la luz de las llamas aparecía tal cual era, ordenado, metódico: tenía una mano apoyada sobre cada rodilla. La buena forma de sus piernas le inspiraba cierta vanidad, y usaba medias color marrón, bien estiradas; sus zapatos con hebillas eran lisos y de buena calidad. Desde un bolsillo de su chalecó, un reloj dejaba oír su tictac, y éste parecía comparar su grave longevidad con la ligereza y corta duración del fuego. El señor Lorry usaba una extraña peluca rubia, pequeña, lustrosa y rizada, que se ajustaba bien a su cabeza. Debía presumirse que esta peluca estaba hecha con cabellos, pero más bien parecía estar confeccionada con filamentos de seda o con vidrio hilado. Su gran corbata de hilo, no tan fina como sus medias, tenía la blancura de las crestas de las olas que se rompían sobre la playa próxima, o, las velas que en la lejanía del mar brillaban a la luz del sol. El rostro, de expresión habitualmente contenida y serena, estaba iluminado por unos ojos muy brillantes. Durante los años transcurridos debió costar trabajo someterlos a la disciplina de reserva y de indiferencia exigida por el Banco de Tellson. Las mejillas ostentaban un color saludable, y su rostro, aunque surcado por algunas arrugas, mostraba pocas huellas de preocupación. Quizás los empleados de confianza y solteros de Tellson se ocupaban principalmente de problemas ajenos, y los problemas o preocupaciones de segunda mano, como las ropas de esa clase, duran poco.

Para completar su semejanza con un modelo de pintor retratista, el señor Lorry se quedó dormido. Cuando le trajeron el almuerzo se despertó, acercó su silla a la mesa y dijo al camarero:

—Quiero una habitación para una señorita que llegará de un momento a otro. Quizás pregunte por el señor Jarvis Lorry, o si no, por un caballero del banco de Tellson. Hazme saber en seguida que llegue.

—Sí, señor. ¿Del banco de Tellson de Londres?

—Sí.

—Sí, señor. Frecuentemente tenemos el honor de recibir a los caballeros de esa casa que viajan entre París y Londres. Se viaja mucho en servicio de la casa de Tellson y Compañía, señor.

—Sí. Nuestra casa es tan francesa como inglesa.

—Sí, señor. ¿Parece que vos no acostumbráis a viajar con tanta frecuencia?

—En los últimos años no he viajado. Hace quince años que vine de Francia la última vez.

—Eso fue antes que yo y los nuevos propietarios, estuviéramos aquí. En ese tiempo el Real Jorge estaba en otras manos, señor.

—Creo que sí.

—Pero yo apostaría, señor, que una casa como Tellson y Compañía estaría floreciente hace cincuenta años, por no decir quince.

—Puedes triplicar ese número y decir ciento cincuenta, sin estar lejos de la verdad.

—¡Verdaderamente, señor!

El camarero redondeó la boca, abrió mucho los ojos y se apartó de la mesa retrocediendo a la vez que pasaba la servilleta del brazo derecho al izquierdo; tomó una posición cómoda y se dedicó a observar al huésped que comía y bebía como si lo hiciera desde una atalaya; seguía en esto la costumbre inmemorial de los camareros de todos los tiempos.

Cuando el señor Lorry terminó de almorzar se dirigió a la playa para dar un paseo. La pequeña, estrecha y tortuosa ciudad de Dover parecía ocultarse de la playa y hundir la cabeza en las colinas yesosas, a la manera de un avestruz. La playa desierta estaba atestada de piedras sueltas contra las que se estrellaba el oleaje, empeñado en destruir algo. Su voz atronadora amenazaba a la ciudad y a las colinas, y arrebataba la costa con loco movimiento. El aire que circulaba entre las casas estaba tan saturado de olor a pescado que se podía creer que los peces enfermos habían salido del agua para infectarlo, así como las personas enfermas se sumergen en el mar. En el puerto se pescaba poco; la gente solía pasear por el puerto durante la noche y contemplaba el mar, especialmente cuando la marea subía y estaba próxima la pleamar. Algunos modestos comerciantes, que no realizaban transacciones de ninguna clase, hacían de modo inexplicable grandes fortunas; y era de notarse que en el vecindario nadie podía tolerar la presencia de un encendedor de lámparas.

Cuando el día declinaba, el aire, que a ratos había

sido tan claro que permitía ver la costa de Francia, volvió a llenarse de niebla y vapores. También los pensamientos del señor Lorry parecieron nublarse. Cuando oscureció se sentó ante la chimenea de la sala a esperar la cena, como había esperado el almuerzo. Mirando las brasas rojas volvió a pensar con insistencia en su extraña misión.

En estos casos, una botella de buen vino francés no hace otro daño que dejar inactivo el cerebro. Hacía largo rato que el señor Lorry se sentía aliviado de su preocupación; acababa de servirse el último vaso de vino, con el aire de completa satisfacción que puede presentar un caballero anciano, de aspecto saludable, que ha bebido una botella hasta el fondo. En esos momentos llegó a sus oídos un ruido de ruedas en la angosta calle, por el que conoció que se había detenido un carruaje en el patio de la posada.

Bajó el vaso intacto, y se dijo:

"¡Es la señorita!"

Al cabo de pocos minutos entró el camarero anunciando que la señorita Manette había llegado de Londres, y se alegraría de ver al caballero de la casa Tellson.

—¿Tan pronto?

La señorita Manette había tomado alimento en el camino y no quería cenar. Manifestó sus deseos de ver inmediatamente al caballero, si él no tenía inconveniente.

El caballero no pudo hacer otra cosa que apurar su vaso de vino con aire de muda desesperación, ajustarse sobre las orejas su extraña peluca rubia y seguir al camarero hasta el departamento de la señorita.

La habitación que ocupaba era espaciosa, pero oscura, alhajada de manera fúnebre, con muebles tapizados con tejido de crin negra y atestada de pesadas mesas de madera. Estas mesas habían sido lustradas con tanto aceite, que las dos altas velas colocadas sobre la mesa central se reflejaban sombríamente en todas las tablas; parecían estar profundamente hundidas en sepulcros de caoba negra; muy poca luz debía esperarse de ellas hasta que fueran sacadas de allí.

Era tan difícil penetrar la oscuridad de la habitación, que el señor Lorry, mientras caminaba sobre la gastada alfombra turca, supuso que la señorita Manette estaría en ese momento en alguna sala contigua; pero una vez que hubo deiado atrás las dos altas velas, vio que entre una mesa y la estufa estaba de pie para recibirlo, una joven dama, no mayor de diecisiete años, que vestía traje y abrigo de montar y sostenía en sus manos, suspendido por cintas, un sombrero de paja. Era una bonita figura delgada y de corta estatura, con abundantes cabellos dorados y ojos azules que miraron al señor Lorry con expresión interrogadora. Notó éste que la frente, juvenil y tersa, podía expresar fácilmente algo que no era precisamente perplejidad, asombro, alarma, o simplemente intensa e inteligente atención, pero que incluía estas cuatro sensaciones. Lorry tuvo la visión fugaz de una vívida semejanza con una criatura que él había tenido en sus brazos durante una travesía del mismo canal, en un tiempo frío, con mar gruesa y bajo abundante granizo. La semejanza se desvaneció como si hubiera echado aliento tibio sobre un espejo que había detrás de la viajera, y sobre el marco del cual se desenvolvía una lastimosa procesión de cupidos negros, algunos sin cabeza y todos mutilados, que presentaban también negros canastillos de frutas del mar Muerto y algunas negras divinidades del género femenino.

Lorry saludó con una correcta reverencia a la señorita Manette.

—Sírvase tomar asiento, señor —le respondió una voz juvenil, clara y agradable, con muy leve acento extranjero.

—Beso a usted la mano, señorita —replicó el caballero con anticuada cortesía y haciendo una reverencia antes de sentarse.

—Señor, ayer he recibido una carta del banco en que se me informaba que alguna noticia. . . o descubrimiento. . .

—La palabra no tiene importancia, señorita. Cualquiera de esas dos servirá.

—. . . referente a la pequeña propiedad de mi pobre padre, a quien nunca he visto y que murió hace tiempo. . .

El señor Lorry se movió en su silla y dirigió inquietas miradas a la procesión de cupidos negros, como si ellos pudieran sacar de sus absurdos cestillos algo que pudiera ser útil a alguien.

—. . . y que era necesario que yo fuera a París para comunicarme con un caballero del banco, a quien se había tenido la bondad de enviar a París con ese objeto.

—Ese soy yo.

—Es lo que esperaba oír, señor.

Ella le hizo una reverencia (en aquellos días las señoritas hacían reverencias) con el gentil deseo de indicarle que reconocía cuánta más edad y experiencia tenía él que ella. Lorry contestó con otra reverencia.

—Le contesté al banco, señor, que como quienes estaban enterados y tenían la bondad de aconsejarme, consideraban necesario mi viaje a Francia, y yo soy huérfana y no tengo a nadie que pueda acompañarme, agradecería mucho que se me permitiera ponerme bajo la protección de ese digno caballero durante el viaje. El ya había partido de Londres, pero creo que se le hizo seguir con un mensajero para pedirle que tuviera a bien esperarme aquí.

—Me ha complacido que se me confiara esa misión, y me complacerá más aún llenarla —replicó el señor Lorry.

—Señor, os lo agradezco profundamente. En el banco me dijeron que el caballero me explicaría los detalles del asunto, y que yo debía disponerme a oír algo sorprendente. He hecho todo lo posible para prepararme, y, naturalmente, tengo gran interés en saber qué detalles son ésos.

—Es natural —dijo el señor Lorry—. Sí; yo. . .

Hizo una pausa, volvió a ajustar su peluca rubia sobre las orejas, y añadió:

—Es muy difícil comenzar.

No empezó, pero en medio de su indecisión, sus ojos encontraron la mirada de la joven. La frente juvenil se levantó y tomó expresión peculiar, muy linda y característica, mientras su mano hacía un ademán como para asir o detener alguna sombra fugitiva.

—¿Sois completamente extraño para mí, señor? —preguntó.

—¿No lo soy? —dijo el señor Lorry, abriendo las manos y extendiéndoselas, mientras sonreía como dispuesto a dar razones.

En el espacio que mediaba entre las finas cejas y el comienzo de la más delicada nariz que puede imaginarse, se acentuó la singular expresión, y la niña, pensativa, tomó asiento en la silla junto a la cual se había mantenido en pie. El la miraba, y cuando ella volvió a levantar los ojos, le preguntó:

—¿No creéis, señorita Manette, que, puesto que estáis en vuestra patria adoptiva debo trataros como a una joven dama inglesa?

—Sí; os ruego que lo hagáis, señor.

—Señorita; yo soy un hombre de negocios. Tengo una misión comercial que desempeñar; al oír lo que voy a transmitiros no me consideréis sino como a una máquina parlante; en realidad, casi no soy otra cosa. Con vuestro permiso, voy a referiros la historia de uno de nuestros clientes.

—¡La historia!

Lorry pareció confundir voluntariamente la palabra que ella repitió, y se apresuró a proseguir:

—Sí; en los asuntos bancarios llamamos generalmente "nuestros clientes" a las personas con quienes mantenemos relaciones. Era éste un caballero francés; un hombre de ciencia: poseía grandes conocimientos. Era médico.

—¿No era de Beauvais?

—Sí; de Beauvais. Como el señor Manette, vuestro padre, este caballero era de Beauvais. También, como vuestro padre, nuestro cliente era afamado en París. Tuve el honor de conocerlo allá. Nuestras relaciones eran comerciales, pero de carácter confidencial. En esa época yo estaba en la rama francesa de nuestra casa y había estado allí durante. . . ¡oh!. . . durante veinte años.

—¡En esa época! ¿Qué época era ésa, señor?

—Hablo de hace veinte años, señorita. Sus asuntos, como los de muchos caballeros y muchas familias francesas, estaban completamente en manos del Banco Tellson. De esa manera yo he sido administrador en una u otra forma, de veintenas de clientes nuestros. Estas son simples relaciones comerciales, señorita. No hay en ellas amistad, interés particular ni cosa que se parezca a un sentimiento. He pasado de uno a otro en el curso de mi vida comercial, a la manera que paso de un cliente a otro en el curso de un día de transacciones. En resumen, no tengo sentimientos. Soy simplemente una máquina. Para continuar. . .

—Pero esta es la historia de mi padre, señor. Y comienzo a pensar —el pliegue de la frente llamó la atención de Lorry— que cuando yo quedé huérfana, ya que mi madre murió apenas dos años después que mi padre, fuisteis vos quien me trajo a Inglaterra. Estoy casi segura de ello.

El señor Lorry tomó la pequeña mano vacilante que se le tendía con tanta confianza y la llevó ceremoniosamente a sus labios. Volvió la joven a su silla y él apoyó la mano izquierda en el respaldo, mientras empleaba la derecha en frotarse el mentón, en traer la peluca sobre las orejas y en acentuar con ademanes lo que iba diciendo.

La joven tenía el rostro levantado hacia el que se inclinaba sobre el suyo.

—Señorita Manette, fui yo. Y ya veis con cuánta verdad os he hablado de mí al deciros que carezco de sentimientos, y que las únicas relaciones que mantengo con mis semejantes son puramente comerciales. Lo prueba el hecho de que no os he visto desde entonces. Habéis sido pupila del banco Tellson y yo he estado ocupado con otros asuntos de la casa. ¡Sentimientos! No tengo tiempo ni oportunidad para ellos. Paso toda mi vida, señorita, haciendo girar una inmensa pulidora pecuniaria.

Después de esta extraña descripción de la diaria rutina de su trabajo, el señor Lorry alisó con ambas manos su peluca, lo cual era superfluo, pues ya nada podía ser más liso, lustroso y plano, y después volvió a su actitud anterior.

—Hasta aquí, señorita, como acabáis de decir, es la historia de vuestro lamentado padre. Ahora viene la diferencia. Si vuestro padre no hubiera muerto. . . cuando eso ocurrió. . . ¡No os asustéis! ¡Cómo os sobresaltáis!

La joven se había sobresaltado, en efecto, y le asió una de las muñecas en ambas manos.

—Por favor —dijo el señor Lorry con tono tranquilizador, apartando su mano del respaldo de la silla y apoyándola sobre los dedos trémulos que oprimían su muñeca—, dominad vuestra agitación; es una cuestión de negocios. Como iba diciendo. . .

La mirada de la joven lo desconcertó de tal manera que se detuvo, vaciló y comenzó de nuevo:

—Como iba diciendo, si el doctor Manette no hubiera muerto; si hubiera desaparecido repentina y misteriosamente; si hubiera sido secuestrado; si no hubiera sido difícil adivinar a qué terrible sitio había sido llevado, aunque no existía medio de descubrirlo; si hubiera tenido la enemistad de un compatriota que podía ejercer cierto privilegio, que en mi tiempo ni aun los más osados se atrevían a nombrar en voz baja, allá al otro lado del canal (por ejemplo, el privilegio de llenar cierto formulario con el nombre de cualquiera a quien se quería encerrar en una prisión durante el tiempo que se quisiera y donde sería entregado al olvido); si su esposa hubiera suplicado al rey, a la reina, a la corte, al clero, pidiéndoles noticias de él, y todo hubiera sido en vano. En ese caso, la historia de vuestro padre habría sido la de este infortunado caballero, médico de Beauvais.

—Os ruego que me digáis algo más, señor.

—Sí. Iba a hacerlo. ¿Podréis sobrellevarlo?

—Puedo sobrellevarlo todo, menos la incertidumbre en que me dejáis en este momento.

—Habláis tranquilamente y estáis serena. Así está bien —dijo el anciano, aunque aparentaba estar más satisfecho de lo que decía—. Se trata de un asunto que hay que llevar a cabo. Ahora bien: si la esposa de este doctor hubiera sufrido tanto a causa de todo aquello, aunque era una dama de gran espíritu, antes del nacimiento de su hijo. . .

—Era una hija, señor. . .

—Una hija. No os aflijáis, señorita. Este es un asunto . . . Decía que si la pobre señora sufrió tan intensamente que, cuando nació su hijita, quiso ahorrarle a ella ese dolor, criándola en la creencia de que su padre había muerto. . . ¡No! ¡No os arrodilléis! ¡Por Dios! ¿Qué motivo hay para que os arrodilléis ante mí?

—¡Para que me digáis la verdad! ¡Querido señor, bondadoso y compasivo, decidme la verdad!

—Este es un asunto. . . Me confundís, y ¿cómo puedo ocuparme de asunto alguno si me tenéis confundido? Debemos conservar la cabeza despejada. Por ejemplo, si quisierais decirme qué suma es nueve veces nueve peniques, o cuántos chelines hay en veinte guineas, eso me estimularía. Estaría yo mucho más tranquilo con respecto a vuestro estado de ánimo.

Sin contestar directamente a este pretexto, la joven permaneció tan inmóvil cuando el anciano la hizo sentar, y las manos que no soltaban la muñeca se pusieron tanto más quietas, que el señor Lorry se sintió más tranquilo.

—¡Está bien! ¡Está bien! Valor! Negocios! Os

aguarda un asunto que será muy útil. Señorita Manette, vuestra madre procedió con vos de esa manera. Ella murió, creo que de pena, sin haber dejado de buscar en vano a vuestro padre; quiso que crecierais sana, hermosa y feliz, sin que oscureciera vuestra vida aquella nube de incertidumbre, sin saber si vuestro padre había muerto de dolor en la prisión o si estaba aún allí, consumiéndose año tras año. Cuando vuestra madre murió, teníais dos años.

Al decir estas palabras miró con piedad y admiración los flotantes cabellos dorados, como si se imaginara que ya podían haber estado encanecidos.

—Sabéis que vuestros padres no eran de gran fortuna, y que lo que tenían fue asegurado a nombre de vuestra madre y al vuestro. No se ha descubierto nada nuevo respecto a dinero o a propiedades, pero. . .

Sintió que le apretaban la muñeca y se detuvo. El pliegue de la frente, que tanto había llamado su atención, permanecía ahora fijo, expresando pena y horror.

—Pero ha sido. . . encontrado. Vive: muy cambiado, probablemente; quizá sea una ruina, pero tengamos esperanza. Sí, está vivo. Vuestro padre ha sido llevado a la casa de uno de sus antiguos servidores, que vive en París. Allá iremos vos y yo; yo, para identificarlo si puedo; vos, para devolverlo a la vida, al descanso, al bienestar.

La joven se sintió agitada por un temblor que se transmitió a él. Ella dijo en voz baja, aterrada, pero clara, como si hablara en sueños:

—Voy a ver su espectro. Será un espectro, no él.

Lorry acarició suavemente la mano que sujetaba su muñeca.

—¡Vamos! ¡Vamos! ¡Calma, calma! Ya sabéis lo peor y lo mejor. Estáis en camino hacia el pobre caballero tan injustamente tratado. Un buen viaje por mar y una buena jornada por tierra os llevará junto a quien os será muy querido.

La joven murmuró:

—Yo he vivido libre y feliz, y su espectro nunca se me presentó.

—Algo más, y será lo último —dijo el señor Lorry con cierto énfasis, como para obligarla a prestar atención—: Ha sido hallado bajo otro nombre; el suyo ha sido desde hace largo tiempo olvidado, o, quizás, ocultado; sería más que inútil intentar averiguar si durante tantos años fue olvidado o deliberadamente mantenido preso. Hasta sería peligrosa esa pesquisa. Será mejor no hablar de esto con nadie, en ninguna parte, y sacarlo de Francia, por lo menos durante algún tiempo. Hasta yo mismo, que estoy en salvo por ser inglés, y hasta los Tellson, importantes como son para el crédito francés, evitamos mencionar este asunto. Este es un servicio absolutamente secreto; mis credenciales, anotaciones y memorándumes están todos comprendidos bajo el mismo rubro: "Vuelto a la vida", a lo cual se le puede atribuir cualquier significado. Pero, ¿qué ocurre? ¡No oye ni una palabra! ¡Señorita Manette!

Perfectamente inmóvil y silenciosa, sin apoyarse siquiera en el respaldo de la silla, la joven permanecía absolutamente insensible; tenía los ojos abiertos y fijos en Lorry; aquella última expresión parecía grabada o marcada en su frente. Era tal la presión de su mano que Lorry no quiso desprenderla de su muñeca, por el temor de lastimarla. Llamó en voz alta pidiendo auxilio.

Precediendo a la servidumbre del hotel, entró corriendo una mujer de aspecto extraño y de maneras violentas. En medio de su estado de inquietud, el señor Lorry notó que esta mujer tenía el color encendido, los cabellos rojos, y que vestía de modo inusitado; su traje era muy ceñido y llevaba en la cabeza algo parecido a un gran bonete o morrión usado por los granaderos, o a un gran queso de Stilton. Pronto resolvió el problema de separar de la niña el brazo de Lorry, dándole a éste un violento empellón que lo arrojó contra la pared más próxima; tal era la fuerza de la vigorosa mano que apoyó sobre el pecho del caballero.

—Creo que debe ser un hombre —pensó el señor Lorry al chocar, sin aliento, contra la pared.

—¡Vosotros todos! —gritó este energúmeno dirigiéndose a los sirvientes—. ¿Por qué no vais a traer cosas, en vez de estar ahí mirándome? ¿Qué tengo que así me miráis? ¿Por qué no vais a traer lo necesario? ¡Ya veréis lo que os pasa si no traéis pronto sales, agua fría y vinagre!

Inmediatamente todos se dispersaron para ir en busca de estos restaurativos, y la mujer colocó suavemente a la enferma sobre un sofá y la atendió con gran habilidad y ternura, llamándola "mi preciosa", "mi pajarito", y extendiendo los dorados cabellos de modo que no molestaran, para lo cual empleó gran esmero y orgullo.

—¡Y vos, el del traje pardo! —exclamó, volviéndose indignada hacia el señor Lorry—. ¿No podíais haberle dicho lo que teníais que decirle sin matarla de susto? ¡Miradla, con su linda cara pálida y sus manos frías! ¿Y a eso llamáis un "banquero"?

Lorry, desconcertado por esta pregunta tan difícil de contestar, no podía hacer otra cosa que mirar desde lejos, con simpatía y humildad, mientras la enérgica mujer hacía volver gradualmente en sí a la niña y la hacía apoyar la abatida cabeza en su hombro. Todo esto después de haber alejado a los sirvientes con la misteriosa amenaza, "que verían lo que les iba a pasar" si seguían allí, mirando.

—Espero que ahora seguirá bien —dijo el señor Lorry.

—¡No será gracias a vos, el del traje pardo! ¡Mi pobrecita!

—Espero —dijo el anciano tras otra pausa, demostrando simpatía y humildad— que acompañaréis a la señorita Manette a Francia.

—¡Es muy probable! —replicó la mujer—. Si hubiera yo estado destinada a cruzar el agua salada, ¿podréis suponer, por ventura, que la Providencia me hubiera colocado en una isla?

Siendo esta otra pregunta difícil de contestar, el señor Jarvis Lorry se retiró a su habitación para meditar sobre ella.

Capítulo 5

EL ALMACEN DE VINOS

Un gran tonel de vino se había caído en la calle, rompiéndose. El accidente se produjo al ser bajado el tonel de un carro; al caer, los arcos y duelas estallaron, y allí estaba sobre el pavimento, frente a la puerta del almacén de vinos. Las piedras del suelo, toscas e irregulares, apuntando en todas direcciones, parecían haber sido destinadas expresamente a dejar rengos a todos los seres vivientes que se les acercaran; pero ahora servían para contener el vino en diminutos charcos y represas, rodeados cada uno por un grupo o una multitud, según fueran sus dimensiones. Algunos hombres se empujaban, otros se arrodillaban y bebían en el hueco de ambas manos, o trataban de darlo a beber a las mujeres que se inclinaban por encima de sus hombros para sorber el vino antes que se escurriera por entre los dedos. Otros hombres y mujeres hundían en los charcos pequeños jarros rotos, hechos de tierra cocida, o empapaban en el vino los pañuelos que las mujeres habían llevado atados alrededor de las cabezas, y que eran luego exprimidos en la boca de los niños. Algunos levantaban diminutos diques de lodo para impedir que el vino corriera. Muchos, guiados por los espectadores que miraban desde las altas ventanas, corrían de un lado a otro para interceptar las pequeñas corrientes de vino que tomaban nuevas direcciones. Otros se dedicaban a los trozos del tonel, saturados y teñidos con las heces del vino, y lamían y hasta chupaban los fragmentos de duelas con anhelante fruición. No había desague en que se perdiera el vino, y no solamente fue todo aprovechado, sino que con él se formó tanto lodo que pareció que algún recolector de basura había pasado por aquella calle, donde nadie vio nunca tan milagrosa presencia.

Un conjunto de risas agudas y de voces alegres, voces de hombres, mujeres y niños, resonó en la calle mientras duró el juego del vino. Hubo poca rudeza en aquella diversión, y sí mucha jovialidad. Se notaba una particular camaradería y una marcada inclinación de cada uno a unirse con otro, lo que se manifestaba en abrazos, brindis, apretones de manos y hasta danzas en ronda de doce personas, especialmente entre los más afortunados, más joviales o más alegres. Cuando el vino fue consumido y los sitios en que había sido más abundante quedaron rayados, como parrillas, por numerosos dedos, las demostraciones cesaron tan repentinamente como habían surgido. Volvía a su tarea el hombre que dejara su serrucho enclavado en el trozo de leña que había estado cortando; la mujer que abandonara en el umbral de su puerta el pequeño cuenco lleno de cenizas calientes con que trataba de aliviar el dolor de sus manos y pies, o el de las manos y pies de su hijo, volvía a buscar ese alivio; hombres con brazos desnudos, cabezas desgreñadas y rostros cadavéricos, que habían salido de sus sótanos a la luz del día invernal, volvían a bajar. Sobre toda la escena reinaba una penumbra triste que parecía serle más apropiada que la luz del sol.

El vino era rojo y había manchado el suelo de la angosta calle, en el suburbio de Saint-Antoine, en París;

aquel vino derramado había manchado muchas manos, muchas caras, muchos pies descalzos y muchos zuecos. Las manos del hombre que aserraba la madera dejaron marcas rojas en las astillas de leña; la frente de la mujer que amamantaba a su hijo, tenía las manchas dejadas en ella por el trapo con que se cubría la cabeza. Los que se mostraron tan ávidos con los trozos de duelas del tonel, tenían manchas atigradas en torno de la boca. Un bromista de alta estatura, marcado de este modo y que tenía un gran gorro de dormir en mitad de la cabeza, mojó un dedo en el fango teñido con las heces del vino y escribió en la pared la palabra "Sangre".

Iba a llegar el tiempo en que también ese otro vino sería vertido sobre las piedras de las calles y en que enrojecería a muchos de los que estaban allí.

Y ahora que la nube se había fijado sobre Saint-Antoine después del momentáneo resplandor que lo iluminara brevemente, se veía en la oscuridad el ambiente que allí reinaba, el frío, el desaseo, las enfermedades, la ignorancia y la miseria, poderosos todos, pero ninguno tanto como la última. Temblando en cada esquina, entrando o saliendo por todas las puertas, asomados a todas las ventanas, vestidos con toda clase de harapos que el viento agitaba, se veían ejemplares de un pueblo que había sido triturado una y otra vez, no por el fabuloso molino que convertía en jóvenes a los viejos, sino por otro que convertía en viejos a los jóvenes y que daba a los niños caras de ancianos y voces graves. En todos los rostros se veía grabada, en cada pliegue, la huella del hambre. En todas partes prevalecía, visiblemente. Las altas casas presentaban míseros remiendos hechos con paja, maderas y papeles; colgados de postes y de cuerdas ondeaban ropas sórdidas; el aserrador preparaba lastimosamente pequeños haces de leña; de las chimeneas no salía humo, y entre los desechos de la calleja sucia no había desperdicios que se pudieran comer. En los estantes de las pobres panaderías se veían escasas y pequeñas hogazas de pan malo; en las repulsivas carnicerías se ofrecían a la venta salchichas de carne de perro; en uno que otro cilindro giratorio se asaban algunas castañas; en sartenes miserables se veían rebanadas de papas turbias, fritas en algunas gotas de aceite repugnante. Y en todas y en cada una de estas tristes manifestaciones de vida predominaba inconfundible la marca del hambre.

Se veía su huella en todos los sitios donde podía manifestarse, en la calle angosta y tortuosa, fétida y sucia, de donde partían otras callejas idénticas, pobladas por gente andrajosa que usaba gorros de dormir (todo esto sórdido y maloliente), y en el aspecto enfermizo y el aire preocupado de aquella gente deprimida, que quizás pensara en conducirse como las fieras acorraladas. Entre aquellos miserables no faltaban ojos de fuego, labios apretados, caras que palidecían a causa de los impulsos contenidos, ni ceños que se fruncían pensando en el patíbulo al que podrían subir o hacer subir a otros. La mayoría de las muestras de los comercios eran como tristes indicios de la miseria reinante; el carnicero y el chanchero habían hecho pintar algún mínimo trozo de carne flaca; el panadero ofrecía la más basta de las pequeñas hogazas. Los bebedores, toscamente representados bebiendo, en el frente de los despachos de bebidas, parecían rezongar sobre los pequeños vasos de vino aguado o de cerveza floja, y tenían un aire amenazante y confidencial. Nada era representado en estado próspero o floreciente, exceptuando las herramientas y las armas. Los cuchillos y las hachas estaban afilados y brillantes; los martillos eran pesados y sólidos, y la provisión del armero tenía algo de homicida. Las agudas piedras del pavimento con sus pequeños charcos de agua y de barro, terminaban bruscamente ante las puertas de las casas. No había aceras; en cambio, el arroyo como compensación, desaguaba en medio de la calle (cuando desaguaba), lo cual ocurría solamente después de grandes lluvias, y entonces penetraba en las casas de modo intermitente e imprevisto. De un lado a otro de las calles y muy espaciadas, había algunas toscas lámparas, que se manejaban por medio de cuerdas y roldanas. Por la noche, cuando el "encendedor" las bajaba, para encenderlas, y las izaba nuevamente, se balanceaba sobre las cabezas una débil luz de candiles opacos, como si las lámparas estuvieran en el mar. Quizás corrieran tanto peligro como en el mar, y la tripulación y el barco estuvieran amenazadas por una gran tempestad.

Debía llegar un día en que los escuálidos espantajos de aquella región, mirando al encendedor durante sus noches de hambre y de ociosidad, tuvieran la idea de hacer una innovación y de izar hombres en vez de linternas, para que otras llamas iluminaran aquellas tinieblas de su vida. Pero ese día no había llegado aún, y todos los vientos que soplaban sobre Francia agitaban en vano los andrajos de los espantapájaros; los pájaros de bello canto y vistoso plumaje no se daban por advertidos.

El almacén de vinos estaba situado en una esquina, y su aspecto y categoría era mejor que los otros. El tabernero, con su chaleco amarillo y sus calzones verdes, había estado a la puerta de su casa, mirando la lucha por el vino derramado.

—No es asunto mío —dijo encogiéndose de hombros—, la gente del mercado lo ha hecho. Me traerán otro barril. ¡Hola, Gaspar!, ¿qué haces ahí? —dijo al bromista de alta estatura que estaba escribiendo la palabra "sangre" en la pared opuesta.

El interpelado señaló su obra con ademán significativo, común a los bromistas.

—¿Quieres ir a dar a un hospital de locos? —le dijo el tabernero cruzando la calle para borrar la palabra con un puñado de lodo que levantó del suelo y frotó contra la pared—. ¿Por qué escribes en los muros? Dime ¿no hay otro sitio donde escribir palabras semejantes?

Al hacer esta pregunta dejó caer su mano limpia

sobre el corazón de Gaspar. Pudo haber sido un movimiento casual, o tal vez. . . El bromista hizo castañetear los dedos, realizó una pirueta y quedó en una fantástica actitud de danza; con un movimiento arrojó su manchado zapato, depositó un pie en la mano, y se lo ofreció. Tenía este hombre algo de excepcionalmente práctico y también algo que hacía pensar en los lobos.

—Ponte el zapato —dijo el tabernero—. Llama al vino, vino, y termina con eso.

Una vez que le dio este consejo, frotó su mano enlodada, muy cuidadosamente, en el traje de Gaspar, pues era a causa de él que se la había ensuciado. Después volvió a cruzar la calle y entró en su casa.

Este hombre tendría unos treinta años; era de aspecto marcial y de temperamento sanguíneo; aunque el día era muy frío, no tenía puesta la chaqueta sino que la llevaba colgada de un hombro; las mangas de su camisa estaban arrolladas dejando descubiertos hasta los codos sus brazos morenos. También llevaba su cuello de toro, al descubierto; su cabeza, desnuda, estaba poblada de oscuros cabellos, cortos y rizados. Era un hombre moreno, con hermosos ojos muy apartados uno de otro, lo que indicaba audacia. Aunque su expresión aparentaba buen humor, debía ser un hombre implacable. Evidentemente, era individuo de gran energía y de firmes propósitos. No sería agradable encontrarse con él corriendo en dirección opuesta sobre un camino angosto y con un abismo a cada lado; nada podría hacerlo retroceder.

Su esposa, la señora Defarge, estaba en el despacho, sentada detrás del mostrador, cuando él entró. Era la Defarge una mujer gruesa, más o menos de la misma edad que su marido; su mirada vigilante, rara vez parecía fijarse en algo; numerosos anillos adornaban sus manos grandes; sus facciones pronunciadas expresaban firmeza y su modo era muy tranquilo. La mujer revelaba carácter, y era fácil presumir que no se perjudicaría en las cuentas que llevaba. Era muy sensible al frío y estaba envuelta en pieles; en torno de la cabeza tenía varios pañuelos de vivos colores que no ocultaban los grandes aros pendientes de sus orejas. Tenía ante sí el tejido que había interrumpido para escarbarse los dientes con un palillo. Cuando entró su marido, se hallaba en esta ocupación, con el codo derecho apoyado en la mano izquierda; no habló pero dejó oír una levísima tos. Esto, combinado con un imperceptible movimiento hacia arriba de sus pobladas cejas, advirtió al tabernero que haría bien en mirar en torno, entre los parroquianos, para cerciorarse de si había entrado alguno nuevo mientras él cruzó la calle.

El tabernero siguió esta indicación, hasta que su mirada distinguió a un caballero anciano y a una joven dama que estaban sentados en un ángulo de la sala. Había además otras personas; dos hombres jugaban a los naipes; otra pareja más jugaba una partida de dominó, y otros tres estaban parados junto al mostrador, haciendo durar sus pequeñas raciones de vino. Al pasar Defarge detrás del mostrador, notó que el anciano miraba a la joven de una manera especial, como diciéndole:

—Este es el hombre que buscamos.

—¿Qué diablos hacéis aquí? —se dijo el tabernero—. Yo no os conozco.

Simuló no haber notado la presencia de los dos desconocidos, y se puso a conversar con los tres parroquianos que bebían en el mostrador.

—¿Qué tal, Jacques? —le dijo uno de ellos—. ¿Ya bebieron todo el vino derramado?

—Hasta la última gota, Jacques —contestó Defarge.

Mientras tenía lugar este intercambio de nombres, la señora Defarge, sin dejar de ocuparse de sus dientes, dejó oír una levísima tos y levantó imperceptiblemente las cejas.

—No es muy a menudo que estas miserables bestias prueban el sabor del vino, ni de otra cosa que no sea pan negro y. . . la muerte. ¿No es así, Jacques? —dijo el segundo de los tres bebedores.

—Así es, Jacques —contestó Defarge.

Al oír este segundo intercambio de nombres, la señora Defarge, sin descuidar sus dientes, volvió a toser levemente y a levantar muy poco las cejas.

El último de los tres dijo lo que tenía que decir, bajó su vaso vacío y produjo un chasquido con los labios.

—¡Ah! ¡Tanto peor! Es sabor amargo lo que ese pobre ganado tiene siempre en la boca. ¡Eso y la dura vida que llevan! ¿Tengo razón, Jacques?

Terminaba este tercer cambio de nombres, cuando la señora Defarge apartó su palillo de dientes, levantó las cejas y se movió un poco en su asiento.

—¡Cuidado, pues! —dijo su marido—. Señores, ésta es mi esposa.

Los tres parroquianos se quitaron los sombreros con galante ademán en honor a la señora. Ella agradeció el homenaje inclinando la cabeza y dirigiendo una rápida mirada a los tres hombres. Después miró con indiferencia en torno de la sala, levantó su tejido con una gran calma aparente y se absorbió en su tarea.

—Señores —dijo el tabernero, que había estado observando a su mujer—, buenos días. La habitación amueblada como para un soltero y que queríais ver, según estabais diciendo cuando salí por un momento, está en el quinto piso. La puerta de la escalera da al pequeño patio que está aquí cerca, a la izquierda, al lado de la ventana de mi establecimiento. Pero, ahora que me acuerdo, uno de vosotros ya ha estado allí y puede mostrar el camino. ¡Adiós, señores!

Los parroquianos pagaron el vino consumido y salieron de la taberna. Los ojos de Defarge estaban observando a la tejedora, cuando el caballero anciano salió de su rincón y pidió que se le hiciera el favor de oírlo.

—Con mucho gusto, señor —dijo Defarge dirigiéndose con él hacia la puerta.

La conferencia fue muy breve, pero decisiva. Casi a la primera palabra el tabernero se turbó y prestó profunda atención. Al cabo de un minuto hizo un gesto con la cabeza y salió. El caballero llamó con un ademán a la joven y ambos salieron a su vez. La señora Defarge, tejiendo con ágiles dedos, no vio nada y mantuvo inmóviles sus cejas.

El señor Jarvis Lorry y la señorita Manette salieron de la taberna y se reunieron con Defarge en la puerta que había indicado poco antes a sus tres parroquianos. Se abría sobre un pequeño patio, sombrío y maloliente, y era la entrada común para un gran número de casas amontonadas, habitadas por una gran cantidad de personas. Al llegar a la lúgubre entrada embaldosada de donde partía la escalera, igualmente lúgubre y embaldosada, Defarge dobló la rodilla ante la hija de su antiguo amo y le besó la mano. Era una acción gentil pero no fue ejecutada con suavidad. Una notable transformación se había operado en ese hombre en pocos segundos. Su rostro ya no reflejaba buen humor ni franqueza; era ahora un hombre reservado, indignado y peligroso.

—La escalera es muy alta y un poco difícil. Es mejor comenzar lentamente —dijo Defarge al señor Lorry con voz severa cuando comenzaba a subir.

—¿Está solo? —murmuró el caballero.

—¡Solo! ¡Que Dios lo ayude! ¿Quién estaría con él? —dijo con la misma voz sorda.

—Entonces, ¿siempre está solo?

—Sí.

—¿Porque él lo desea?

—Porque es necesario. Está ahora tal como lo vi por primera vez después que me encontraron y me preguntaron si quería hacerme cargo de él y. . . ser discreto si no quería correr peligros.

—¿Está muy cambiado?

—¡Cambiado!

El tabernero se detuvo para golpear la pared con el

puño y murmurar una tremenda imprecación. Ninguna respuesta directa hubiera podido tener tanta elocuencia. A medida que subían más y más, el señor Lorry se sentía con el ánimo más deprimido.

Una escalera semejante, con sus accesorios, sería bastante mala aun actualmente en las partes más antiguas de París; pero en aquella época era terrible para quienes no tuvieran los sentidos atrofiados. Los habitantes de cada pequeña habitación de los altos edificios (que eran cada uno un gran nido inmundo), cuyas puertas se abrían sobre esa escalera común, dejaban en cada rellano de ésta los desperdicios que no habían sido arrojados por la ventana. Aquella imponderable masa putrefacta habría corrompido el aire, aun cuando la pobreza y las privaciones no los hubieran saturado ya con sus deletéreas impurezas. Aquellas dos fuentes de corrupción combinadas hacían el aire casi irrespirable. El camino quedaba trazado, a través de esta atmósfera irrespirable, a lo largo de una abertura llena de suciedades infecciosas. A causa de la perturbación de su espíritu y de la agitación creciente de su joven compañera, el señor Lorry se detuvo dos veces, como para descansar, junto a una de las miserables rejas por las que parecía huir el poco de aire todavía puro y entrar todos los vapores mefíticos. Por entre los barrotes herrumbrados se alcanzaba a ver, o adivinar, algo del atestado vecindario. Nada de lo que se divisaba más arriba o más abajo de las altas torres de Notre-Dame, contenía promesa alguna de vida sana o de justas aspiraciones.

Por fin llegaron a lo alto de la escalera y se detuvieron por última vez. Quedaba todavía un tramo, más empinado y de menores dimensiones, que llevaba al desván. El tabernero iba siempre adelante inclinándose al lado del señor Lorry como si temiera que la señorita le hiciera preguntas. Al llegar se volvió y buscó cuidadosamente en los bolsillos de su chaqueta que llevaba al hombro, hasta que halló y extrajo una llave.

—¿La puerta está cerrada con llave, amigo mío? —preguntó, sorprendido el anciano.

—Sí, sí —fue la seca respuesta.

—¿Lo creéis necesario para mantener tan retirado al desgraciado caballero?

—Creo necesario dar vuelta a la llave —murmuró Defarge casi a su oído y frunciendo el ceño.

—¿Por qué?

—¿Por qué? Porque ha vivido tanto tiempo encerrado bajo llave que si dejara la puerta abierta se asustaría, se pondría furioso, se haría pedazos, moriría.

—¿Es posible? —exclamó el señor Lorry.

—¿Posible? —repitió con amargura Defarge—. Sí. Es un mundo hermoso este en que vivimos, donde estas y otras muchas cosas son posibles, y no solamente posibles, sino que son perpetradas diariamente, bajo este cielo. ¡Viva el diablo! Sigamos.

Este diálogo en voz muy baja no había llegado a oídos de la señorita, pero su fuerte emoción la hacía temblar tanto, y su rostro expresaba tal ansiedad y terror, que el señor Lorry se creyó obligado a dirigirle algunas palabras tranquilizadoras.

—¡Vamos, querida señorita! ¡Valor! Lo peor habrá pasado dentro de un momento, cuando hayamos traspuesto la puerta de la habitación. Y entonces empezará todo el bien que vais a hacerle; todo el alivio, toda la felicidad que le daréis. Que este excelente amigo os ayude por ese lado. Así está bien, amigo Defarge. ¡Vamos, ahora! ¡A nuestro asunto!

Subieron lentamente sin hacer ruido. El tramo de escalera era corto, y pronto estuvieron arriba. Allí existía una vuelta brusca, y vieron en seguida que había tres hombres con las cabezas inclinadas y muy juntas, al lado de una puerta, mirando atentamente por los intersticios de la misma o por las grietas de la pared de la habitación. Al oír ruido de pasos tan cercanos, los tres se volvieron. Eran los mismos que habían estado bebiendo en la taberna.

—Me olvidé de ellos a causa de la sorpresa que me dio vuestra visita —explicó Defarge—. Dejadnos, buenos muchachos. Tenemos algo que hacer aquí.

Los tres se apartaron y bajaron en silencio.

Como parecía no haber otra puerta en ese piso y el tabernero se encaminó directamente a ella, cuando quedaron solos, el señor Lorry le preguntó en voz baja y con cierta indignación:

—¿Dais en espectáculo al señor Manette?

—Como habéis visto, lo hago ver por unos pocos elegidos.

—¿Está bien eso?

—Yo creo que está bien.

—¿Quiénes son esos pocos? ¿Cómo los elegís?

—Los elijo porque son hombres de verdad, de mi mismo nombre, Jacques, y a quienes es probable que les haga bien lo que han visto. Basta. Sois inglés y eso es otra cosa. Quedaos allí un momento, señor.

Al mismo tiempo que con un gesto les indicaba que no avanzaran, él se inclinó y miró por entre una grieta de la pared. Pronto levantó la cabeza y dio dos o tres golpes en la puerta, evidentemente con el único objeto de hacer algún ruido allí. Con la misma intención pasó tres o cuatro veces la llave por la cerradura haciéndola sonar antes de introducirla y hacerla girar.

Bajo la presión de su mano la puerta se abrió lentamente hacia adentro; Defarge miró al interior de la habitación y dijo algo. Contestó una voz débil: no mucho más de una sílaba se dijo por ambas partes.

Defarge miró por encima del hombro y con la mano llamó a sus acompañantes. El señor Lorry rodeó con su brazo el talle de la señorita y la sostuvo, viendo que estaba a punto de caer.

—Es. . . es. . . es un negocio —se apresuró a decir mientras corría por sus mejillas lo que contradecía sus palabras—. ¡Venid, venid!

—Tengo miedo —murmuró la joven, estremeciéndose.

—¿De qué? ¿De qué tenéis miedo?

—De él; quiero decir, de mi padre.

Desesperado al ver esta actitud en la joven y obedeciendo al llamado de Defarge, el señor Lorry pasó por sobre su nuca el brazo que temblaba, levantó a la pobre niña y entró con ella en la habitación. La bajó junto a la puerta y la retuvo luego allí.

Defarge sacó la llave, la colocó en la cerradura del lado interior, cerró la puerta y le echó llave; sacó ésta de la cerradura y la conservó en la mano. Hacía todo esto automáticamente y con tanto ruido como era posible. Finalmente, recorrió la habitación con paso mesurado, dirigiéndose hacia la ventana. Allí se detuvo y diose vuelta.

El desván construido para servir como depósito de leña y de trastos, era casi oscuro; la ventana o lumbrera era, en realidad, una puerta que daba al techo, con un pequeño guinche colocado encima para levantar las provisiones desde la calle; no tenía vidrios y se cerraba en medio con dos hojas, como todas las puertas de construcción francesa. A fin de excluir el frío, una de estas hojas estaba cerrada y la otra entreabierta. Era tan escasa la luz que entraba por allí, que resultaba difícil ver algo al entrar; sólo la costumbre, adquirida lentamente y después de largo tiempo, podía permitir ejecutar en aquella oscuridad algún trabajo que requiriese esmero. Y, sin embargo, en ese desván se estaba realizando un trabajo de esa clase. De espaldas a la puerta, con la cara hacia la ventana desde donde lo estaba mirando el tabernero, había un anciano de cabellos blancos, sentado en un banco muy bajo, inclinado hacia adelante, muy afanado, haciendo zapatos.

Capítulo 6

EL ZAPATERO

—¡Buenos días! —dijo Defarge, dirigiéndose a la cabeza blanca muy inclinada sobre el zapato en obra.

La cabeza se levantó por un momento, y una voz muy débil contestó al saludo, como si viniera de lejos:

—¡Buenos días!

—Veo que todavía estáis trabajando mucho.

Después de un largo rato de silencio, la cabeza volvió a levantarse y la voz replicó:

—Sí, estoy trabajando.

Esta vez un par de ojos de expresión huraña miraron al que había hablado, antes que la cabeza blanca volviera a inclinarse.

La debilidad de la voz era lastimosa y terrible; no la ocasionaba la debilidad física, aunque, sin duda, algo le debía al encierro y a la mala alimentación. Su deplorable peculiaridad tenía por causa la soledad y la falta de uso. Era como el último eco, casi apagado, de un sonido producido hacía mucho, mucho tiempo. Tan completamente había perdido la vida y la resonancia de la voz humana, que impresionaba al oído a la manera que afectaría a la vista un objeto que, habiendo tenido un hermoso color, se hubiera desteñido hasta presentar una pobre mancha incolora. Tan apagada y sorda era aquella voz, que parecía subterránea. Era la expresión inconfundible de un ser humano perdido y sin esperanza; en ese tono hubiera hablado, antes de acostarse para morir, el solitario viajero que, perdido en algún desierto, perecía de inanición, y recordaba en esos momentos su hogar y sus amigos.

Transcurrieron algunos minutos de silencioso trabajo, y los ojos huraños volvieron a mirar, no con interés ni curiosidad, sino con una especie de percepción inconsciente de que el sitio donde había visto al único visitante no estaba vacío todavía.

—Quiero dejar entrar un poco más de luz aquí. ¿Podéis soportar un poco de luz? —dijo Defarge, que no había apartado sus miradas del zapatero.

El hombre interrumpió su trabajo, miró con expresión vaga a uno y otro lado del suelo, y después, levantando los ojos, preguntó:

—¿Qué decíais?

—¿Podéis soportar un poco más de luz?

—Tendré que soportarla si la dejáis entrar —replicó, acentuando de manera muy leve la primera palabra.

La hoja entornada fue abierta un poco más, y asegurada en ese ángulo, por el momento. Un rayo de luz penetró en el desván y permitió ver al obrero, que había detenido su tarea, y tenía sobre las rodillas un zapato sin terminar. A sus pies, y encima del banco, estaban las pocas herramientas usuales y varios retazos de cuero. Tenía una barba blanca mal cortada, no muy larga, la cara hundida y los ojos muy brillantes; la flacura de la cara hacía que parecieran muy grandes los ojos sombreados por cejas todavía negras y por los cabellos blancos; así aquellos ojos que debieron ser naturalmente grandes, parecían mayores de lo común. Su camisa, desgarrada y amarillenta, estaba abierta en el cuello, y mostraba el pecho enflaquecido y marchito; como él, su raída chaqueta de lona, sus medias caídas, y toda su pobre ropa habían adquirido un color uniforme de viejo pergamino, a causa de la larga privación de luz y aire, siendo difícil distinguir unas prendas de otras.

La mano que levantó ante sus ojos para interceptar la luz era tan transparente que hasta los huesos parecían serlo. Permaneció sentado, sin trabajar, con la mirada vaga. Antes de mirar al hombre que tenía ante sí, miraba al suelo, primeramente a un lado y después a otro, como si hubiera perdido la costumbre de asociar el sitio con el sonido; no hablaba sin emplear antes este preliminar, y finalmente se olvidaba de hablar.

—¿Vais a terminar hoy ese par de zapatos?

—¿Qué decíais?

—Si os proponéis terminar hoy ese par de zapatos.

—No sé si me lo propongo. Supongo que sí. No sé.

Esta pregunta le recordó su trabajo, y volvió a reanudarlo.

El señor Lorry se adelantó silenciosamente, dejando a la joven junto a la puerta. Cuando hubo permanecido al lado de Defarge durante algunos pocos minutos, el zapatero levantó los ojos. No demostró sorpresa al ver a otra persona, pero los inquietos dedos de una de sus manos llegaron hasta los labios; miró al desconocido, bajó la mano, y reanudó su tarea. Los labios y las uñas tenían un mismo color pálido, plomizo. Todo esto ocurrió en muy breves instantes.

—Como veis, aquí tenéis una visita.

—¿Qué decís?

—Que aquí hay un visitante.

El zapatero volvió a levantar la mirada, sin retirar la mano del zapato en que estaba trabajando.

—¡Vamos! —dijo Defarge—. Este señor sabe cuándo está bien hecho un zapato; mostradle ése que estáis haciendo. Tomadlo, señor.

El señor Lorry tomó el zapato.

—Decidle al señor qué clase de zapato es, y quién lo hace.

Reinó una pausa más larga que la usual, y después dijo el zapatero:

—No recuerdo qué es lo que preguntasteis. ¿Qué decíais?

—Dije que quizá podríais decirle a este caballero qué clase de zapato es ése.

—Es un zapato de señora; para andar a pie. Es la moda actual. Nunca vi la moda, pero tuve en mi mano un modelo.

Miró su obra con una fugaz expresión de orgullo.

—¿Y el nombre del autor? —preguntó Defarge.

Como no tenía el trabajo usual, el anciano apoyó los nudillos de la mano derecha en el hueco de la izquierda, y luego cambió, colocando los nudillos de la izquierda en la palma derecha; después se pasó las manos por la barba, en incesante movimiento. La tarea de arrancarlo a la vaguedad en que caía después de haber hablado, se asemejaba a la de hacer volver de un desmayo a una persona débil, o a la de tratar de obtener alguna revelación de un moribundo intentando retener su espíritu.

—¿Preguntasteis cuál es mi nombre?

—Sí.

—Número Ciento Cinco, Torre del Norte.

—¿Nada más?

—Ciento Cinco, Torre del Norte.

Con algo que no era un suspiro ni un gemido pero que expresaba fatiga, volvió a su tarea, hasta que el silencio fue interrumpido nuevamente.

—¿Sois de oficio zapatero? —le dijo el señor Lorry, mirándolo con fijeza.

Sus ojos huraños se volvían hacia Defarge como si quisiera transferirle la pregunta. Como viera que éste no contestaba, volvió a mirar al que le hacía la pregunta, habiendo mirado al suelo previamente.

—¿Si soy de oficio zapatero? No. No lo era. Yo. . . yo aprendí aquí el oficio. Me lo enseñé yo mismo. Pedí permiso. . .

Durante varios minutos quedó callado, haciendo metódicos movimientos con las manos, como habí hecho antes. De pronto pareció recordar, a la manera que al despertar, uno recuerda lo tratado la noche anterior.

—Pedí permiso para enseñarme el oficio a mí mismo. Lo obtuve después de mucha dificultad. Desde entonces hago zapatos.

Tendió la mano para recobrar el zapato que había entregado, pero el señor Lorry lo conservó, y mirando fijamente al anciano, le dijo:

—Señor Manette, ¿no os acordáis de mí?

El zapato cayó al suelo, y el interpelado miró atentamente al que le había hecho la pregunta.

—Señor Manette —dijo el banquero, apoyando una mano sobre un brazo de Defarge—, ¿no recordáis nada de este hombre? Miradlo. Miradme a mí. ¿No surge a vuestra memoria un antiguo banquero, un antiguo negocio, un antiguo servidor? ¡Señor Manette!

Aquel preso de tantos años estuvo mirando alternativamente al señor Lorry y a Defarge; algunas olvidadas señales de una inteligencia que fue activa en otro tiempo, aparecieron en la frente del anciano, abriéndose paso a través de la negra niebla caída sobre él; pero las señales se fueron borrando y desaparecieron. No obstante se habían manifestado. La expresión se reflejó con tanta exactitud en el rostro de la joven que fue como si una luz hubiera pasado de una cara a otra. La joven se había deslizado a lo largo de la pared hasta poder ver al anciano; se detuvo a mirarlo y levantó las manos como para apartar de sí aquella visión; pero un instante después tendió los brazos trémulos, en un intenso deseo de apoyar sobre su joven corazón lleno de vida aquella cabeza espectral, y tratar de devolverle al pobre padre, la vida y la esperanza.

La sombra había vuelto a caer sobre el espíritu de él. Se fue borrando la atención con que había mirado al señor Lorry y a Defarge; sus ojos volvieron al suelo, a uno y otro lado, como antes. Finalmente, exhalando un largo y profundo suspiro, levantó el zapato y reanudó su tarea.

—¿Lo habéis reconocido, señor? —murmuró Defarge.

—Sí. Durante un momento. Al principio perdí toda esperanza; pero, sin duda alguna, he visto por un solo instante, la cara que en otro tiempo conocí tan bien. ¡Silencio!, apartémonos un poco.

La señorita se había apartado de la pared y estaba muy cerca del banco ocupado por su padre. Había algo de impresionante en aquella proximidad que él no sentía ni adivinaba, inclinado sobre su obra.

No se profirió ni una palabra; no se hizo ni el más leve ruido, mientras ella se inclinaba sobre la frágil figura abatida. Por último, él tuvo que cambiar la herramienta que tenía en la mano y levantar un cuchillo que estaba en el lado opuesto a ella; al levantarlo vio el borde del vestido; levantó los ojos y la miró. Los dos espectadores de esta escena dieron un paso adelante, pero ella los detuvo con un ademán: ellos temían que la hiriera con el cuchillo, pero la joven no sentía temor ninguno.

El anciano la observó con expresión medrosa y comenzó a mover los labios sin producir sonido. Se le oyó decir, en las pausas de su respiración acelerada y trabajosa:

—¿Qué es esto?

Las lágrimas corrían sobre las mejillas de la que le envió un beso con los dedos antes de apretarse el corazón con ambas manos, como si tuviera colocada allí la cabeza de su padre.

—¿No sois la hija del carcelero?

—No —contestó ella, suspirando.

—¿Quién sois?

Sin animarse a hablarle se sentó en el banco, a su lado, y apoyó una mano sobre su brazo; él se encogió, pero al contacto de la mano sintió una emoción que lo agitó un tanto, bajó con cuidado el cuchillo, y quedó mirando a su hija.

Ella apartó los largos rizos dorados que le cayeron sobre el cuello. Acercando su mano poco a poco, el anciano levantó uno y lo miró. Su mente volvió a oscurecerse, y exhalando un suspiro, se puso a trabajar en el zapato. Pasado un momento, ella le puso la mano en un hombro, y él miró dos o tres veces, como para cerciorarse de que estaba allí; después dejó su tarea, se llevó la mano al cuello y desprendió de un cordón ennegrecido, un pequeño trozo de tela doblada que extendió cuidadosamente sobre una rodilla; contenía unas pocas hebras de largo cabello dorado, que, sin duda, él había enrollado en torno de sus dedos en días muy lejanos. Lo compartió con el rizo que tenía a su alcance, y murmuró:

—Es igual. ¿Cómo puede ser esto? ¿Cuándo fue? ¿Cómo fue?

La expresión de inteligencia volvió a su frente, y pareció notarla también en la de su hija; la colocó a plena luz y la miró.

—Ella había apoyado su cabeza sobre mi hombro, esa noche en que fui llamado; tenía miedo de que saliera, pero yo no. Y cuando me llevaron a la Torre del Norte se encontró esto sobre mi manga. "¿Queréis dejármelos? No pueden ayudar a evadirme de aquí; solamente. . . en espíritu" —les dije—. Lo recuerdo muy bien.

Antes de pronunciar estas palabras, movía silenciosamente los labios como si buscara el medio de formar frases coherentes, lográndolo con lentitud.

—¿Cómo sucedió esto? ¿Erais vos?

Los dos espectadores volvieron a alarmarse un poco al ver que él se volvía a ella de modo brusco, inquietante.

—Os ruego que no os acerquéis a nosotros, que no habléis, que no os mováis —suplicó la joven en voz baja, permaneciendo inmóvil, mientras dejaba que él le tomara un brazo.

—¡Oíd! —exclamó el anciano—. ¿De quién era esa voz?

Soltó el brazo y se llevó las manos a la cabeza, mesándose los cabellos blancos. Pasada esta breve agitación, volvió a doblar el pequeño trozo de tela y trató de asegurarlo en su pecho, sin dejar de mirar a la joven y de hacer vagos movimientos de cabeza.

—No, no, no. Sois demasiado joven, demasiado fresca. No puede ser. ¡Ved lo que es el preso! Estas no son las manos que ella conocía; ni ésta la cara que ella conoció; nunca oyó esta voz. No, no. Ella era. . . y él era. . . antes de los largos años en la Torre del Norte, hace mucho, mucho tiempo. ¿Cómo os llamáis, angelito mío?

Animada por su tono suavizado y por su actitud, la joven se arrodilló ante él, y le puso sobre el pecho las manos suplicantes.

—¡Oh, señor! Más tarde sabréis mi nombre; sabréis quiénes fueron mi madre y mi padre, y cómo fue que yo nunca supe su terrible y triste historia. Pero no puedo decíroslo ahora, en este lugar. Lo único que voy a deciros es que me beséis y me bendigáis; ¡oh, mi querido, mi querido!

Los opacos cabellos blancos parecieron brillar y revivir al mezclarse con los hermosos y tibios cabellos dorados, como si los iluminara la luz de la libertad.

—No lo sé —prosiguió la señorita Manette—, pero abrigo la esperanza de que mi voz os traiga el recuerdo de otra que fue una música para vuestros oídos; si es así, lloradla. Si el contacto de mis cabellos os hace pensar en una cabeza amada que se apoyaba sobre vuestro corazón cuando erais joven y libre, llorad por ella. Si al mencionar el hogar donde os cuidaré como es mi deber, os recuerdo al que quedó desolado mientras vuestro pobre corazón se consumía de pena lejos de él, llorad también.

Le había rodeado el cuello con sus brazos y lo mecía como a un niño.

—Si cuando os digo, mi querido, que ha llegado el fin de vuestros sufrimientos, que he venido para apartaros de ellos y que voy a llevaros a Inglaterra donde viviréis tranquilo, os hago pensar en vuestra vida arruinada, y en nuestra Francia nativa que tan mal os trató, llorad. Os diré mi nombre, el de mi padre que vive y el de mi madre que ha muerto, y os pediré de rodillas perdón por no haber sufrido cuando vos padecíais tanto. Mi pobre madre quiso evitarme el dolor que ella sufrió, y me ocultó vuestra desgracia. Llorad por ella que tanto nos amó, y también por mí. Buenos amigos, a Dios gracias, siento correr sus sagradas lágrimas, y sus sollozos golpean sobre mi corazón. ¡Ved, ved! ¡Demos gracias a Dios!

El anciano se había dejado caer en brazos de su hija, ocultando la cabeza sobre su pecho; era un espectáculo tan conmovedor y era tan terrible la suma de dolor y de injusticia que traían al pensamiento, que el banquero y el tabernero se cubrieron los rostros con las manos.

Mucho rato después que se hubo restablecido la calma en el desván, y que el débil anciano se hubo tranquilizado, ellos acudieron a levantar del suelo al padre y a la hija; él se había deslizado del banco, y ella se tendió a su lado para sostener su cabeza y hacerle sentir su presencia y su ternura. El estaba aletargado después de la fuerte emoción que había experimentado. Como sucede en la naturaleza, a las tempestades sucede la calma en el corazón humano.

El señor Lorry, después de usar el pañuelo repetidas veces, se inclinó sobre la pupila del banco, y ella le dijo tendiéndole la mano:

—Si todo pudiera arreglarse de manera que, sin causarle molestias, pudiéramos salir inmediatamente de París, saliendo en viaje desde esta misma casa. . .

—¿Creéis que podrá resistir el viaje?

—Le será más fácil resistir el viaje que permanecer en esta ciudad, tan terrible para él.

—Es verdad —dijo Defarge, que se había arrodillado

al lado del grupo—. Además, por varias razones, es mejor que el señor Manette salga de París. ¿Iré a alquilar un carruaje y caballos de posta?

—Ese es un negocio —dijo el banquero, volviendo a su tema favorito—; y cuando se trata de un negocio, es mejor que lo haga yo.

—En ese caso —dijo la señorita Manette—, tened la bondad de dejarnos aquí. Ya veis que está tranquilo, y no debéis temer de dejarlo conmigo. ¿Qué tendríais que temer? Si cerráis la puerta con llave, a fin de que nadie nos moleste, cuando volváis lo encontraréis tan sosegado como está ahora, y partiremos inmediatamente.

Ni el señor Lorry ni Defarge parecieron aprobar la idea de dejarlos, pero ella insistió, y como era menester, no solamente conseguir el coche y los caballos, sino también preparar los documentos necesarios, y como el día tocaba a su fin, se decidió dividir la tarea entre los dos con objeto de ganar tiempo.

La oscuridad iba invadiendo el desván, y padre e hija permanecían inmóviles y silenciosos. Por fin se divisó una luz por la grieta de la pared.

Los señores Lorry y Defarge habían terminado todos los preparativos, y además traían abrigos, mantas de viaje, pan carne, vino y café caliente; el tabernero colocó sobre el banco estas provisiones y una lámpara, y ayudó al anciano a ponerse en pie.

Nadie hubiera podido penetrar los misterios de aquella mente, al ver las expresiones de miedo, asombro o vaguedad, que se sucedían en aquel rostro demacrado. Ni la persona más sagaz hubiera adivinado si el desdichado sabía o no lo que había ocurrido, si recordaba lo que se le había dicho, si comprendía que estaba en libertad. Intentaron hablarle, pero él estaba tan confundido y tardaba tanto en contestar, que se amedrentaron y resolvieron dejarlo en paz. Con frecuencia se llevaba las manos a la cabeza con ademán alocado, aturdido, como no lo había hecho antes. Era evidente que le agradaba oír el sonido de la voz de su hija, y cuando ella hablaba, él se volvía invariablemente en esa dirección.

Comió y bebió lo que le dieron, con la sumisión de quien durante largo tiempo se ha acostumbrado a obedecer bajo coerción. Vistió las ropas que le dieron, y aceptó el brazo que le ofreció su hija, buscando y reteniendo la mano de ella.

Finalmente bajaron: Defarge, con una lámpara, precedía a los tres viajeros, el señor Lorry cerraba la marcha. No había bajado muchas gradas de la escalera, cuando el anciano se detuvo y miró al techo y a las paredes.

—¿Os acordáis de este lugar, padre mío? ¿Os acordáis de haber subido por aquí?

—¿Qué decíais?

Antes que ella repitiera la pregunta, él contestó:

—¿Si me acuerdo? No. No recuerdo. Hace tan largo tiempo. . .

Era evidente que no recordaba haber sido traído desde la prisión hasta esta casa. Le oyeron murmurar: "Ciento Cinco, Torre del Norte"; y cuando miró en torno, parecía buscar los gruesos muros de la prisión donde había vivido encerrado durante tanto tiempo. Al llegar al patio, modificó instintivamente el paso, como esperando el puente levadizo; al ver que no había puente sino un carruaje que esperaba en la calle abierta, soltó la mano de su hija, y volvió a apretarse la cabeza.

No había gente ante la puerta ni en las ventanas; ni un transeúnte pasaba por la calle, en la que reinaban un silencio y una soledad inusitados. Se veía solamente una persona, la señora Defarge, apoyada en el marco de la puerta, tejiendo. Y ella no veía nada.

El anciano subió al coche, y su hija lo siguió. El señor Lorry pisaba el estribo cuando oyó que una voz lastimera pedía el banco y los zapatos no terminados. La señora Defarge se apresuró a decirle a su marido que ella iría a traerlos. Sin abandonar su tejido salió al patio oscuro y no tardó en volver con los obietos pedidos, los entregó y volvió a apoyarse contra el marco de la puerta y continuó tejiendo, sin ver nada.

Defarge subió al pescante, y dio la orden:

—¡A la barrera!

El postillón hizo restallar su látigo, y el coche partió bajo la débil luz de las lámparas que se balanceaban lentamente.

Pasaron los viajeros bajo otras lámparas oscilantes, más brillantes en calles mejores, más débiles en las calles peores, frente a vidrieras iluminadas, entre alegres multitudes, por delante de concurridos cafés y teatros, hasta llegar a una de las puertas de la ciudad.

En el cuerpo de guardia había soldados que, levantando sus linternas, dijeron:

—¡Vuestros pasaportes, viajeros!

—Aquí están, señor oficial —contestó Defarge, bajando del pescante; y apartándose un poco prosiguió—: éstos son los pasaportes del señor que está en el coche, el que tiene cabellos blancos. Me fueron entregados con él en la. . .

Bajó la voz.

Hubo un movimiento en las linternas de los militares; una de ellas fue introducida dentro del coche y el oficial miró con extraordinario interés al viajero de cabellos blancos.

—¡Está bien! ¡Adelante! —exclamó.

—¡Adiós! —dijo Defarge.

Y así, a la luz cada vez más débil de las lámparas oscilantes, salieron de la ciudad, y siguieron viajando bajo la luz de las estrellas.

Bajo la bóveda tachonada de fijas y eternas luces, las sombras de la noche parecían grandes y negras. Las estrellas están tan remotas, que según dicen los sabios, hay algunas cuya luz no ha llegado aún a descubrir este pequeño punto en el espacio donde se sufre tanto y se cometen tantas injusticias.

Durante las horas frías e inquietantes que

transcurrieron hasta que llegó el alba, algo parecía murmurar al oído del señor Jarvis Lorry:

—¿Puedo esperar que os agrada volver a la vida?

Y la antigua respuesta:

—No lo sé.

Y el señor Lorry, sentado frente al hombre que había sido sacado de un sepulcro de hombres vivos, se preguntaba qué sutiles fuerzas habría perdido aquél para siempre, y qué facultades podría recobrar.

Segunda parte

EL HILO DE ORO

CINCO AÑOS DESPUES

El Banco de Tellson, al lado de Temple-Bar, era ya un edificio antiguo en el año mil setecientos ochenta. La construcción, reducida, sombría, fea y muy incómoda, era además anticuada en el sentido moral, porque los socios de la casa estaban orgullosos de su pequeñez, su fealdad, su lobreguez y sus incomodidades reconocidas. Hasta se jactaban de su superioridad en aquellos defectos. Los animaba en esta actitud la convicción de que si el establecimiento no hubiera tenido tantos inconvenientes, no habría sido tan respetado. Y no era ésta una creencia pasiva, sino un arma activa que se esgrimía en sitios convenientes para sus negocios. Decían los socios que el Banco Tellson no tenía necesidad de espacio, de luz ni de decorados. Eso estaba bien para Nookes y Compañía, o para Snooks y Hermanos; pero para Tellson, ¡a Dios gracias!. . .

Cualquiera de estos socios habría desheredado a su hijo si éste hubiera propuesto reedificar el local del banco. En esto, la casa procedía como el país, pues éste desheredaba frecuentemente a sus hijos si éstos sugerían mejora en las leyes o en las costumbres consideradas malas desde mucho tiempo atrás, pero que eran, por eso mismo, más respetables.

Así había llegado el Banco Tellson a la triunfante perfección de la incomodidad. Después de abrir una puerta estúpidamente obstinada y que adolecía de un débil rechinamiento, se caía, por medio de dos escalones, al banco, y se hallaba uno en un reducido y sórdido despacho que contenía dos pequeños mostradores, tras de los cuales unos hombres muy viejos sacudían cada cheque como si los agitara el viento, mientras eran examinadas las firmas a la luz de las más empañadas ventanas que recibían las salpicaduras del lodo de la calle Fleet y que eran aún más oscurecidas por sus barrotes de hierro y por la densa sombra del Temple-Bar. Si vuestro asunto exigía ver al jefe de la casa, erais conducido a una especie de calabozo de sentenciados, donde meditaríais sobre los errores de vuestra vida hasta que se presentara el jefe, con las manos en los bolsillos, y apenas pudierais distinguirlo en la penumbra crepuscular. Vuestro dinero entraba (o salía, según los casos) en (o de) unos apolillados cajones corredizos que, al ser movidos, desprendían un polvo sutil que penetraba en las narices y garganta. Los billetes de banco tenían olor mohoso, como si estuvieran en descomposición y a punto de volver a convertirse en trapos. Vuestra vajilla de plata era depositada cerca del sumidero cuyas filtraciones o emanaciones subterráneas alteraban su brillo al cabo de uno o dos días. Vuestros documentos iban a parar a depósitos improvisados hechos en antiguas cocinas y fregaderos, y exhalaban toda la grasitud de los pergaminos, transmitiéndola al aire ambiente del edificio. Las cajas más livianas, que contenían papeles de familia, iban al piso alto, a una habitación en la que había una gran mesa de comedor (sobre la cual nunca se había comido). En aquella habitación, en el año mil setecientos ochenta, las primeras cartas escritas por nuestra amada o por nuestros pequeños hijos, se libraban recién del horror de estar ante los ojos de las cabezas expuestas en Temple-Bar con una insensatez brutal y ferocidad dignas de Abisinia o Ashantee.

Cierto es que en aquella época, la aplicación de la pena de muerte estaba muy en boga en todos los oficios y en todas las profesiones, sin excluir a Tellson. Siendo la muerte el remedio que la naturaleza aplica a todas las cosas, ¿por qué no haría lo mismo la legislación? De acuerdo con este criterio se mataba al falsificador, al que emitía una mala nota musical, al que abría una carta sin derecho de hacerlo, al ladrón que había hurtado cuarenta chelines y seis peniques, al que estando encargado de cuidar un caballo a la puerta de Tellson, huía con el animal; al falsario que había fabricado una moneda de un chelín. Las tres cuartas partes de toda la escala de la delincuencia caían bajo el mismo castigo: la muerte. Y no es que fuera eficaz este sistema como preventivo del crimen (hasta era digno de notarse que ocurría exactamente lo contrario), pero liquidaba en este mundo el trastorno producido por cada caso particular, y no había que preocuparse ya de cosa alguna relacionada con ese caso. Así, Tellson, en su época, como otras instituciones contemporáneas de mayor importancia, había suprimido tantas vidas, que si todas las cabezas cercenadas se hubieran amontonado en Temple-Bar, en vez de ser discretamente conducidas a otro sitio, probablemente habrían interceptado la poca luz que recibía el primer piso del edificio.

Apretados entre toda clase de armarios y estanterías, los más ancianos empleados de Tellson efectuaban gravemente las transacciones. Cuando entraba algún joven en la casa de Londres, se le ocultaba en alguna parte hasta que envejeciera. Exactamente como a un queso, se le mantenía en un sitio oscuro hasta que hubiera adquirido el color y las vetas azules del establecimiento. Sólo entonces se le podía ver, con su calzón corto y sus polainas, espectacularmente inclinado sobre un gran libro, aumentando con su peso la importancia del Banco Tellson.

Frente al banco (nunca adentro, a menos de que fuera llamado) había un individuo que prestaba servicio como portero, mozo de cuerda y mensajero, y que presentaba la única señal de vida de la casa. Durante las horas de oficina no se apartaba de su puesto sino en cumplimiento de alguna comisión, en cuyo caso lo reemplazaba su hijo, un feísimo arrapiezo de unos doce años que era su vivo retrato. La gente comprendía que Tellson toleraba de manera pomposa a aquel sujeto que desempeñaba diversos trabajos. La casa siempre había tolerado a alguien en este carácter, y el tiempo y el azar habían llevado allí a este sujeto. Su apellido era Cruncher, y el día en que su padrino renunció por él a todas las obras del Malo, en la iglesia parroquial de Houndsditch, recibió el nombre de Jerry.

El señor Cruncher estaba en su domicilio particular, en el pasillo de Hainging-sword, en Whitefriars; eran las siete y media de una ventosa mañana de marzo del año mil setecientos ochenta. Cruncher llamaba al año del señor "Ana Dominos", quizá creyendo que la era cristiana comenzaba con la invención del juego popular, al cual habría dado su nombre alguna señora que lo inventó.

La habitación que ocupaba Cruncher no estaba situada en un buen vecindario y sólo constaba de un dormitorio y una alcoba con una ventanita, pero todo estaba bien cuidado y limpio. Aunque era muy temprano, y él se encontraba en cama todavía, ya estaba limpia la habitación y la mesa tendida con un mantel blanco y pulcra vajilla preparada para el desayuno.

Cruncher descansaba bajo una arlequinesca colcha hecha de retazos de telas de diversos colores. Al principio estaba profundamente dormido, pero poco a poco comenzó a moverse y salir de entre las cobijas, asomando su cabeza tan erizada de púas que parecía que debían desgarrar hasta convertir en tiras las sábanas. Por último exclamó con exasperación:

—¡Que me maten, si aquélla no vuelve a las andadas!

Una mujer aseada y activa se levantó de un rincón donde había estado arrodillada. La precipitación y el temor que demostró indicaban que las palabras de Cruncher se referían a ella.

—¡Cómo! —exclamó el hombre, buscando una bota al lado de la cama—. Has vuelto a las andadas, ¿eh?

Después de ese segundo saludo matinal, arrojó la bota a la mujer.

La bota estaba enlodada, aspecto muy particular que siempre ofrecía el calzado de este individuo: venía a su casa con las botas limpias cuando se cerraba el banco Tellson, pero a la mañana siguiente aparecían terrosas al pie de la cama.

—¿Qué era lo que estabas haciendo? —vociferó Cruncher, cuando observó que había errado el blanco.

—Estaba rezando.

—¡Rezando! ¡Buena eres tú! ¿Qué te propones con echarte de rodillas y rezar contra mí?

—No rezaba contra ti, sino por ti.

—No es cierto. Y si lo fuera, no quiero que te tomes semejante libertad. ¡Tú, joven Jerry! Buena es tu madre, que reza contra la prosperidad de tu padre. Tienes una madre respetuosa, hijo mío; una madre religiosa que se echa al suelo y reza para que el pan sea arrebatado de la boca de su hijo único.

El joven Cruncher, que estaba en camisa, tomó esto muy a mal, y, volviéndose hacia su madre, reprobó enérgicamente que se rezara en contra de su alimento personal.

—Y tú, mujer vanidosa —dijo el padre, sin pensar en lo contradictorio de sus palabras—: ¿qué crees tú que pueden valer los rezos? ¡Di qué precio les pones!

—Rezo con fervor, de todo corazón, Jerry, nada más.

—Pues entonces no valen mucho. Como quiera que sea, te repito que no quiero que reces contra mí. No puedo permitirlo, ni quiero que tu hipocresía me traiga desgracia. Si quieres echarte a rezar, hazlo en favor de tu marido y de tu hijo, no contra ellos. Si mi mujer, y la madre de este pobre muchacho no fuera una desnaturalizada, yo podía haber hecho algún dinero la semana pasada, pero se rezó contra mí y todo salió del peor modo posible. ¡Que me maten! —exclamó Cruncher, que se había estado vistiendo mientras hablaba—. Entre la devoción y una cosa y otra, durante la semana pasada, he tenido tan mala suerte como puede caerle a un pobre diablo de honrado comerciante. Joven Jerry, vístete, y mientras yo limpio mis botas, vigila a tu madre, hijo mío; y si ves señales de que se vuelve a echar de rodillas, avísame. Porque, te repito —añadió, volviéndose hacia su mujer—, que no permitiré que se vaya contra mí. Estoy tan deshecho como un coche de aquiler, tan soñoliento como el láudano, y tan retorcido, que si no fuera por el dolor que siento, apenas me reconocería; y con todo eso, no mejora el estado de mi bolsillo. Por eso sospecho que has estado pidiendo día y noche que no mejore el estado de mi bolsillo, y eso no lo permitiré. ¿Qué dices tú, Aggerawayter?

Y mientras gruñía otras frases sarcásticas, tales como: "¡Ah, sí; tú eres religiosa! ¡No te pondrás en contra de los intereses de tu marido y de tu hijo! ¡Oh, no! ¡Tú, no!", desahogó una parte de su indignación limpiando enérgicamente sus botas para ir a ocupar su puesto frente al banco. Entretanto, su hijo levantaba la cabeza erizada de otras púas algo menos duras; tenía los ojos tan juntos como los de su padre; vigilaba a la madre, como se le había ordenado, e inquietaba a la pobre mujer saliendo de la alcoba, donde se lavaba y vestía, para decirle con voz contenida:

—¡Vas a echarte de rodillas, madre! ¡Hola, padre!

Después de cada una de estas falsas alarmas volvía a su cuartucho, riéndose en silencio, de manera irrespetuosa.

Cruncher se sentía todavía malhumorado cuando se sentó a la mesa; le ofendió que su mujer bendijera el almuerzo con lo que él llamaba "especial animosidad".

—¡Ahora, Aggerawayter! ¿Vuelves a lo mismo? ¿Qué estás haciendo?

—Pido una bendición —explicó ella.

—¡Pues no lo hagas! —dijo Cruncher, mirando a uno y otro lado como si temiera ver desaparecer los víveres gracias a la petición de su mujer—. ¡No permito que con bendiciones se me arroje de mi casa! ¡No permito que con bendiciones se me quite la comida de sobre mi propia mesa! ¡Quédate quieta!

Cruncher gruñía como los habitantes de los jardines zoológicos, mientras engullía su alimento. Parecía evidente que había trasnochado en algún sitio en que no se había divertido a juzgar por sus ojos enrojecidos y su expresión hosca. Cerca ya de las nueve, alisó su ropa y trató de mejorar su aspecto para presentar el aire más respetable y dispuesto que le era posible al ir a su ocupación diaria.

Esta ocupación, a la que él llamaba "un oficio honrado", requería solamente un taburete hecho con una vieja silla sin respaldo y que el joven Jerry llevaba todas las mañanas a colocar bajo la ventana del banco que estaba más próxima a Temple-Bar; allí acampaba durante el día, añadiendo algún puñado de paja caída de los vehículos que pasaban y que servía para defender de la humedad y del frío los pies del "honrado comerciante". En su puesto, Cruncher era tan conocido como la calle Fleet y Temple-Bar, y de tan mal aspecto como éste.

Instalado en su puesto aquella ventosa mañana de marzo, estuvo a tiempo para saludar, tocando su sombrero tricornio, a los ancianos empleados que iban entrando al Banco Tellson un poco antes de las nueve; el joven Jerry se mantenía a su lado cuando no hacía incursiones para golpear o insultar a los chicuelos que pasaban, si eran bastante pequeños para esa amable diversión. Padre e hijo, muy parecidos uno a otro, observaban en silencio el tráfico mañanero de la calle

Fleet, con las cabezas tan juntas como los ojos de ambos, presentando una notable semejanza con un par de monos. Acentuaba esta semejanza el hecho de que Jerry padre masticaba paja y la escupía, y que Jerry hijo parpadeaba incesantemente, mientras sus ojos inquietos lo observaban todo.

Uno de los mensajeros del servicio interno del banco, asomó la cabeza a la puerta y dijo:

—¡Llaman al mensajero!

—¡Hurra, padre! ¡Un trabajo con qué comenzar el día!

Habiendo despedido a su padre con estas palabras, el muchacho se sentó en el taburete y se puso a examinar la paja que su padre estaba masticando.

—¡Siempre con herrumbre! Sus dedos siempre tienen herrumbre —murmuró pensativo—. ¿De dónde saca mi padre tanta herrumbre de hierro? No es de aquí, porque aquí no hay tal cosa.

Capítulo 2

UN ESPECTACULO

—¿Conoces bien Old Bailey, sin duda? —preguntó uno de los más antiguos empleados del banco al mensajero Jerry.

—Sí, señor —contestó hoscamente Jerry—. Conozco Old Bailey.

—Bien. ¿Y conoces al señor Lorry?

—Conozco mucho mejor al señor Lorry que a Old Bailey —replicó Jerry con la displicencia de un testigo llamado a ese lugar—. Yo soy un honrado comerciante y no deseo conocerlo.

—Muy bien. Busca la puerta por donde entran los testigos y muéstrale al portero esta carta para el señor Lorry. Entonces te dejará entrar.

—¿A la sala del tribunal, señor?

—A la sala del tribunal.

Los ojos de Cruncher parecieron acercarse más uno al otro, como si cambiaran entre sí esta pregunta: "¿Qué piensas tú de esto?"

—¿Tengo que esperar en el tribunal, señor? —interrogó Jerry.

—Voy a decírtelo. El portero pasará la carta al señor

Lorry, y tú haz algún gesto que atraiga la atención del señor Lorry para que él vea dónde estás. Después de esto te quedarás allí hasta que él te necesite.

—¿Nada más, señor?

—Nada más. El quiere tener a mano un mensajero. Esta carta le dice que tú estás allí.

Mientras el empleado doblaba la carta y le escribía la dirección, Jerry lo miraba en silencio. Cuando aquél se disponía a secar la tinta, éste le preguntó:

—¿Será algún caso de falsificación lo de esta mañana?

—¡De traición!

—Descuartizamiento —dijo Jerry—. ¡Eso es bárbaro!

—Es la ley —replicó el empleado, volviendo su mirada asombrada hacia el mensajero—. Es la ley.

—Es duro que la ley eche a perder así a un hombre, me parece. ya es bastante matarlo; pero parece muy duro echarlo a perder, señor —insistió Jerry.

—De ninguna manera. Habla tú bien de la ley. Cuídate el pecho y la voz, amigo mío, y deja que la ley cuide de sí misma. Te doy ese consejo.

—Es la humedad, señor, lo que me hace daño al pecho y a la voz —dijo el mensajero—. Juzgad de qué manera tan húmeda me gano la vida.

—Bien, bien. Todos tenemos que ganarnos la vida de diferentes maneras. Algunos modos son húmedos y otros son secos. Aquí está la carta. Vete.

Jerry tomó la carta, hizo una reverencia, y con menos respeto del que aparentaba, se dijo:

"¡Eres un viejo escuálido!"

Al pasar, informó a su hijo del sitio adonde iba a entregar el mensaje, y partió.

En aquellos días, en Tyburn, ahorcaban a los sentenciados, de manera que la calle que corría fuera de Newgate aun no había adquirido la infame notoriedad que tuvo después. Pero la cárcel era un lugar horrendo en que se practicaban todas las infamias y todas las maldades, y donde se incubaban espantosas enfermedades que los presos llevaban al tribunal, y que, a veces, atacaban directamente al mismo presidente de la sala y lo derribaban de su asiento. Más de una vez sucedió que el juez del gorro negro pronunciaba su propia sentencia al mismo tiempo que la del acusado, y hasta moría antes que el sentenciado. Por otra parte, Old Bailey era famoso por ser una especie de posada de la muerte, de la que salían continuamente pálidos viajeros, en carros o en coches, camino a una muerte violenta; después de recorrer unas dos yardas y media por calles y caminos escandalizando a los buenos ciudadanos, llegaban a su destino. Tan poderosa llega a ser la costumbre, que es de desear que sea buena al comienzo. También era famoso por la picota, antigua y sabia institución que infligía castigo cuya duración nadie podía predecir, y por el poste para la pena de azotes, otra buena y antigua institución, cuyo espectáculo provocaba en los espectadores sentimientos de humanidad y de dulzura; y, además, por el activo tráfico de rescate, otro detalle de sabiduría ancestral que inducía sistemáticamente a los más terribles crímenes mercenarios que se puedan cometer bajo la bóveda del cielo. En suma, Old Bailey era en esa época una buena ilustración del aforismo "Todo lo que es, está bien", tan terminante como ocioso si no incluyera la perturbadora consecuencia "nada de lo que existió fue malo".

Con la destreza del hombre acostumbrado a andar sin llamar la atención, el mensajero se abrió paso entre la abigarrada multitud dispersa en todo este odioso escenario, y, al hallar la puerta que buscaba, entregó la carta a través de una rejilla. En aquel tiempo se pagaba para ver lo que ocurría en Old Bailey, como se pagaba para ver lo que sucedía en el manicomio de Bedlam; solamente que el espectáculo en Old Bailey era más caro. A causa de esto, todas las puertas estaban allí bien custodiadas. Solamente quedaban abiertas de par en par aquellas por donde tenían que entrar los criminales.

Después de alguna demora y ciertas objeciones, la

puerta giró sobre sus goznes, como de mala gana, y se abrió muy poco para dejar que el señor Cruncher entrara a la sala del tribunal.

—¿Qué pasa? —le preguntó éste en voz baja al hombre que tenía cerca.

—Nada todavía.

—¿Qué va a suceder?

—Un caso de traición.

—¿De descuartizamiento?

—¡Ah! —dijo el hombre con fruición—. Lo llevarán arrastrando hasta el cadalso y allí lo ahorcarán a medias; luego lo bajarán, y le abrirán el vientre, le sacarán las entrañas y las quemarán, y después le cortarán la cabeza y lo descuartizarán. Esa es la sentencia.

—Si lo declaran culpable, querráis decir —dijo Jerry.

—¡Oh, sí! Lo declararon culpable —replicó el otro—. Nada temáis.

La atención de Cruncher se fijó en el portero que se encaminaba hacia el señor Lorry con la carta en la mano. El señor Lorry estaba sentado ante una mesa, entre los caballeros con pelucas, no lejos de otro caballero con peluca que era el defensor del acusado y que tenía ante sí un gran paquete de papeles. Casi enfrente de éste se hallaba otro caballero con peluca, que tenía las manos en los bolsillos y cuya atención estaba constantemente fija en el cielorraso de la sala, lo que Cruncher pudo notar en ese momento y, también, más tarde. Después de toser roncamente, de frotarse el mentón y de agitar la mano, Jerry logró atraer la mirada del señor Lorry, quien se había puesto en pie para verlo; éste le hizo un gesto con la cabeza y volvió a sentarse.

—¿Qué tiene él que hacer con este caso? —preguntó el hombre con quien Jerry había estado hablando.

—¡Bendito si lo sé!

—Y vos, ¿qué tenéis que hacer con ello, si es permitido preguntar?

—¡Bendito si sé eso tampoco! —contestó Jerry.

La entrada del juez y todo el movimiento que eso produjo interrumpió el diálogo. Más tarde, todo el interés se concentró en el banco del acusado. Dos carceleros que habían estado parados allí, salieron y volvieron con el reo.

Todos los presentes, menos el caballero con peluca que contemplaba el techo, lo miraron. Hacia él iba la atención de todos, como hacia el mar, el viento o el fuego. En torno de las columnas y en los rincones aparecían rostros curiosos; los espectadores colocados en las últimas filas se empinaban para no perder de vista ni uno de sus cabellos; los otros apoyaban las manos sobre los hombros de los que estaban adelante, para poder dirigirle una ojeada, costara lo que costase; algunos se paraban en puntas de pies o sobre los zócalos. Entre estos últimos se hallaba Jerry, como un animado trozo del muro de Newgate erizado de púas. Desde su puesto de observación exhalaba hacia el reo su aliento saturado de la bebida que había tomado al venir, y que se unía a otros alientos cargados a ginebra, a té, a café, y a otras cien cosas. Estas oleadas de vapor tibio pasaban más allá del reo y producían una niebla impura en los vidrios de las grandes ventanas que había detrás del objeto de tanta curiosidad.

El acusado era un joven de unos veinticinco años, de buena estatura y bien parecido; tenía el rostro tostado por el sol y los ojos oscuros. Evidentemente era un caballero. Vestía sencillamente, de negro o de gris tan oscuro que parecía negro; sus cabellos, largos y oscuros, estaban sujetos por una cinta sobre la nuca, más bien para que no molestaran que como adorno. Como las fuertes emociones se manifestan siempre en el cuerpo, una intensa palidez causada por su peligrosa situación, se observaba en sus mejillas tostadas, lo que demostraba que su alma era más fuerte que el sol. Por lo demás, se mostraba muy sereno; hizo una reverencia al juez y permaneció en pie, muy tranquilo.

La clase de interés que atraía hacia este joven las

miradas y los alientos de tanta gente, no era de las que elevan a la humanidad. Si la sentencia que lo amenazaba hubiera sido menos horrible, o si hubiera habido probabilidad de que se suprimiera alguno de los atroces detalles del suplicio, la presunta víctima habría perdido mucho de su fascinación. El espectáculo era aquel cuerpo humano destinado a ser tan inicuamente despedazado. La criatura inmortal que debía ser tratada como una res, era la causa de toda aquella sensación. Si los diversos espectadores intentaban engañarse a sí mismos atribuyendo su interés a otras causas, no podían ignorar que en el fondo les guiaba un sentimiento cruel y sanguinario.

Reinaba silencio en el tribunal. El día anterior Carlos Darnay, con gran retintín y charlatanería, había declarado ser inocente de la acusación que se le hacía, de haber traicionado a nuestro serenísimo, ilustre, excelentísimo, etcétera, príncipe, a nuestro señor el rey, ayudando en diversas ocasiones y por diversos medios al rey Luis de Francia en sus guerras contra nuestro serenísimo, ilustre, etcétera. Es decir, que el acusado iba y venía entre los dominios de nuestro serenísimo, ilustre, etcétera, y los del dicho rey Luis de Francia, revelándole a éste, falsa, traidora e inicuamente, cuáles eran las fuerzas que el serenísimo, etcétera, preparaba para enviar al Canadá y a Norteamérica. Jerry oyó todo esto con gran satisfacción, sintiendo que sus cabellos se erizaban cada vez más al oír los términos de la acusación; su satisfacción aumentó al oir que el (tal y tal) acusado Carlos Darnay estaba allí para ser juzgado, que los miembros del jurado estaban prestando juramento y que el señor fiscal general se disponía a hablar.

El acusado era mentalmente ahorcado por todos los presentes y él lo sabía, pero no se acobardó, ni adoptó aires teatrales. Se mostraba sereno y atento y siguió con grave interés la iniciación del proceso. Sus manos se apoyaban sobre la tabla que tenía ante sí, y estaban tan firmes que no desplazaron ni una hoja de las hierbas aromáticas que la cubrían. En todo el tribunal se espacían hierbas y la sala era rociada con vinagre a modo de precaución contra el aire mefítico y contra la fiebre de las cárceles.

Por encima de la cabeza del acusado había un espejo destinado a proyectar luz sobre él. Multitudes de malvados o de infelices se habían reflejado en ese espejo, y así como habían desaparecido de su superficie, también habían desaparecido de la faz de la tierra. ¡Cuántos fantasmas hubieran poblado aquel abominable lugar si el espejo, a la manera del mar, que un día devolverá a los muertos en él, devolviera todo lo que había reflejado! Quizás algún fugaz pensamiento del objeto cruel deshonroso de aquel espejo pasara por la mente del acusado. Lo cierto es que un ligero cambio de posición hizo que un rayo de luz iluminara su rostro; levantó los ojos, y al ver el espejo, su rostro enrojeció y su mano derecha apartó de sí las hierbas.

Aquel movimiento le hizo volver el rostro hacia la izquierda y vio al nivel de sus ojos a dos personas sentadas en un ángulo del banco del juez; esa visión produjo en él un cambio tan visible que todos los que habían estado mirándolo se volvieron hacia las dos personas.

Estaban sentados allí, una joven de poco más de veinte años y un caballero que, evidentemente, era el padre de esa joven. El era notable por la nívea blancura de sus cabellos y por la indescriptiblemente intensa expresión de su rostro, reflejo de un alma profunda y reconcentrada, que lo hacía parecer viejo. Sólo cuando habló con su hija su semblante se suavizó y se pudo ver que el caballero era un hombre hermoso, todavía en la flor de la edad.

La joven, con las manos apoyadas en un brazo de su padre, se oprimía contra él, como manifestación del miedo que le causaba aquella escena, y la compasión que experimentaba por el acusado. Este temor y esta compasión estaban tan claramente expresados, que todos lo notaron; los que no habían tenido piedad del acusado, sintieron alguna emoción, y circuló la pregunta hecha en voz baja: "¿Quiénes son ésos?"

Jerry había hecho observaciones a su manera, mientras chupaba sus dedos manchados de herrumbre; estiró el cuello para escuchar el nombre de los dos desconocidos. La respuesta recorrió los grupos próximos y por último llegó hasta él.

—Son testigos.

—¿En favor o en contra?

—En contra.

—¿En contra de quién?

—Del acusado.

El juez había observado la atención de la concurrencia; cambió la dirección de su mirada y la fijó en el hombre cuya vida estaba en sus manos; en esos momentos el fiscal general se puso en pie para atar la cuerda, afilar el hacha y hundir los clavos en el patíbulo.

Capítulo 3

UNA DECEPCION

El señor fiscal tuvo que informar a los miembros del jurado que el acusado que tenían ante sí, aunque era joven por la edad, era ya veterano en la práctica de la traición que exigía la inmolación de su vida. Agregó que esta correspondencia suya con el enemigo público no databa de hoy, ni de ayer, ni aun del año pasado, ni del anterior. Era cosa cierta que el acusado, desde mucho antes, había tenido la costumbre de ir y venir entre Inglaterra y Francia por asuntos secretos de los cuales no podía dar una explicación honrada. Que si fuera posible que las traiciones prosperasen (lo cual nunca ocurriría, felizmente), su culpable y malvado negocio hubiera permanecido oculto. Sin embargo, la Providencia puso en el corazón de una persona inaccesible al temor y al reproche, el deseo de descubrir la naturaleza de los designios del acusado, y, horrorizado, los reveló al primer secretario de Estado de Su Majestad, y al muy Honorable Consejo Privado. Dijo también el señor fiscal que ese patriota, cuya posición y conducta eran sublimes, se presentaría ante el tribunal. Que había sido amigo del acusado, hasta que en una hora a la vez mala y propicia, descubrió la iniquidad del traidor y decidió inmolar en el sagrado altar de la patria a quien no podía seguir ocupando un lugar en su corazón. Que, si como en la antigua Grecia y Roma, en Gran Bretaña se decretara la erección de estatuas, probablemente el patriota tendría la suya. Que han dicho los poetas, en estrofas que cada uno de los miembros del jurado recuerda palabra por palabra (dichos miembros revelaron claramente en su respectiva expresión que ignoraban en absoluto aquellas estrofas), que la virtud es contagiosa, especialmente la brillante virtud llamada patriotismo, o sea amor a la patria. Que el alto ejemplo de este inmaculado e inatacable testigo en favor de la Corona, a quien era un honor referirse, había sido seguido por el sirviente del acusado, infundiéndole la santa resolución de examinar los cajones y los bolsillos de su amo y sustraer sus papeles. Que él, el señor fiscal, estaba preparado para oír denigrar a este admirable sirviente, pero que, en general, él lo prefería a sus propios hermanos (los del señor fiscal). Que esperaba confiado en que el jurado coincidiera con él. Que el testimonio de estos dos testigos, unido a la presentación de los documentos descubiertos por ellos, demostrarían que el acusado había recibido listas de las tropas de Su Majestad, de su preparación y ubicación, por mar y tierra, y que no podía quedar duda de que el acusado transmitía habitualmente esas informaciones a una potencia enemiga. Que no era posible probar que estas listas estuvieran escritas con letra del acusado, pero que eso mismo estaba en favor de la acusación, evidenciando la astucia de esta precaución. Que la prueba se remontaba a cinco años, demostrando que el acusado ya estaba ocupado en estas perniciosas misiones, unas pocas semanas anteriores a la primera batalla entre las tropas británicas y las americanas. Y que, por estas razones, estando el jurado compuesto por hombres leales a la patria (como él sabía que lo eran), debían indefectiblemente reconocer la culpabilidad del acusado y terminar con éste, quisieran o no quisieran hacerlo. Que ellos jamás podrían descansar sus respectivas cabezas sobre la almohada, ni tampoco sus esposas e hijos, hasta que la cabeza del acusado fuera cercenada. El señor fiscal terminó pidiéndoles aquella cabeza en nombre de todo lo que pudo mencionar en una pomposa frase final, asegurando solemnemente que, para él, el acusado ya estaba muerto.

Cuando el fiscal cesó de hablar, se oyó en el tribunal un zumbido, como si un enjambre de moscas azules rodeara ya al acusado, anticipándose a los hechos. Cuando se atenuó el zumbido, apareció en el banco de los testigos el patriota intachable.

El abogado de la Corona examinó al patriota, según el criterio del fiscal. Ese patriota era el caballero Juan Barsad. La historia de su alma pura era tal como la había descrito el fiscal, quizás no muy exactamente. Una vez que hubo aliviado su pecho de aquel peso, él se hubiera retirado modestamente, pero el caballero con peluca que tenía ante sí un fajo de papeles, pidió permiso para hacerle algunas preguntas. El otro caballero con peluca, sentado frente al anterior, seguía mirando al cielorraso de la sala.

¿Había sido espía alguna vez? No; rechazó con desprecio tan vil insinuación. ¿Qué medios de vida tenía? Sus propiedades. ¿Dónde estaban situadas? No lo recordaba exactamente. ¿En qué consistían? Eso a nadie le importaba. ¿Las había heredado? Sí. De parientes lejanos. ¿Había estado preso alguna vez? Ciertamente que no. ¿Nunca en una prisión, por deudas? Vamos, una vez más. . . ¿Nunca? Sí. ¿Cuántas veces? Dos o tres veces. ¿No serían cinco o seis veces? Quizás. ¿Cuál era su profesión? Era un caballero. ¿Nunca había recibido puntapiés? Podía ser. ¿Frecuentemente? No. ¿Alguna vez lo arrojaron por la escalera a puntapiés? Decididamente, no; una vez recibió un puntapié estando en lo alto de la escalera, cayendo por su propia voluntad. ¿Eso ocurrió por haber hecho trampa jugando a los dados? Algo de eso dijo el beodo mentiroso que cometió el atropello, pero no era verdad. ¿Jura que no era verdad? Positivamente. ¿Nunca ha vivido mediante trampas hechas en el juego? Nunca. ¿Nunca ha vivido del juego? No más que otros caballeros. ¿Alguna vez le pidió dinero en préstamo al acusado? Sí. ¿Se lo devolvió? No. ¿No fue, en realidad, muy superficial la amistad con el acusado, relación, mejor dicho, que se le imponía en los encuentros en posadas, coches o barcos? No. ¿Está seguro de haber visto esas listas en poder del acusado? Seguro. ¿No sabía nada más respecto a esas listas? No. ¿No se las había procurado el testigo mismo, por ejemplo? No. ¿Espera obtener algo por prestar su testimonio? No. ¿No tiene un puesto fijo, pagado por el Gobierno, para tender celada? ¡Oh, no! Lo juraría. Una y cien veces. ¿No hay otro móvil que el patriotismo? Ningún otro.

El virtuoso sirviente, Rogerio Cly, prestó juramento antes de sus grandes declaraciones. Cuatro años antes se había puesto al servicio del acusado, con toda buena fe y sencillez de ánimo. Viajando a bordo del paquete que va a Calais, había preguntado al acusado si necesitaba un sirviente práctico, y aquél lo tomó a su servicio. No se ofreció pidiendo un acto de caridad; el testigo nunca pensó en semejante cosa. Poco después comenzó a sospechar del acusado y a vigilarlo. Al arreglar sus ropas cuando viajaba, había visto muchas veces listas semejantes a éstas en los bolsillos de su patrón. El había sacado estas listas del cajón del escritorio del acusado. No las había puesto allí previamente. Había visto que el acusado les mostraba idénticas listas a unos caballeros franceses, en Calais y en Boulogne. El amaba a su patria, y como no pudo soportar tal conducta, hizo la denuncia. Nunca sospechó que él robara una tetera de plata; se le calumnió con respecto a una mostacera, que resultó ser de metal inferior plateado. Hacía siete u ocho años que conocía al testigo precedente, lo cual era una simple casualidad; no le parecía una extraña coincidencia, pues casi todas lo son. Tampoco era de extrañar que su único móvil fuera el verdadero patriotismo. El era un verdadero inglés y esperaba que hubiera muchos como él.

Las moscas azules volvieron a zumbar, y el señor fiscal llamó al señor Jarvis Lorry.

—Señor Jarvis Lorry, ¿sois empleado del Banco Tellson?

—Lo soy.

—Cierto viernes a la noche, en noviembre de mil setecientos setenta y cinco, ¿tuvisteis ocasión de viajar por negocios entre Londres y Dover, en la diligencia?

—Sí.

—¿Había otros pasajeros en la diligencia?

—Dos.

—¿Bajaron en el camino, en el curso de la noche?

—Sí.

—Señor Lorry, mirad al acusado. ¿Era él uno de los pasajeros?

—No podría afirmarlo.

—¿Se parece a alguno de los dos pasajeros?

—Ambos estaban tan embozados, la noche era tan oscura y todos nos mostrábamos tan reservados, que ni aun eso puedo afirmar.

—Señor Lorry, mirad otra vez al acusado. Suponedlo embozado como estaban aquellos dos pasajeros, ¿hay algo en, su estatura y su volumen que haga improbable el hecho de que fuera uno de ellos?

—No.

—¿No queréis jurar que él no era uno de ellos?

—No.

—¿Por lo menos decís que pudo haber sido uno de ellos?

—Sí. Excepto que recuerdo que ambos estaban como yo, temerosos de los salteadores, y el preso no tiene aire de timorato.

—¿Habéis tenido ocasión de ver alguna vez una simulación de timidez, señor Lorry?

—Ciertamente que sí.

—Señor Lorry, mirad una vez más al acusado. ¿Estáis completamente seguro de haberlo visto antes?

—Sí.

—¿Cuándo?

—Pocos días después yo regresaba de Francia, y el acusado se embarcó en Calais en el mismo barco en que yo volvía, y realizó conmigo el viaje.

—¿A qué hora se embarcó?

—Poco después de media noche.

—En medio de la noche. ¿Era el único pasajero que se embarcó a hora tan intempestiva?

—Fue el único, casualmente.

—No habléis de "casualmente", señor Lorry. ¿Fue el único pasajero que se embarcó en medio de la noche?

—Sí.

—¿Viajabais solo, señor Lorry, o en compañía de alguien?

—Con dos compañeros. Un caballero y una dama. Están aquí.

—Están aquí. ¿Conversasteis con el acusado?

—Apenas. El tiempo era tempestuoso, la travesía larga y penosa; y yo estuve tendido en un sofá, casi desde una costa a la otra.

—¡Señorita Manette!

La joven hacia la cual se habían vuelto antes todas las miradas, y hacia la cual se volvieron nuevamente, se puso en pie ante su asiento; su padre también se levantó, y ella conservó la mano apoyada en el brazo de él.

—Señorita Manette, mirad al acusado.

Enfrentarse con una niña tan bella y que le demostraba tanta piedad, afectó más al acusado que enfrentarse con toda la multitud. Se sintió solo con ella al lado de su sepulcro, y no le fue posible mantenerse inmóvil, a pesar de la manifiesta curiosidad con que se le observaba; su inquieta mano derecha dividía las hierbas que tenía ante sí, formando como canteros en un jardín imaginario, sus esfuerzos para aquietar su respiración acelerada hacían temblar sus labios, de donde la sangre se precipitaba al corazón, haciéndolos palidecer. Volvió a aumentar el zumbido de los moscones.

—Señorita Manette, ¿habéis visto antes al acusado?

—Sí, señor.

—¿Dónde?

—A bordo del barco a que acaban de referirse, y en la misma ocasión.

—¿Sois vos la señorita a la que se referían?

—Sí, desgraciadamente.

El tono lastimero de su compasión se perdió en la voz menos musical del juez, que dijo con cierta energía:

—Señorita Manette, ¿conversasteis con el acusado durante esa travesía del Canal?

—Sí, señor.

—¿Recordáis la conversación?

En medio de un profundo silencio, ella comenzó a decir débilmente:

—Cuando ese caballero se embarcó. . .

—¿Os referís al acusado?

—Sí, milord.

—Entonces decid: "el acusado".

—Cuando el acusado se embarcó, notó que mi padre —dijo volviéndose cariñosamente a él, que estaba a su lado— se encontraba muy fatigado y muy débil, tan enfermo que yo temía llevarlo donde no hubiera aire libre, y le preparé una cama sobre el puente, cerca de las gradas que llevaban a las cabinas. Esa noche no había más pasajeros que nosotros cuatro. El acusado tuvo la bondad de enseñarme, con mi permiso, la manera de proteger mejor a mi padre del viento y de la intemperie. Yo no habría sabido hacerlo bien por ignorar de qué lado soplaría el viento cuando saliéramos del puerto. El lo sabía y demostró gran consideración y bondad hacia mi padre, y estoy segura de que era sincero. Fue de esa manera que empezamos a conversar.

—Voy a interrumpiros por un momento. ¿Se embarcó solo?

—No.

—¿Cuántas personas estaban con él?

—Dos caballeros franceses.

—¿Conversaban juntos?

—Conversaron juntos hasta el momento en que fue necesario que los caballeros franceses volvieran a tierra en su bote.

—¿Habían cambiado entre ellos algunos papeles, parecidos a estas listas?

—Habían cambiado algunos papeles, pero ignoro qué papeles eran.

—¿Como éstos, en forma y dimensiones?

—Posiblemente, pero yo no lo sé, aunque estuvieron cerca de mí, hablando en voz baja. Estaban parados en lo alto de las gradas para tener la luz de la lámpara suspendida encima de ese lugar; era una lámpara de luz mortecina y ellos hablaban en voz baja; no oí lo que decían y vi solamente que miraban unos papeles.

—Ahora, respecto a la conversación con el acusado, señorita Manette.

—El acusado me demostró tanta solicitud a causa de mi situación de desvalimiento, que no pudo ser más útil y bondadoso para con mi padre. Espero —añadió rompiendo a llorar— que no le retribuya hoy haciéndole algún daño.

Las moscas azules volvieron a zumbar.

—Señorita Manette, si el acusado no comprende perfectamente que hacéis de muy mala gana las declaraciones que estáis obligada a hacer y que no podéis eludir, será la única persona que no lo comprenda. Tened la bondad de continuar.

—Me dijo que viajaba por un asunto de índole difícil y delicada, que podía perjudicar a otros, y que a causa de eso viajaba con nombre supuesto. Que este mismo asunto lo había llevado a Francia pocos días antes, y que podía hacerlo viajar entre Inglaterra y Francia durante largo tiempo todavía, con algunos intervalos.

—¿Dijo algo de América, señorita Manette? Sea exacta.

—Trató de explicarme cómo había surgido la discordia, y dijo que, a su juicio, había sido una disputa errónea y tonta de parte de Inglaterra. Añadió en tono de broma, que quizá Jorge Washington llegaría a tener en la historia tanto renombre como Jorge III. No hay ningún mal en decir esto en tono risueño y para pasar el rato.

Cualquier expresión bien marcada en el rostro del principal actor de una escena vivamente interesante, y en el cual estén fijas muchas miradas, será inconscientemente imitada por los espectadores. El semblante de la señorita Manette expresaba intensa y penosa ansiedad al prestar su declaración, y durante las pausas que hacía para que el juez tuviera tiempo de tomar notas, ella observaba el efecto producido en el abogado defensor y en el otro. Los espectadores reflejaban esa misma expresión, en su gran mayoría, especialmente cuando el juez levantó la cabeza al oír aquella tremenda herejía respecto a Jorge Washington.

El señor fiscal indicó a milord que él consideraba necesario, por precaución y por fórmula, llamar al doctor Manette, padre de la declarante. De acuerdo con la indicación, el caballero fue llamado.

—Doctor Manette, mirad al acusado. ¿Lo habéis visto antes?

—Una vez. En mi domicilio, en Londres, hace unos tres años, o tres años y medio.

—¿Podéis identificarlo como vuestro compañero de viaje a bordo del paquete, o hablar de su conversación con vuestra hija?

—No puedo hacer ninguna de esas dos cosas, señor.

—¿Hay alguna razón privada, especial, que os impida hacerlo?

—Sí —contestó con voz grave.

—¿Habéis tenido la desgracia de haber estado encarcelado durante largo tiempo, sin haber sido enjuiciado, ni aun acusado, en vuestro país natal?

—Un largo encarcelamiento —contestó con tono que llegó a todos los corazones.

—¿Estabais recientemente libertado en la ocasión a que nos referimos?

—Así me lo han dicho.

—¿No os acordáis de aquella ocasión?

—No. No tengo el menor recuerdo del tiempo. Ni aun sé cuánto duró el plazo transcurrido entre la época en que me ocupaba en la prisión en hacer zapatos y la época en que me encontré en Londres viviendo con esta mi hija querida. Ella llegó a serme familiar cuando el bondadoso Dios me devolvió mis facultades; pero ni aun sé cómo fue que ella llegó a serme familiar. No recuerdo el proceso de ese cambio.

El fiscal se sentó; también Manette y su hija tomaron asiento al mismo tiempo.

Entonces ocurrió un hecho singular. El objeto que se perseguía era demostrar que el acusado había viajado, con algún cómplice desconocido, en la diligencia de Dover, el viernes de una noche de noviembre, hacía cinco años, y había bajado del vehículo, a medianoche, para despistar, en un sitio donde no permaneció y desde el cual siguió andando, y recorrió unas doce millas (o más), hasta una fortaleza y arsenal, para obtener informaciones. Se llamó a un testigo para identificar al acusado por haberlo visto en el tiempo señalado, en el salón de café de un hotel en la ciudad donde están el castillo y el arsenal, a la espera de otra persona. El abogado defensor del acusado estaba interrogando en vano a este testigo sin obtener otro resultado que el de saber que este sujeto nunca había visto a su defendido, ni antes ni después de la noche mencionada; en ese momento, el caballero de la peluca, que siempre miraba al cielorraso, escribió unas pocas palabras en un pedacito de papel, lo enrolló y se lo tiró al abogado. Este abrió el papel durante la pausa siguiente, lo leyó y miró con gran atención y curiosidad a su defendido.

—¿Repetís que estáis seguro de que aquel individuo "era" el acusado?

El testigo estaba completamente seguro.

—¿Habéis visto alguna vez a alguien que se parezca mucho al acusado?

—No tan parecido que pudiera confundirlos.

—Mirad bien a ese caballero, mi ilustrado amigo —y el abogado señaló al que le había arrojado el rollito de papel—, y después mirad al acusado. ¿Qué decís? ¿Se parecen mucho?

Aparte de que el "ilustrado amigo" tenía aspecto descuidado y desaliñado, con indicios de vida irregular, era lo suficiente parecido al acusado para causar sorpresa, no solamente al testigo, sino también a todos los presentes que pudieron hacer la comparación. Se le pidió a milord que ordenara al "ilustrado amigo" que se quitara la peluca, y una vez que éste hubo consentido de mala gana, la semejanza fue mucho más notable. Milord preguntó al abogado Stryver, defensor del acusado, si ahora se iba a enjuiciar al señor Carton (así se llamaba el "ilustrado amigo") por traición. El abogado contestó que no, pero quería preguntar al testigo si no creía que lo que había ocurrido una vez, podía ocurrir por segunda vez; si se hubiera mostrado tan seguro, en el caso de haber visto antes esta clara prueba de su precipitación al afirmar un posible error; si se mantenía en su afirmación ante lo que todos estaban viendo, etcétera. El resultado fue que la declaración de este testigo fue destruída, anulada por completo.

Cruncher, al seguir las incidencias de este último testimonio, había chupado toda la herrumbre de sus dedos. Ahora tenía que prestar atención al abogado Stryver, que presentaba al jurado el caso de su defendido con la solidez de una tela bien tejida, mostrándoles que el patriota, Barsad, era un traidor y espía a sueldo, un cínico traficante en la vida y la libertad de sus semejantes, uno de los más grandes canallas que había en el mundo desde la época de Judas, con quien tenía, ciertamente, bastante parecido; les hacía notar, también, que el virtuoso sirviente, Cly, era digno amigo y socio de Barsad, y que los ojos de los falsarios y perjuros habían elegido como víctima al acusado, tergiversando en su contra el hecho de que algunos intereses de familia lo obligaban a hacer con cierta frecuencia la travesía del Canal para ir a Francia, siendo él de origen francés; que no podía revelar el asunto de familia por consideración a personas con quienes lo ligaban vínculos de parentesco y de cariño. Que la declaración arrancada a la señorita Manette, y falseada, no tenía valor ninguno, pues se limitaban a las atenciones y galanterías corrientes entre damas y caballeros que se hallan incidentalmente reunidos, con la única excepción de la referencia a Jorge Washington, tan absurda y extravagante que no podía ser juzgada sino como una broma monstruosa. Que sería de parte del gobierno una prueba de debilidad tratar de obtener popularidad especulando con los más ruines temores y antipatías de cierta parte de la nación; y que era persiguiendo ese fin que el señor fiscal general había demostrado tanta vehemencia. Que, sin embargo, toda la acusación no tenía otra base que el infame y despreciable testimonio que con tanta frecuencia falseaba procesos como este, y de que estaban llenos los tribunales del país. En eso se interpuso milord (con semblante tan serio como si no fuera cierta la aseveración del abogado), y alegó que no podía tolerar semejantes alusiones.

El señor Stryver llamó a sus pocos testigos, y Cruncher tuvo que prestar atención mientras el fiscal volvía del revés toda la tela que Stryver había presentado al jurado, asegurando que Barsad y Cly eran cien veces mejores de lo que él había creído, y que el acusado era cien veces peor. Finalmente, intervino milord volviendo la tela de uno y otro lado, con la evidente intención de convertirla en un sudario para el acusado.

El jurado se puso a deliberar, y los moscardones zumbaron nuevamente.

El señor Carton, que durante tanto tiempo había estado sentado mirando el cielorraso, no cambió de sitio ni de actitud a pesar de toda esta agitación. Su amigo, el señor Stryver, reunía los papeles que tenía ante sí, hablaba en voz baja con las personas que tenía cerca y, de rato en rato, dirigía inquietas miradas al jurado. Todos los espectadores se apartaban unos de otros y volvían a formar grupos. Hasta el presidente se levantó de su sillón y se puso a recorrer lentamente el estrado, infundiendo a los espectadores la sospecha de que estaba afiebrado. Solamente Carton seguía recostado contra el respaldo de su silla, con su toga desgarrada a medio poner, su despeinada peluca vuelta a colocar de cualquier modo sobre su cabeza después de habérsela quitado, con las manos en los bolsillos y las miradas fijas en el cielorraso, como había estado durante todo el día. Algo de especialmente descuidado, de abandonado en su actitud, le daban un aire desdoroso que disminuía el notable parecido que indudablemente tenía con el acusado y que acentuó su expresión de momentáneo interés cuando fueron comparados. Cruncher le hizo este comentario a su vecino, y añadió:

—Yo apostaría media guinea a que ése no tiene trabajo de abogado. No parece ser de los que reciben trabajo, ¿no es cierto?

Sin embargo, Carton percibía más detalles de la escena de lo que aparentaba. Cuando la cabeza de la señorita Manette cayó sobre el pecho de su padre, él fue el primero que exclamó:

—¡Oficial! Atended a aquella señorita. Ayudad al padre a sacarla afuera. ¿No veis que se va a caer?

Cuando la sacaban de la sala se le demostró mucha compasión, y el padre inspiró gran simpatía. Era evidente que lo había afligido que se le recordara su encarcelamiento. Cuando se le interrogó, dejó ver una fuerte emoción, y su rostro expresó la preocupación y la depresión que lo envejecían; esta especie de nube se mantuvo durante el tiempo que permaneció en la sala. Cuando se retiraba, el jurado, que había regresado, habló por medio de su portavoz.

No estaban de acuerdo los miembros y deseaban retirarse. Milord (tal vez pensando en Jorge Washington) se manifestó sorprendido de que no estuvieran de acuerdo, pero accedió a que se retirasen, bajo guardia y custodia, y se retiró a su vez. El juicio había durado todo el día; comenzaban a encenderse las lámparas en el tribunal. Corría el rumor de que el jurado demoraría en volver. Los espectadores fueron saliendo para tomar algún alimento. El acusado se retiró un poco y se sentó.

El señor Lorry, que había seguido al doctor Manette y a su hija, reapareció y llamó a Jerry. Este no tuvo dificultad en llegar hasta él, pues la sala no estaba atestada de gente.

—Jerry, si quieres comer algo puedes hacerlo, pero mantente a mi vista. Con seguridad oirás cuando regrese el jurado; no tardes ni un instante después de eso, porque tienes que llevar al banco el veredicto. Eres el mensajero más rápido que conozco y llegarás a Temple-Bar mucho antes que yo.

Jerry se llevó la mano a su muy pequeña frente en señal de agradecimiento por el elogio y por el chelín que recibía. El señor Carton se acercó en ese momento y tocó un brazo al señor Lorry.

—¿Cómo está la señorita? —preguntó.

—Muy afligida, pero su padre la está consolando y se siente mejor fuera del tribunal.

—Voy a comunicárselo al acusado. No conviene que un respetable banquero como vos sea visto hablando públicamente con él.

El señor Lorry se sonrojó, como reconociendo que había debatido el punto consigo mismo; el señor Carton se encaminó hacia el lado del foro. La salida de la sala quedaba en esa dirección y Jerry lo siguió con las miradas, con los oídos atentos y con todas sus púas erizadas.

—¡Señor Carlos Darnay!

El acusado se adelantó inmediatamente.

—Como es natural, desearéis tener noticias de la señorita Manette. Seguirá muy bien. Lo peor de su emoción fue lo que visteis.

—Lamento muchísimo haber sido la causa. ¿Podéis decírselo así, y transmitirle mi agradecimiento?

—Sí, puedo hacerlo. Lo haré, si me lo pedís.

La indiferencia del señor Carton era casi insolente. Con el brazo apoyado en la baranda se mostraba de lado a Darnay.

—Os lo pido. Aceptad mi cordial gratitud.

—¿Qué esperáis, señor Darnay? —preguntó, volviéndose hacia su interlocutor.

—Lo peor.

—Es lo más prudente y lo más probable que podéis esperar. Pero me parece que el hecho de que se retirasen es favorable para vuestra causa.

Como no era permitido detenerse cerca de la salida de la sala, Jerry no pudo oír más; pero al alejarse los miró, uno junto a otro, tan parecidos en las facciones y tan diferentes en el modo y el porte, reflejados en el espejo que estaba colocado sobre el banco de los acusados.

FELICITACIONES

Los últimos espectadores que habían colmado durante todo el día aquella sala de aire caliente y mefítico, salían por los pasillos escasamente alumbrados. El doctor Manette, Lucía Manette, el señor Lorry, el abogado defensor señor Stryver y su procurador el señor Carton, se hallaban rodeando al señor Carlos Darnay, recientemente puesto en libertad y lo felicitaban por haberse salvado de la muerte.

Ni aun a una luz más viva hubiera sido fácil reconocer en el doctor Manette, de rostro intelectual y de erguida postura, al zapatero del desván de París.

Sin embargo, no podía dejar de atraer las miradas una y otra vez, aun cuando no se tuviera la oportunidad de notar la gravedad de su voz cadenciosa y la abstracción melancólica, que, sin causa aparente, proyectaba a ratos sobre su semblante algo así como una nube. Una causa exterior, como la referencia a su tan prolongado sufrimiento, hacía brotar del fondo de su alma el estado de ánimo que otras veces surgía espontáneamente, y que nublaba su semblante de manera incomprensible para los que no conocían su historia. Era como si se proyectara sobre él la sombra de la Bastilla en un día de sol, aunque la lúgubre prisión estaba a trescientas millas de distancia.

Solamente su hija tenía el poder de disipar de su mente esa nube. Ella era el hilo de oro que lo unía a un pasado anterior a su desgracia, y a un presente exento de vicisitudes; la luz del rostro de Lucía, el sonido de su voz, el contacto de su mano, ejercían benéfica influencia sobre él casi siempre. No ocurría esto siempre; Lucía recordaba que algunas veces su influencia había fallado, pero esto había ocurrido pocas veces y duraba poco. Tenía la esperanza de que esos casos no se repetirían.

El señor Darnay había besado con fervor y gratitud la mano de Lucía, y después se volvió hacia Stryver para agradecerle calurosamente. El abogado Stryver tenía poco más de treinta años de edad, pero parecía tener veinte más; era grueso, colorado, de voz fuerte y de porte petulante, sin las limitaciones que impone la delicadeza. Acostumbraba abrirse paso (en sentido material y moral) a codazos o a empellones de hombro, para introducirse en los grupos y en las conversaciones, lo cual explicaba cómo se iba abriendo camino en la vida.

Conservaba puestas su peluca y su toga; se cuadró delante de su cliente, desalojando fuera del grupo al bueno del señor Lorry, y dijo:

—Me alegro de haberos sacado con honor de este trance, señor Darnay. Era una acusación infame. Infame en alto grado, pero no por eso era menos probable que prosperase.

—Os quedo obligado por todo el resto de mi vida, en ambos sentidos —dijo su cliente, tomándole la mano.

—He hecho todo lo posible en favor vuestro, señor Darnay, y creo que eso vale tanto como lo que pudiera hacer cualquier otro hombre.

—Es evidente que corresponde decir que "valía mucho más" —dijo el señor Lorry, quizá con absoluto desinterés; por lo menos, con el objeto logrado, de reincorporarse al grupo.

—¿Lo creéis así? —dijo Stryver—. ¡Y bien! Estuvisteis presente durante todo el día y debéis saberlo. También, sois hombre de negocios.

—Y como tal —dijo el señor Lorry, a quien el abogado había vuelto a empujar hacia el grupo—, recurro al doctor Manette para dar por terminada esta conferencia, y para que nos vayamos todos a nuestras casas. La señorita Lucía parece sentirse mal, el señor Darnay ha pasado un día terrible, y todos estamos exhaustos.

—Hablad por vos, señor Lorry —dijo Stryver—. Yo tengo todavía una noche de trabajo por delante. Hablad por vos.

—Sí; me refiero a mí, por el señor Darnay y por la señorita Lucía. ¿Creéis, señorita, que puedo hablar por nosotros?

Al decir expresivamente estas últimas palabras, el banquero dirigió una mirada al doctor Manette.

El doctor miraba a Darnay con una expresión extraña, en la que había aversión, desconfianza y hasta miedo. Su pensamiento parecía haberse alejado del momento presente.

—Padre mío —dijo suavemente su hija, apoyando su mano sobre la de él.

El padre sacudió lentamente su apatía, y se volvió hacia ella.

—¿Vamos a casa?

—Sí —contestó él, con un largo suspiro.

Los amigos del acusado absuelto se habían dispersado, bajo la impresión, compartida por él, de que no sería puesto en libertad esa noche. Casi todas las luces de los pasillos fueron apagadas; los portones de hierro se cerraron con sacudidas y rechinamientos, y el triste lugar quedó desierto. A la mañana volvería a poblarlo el interés provocado por el cadalso, la picota, la columna de los azotes y el hierro de marcar a fuego. Lucía salió al aire libre entre su padre y Darnay. Fue llamado un coche de alquiler, y en él partieron padre e hija.

Stryver los había dejado en los pasillos para volver al vestuario. Otra persona que no había formado parte del grupo, ni cambiado una palabra con los que lo habían constituído, sino que se había mantenido en la sombra, apoyado contra la pared, echó a andar en silencio detrás de los otros, y quedó mirando hasta que el coche partió. Entonces avanzó hasta el sitio donde estaban parados en la acera el señor Lorry y el señor Darnay.

—¡Así es, señor Lorry, que los hombres de negocios pueden hablar ahora con el señor Darnay!

Nadie había agradecido la parte que el señor Carton había desempeñado en los sucesos del día. Todos lo ignoraban. Se había despojado de su toga, sin que mejorase por eso su aspecto.

—Si supierais qué conflictos se producen en el alma de un hombre de negocios cuando su mente está dividida entre sus buenos impulsos y las apariencias que está obligado a no descuidar, os divertiríais, señor Darnay.

El señor Lorry se sonrojó, y dijo con viveza:

—Habéis dicho eso antes, señor. Los hombres de negocios que estamos al servicio de una empresa no somos dueños de nuestros actos. Tenemos que pensar en ella antes que en nosotros mismos.

—Ya lo sé, ya lo sé —dijo Carton con indiferencia—. No os ofendáis, señor Lorry. No dudo que sois tan bueno como otro cualquiera, y creo que sois mejor que muchos.

—En realidad, señor —dijo el señor Lorry ya recobrada la calma—, no sé qué tenéis que ver en esto. Disculpadme, por ser tanto mayor que vos en edad, si os digo que no sé que esto sea asunto vuestro.

—¡Asunto! ¡Oh, señor! ¡Yo no tengo asuntos ni negocios!

—Eso es una lástima, señor.

—Yo creo lo mismo.

—Si los tuvierais tal vez los atenderíais.

—¡Dios mío! ¡Yo no haría tal cosa!

—Señor mío —dijo Lorry, picado por el tono de Carton—, los negocios son algo muy bueno y muy respetable. Y si esos negocios imponen inconvenientes y limitaciones, y aun silencios, el señor Darnay es un joven generoso que sabe disculpar esas circunstancias. Señor Darnay, ¡buenas noches! Espero que os habréis salvado hoy para llevar una vida próspera y feliz. ¡Aquí, silla!

Quizás un poco enfadado consigo mismo y con el procurador, el señor Lorry entró apresuradamente en la silla de manos y se hizo conducir al banco Tellson. Carton, que exhalaba olor a vino Oporto y parecía estar algo ebrio, se rió y se volvió hacia Darnay.

—Es una extraña casualidad la que nos ha reunido. Debe pareceros raro ahora encontraros sobre el empedrado de esta calle, solo con vuestro sosia.

—Todavía me cuesta creer que vuelvo a pertenecer a este mundo —replicó Darnay.

—No me asombra eso. No hace mucho tiempo que estabais bastante avanzado en camino al otro mundo. Habláis débilmente.

—Comienzo a pensar que estoy débil.

—Y entonces, ¿por qué diantres no os vais a cenar? Yo ya cené, mientras deliberaban aquellos imbéciles para decidir si debíais pertenecer a este mundo o al otro. Permitidme mostraros la taberna más próxima, donde se puede cenar bien.

Pasando un brazo por el de Darnay, lo condujo por Ludgate-Hill hasta la calle Fleet, y allí, bajo una galería cubierta, hasta una taberna. Se les guió hasta una pequeña sala donde Carlos Darnay pronto recobró fuerzas mediante una buena y sencilla cena y un excelente vino. Frente a él, ante la misma mesa, estaba sentado Carton, ante su botella de Oporto y con el mismo aire de insolente indiferencia.

—¿Ya os sentís como formando parte nuevamente de este plano terrestre, señor Darnay?

—Estoy muy confundido con respecto al tiempo y

lugar, pero me encuentro lo bastante mejorado para sentirme así como decís.

—Debe ser una inmensa satisfacción.

Dijo esto con amargura, llenando su vaso, que era grande.

—En cuanto a mí, mi mayor deseo es olvidar que pertenezco al mundo. Lo único que contiene para mí es este vino, y yo no tengo nada que sea bueno para el mundo. En eso no nos parecemos mucho. En realidad, comienzo a creer que vos y yo no nos parecemos mucho en nada.

Darnay estaba aturdido por las emociones de aquel día; le parecía un sueño hallarse así con este sosia de porte vulgar, y no sabía qué contestar. Por último, no respondió.

—Ahora que habéis cenado —dijo Carton—, ¿por qué no brindáis?

—¿Qué brindis? ¿A la salud de quién?

—¡Si lo tenéis en la punta de la lengua! Juraría a que es como lo digo.

—¡Por la señorita Manette, entonces!

Carton miraba a su compañero a la cara, mientras éste bebía; luego arrojó el vaso contra la pared, donde se hizo pedazos, después tocó la campanilla y pidió otro vaso.

—¡Linda dama a quien ayudar a subir a un coche en la oscuridad, señor Darnay! —exclamó, al tiempo que llenaba su nuevo vaso.

Un leve fruncimiento del ceño y un lacónico "Sí" fueron la respuesta.

—¡Linda dama que compadezca y llore por la desgracia de uno! ¿Qué se siente en este caso? Señor Darnay, ¿vale la pena ser procesado y tener la vida en peligro para ser objeto de esa compasión y esa simpatía?

Darnay volvió a guardar silencio.

—Se sintió muy complacida al recibir vuestro mensaje —prosiguió Carton—. Es decir, no lo demostró, pero supongo que lo sintió.

La alusión al mensaje fue oportuna, pues sirvió para recordarle a Darnay que este desagradable compañero lo había ayudado libre y voluntariamente en uno de los trances de aquel día. Volvió el diálogo hacia ese tema, y le dio las gracias.

—Ni quiero gratitud ni la merezco —replicó, negligentemente Carton—. En primer lugar, era muy fácil; y en segundo, ignoro por qué lo hice. Señor Darnay, permitidme haceros una pregunta.

—Con mucho gusto. Es pequeña retribución para vuestro servicio.

—¿Creéis que me sois particularmente simpático?

—En verdad, señor Carton —dijo Darnay, profundamente desconcertado—, no me he hecho esa pregunta.

—Hacéosla ahora.

—Habéis procedido como si lo fuera; pero no me parece que os soy simpático.

—Yo creo también que no —dijo Carton—. Comienzo a tener muy buena opinión de vuestra inteligencia.

—Sin embargo —replicó Darnay, poniéndose en pie y tocando la campanilla—, espero que eso no ha de impedir que yo pague el consumo y que nos separemos sin mala voluntad de vuestra parte ni de la mía.

—¡Absolutamente! —exclamó Carton—. ¿Vais a pagar todo el consumo? ¡Ah! Entonces tú, mozo, tráeme otra botella de Oporto, y despiértame a las diez.

Pagada la cuenta, Darnay se levantó y dio las "buenas noches". Sin retribuir la despedida, Carton se levantó también con cierto aire de amenaza o desafío, y dijo:

—Una última palabra, señor Darnay. ¿Creéis que estoy ebrio?

—Creo que habéis estado bebiendo, señor Carton.

—¿Creéis, decís? Sabéis que he estado bebiendo.

—Ya que es necesario decirlo, sí, lo sé.

—Entonces sabréis por qué bebo. Soy un ganapán

frustrado, señor. No quiero a nadie en el mundo, y nadie me quiere a mí.

—Es de lamentar. Podríais haber empleado mejor vuestras aptitudes.

—Quizás sí, señor Darnay, y quizás no. Sin embargo, no os regocijéis por vuestro rostro. No sabéis en qué puede convertirse. ¡Buenas noches!

Cuando quedó solo, este extraño individuo levantó una bujía, se acercó a un espejo suspendido en la pared, y se examinó minuciosamente.

—¿Te agrada especialmente ese sujeto? —murmuró, hablando a su imagen—. ¿Por qué te agradaría un hombre que se te parece? Tú sabes que no hay en ti nada que inspire simpatía. ¡Ah!, ¡maldito sea! ¡Qué cambio has operado en ti! Buena razón para querer a un hombre es que te muestre de dónde has caído, y lo que pudiste ser. Si estuvieras en lugar de él, ¿te hubieran mirado esos ojos azules como lo miraron a él? ¿Te hubiera compadecido ese corazón agitado, como lo compadeció a él? Vamos, habla claramente: ¡tú odias a ese hombre!...

Recurrió al vino en busca de consuelo; vació la botella en pocos minutos, y quedó dormido con los brazos apoyados en la mesa, sobre la que caían sus cabellos enmarañados. La bujía, al consumirse, dejaba caer anchas y largas gotas encima de su brazo.

Capítulo 5

EL CHACAL

En aquellos días casi todos los hombres bebían mucho. Tanto han mejorado las costumbres en estos tiempos, que se atribuiría a una ridícula exageración la más moderada referencia a la cantidad de vino y de ponche que un solo hombre podría consumir en el transcurso de una noche, sin detrimento de su reputación de perfecto caballero. Los ilustrados profesionales del derecho no quedaban atrás, en ese sentido, de algunos ilustrados miembros de otras profesiones liberales; tampoco quedaba a la zaga en ello el abogado Stryver que, a viva fuerza, se iba haciendo de una clientela numerosa y lucrativa, y tampoco le cedía el paso a nadie en otros campos profesionales.

Era uno de los favoritos de Old Bailey y complemento obligado de las sesiones. Stryver había comenzado a aserrar cautelosamente las gradas inferiores de la escalera que iba subiendo. En las sesiones de Old Bailey había que citar especialmente a su favorito para que se presentara abriéndose paso hacia el presidente del tribunal superior del rey, podía verse diariamente el rojo semblante de Stryver, surgiendo de entre un cantero de pelucas, a la manera de un gran mirasol que se abriera un lugar hacia el sol de entre todo un exuberante jardín de lucidos compañeros.

En una época se había notado en el tribunal que Stryver era despejado, audaz, rápido y de pocos escrúpulos; carecía de la facultad de extraer la esencia de entre un montón de afirmaciones, que es una de las cualidades más esencialmente necesarias al abogado. Pero en esto se operó en él una notable mejora. Cuanto más asuntos tenía, mayor parecía ser su aptitud para llegar al meollo de la cuestión. Por más tarde que terminaran sus calaveradas con Sidney Carton, por la mañana tenía el completo y claro dominio del asunto. Sidney Carton era un hombre que prometía valer poco, pero era el gran aliado de Stryver. Lo que ellos bebían juntos durante las vacaciones del tribunal, hubiera bastado para que pudiera flotar uno de los barcos del rey. Cada vez que Stryver defendía un pleito, donde quiera que fuese, allí estaba Carton con las manos en los bolsillos, mirando al cielorraso del tribunal; concurrían al mismo club, y aun allí prolongaban sus habituales orgías hasta altas horas de la noche. Se aseguraba haber visto a Carton regresar a su casa, ya de día, con paso vacilante y aire sigiloso, como un gato de malas costumbres. Comenzó a correr el rumor entre los que tenían interés en tales asuntos, que aunque Sidney Carton nunca sería un león, era sorprendentemente bueno como chacal, y que en ese humilde carácter le prestaba valiosos servicios a Stryver.

—Son las diez, señor —dijo el mozo de la taberna, a quien le había encargado que lo despertara—. ¡Las diez, señor!

—¿Qué hay?

—Las diez, señor.

—¿Qué quieres decir? ¿Las diez de la noche?

—Sí, señor. Vuestra señoría me dijo que lo llamara.

—¡Ah! ¡Sí! Ahora me acuerdo. Está bien. Muy bien.

Después de algunos esfuerzos para volver a dormir, que el mozo combatió hábilmente atizando sin cesar el fuego durante unos cinco minutos, se levantó, se encasquetó el sombrero y salió. Regresó al Temple, y después de haberse reanimado recorriendo dos veces el trayecto entre el tribunal del rey y el edificio llamado Paper-Building, se encaminó al domicilio de Stryver.

El empleado del estudio nunca asistía a estas conferencias; ya se había retirado, y tuvo que abrir la puerta el mismo Stryver. Estaba en zapatillas y camisón, con el cuello descubierto, para mayor comodidad. En torno de los ojos tenía esas extrañas y tensas señales marchitas que se pueden notar en todos los glotones y bebedores de su clase, desde el retrato que se hizo de Jeffries abajo, y en todos los retratos hechos en épocas en que se ha bebido mucho, a pesar de los varios recursos con que el arte ha intentado disimularlo.

—Llegas un poco tarde, Memoria —dijo Stryver.

—A la hora de costumbre; tal vez un cuarto de hora más tarde.

Entraron en un cuarto turbio, atestado de papeles y cuyos muros estaban cubiertos por anaqueles llenos de libros. En el hogar resplandecía un gran fuego. Una tetera colocada sobre la hornalla dejaba escapar vapor de agua. Un mar de papeles dejaba ver una mesa lustrosa sobre la que había bastantes botellas de vino, ron, coñac, azúcar y limones.

—Noto que ya has bebido, Sidney.

—Creo que dos botellas, esta noche. He cenado con el cliente del día, o lo he visto cenar; es igual.

—Fue una buena idea la tuya para probar la identificación. ¿Cómo tuviste esa idea? ¿Cuándo se te ocurrió?

—Pensé que aquél era un sujeto bien parecido, y que yo habría sido así si hubiera tenido suerte.

Stryver se rió hasta sacudir su panza prematura.

—¡Tu suerte, Sidney! ¡Vamos! Ponte a trabajar.

Con aire displicente, el chacal se aflojó la ropa, fue a

una habitación contigua y volvió trayendo una gran jarra de agua fría, una palangana y un par de toallas. Empapó las toallas en el agua, las retorció parcialmente, las dobló y se las puso sobre la cabeza de una manera feísima, se sentó ante la mesa, y dijo:

—Estoy pronto.

—Esta noche no hay mucho que extractar, Memoria.

—¿Cuánto?

—Solamente dos series.

—Dame primeramente el peor.

—Allí están, Sidney. ¡A la tarea!

El león se acomodó en un sofá, a un lado de la mesa de los vinos: el chacal se instaló a un lado de la mesa cargada de papeles, teniendo al alcance de la mano las botellas y los vasos. Ambos recurrían a las bebidas sin economizarlas, pero cada uno lo hacía de manera diferente. El león estaba casi siempre reclinado, con las manos en el cinturón, mirando al fuego; de vez en cuando jugaba con algún documento de menor importancia. El chacal, con el ceño fruncido y el semblante atento, tan absorto en su tarea que sus ojos ni aun seguían la mano que tendía hacia el vaso, teniendo que tantear durante un minuto, o más, antes de poder llevarse el vaso a los labios. Dos o tres veces halló tanta dificultad en la tarea que tenía entre manos que creyó necesario levantarse y empapar de nuevo las toallas. De estas peregrinaciones a la jarra y a la palangana volvía con extraños y húmedos tocados que contrastaban grotescamente con su ansiosa seriedad.

Finalmente el chacal renió un sólido manjar para el león, y procedió a ofrecérselo. El león lo tomó con cuidado y prudencia, eligió algunas partes e hizo algunas observaciones, ayudado por el chacal. Cuando se hubo tratado suficientemente de todo ello, el león volvió a ponerse las manos en el cinturón, y se acostó a meditar. El chacal se fortaleció con el contenido de un vaso y con otra aplicación de toallas mojadas sobre su cabeza; después se dedicó a preparar la otra comida para el león. Esta le fue administrada en la misma forma que la anterior, y no se terminó con ella hasta las tres de la mañana.

—Y ahora que hemos terminado, Sidney, llena un vaso de ponche —dijo Stryver.

El chacal se quitó de la cabeza las toallas que estaban despidiendo vapor, se sacudió, bostezó, se estremeció y obedeció.

—Estuviste muy bien en el asunto de los testigos de la Corona, hoy, Sidney. Cada pregunta fue importante.

—Yo siempre estoy bien, ¿no es así?

—No lo niego. ¿Qué te ha puesto de mal humor? Agrégale un poco de ponche a tu vaso y se volverá a suavizar tu humor.

Con un gruñido de disculpa, el chacal volvió a obedecer.

—Eres el mismo Sidney Carton del antiguo colegio de Shrewsbury —dijo Stryver moviendo la cabeza; pues en esos momentos recordaba cómo había sido Carton en el pasado y lo comparaba con el presente—. El mismo Sidney de báscula: durante un minuto arriba y durante otro, abajo; tan pronto animado como abatido.

—¡Ah, sí! —respondió el otro suspirando—. El mismo Sidney, con la misma suerte. Aun en ese tiempo yo hacía los deberes para los otros muchachos, y rara vez hacía los míos.

—¿Y por qué no?

—¡Dios lo sabrá! Era mi modo de ser, supongo.

Se sentó, estirando las piernas, mirando al fuego, con las manos hundidas en los bolsillos.

—Carton —le dijo su amigo cuadrándose ante él con aire de superioridad—, tu manera de ser fue errónea. No has apelado a tu energía, no te has propuesto un fin. Mira cómo estoy yo —concluyó, mirando al fuego, como si allí se debiera forjar el propósito firme y sostenido, y todo aquello de que carecía el Sidney Carton del antiguo colegio de Shrewsbury; y que lo mejor que se pudiera hacer por él fuera empujarlo para que se cayera en el fuego.

—¡Oh, fastidioso! —replicó Sidney, riéndose y mostrando mejor humor—; ¡no moralices!

—¿Cómo he conseguido lo que tengo? ¿Cómo hago. . ., lo que hago?

—En parte, pagándome para que te ayude, supongo. Pero no vale la pena de que por ello nos apostrofes, a mí y al aire. Tú haces lo que te propones. Siempre estuviste en primera fila, y yo en la de atrás.

—Pero yo tuve que llegar a la primera. Sabes que no nací en ella.

—No estuve presente en ese acontecimiento, pero mi opinión es que sí, que naciste en primera fila —dijo Carton, y ambos se rieron.

—Antes del colegio, durante el tiempo que estuvimos allá, y desde que pasó aquel tiempo, tú estuviste en el sitio que te corresponde, y yo en el mío. Hasta cuando fuimos condiscípulos, en aquel barrio de estudiantes, en París, tú estabas siempre en alguna parte, y yo en ninguna. De poco nos sirvió lo que aprendimos del idioma y de las leyes de Francia, y algunas otras migajas francesas.

—¿Quién tuvo la culpa?

—Te aseguro que no sé bien si mi fracaso no fue obra tuya. Tú estabas siempre arrastrando, empujando, apresurando, llevando todo con tal inquietud y vehemencia que yo no podía subsistir sino abandonándome al reposo y a la rutina. Sin embargo, es cosa triste recorrer nuestro pasado cuando rompe el día. Vuélveme en alguna otra dirección antes de que me vaya a casa.

—¡Y bien, brindemos por la bonita testigo! —exclamó Stryver levantando el vaso—. ¿Estás en una dirección agradable?

—¡Bonita testigo! —murmuró, mirando su vaso—. Tengo bastante de testigos por un día. ¿A quién te refieres?

Volvía a ponerse de humor sombrío.

—A la linda hija del doctor Manette.

—¡Linda ésa!

—¿No lo es?

—No.

—¡Pero hombre! Despertó la admiración de todo el tribunal.

—¡Al diablo la admiración de todo el tribunal! ¿Quién ha consultado a Old Bailey en juez de belleza? ¿No era una muñeca con cabellos dorados?

—¿Sabes, Sidney, que pensé que la muñeca con cabellos dorados te había inspirado alguna simpatía, cuando advertiste inmediatamente que ella se sentía mal? —dijo Stryver, mirándolo fijamente y pasándose lentamente una mano sobre su cara colorada.

—¡Vi lo que sucedía! Si una mujer, sea o no muñeca, se desmaya a una vara de distancia de la nariz de un hombre, él la verá sin necesidad de anteojos de larga vista. Brindaré contigo, pero niego la belleza. Ahora no beberé más. Me voy a dormir.

Cuando su amigo lo siguió hasta la escalera, llevando la bujía para alumbrar el camino, el día asomaba fríamente por las sucias ventanas. Cuando salió de la casa sintió que el aire era frío y triste; vio que el cielo estaba nublado, el río oscuro y opaco, y toda la escena parecía un desierto sin vida.

El viento matinal levantaba tenues nubes de polvo, como si las arenas del desierto se hubieran levantado muy lejos, y sus avanzadas comenzaran a cubrir la ciudad.

A medio camino se detuvo en una silenciosa terraza, para mirar el desierto que lo rodeaba; entonces vio como en un espejismo sus aptitudes malogradas, sus nobles ambiciones, su abnegación y su perseverancia en los propósitos; el amor y las gracias se hallaban también en el imaginario jardín donde maduraban los frutos, y donde el agua brillaba como una esperanza. En un instante se desvaneció esta visión.

Trepó hasta su habitación situada en lo alto de una profusión de casas, se echó vestido, sobre una cama descuidada, y su almohada se humedeció con inútiles lágrimas.

El sol salió tristemente; el espectáculo que alumbraron sus rayos fue el de aquel hombre de muchas aptitudes y de buenos sentimientos, pero incapaz de aplicarlos y de dirigirlos, o de labrar su propia felicidad, y que aun conociendo su falta y su fracaso, se resignaba a las consecuencias de su abulia.

Capítulo 6

CENTENARES DE PERSONAS

El domicilio del doctor Manette estaba situado en una esquina de una calle tranquila, no lejos de la plaza de Soho. Cuatro meses habían transcurrido desde el proceso por traición, y se había borrado hasta su recuerdo en el público que demostrara tanto interés. Era un hermoso domingo, cuando el señor Lorry recorrió las asoleadas calles de Clerkenwell, donde vivía, para ir a cenar con el doctor. Después de varias recaídas en su manía de los negocios, el banquero, humanizado, se había hecho amigo del doctor, y la casa de la esquina había llegado a ser la parte amena de su vida.

En esta hermosa tarde de domingo, el señor Lorry se encaminaba hacia Soho por los tres motivos de costumbre: primero, porque en los días como éste, frecuentemente salía con el doctor y con Lucía a caminar antes de la cena; segundo, porque cuando el día no era favorable, solía quedarse con ellos en su calidad de amigo de la familia, conversando, leyendo, mirando por la ventana; en suma, pasando el día; y tercero, porque tenía sus propias sutiles dudas que aclarar;

conociendo las costumbres de la casa, le pareció que esa hora era el momento favorable para salir de sus dudas.

No se podía encontrar en Londres una esquina más extraña que aquella donde vivía el doctor. No la cruzaba ninguna calle, y desde las ventanas exteriores se dominaba la grata vista de una calle que tenía cierto aire simpático de soledad. En aquella época había pocos edificios al norte del camino de Oxford, y allí crecían flores silvestres, árboles frondosos y espinos blancos que estaban ahora en flor. En consecuencia, los aires campestres circulaban en Soho con toda libertad, en vez de languidecer en la parroquia como pordioseros extraviados y vagabundos. Sobre las muchas paredes que miraban al sur maduraban duraznos en la buena estación.

El sol del verano alumbraba con toda su brillantez la esquina durante las primeras horas del día; pero cuando las calles se calentaban, la esquina quedaba en la sombra, aunque desde las ventanas se podía abarcar, más allá, una zona brillantemente iluminada. Era un sitio fresco, aislado, pero alegre, con ecos sorprendentes, un verdadero refugio del bullicio de las calles.

Debía haber un barco apropiado en aquel puerto tranquilo, y lo había. El doctor ocupaba dos pisos de una casa silenciosa donde debían desempeñarse durante el día varios oficios, pero donde poco ruido se oía, y de la que parecían retirarse los artesanos durante la noche. Al fondo del terreno había un edificio, y en el cual se percibía el rumorear de las verdes hojas de un plátano. En aquel edificio se fabricaban órganos para iglesias, se cincelaba plata y también se trabajaba en oro. Esto último lo atestiguaba un misterioso gigante que asomaba un brazo dorado desde la pared del vestíbulo, si se hubiera convertido en lo que era por sus propios medios, y amenazara con igual suerte a todos los visitantes. Poco se veía o se oía de tales trabajos, como tampoco de un solitario inquilino que, según se rumoreaba vivía en el último piso. Se aseguraba que un tapicero de carruajes trabajaba y tenía un escritorio en la planta baja, pero no se le veía ni oía. De tiempo en tiempo cruzaba el vestíbulo algún obrero poniéndose la chaqueta, o asomaba algún desconocido; a ratos se oía un lejano ruido metálico en el lado opuesto del patio, o un golpe sordo producido por el gigante dorado. Estas eran las excepciones necesarias para probar que los gorriones que anidaban en el plátano, y los ecos que se oían en la esquina, no eran los dueños absolutos de la casa desde el domingo por la mañana hasta el sábado por la noche.

El doctor Manette recibía a los pacientes, atraídos por su antigua reputación (renovada entre lo que se decía en voz baja de su historia). Sus conocimientos científicos, la atención y la pericia con que realizaba experimentos importantes e ingeniosos, hacía que fuera consultado con relativa frecuencia. De esta manera él ganaba tanto como necesitaba.

Todas estas cosas las sabía y las meditaba el señor Jarvis Larry cuando tocó la campanilla de la casa de la esquina en aquella tarde de domingo.

—¿Está el doctor Manette?

—Se le espera.

—¿Está la señorita Lucía?

—Se le espera.

—¿Está la señorita Pross?

Era posible que estuviera, pero la mucama no podía adivinar si la señorita Pross querría o no recibir.

—Como yo me siento aquí como en mi casa, voy a subir —dijo el señor Lorry.

Aunque la hija del doctor ignoraba todo respecto al país en que había nacido, parecía deberle a Francia su cualidad innata a saber utilizar con ventaja los más pequeños recursos siendo ésta una de las más útiles y agradables características. El mobiliario era sencillo, pero estaba realzado por tantos detalles de buen gusto y de fantasía, que el conjunto resultaba encantador. En todas las habitaciones reinaba el gusto en la elección de los colores, de los objetos de poco valor y en la distribución de todos los muebles y adornos. El conjunto presentaba una variedad elegante, obtenida por manos delicadas, guiadas por un espíritu que comprendía el valor de la armonía, del contraste y del buen sentido. El señor Lorry sabía a quién se debía todo esto y le parecía que hasta las mesas y las sillas le preguntaban, con el acento amable que le era ahora tan conocido, si daba su aprobación al arreglo de la casa.

Las puertas de comunicación de las tres habitaciones del primer piso estaban abiertas a fin de que el aire circulara libremente. El banquero, sonriendo al notar la semejanza que Lucía imprimía a todo cuanto la rodeaba, recorrió las tres habitaciones. La primera era la sala; allí tenía la joven sus pájaros, sus flores, sus libros, su pequeño escritorio, su mesita de labor y su caja de acuarelas; la segunda habitación servía de consultorio al doctor y también de comedor; la tercera recibía una luz cambiante filtrada a través de las hojas del plátano y era el dormitorio del doctor; en un ángulo de esta pieza estaban el banco de zapatero y la caja de herramientas, tal como se hallaban en el desván de la triste casa del barrio Saint-Antoine, en París. Solamente que ya nadie los empleaba.

—¡Me extraña que conserve a la vista eso que debe recordarle sus sufrimientos! —exclamó el señor Lorry, deteniéndose en su paseo.

—¿Por qué os extraña? —le preguntó tan bruscamente una voz, que asustó al banquero.

Era la voz de la señorita Pross, la mujer agitada, de mano fuerte y rostro encarnado a quien había conocido en el hotel Real Jorge, en Dover. Sus relaciones habían mejorado desde entonces.

—Yo hubiera pensado. . .

—¡Bah! ¡Hubierais pensado! —interrumpió la señorita, y para demostrar que no guardaba inquina, añadió—: ¿Cómo estáis?

—Muy bien, gracias —contestó modestamente el señor Lorry—. Y vos, ¿cómo os sentís?

—No tan bien como para jactarme.

—¿De veras?

—¡Ah! De veras. Estoy muy preocupada por mi pajarito.

—¿De veras?

—¡Por favor, decid otra cosa que no sea "de veras", antes de que me provoquéis un ataque de nervios! —exclamó la señorita Pross, que tenía el genio pronto.

—¿Realmente entonces?

—"Realmente" no está muy bien, pero es algo mejor. Sí. Estoy muy preocupada.

—¿Puedo preguntaros por qué?

—No quiero que vengan aquí docenas de personas indignas de ella, para verla.

—¿Vienen docenas de personas?

—Centenares de personas.

Era característico de esta señora (como de otras muchas, en todos los tiempos), que si alguien dudaba de una afirmación suya, ella la exagerara.

—¡Dios mío! —exclamó el señor Lorry, como el comentario más sencillo que se le ocurrió.

—He vivido con mi querida niña, o ella ha vivido conmigo y me ha pagado por hacerlo. Lo cual nunca hubiera debido hacer, podéis creerlo, si yo hubiera tenido medios para mantenerla a ella y mantenerme a mí. Decía que he vivido con mi querida niña desde que tenía diez años. Y. . . es duro —aprobó la señorita Pross.

Como no pudo adivinar a qué se refería; el banquero hizo con la cabeza un vago gesto que podía prestarse a cualquier interpretación.

—Siempre está viniendo toda clase de gente, indigna de mi niña. Cuando vos empezasteis. . .

—¿Yo comencé, señorita Pross?

—¿No fuisteis vos, acaso? ¿Quién fue el que volvió a la vida al padre de mi niña?

—¡Ah! Si eso fue el comienzo. . .

—No fue el fin, supongo. Digo, pues, que ya fue bastante malo que comenzarais; y no es que yo tenga nada que reprocharle al doctor Manette, salvo que no es digno de ella, en ningún caso. Pero es doble y triplemente malo que tras de él vengan multitudes de personas a quitarme el cariño de mi niña. Al padre yo podría perdonárselo.

El señor Lorry sabía que la buena mujer era muy celosa, pero también había llegado a descubrir que bajo su aparente excentricidad era uno de esos seres altruistas (que solamente se encuentran entre las mujeres), que por puro cariño y admiración se esclavizan voluntariamente a personas jóvenes, bellas, de brillante educación cuando ellas han perdido su juventud. Nunca han sido bellas ni han tenido la suerte de recibir esmerada educación; estas abnegadas mujeres estimulan y comparten esperanzas que jamás alegraron sus vidas oscuras. Lorry sabía también que nada hay en el mundo que sea mejor que un corazón leal y generoso y el servicio prestado libre y desinteresadamente; a él le merecía profundo respeto esa abnegación, y en su íntima apreciación personal colocaba a la señorita Pross mucho más cerca de los ángeles que a muchas señoras infinitamente más favorecidas por la naturaleza y por el arte, y que tenían cuenta corriente con el banco Tellson. El señor Lorry, como todos los mortales, era dado a hacer íntimas apreciaciones personales.

—Nunca ha habido ni habrá más que un hombre digno de mi niña —dijo la señorita Pross—, y ese hombre sería mi hermano Salomón, si no hubiera cometido cierto error.

Algunos informes obtenidos respecto a la historia personal de la señorita, habían enterado al banquero de que el hermano Salomón era un bribón egoísta que la había despojado de todo cuanto poseía para formar un capital para cierta especulación, abandonándola después en su pobreza, sin la menor compasión. La insistencia de la señorita Pross en creer en la bondad de su hermano, a pesar de su "pequeña equivocación" confirmaba al señor Lorry en la buena opinión que tenía de ella.

Cuando volvieron a la sala habían ya reanudado sus relaciones amistosas, y el caballero dijo:

—Quiero aprovechar la casualidad de encontrarnos solos, para preguntaros si el doctor, cuando habla con Lucía, se refiere alguna vez a la época en que hacía zapatos.

—Nunca.

—¡Y, sin embargo, conserva ese banco y esas herramientas!

—¡Ah!, pero yo no digo que no se refiera a ellos a solas —contestó la señorita Pross, moviendo la cabeza.

—¿Creéis que piensa mucho en eso?

—Sí, lo creo.

—¿Imagináis?

Ella lo interrumpió diciendo vivamente:

—Yo no me imagino nada. No tengo imaginación.

—¿Suponéis?. . . Supongo que algunas veces llegaréis a suponer.

—De vez en cuando.

—¿Suponéis que el doctor Manette tiene alguna teoría propia, conservada en secreto durante todos estos años con respecto a la causa por la cual fue encarcelado? ¿O quizás sospeche el nombre de quién lo hizo encarcelar? —preguntó el señor Lorry, mirando con bondad a su interlocutora, cuya corrección aceptó con risueña paciencia.

—Yo no supongo nada más que lo que me dice mi niña.

—¿Y eso es?

—Ella cree que su padre tiene esa teoría.

—No toméis a mal que os haga preguntas; soy hombre de poca sagacidad y vos sois una mujer práctica.

—¡Hum! ¿Y poco sagaz? —preguntó, plácidamente, la señorita.

—No, no, no —se apresuró a protestar el banquero—.

Por cierto que no. Pero, volviendo al asunto, ¿no os parece notable que el doctor Manette, perfectamente inocente de culpa, como todos sabemos, jamás toque ese tema? No digo conmigo, aunque tuvimos relaciones comerciales hace muchos años, y ahora somos muy buenos amigos, sino con la buena hija a quien tanto quiere y que tanto lo quiere a él. Os aseguro, señorita Pross, que no os hablo por curiosidad, sino por afectuoso interés.

—¡Y bien! Según me parece a mí, y quizás tenga razón, yo creo que tiene miedo de todo ese asunto —contestó ella, aplacada por la tácita disculpa que percibió en la frase última de Lorry.

—¿Que tiene miedo?

—Pienso que es muy lógico y justo que lo tenga. Es un terrible recuerdo. Además todo aquello fue la causa de que él llegara a estar como perdido para sí mismo. Y como no sabe cómo se recobró, tal vez no esté nunca seguro de que no se volverá a perder. Me parece que eso bastaría para que el tema le fuera desagradable.

Esta era una observación mucho más profunda de lo que el banquero hubiera esperado.

—Es verdad —replicó—. Es algo terrible en qué pensar. Pero todavía me queda una duda. ¿Será un bien para el doctor guardar así ese temor secreto? Es esta duda, y la inquietud que me produce muchas veces, lo que me indujo a haceros estas confidencias.

—Es algo que no tiene remedio. En cuanto se toca esa cuerda, él cambia instantáneamente, y ese cambio no le es favorable. Es mejor dejarlo en paz; de todos modos, no podemos ocuparnos de ellos, sea cual fuere nuestro deseo. Algunas veces se levanta en medio de la noche y le oímos desde nuestras habitaciones: se pasea en su cuarto, de un extremo al otro. Mi avecita sabe entonces que también la mente de su padre va y viene en su antigua prisión; acude corriendo a su lado y juntos caminan, de acá para allá, hasta que se tranquiliza. Pero nunca dice ni una palabra respecto a la verdadera causa de su agitación, no aun a ella; y mi niña cree que es mejor no decirle nada. En silencio pasean juntos de un extremo a otro del cuarto, hasta que la ternura y la compañía de ella le devuelven la calma.

A pesar de que la señorita Pross afirmaba no tener imaginación, mostró tan clara la dolorosa obsesión de una idea triste, al describir el monótono paseo, que Lorry no dudó de que la buena mujer tenía imaginación.

Ya se ha dicho que la esquina era notable por los ecos. Repetía tan claramente el ruido de pasos que se acercaban, que casi podía creerse que provenían de los solitarios paseos descritos por la señorita Pross.

—¡Aquí vienen! —dijo ella, poniéndose en pie para dar por terminada la conferencia—. Y ahora tendremos aquí centenares de personas.

Eran tan extrañas las propiedades acústicas de aquella esquina, que, cuando el señor Lorry miró por la ventana para ver venir al doctor y a Lucía, le pareció que nunca se acercaban. No solamente el eco se apagaba, como si se hubieran alejado sino que se oía el eco lejano de pasos imaginarios, cuando en realidad, se aproximaban. Finalmente llegaron padre e hija, y ya la señorita Pross estaba en la puerta de la calle para recibirlos.

Era grato ver a aquella mujer tosca, colorada y áspera, ocupándose de su querida niña, de su avecita, de su pajarito; en cuanto estuvieron en la casa le quitó el sombrero, le arregló las cintas y le limpió el polvo de la calle; dobló el abrigo para guardarlo y le arregló los hermosos cabellos con tanto orgullo como lo habría hecho con los suyos la mujer más bonita y vanidosa del mundo. También era grato ver a Lucía besándola, agradeciéndole y protestando al ver que se tomaba tanta molestia por ella. Esto último había que decírselo en broma, para evitar que la señorita Pross se resintiera y encerrara en su cuarto a llorar. El doctor las miraba y decía que la señorita Pross mimaba demasiado a Lucía, aunque no era posible que nadie la mimara tanto como él.

El señor Lorry era un sonriente espectador de toda

esa escena y agradecía a la suerte que durante su vejez solitaria de solterón le hubiera deparado la hospitalidad diaria de semejante hogar. Lo que no veía eran los centenares de personas cuya venida había anunciado la señorita Pross.

Llegó la cena sin que viniera aquel gentío. Ella se había encargado de la cocina, en la que se desempeñaba admirablemente. Presentaba platos sencillos, tan bien preparados, servidos y finamente complementados, de estilo mitad inglés y mitad francés, que no se hubiera podido desear nada mejor.

La amistad de la señorita Pross era más bien práctica; ella había recorrido Soho y sus contornos en busca de franceses empobrecidos a quienes inducir (mediante algunos chelines) a que le revelaran secretos del refinado arte culinario de su país. Así había llegado a adquirir tal habilidad, que las dos mujeres que formaban la servidumbre de la casa, la consideraban como una maga que sabía convertir un pollo, una liebre o una legumbre cualquiera en algo inesperado.

Los domingos ella cenaba en la mesa del doctor pero los otros días insistía en alimentarse a horas imprevistas, ya fuera en la cocina o en su propio cuarto, situado en el segundo piso. Era ésta una habitación azul a la que solamente la avecita tenía acceso.

En esta ocasión, respondiendo a las sonrisas y al visible deseo de agradarle que le demostraba su niña, la señorita Pross se suavizó y la cena fue muy agradable.

La temperatura era muy alta esa tarde y Lucía propuso que se sirviera el vino de postre en el patio, debajo del plátano, y que se sentaran al aire libre. Como las cosas se hacían según ella lo deseara, todos se encaminaron al lugar; la joven llevaba el vino destinado al señor Lorry. Se había constituido hace algún tiempo en la copera del caballero, y mientras conversaban cuidaba de mantener lleno el vaso en que él bebía. Desde el sitio en que se hallaban veían fondos y ángulos misteriosos de casas vecinas; las hojas del plátano producían sobre ellos un leve rumor.

Seguían sin aparecer los centenares de personas. Llegó el señor Darnay; pero él no era más que "uno".

El doctor Manette y Lucía lo recibieron amablemente, pero la señorita Pross comenzó a sentir molestias en la cabeza y en todo el cuerpo y tuvo que retirarse a su cuarto. Frecuentemente se quejaba de ese malestar que familiarmente ella llamaba "un acceso de sacudidas".

El doctor estaba en uno de sus mejores días y parecía excepcionalmente joven. En momentos como éste era notable el parecido con su hija. Sentados uno al lado de otro, ella reclinada sobre su hombro y él apoyado un brazo en el respaldo de la silla de ella, era agradable observar la semejanza de los dos rostros.

Durante el día había estado hablando con inusitada vivacidad, de diversos temas. Bajo el plátano se pusieron a conversar sobre los antiguos edificios de Londres. El señor Darnay preguntó:

—Doctor Manette, ¿habéis visto bien la Torre de Londres?

—Lucía y yo la hemos visitado, pero no detenidamente. Vimos lo bastante para comprender que contiene muchas cosas de interés. Nada más.

—Yo he estado allí, como recordaréis —dijo sonriendo Darnay, aunque enrojeciendo levemente con cierta pasajera cólera—, pero no como visitante; no se daban facilidades para ver mucho, a quienes estaban recluidos allí. Pero me refirieron una historia muy curiosa.

—¿Qué historia? —preguntó Lucía.

—Al efectuarse algunas alteraciones, los obreros encontraron un antiguo calabozo que había sido tapiado y olvidado hacía muchos años. Cada una de las piedras de la pared interior estaba cubierta de inscripciones que habían sido grabadas por presos: fechas, números, quejas y plegarias. Sobre una piedra singular, en un rincón del muro, un preso que parece haber sido ajusticiado, había grabado, con último trabajo, unas letras. Habría empleado una herramienta impropia, apresuradamente y con mano insegura. Al principio se creyó que aquellas letras fueran iniciales de su nombre, pero ni en el registro de la prisión ni en las leyendas de la torre se recordaba nombre alguno que coincidiera con aquellas letras. Por último se llegó a la conclusión de que no eran tales iniciales sino la palabra C A V A R. Se examinó cuidadosamente el piso en el punto que estaba debajo de la inscripción; se levantó un fragmento del pavimento y se hallaron las cenizas de un papel junto con los restos de una pequeña bolsa de cuero. Nunca se sabrá lo que escribió aquel desconocido, pero había escrito algo que ocultó para que no lo viera el carcelero.

—¡Padre! —exclamó Lucía—. ¡Te sientes mal!

El doctor se había puesto bruscamente en pie, llevándose las manos a la cabeza. Su movimiento y su aspecto aterraron a todos.

—No, querida, no me siento mal. Caen grandes gotas de lluvia que me sorprendieron. Es mejor que entremos.

Se recobró casi inmediatamente. En efecto, caían grandes gotas y él mostró el dorso de su mano en que habían caído algunas. No se refirió ni con una palabra al descubrimiento de que se acababa de hablar, pero cuando entraban en la casa, el señor Lorry vio, o creyó ver, en el semblante del doctor, la misma extraña expresión con que lo había mirado en el pasillo del tribunal.

Se había recobrado tan rápidamente que el banquero dudó de haber interpretado bien aquella mirada. El brazo del gigante dorado del vestíbulo no era más firme que la actitud del doctor al inclinarse para pasar por debajo de ese brazo, diciendo que todavía le impresionaban las pequeñas sorpresas (si es que alguna vez ocurría), y que la lluvia había sido una de ellas.

Llegó la hora del té y lo sirvió la señorita Pross, sintiendo otro "acceso de sacudidas". Todavía no llegaban los centenares de personas. Había venido el señor Carton, pero contándolo a él no eran sido "dos".

La noche era tan calurosa que todos se sentían abrumados, a pesar de estar abiertas las puertas y ventanas. Cuando se hubo tomado el té, todos se acercaron a una de las ventanas para contemplar el cielo crepuscular. Lucía estaba sentada entre su padre y Darnay. Carton se apoyaba contra una ventana. Las ráfagas de viento huracanado levantaban las largas cortinas blancas llevándolas hacia el techo, agitándolas como alas espectrales.

—Las gotas siguen siendo grandes y pocas —dijo el doctor Manette—. La lluvia tarda en caer.

—Caerá, con certeza —replicó Sydney Carton.

Hablaban en voz baja, como hacen casi siempre los que aguardan algo; y siempre, los que en un cuarto oscuro aguardan la tempestad o el rayo.

En las calles la gente se apresuraba a buscar refugio antes de que estallara la tormenta. En la esquina resonaban pasos que iban y venían, pero no había nadie allí.

—Parece que hay una multitud y la calle está solitaria —dijo Darnay, después de haber estado escuchando durante un rato.

—¿Verdad que es impresionante, señor Darnay? —preguntó Lucía—. Algunas tardes, sentada aquí, he imaginado niñerías que me hacen estremecer ahora que todo está tan oscuro e imponente.

—¿Se puede saber qué niñerías son ésas? Haced que nos estremezcamos todos.

—Creo que esas impresiones pueden ser sentidas, pero no comunicadas. Es algo muy personal. Algunas veces he estado sola aquí, escuchando, y he pensado que el eco de esos pasos son los de toda la gente que llegará a intervenir en nuestra vida.

—Si es así, va a venir una gran multitud a intervenir en nuestra vida —dijo Carton con su habitual displicencia.

Los pasos eran incesantes y cada vez más rápidos;

algunos resonaban tan próximos como si pasaran bajo las ventanas o recorrieran la sala. Algunos avanzaban, otros se interrumpían deteniéndose en las calles distantes, sin que se viera ningún transeúnte.

—¿Todos esos pasos se dirigen hacia todos nosotros, o tendremos que dividirlos entre nosotros?

—No lo sé, señor Darnay. Ya os dije que era una tonta fantasía, pero quisisteis conocerla. Cuando he pensado en esos pasos misteriosos, era relacionándolos con la vida de mi padre y con la mía.

—¡Pues los tomo también en la mía! —exclamó Carton—. No pregunto nada, no estipulo nada. Viene hacia nosotros una gran multitud y yo la veo, a la luz del relámpago. Diviso esa multitud, señorita, a la luz de ese relámpago.

Dijo esta última frase después que un vívido fulgor iluminó fugazmente la habitación y al hombre que estaba apoyado contra el marco de la ventana.

—¡Los oigo ahora! —añadió después que retumbó un trueno—. Vienen rápidos, furiosos, terribles.

Sus últimas palabras podían referirse a la lluvia que se desencadenó, súbita y torrencial. Carton guardó silencio porque no se hubiera oído su voz. Durante la memorable tormenta de relámpagos, truenos y rayos cayó también la lluvia, sin un momento de intervalo, hasta la medianoche; a esa hora salió la luna.

La gran campana de San Pablo daba la una, haciendo vibrar el aire limpio, cuando el señor Lorry, escoltado por Jerry que tenía puestas sus botas altas y llevaba una linterna, partió en dirección a Clerkenwell. Entre Soho y Clerkenwell había fracciones desiertas de camino, y el señor Lorry, temeroso de los ladrones, siempre reservaba a Jerry para este servicio. El regreso se hacía habitualmente una o dos horas más temprano que esta noche.

—¡Qué noche ha sido ésta, Jerry!; fue como para sacar de sus tumbas a los muertos —exclamó el caballero.

—¡No quisiera yo encontrarme en otra semejante! —replicó Jerry.

—¡Buenas noches, señor Carton! —dijo el banquero—. ¡Buenas noches, señor Darnay! ¡Si volveremos a ver juntos algo parecido!

Quizás. Quizás verían también avanzar hacia ellos la gran multitud con su violencia y sus rugidos.

Capítulo 7

MONSEÑOR EN
LA CIUDAD

Monseñor, uno de los grandes personajes que tenían poder en la corte, celebraba su recepción quincenal en su gran palacio, en París. Estaba en su habitación, que era el santuario, el santo de los santos de la turba de adoradores que aguardaban en otras salas. Se disponía a tomar su chocolate; podía fácilmente engullir varias cosas, y los espíritus descontentos pensaban que estaba devorando rápidamente a Francia. Pero monseñor no hubiera podido tomar el chocolate de la mañana sin la ayuda de cuatro hombres fuertes, además del cocinero.

Sí. Cuatro hombres brillantemente adornados, el jefe de los cuales no hubiera podido tener menos de dos relojes de oro en sus bolsillos (modesta moda lanzada por su amo), eran necesarios para que el feliz chocolate llegara a los labios de monseñor. Un lacayo llevaba la chocolatera a la sagrada presencia; otro batía la bebida hasta sacarle espuma, con un instrumento especial; el tercero presentaba la servilleta, y el cuarto, el hombre de los dos relojes, vertía el chocolate en la jícara. El noble personaje no habría podido prescindir de uno solo de estos servidores de su desayuno y conservar su elevada posición, que el cielo mismo debía admirar. Hubiera caído una mancha sobre su escudo nobiliario si el chocolate le fuera servido vulgarmente por tres hombres solamente; habría perecido en caso de no tener más que dos hombres para ese servicio.

Monseñor había asistido la noche anterior a una pequeña cena, en la que estuvieron presentes algunas encantadoras representantes de la Comedia y de la gran Opera. La mayoría de las noches asistía monseñor a pequeñas cenas, en grata compañía. Era tan cortés y tan impresionable, que las representantes de la Comedia y de la Gran Opera ejercían sobre él más influencia en los fastidiosos asuntos y secretos de Estado, que las necesidades de toda Francia. Era una feliz circunstancia para Francia, como para todos los países igualmente favorecidos. Por ejemplo, lo fue también para Inglaterra en los lamentados tiempos en que el alegre Estuardo vendía los secretos de Estado.

Monseñor tenía la noble idea de dejar que todos los asuntos públicos de interés general marcharan solos; de los de orden particular, tenía la intención igualmente noble de que todo debía tender hacia su bolsillo y su poderío. También abrigaba la elevada convicción de que el mundo había sido hecho para proveer a sus placeres, públicos o puramente personales. En el texto de sus órdenes no se cambiaba sino un pronombre (lo cual no es mucho), y que decía así: "La tierra y todo lo que ella contiene es mío, dice monseñor".

Y, sin embargo, había descubierto poco a poco que diversas y vulgares dificultades se infiltraban en sus asuntos públicos y privados. Se vio obligado a aliarse con un arrendatario de impuestos, pues monseñor no entendía nada de finanzas, y, en consecuencia, debía arrendarlas a alguien que las entendiera. En cuanto a sus finanzas privadas, recurría también al arrendatario de impuestos, pues se sabía que estos altos funcionarios eran ricos, y monseñor se estaba empobreciendo después de varias generaciones de gran lujo y despilfarro. También fue por esta última causa que sacó a su hermana del convento a tiempo para impedir que tomase el velo (la más económica prenda que podía adoptar), y la hizo casar con un opulento arrendatario de impuestos, de humilde origen. Ese arrendatario, con su bastón de áureo puño, se hallaba en una de las salas, y ante él se postraba esa humildad inferior a la familia de monseñor, la cual, inclusive la esposa, lo miraba con el más profundo desprecio.

El arrendatario era un hombre suntuoso; en sus caballerizas había treinta caballos; veinticuatro lacayos se sentaban en sus vestíbulos; seis camareras estaban al servicio de su esposa. El no pretendía hacer otra cosa que saquear y despojar donde pudiera hacerlo, pues de ese modo su matrimonio contribuía a la moral social; pero, por eso mismo, era el más real de los personajes que se hallaban ese día en los salones de monseñor.

Aquellos hermosos salones, decorados con todo el gusto y el ingenio de la época, no ofrecían seguridad. Si se los relacionara mentalmente con los espantapájaros vestidos de harapos y con sus gorros de dormir, que se hallaban a igual distancia de las torres de Notre-Dame que del palacio de monseñor, la inseguridad habría sido inquietante; pero nadie pensaba en ello. Había en los salones oficiales, militares que ignoraban su oficio; marinos que no tenían idea de lo que era un navío; funcionarios civiles sin la menor noción de lo que debían ejecutar; abates mundanos, gárrulos y vividores; todos y cada uno absolutamente ineptos en sus respectivos campos de acción y representando la farsa de ocuparse de sus deberes. Pero todos ellos pertenecían, en grado más o menos próximo, a la nobleza, como monseñor, o al Estado; y por estas causas eran ubicados en todos los puestos que ofrecían alguna ventaja. Se les podía contar por veintenas. También abundaban los que sin estar estrechamente vinculados con monseñor o con el Estado, vivían de simulaciones, como los otros; y algunos que recorrían los rectos caminos en dirección a un fin legítimo. Había médicos que adquirían grandes fortunas vendiendo refinados remedios para enfermedades imaginarias, y que sonreían a sus distinguidos pacientes en las antesalas de monseñor; autores de toda clase de proyectos para curar los males del Estado, daban profusos detalles a quienes quisieran escucharlos en la brillante reunión, sin incluir en sus proyectos el de extirpar de raíz las causas de esos males; filósofos escépticos que reformaban el mundo con palabras y construían con cartón torres de Babel para escalar el cielo; químicos incrédulos que los oían pensando en la transmutación de los metales. También había elegantes caballeros de la exquisita cultura, cuyos frutos (en aquella época y más tarde) eran la más completa indiferencia para todo interés natural y humano y una afectada languidez. Todas estas variadas notabilidades tenían en el gran mundo de París, hogares en los que los numerosos espías de monseñor no hubieran encontrado fácilmente entre las angelicales damas, alguna que tuviera el aspecto o el espíritu de madre. La moda no lo admitía, y la maternidad se limitaba a poner en el mundo alguna criatura. Las campesinas, lejos de las modas, tenían consigo a sus hijos y los criaban. En el mundo elegante había encantadoras abuelas de sesenta años que se vestían y cenaban como a los veinte.

La falta de realidad deformaba a todos los concurrentes a la recepción de monseñor, y eran casi la mitad de ellos espías de Su Señoría. En el salón más próximo a la salita se encontraba una media docena de personas excepcionales que desde hacía varios años abrigaban en secreto la vaga sospecha de que las cosas en general iban mal. Con la esperanza de rectificarlas, unos pocos de éstos se habían afiliado a una fantástica secta de convulsionistas, que pensaban que quizá delirando, rugiendo, echando espuma por la boca y cayendo allí mismo en estado de catalepsia, guiarían claramente a monseñor hacia el porvenir. Además de estos derviches, otros tres se habían arrojado en el seno de otra secta que lo arreglaba todo hablando del centro de la verdad, sosteniendo, en su jerga, que el hombre se había apartado de la misma (lo cual sería superfluo demostrar), pero "no" de la circunferencia, y debía ser impelido al centro por medio de ayunos y visiones de espíritus. Entre estos últimos hubo muchas conferencias con los espíritus, pero nunca se manifestó el bien que pretendían hacer.

Quedaba este consuelo: todos los asistentes a la recepción de monseñor estaban muy bien vestidos. Si pudiera saberse que el día del Juicio Final sería un concurso de trajes, todos aquéllos tendrían asegurado el porvenir. Se les veía en los salones, con profusos rizos y polvos, cabellos bien peinados; cutis delicados, artificialmente conservados o compuestos; finas espadas a la vista, y perfumes finísimos. Tantas preciosidades debían bastar para mantener perpetuamente el estado de cosas que las producía. Los elegantes caballeros de tan refinados modales usaban pequeñas joyas pendientes que producían un tintineo a cada uno de sus lánguidos movimientos; sus brazaletes de oro sonaban como finas campanillas. Estos tintineos y el rumor de las sedas y brocados producían con el aire una vibración que debía hacer pensar que el barrio de Saint Antoine y su hambre devoradora estaban a inconmensurable distancia de esta sección fastuosa y elegante de París.

La buena ropa era el infalible y mágico talismán empleado para mantener todas las cosas en sus sitios respectivos. Todos estaban vestidos como para un baile de fantasía que no debía cesar nunca. Desde el palacio de las Tullerías, pasando por monseñor y toda la corte, hasta las cámaras, los tribunales de justicia y la sociedad toda (excepto los espantapájaros), el baile de fantasía incluía también al verdugo. Este debía oficiar "rizado, empolvado, con casaca galoneada de oro, zapatos finos y medias de seda blanca". "Monsieur de París", como se le llamaba entre sus colegas de provincias, tales como el señor de Orleans y los restantes, debía actuar ante el cadalso y la rueda; el hacha se empleaba raras veces. Entre los concurrentes al palacio de monseñor, en aquel año del señor de mil ochocientos ochenta, nadie podía abrigar la menor duda de que un sistema arraigado en un verdugo rizado, empolvado, galoneado de oro, calzado finamente y con medias de seda blanca, debía durar hasta ver extinguirse todas las estrellas.

Una vez que monseñor hubo tomado el chocolate y aliviado de sus tareas a los cuatro hombres, hizo abrir las puertas de su santuario y se presentó. ¡Cuánta sumisión, bajeza, adulación! ¡Cuánto servilismo y abyecta humillación! En cuanto a inclinarse, de cuerpo y de espíritu, nada quedaba que pudiera hacerse en el cielo; tal vez ésta fuera una de las razones por las cuales los adoradores de monseñor nunca pensaban en ese cielo.

Con una breve promesa aquí, una sonrisa allá, una palabra a uno de los felices esclavos y un gesto de la mano a otro, monseñor atravesó afablemente sus salones hasta llegar a la remota circunferencia de la verdad. Desde allí se volvió, recorriendo el trayecto en sentido opuesto, y volvió a encerrarse en su santuario, entre los oficiantes del chocolate, y no se le vio más.

Después que hubo terminado el espectáculo, la vibración del aire fue casi una diminuta tempestad, y las sonoras joyas tintinearon por las escaleras. No tardó en quedar nada más que una persona de toda esa multitud, y aquélla, con su sombrero bajo el brazo y su cajita de rapé en la mano, pasó lentamente entre los espejos, en dirección a la salita.

Se detuvo ante la última puerta, y volviéndose en la dirección del santuario, dijo:

—¡Te mando al diablo!

Se sacudió el rapé adherido a sus dedos, como quien "sacude el polvo de sus sandalias", y bajó tranquilamente la escalera.

Era un hombre de unos sesenta años, lujosamente vestido, de aire altanero y con el rostro inmóvil como una hermosa máscara. Era de una palidez transparente, con facciones bien marcadas y una expresión fija. La nariz bien modelada, ligeramente cortada en las aletas, y en ello se mostraba la única alteración de que era capaz, y su rostro impasible, cambiando de color algunas veces o contrayéndose o dilatándose como si fueran movidas por un débil latido. Cuando eso ocurría, todo el semblante transparentaba crueldad y falsía. Examinando con atención, se veía en la línea de la boca y en los ojos, acentuadas, esas dos malas pasiones. Y a pesar de todo, era una fisonomía hermosa y notable.

El personaje bajó al patio y subió a su carruaje, que partió en seguida. Pocas personas habían hablado con él durante la recepción, puesto que se había mantenido aislado. Monseñor pudo haberse mostrado más cordial con él. Parecía que le era agradable ver que la plebe se dispersaba ante los caballos de su coche y que con frecuencia había estado a punto de ser atropellada. Su cochero manejaba como si fuera a atacar a un enemigo, y la furiosa carrera no fue contenida por un gesto ni por una palabra del cortesano. Muchas veces se habían formulado quejas en aquella época sorda y muda, por la costumbre de los patricios de recorrer al galope de los caballos de sus carruajes, aquellas calles angostas y sin aceras, poniendo en peligro o mutilando a la gente del pueblo de manera bárbara.

Con loco estrépito y con inhumana desconsideración, que no sería fácil de comprender en esos días, el carruaje pasaba como una tromba por las calles y doblaba las esquinas entre los gritos de las mujeres y las carreras de los hombres que se apartaban o levantaban a los niños para evitar que fueran atropellados. Finalmente, rodeando a toda carrera una esquina donde había una fuente, una de las ruedas del vehículo chocó contra un obstáculo; se levantó un coro de gritos y los caballos se encabritaron y retrocedieron.

A causa de esa actitud de los animales, el carruaje se detuvo; frecuentemente ocurría que, en casos como ése, seguía adelante dejando a los heridos tendidos en la calle. ¿Por qué no? El lacayo, asustado, se apresuró a bajar, y veinte manos asieron las riendas.

—¿Qué ha pasado? —preguntó el caballero, asomando tranquilamente la cabeza.

Un hombre alto, que llevaba en la cabeza un gorro de dormir, sacó y levantó un bulto de entre las patas de los caballos, colocándolo sobre el zócalo de la fuente, mojado y enlodado. Sobre el bulto, el hombre aullaba como una fiera herida.

—¡Perdón, señor marqués! —dijo un hombre humilde y harapiento—. Es un niño.

—¿Por qué hace ese abominable ruido? ¿Es su hijo?

—Disculpe, señor marqués. Sí. Es una lástima.

La fuente quedaba un poco lejos, porque en esa esquina la calle se ensanchaba formando una plazuela de pocas varas cuadradas. Cuando el hombre alto se levantó del suelo bruscamente y corrió hacia el coche, el marqués llevó la mano al puño de su espada.

—¡Lo mató! —gritó el hombre, con un alarido de desesperación, extendiendo ambos brazos por sobre su cabeza y mirándolo fijamente—. ¡Ha muerto!

La gente se reunió a su alrededor, fijando todos sus miradas en el marqués. Nada más que atención y ansiedad expresaban aquellos rostros; en ninguno había visible amenaza ni cólera. Todos guardaban silencio; después del primer grito, todos se habían callado. La voz del hombre sumiso que había hablado, era opaca y mansa en su extrema humildad. El marqués recorrió con la mirada aquel grupo de seres, que para él eran como simples ratas salidas de sus cuevas.

Sacó su bolsa, diciendo:

—Me parece extraordinario que no sepáis cuidaros a vosotros mismos ni a vuestros hijos. Siempre hay alguno en el camino. ¿Sé yo acaso qué daño les habéis hecho a mis caballos? ¡Tomad! ¡Dadle eso!

Arrojó una moneda de oro para que el lacayo la recogiera, y todos los cuellos se estiraron para que los ojos pudieran ver dónde había caído. El hombre alto dejó oír otro alarido terrible:

—¡Muerto!

Se detuvo a causa de la precipitada aparición de otro hombre a quien todos abrieron paso. Al verlo, el desgraciado se arrojó en sus brazos llorando a sollozos y señalando hacia la fuente, donde varias mujeres se inclinaban sobre el cuerpo inmóvil. Guardaban tanto silencio como los hombres.

—Ya lo sé; lo sé todo —dijo el amigo—. Sé valiente, Gaspar mío. Para el pobrecito es mejor morir que estar vivo. Ha muerto en un instante, sin sufrir. ¿Podía haber vivido ni una hora sin sufrir?

—Tú eres un filósofo —le dijo el marqués, sonriendo—. ¿Cómo te llamas?

—Me llamo Defarge.

—¿De qué oficio?

—Señor marqués, soy vendedor de vinos.

—Levanta eso, filósofo y vendedor de vinos —dijo el marqués, arrojándole otra moneda de oro—, y gástalo como quieras. ¿Están bien los caballos?

Sin dignarse mirar por segunda vez al grupo, el marqués se acomodó en su asiento y el coche partió. El caballero tenía todo el aire de quien había roto accidentalmente un objeto de poco valor y lo había pagado, teniendo medios para ello. Su tranquilidad fue súbitamente alterada por una moneda de oro arrojada al interior del vehículo y que resonó al caer sobre el piso.

—¡Detente! —exclamó—. ¡Sujeta los caballos! ¿Quién ha tirado eso?

Miró al sitio donde un momento antes había estado Defarge, el vendedor de vinos; allí estaba el desgraciado padre, llorando, con el rostro inclinado sobre el suelo. A su lado se hallaba una mujer morena, tejiendo.

—¡Perros! —exclamó el marqués con aparente

calma, aunque vibraban y cambiaban de color las aletas de su nariz—; con placer os atropellaría a todos y os exterminaría. Si yo supiera quién es el bribón que arrojó la moneda a mi coche y lo encontrara en mi camino, sería aplastado bajo las ruedas.

Tan acobardada estaba aquella gente y tan dura y larga experiencia tenía de lo que un hombre como ése podía hacerles, dentro y fuera de la ley, que no se levantó una voz ni una mano, ni siquiera una mirada. Eso entre los hombres. Pero la mujer que tenía levantó la cabeza y miró fijamente al marqués. La dignidad de éste no le permitió notarlo; sus miradas despreciativas pasaron por encima de ella y de todas las otras ratas. Volvió a acomodarse en su asiento y dio la orden:

—¡Adelante!

Se alejó, y otros carruajes pasaron en rápida sucesión: el del ministro, el del arrendador de impuestos, el del proyectista oficial, el del doctor, el del abogado, el del abate, el de la Gran Opera, el de la Comedia, todos los que tomaban parte en el baile de fantasía, pasaron en rápido y brillante desfile. Las ratas asomaban fuera de sus cuevas para mirar, y así permanecieron durante horas. Los soldados y la policía se interponían con frecuencia entre ellos y el espectáculo, formando una barrera tras de la cual se agazapaban y a través de la cual miraban.

Hacía rato que el padre había levantado al pobre niño y se había ido a ocultar con él, mientras que las mujeres que lo atendieron cuando estaba sobre el zócalo de la fuente, se sentaron para ver correr el agua y contemplar el desfile del baile de fantasía. La mujer que se había hecho notar, seguía tejiendo con la inalterable firmeza del destino. Corría el agua de la fuente y la del rápido río; el día corrió hacia la noche; en la ciudad muchas vidas corrieron hacia la muerte, como sucede siempre, pues el tiempo y la marea no aguardan ni se detienen. Las ratas dormían apeñuscadas en sus oscuras cuevas; el baile de fantasía era iluminado a la hora de la cena, y todo seguía su curso.

MONSEÑOR EN EL CAMPO

En el hermoso paisaje brillaba el dorado trigal, poco abundante. En otros espacios de terreno en que debió crecer trigo, sólo había mísero centeno, escasas habas y guisantes, y las más ínfimas hortalizas con que se intentaba sustituir el trigo. En la naturaleza inanimada, como en los hombres y las mujeres que cultivaban la tierra, se notaba la tendencia a producir de mala gana; era evidente cierto abatimiento, algo así como un deseo de abandonarlo todo, marchitarse y perecer.

El señor marqués, en su coche de viaje (que podía haber sido más liviano), tirado por cuatro caballos de posta y manejado por postillones, subía trabajosamente la cuesta de una empinada colina. El color encendido del rostro del viajero no desmentía su refinada educación, pues ese color no provenía de sus emociones. Era causado por un agente externo que él no podía dominar: el sol poniente.

La luz hirió tan brillantemente el interior del vehículo cuando éste llegó a lo alto de la colina, que el caballero pareció sumergido en un baño carmesí.

"Ya pasará —se dijo, mirando sus manos—. Pasará en seguida".

En efecto, el sol desapareció casi en ese momento. Cuando la pesada cadena fue enganchada a la rueda y el carruaje se deslizó cuesta abajo entre una nube de polvo de color ceniciento, el resplandor rojizo se disipó totalmente.

El sol y el marqués descendieron juntos, y ya caía la tarde cuando fue quitada la gruesa cadena de la rueda.

Faltaba recorrer un terreno quebrado, extenso y abrupto; atravesar una pequeña aldea situada al pie de la colina; un campo ondulado en el que se veían la torre de una iglesia y un molino de viento; más allá, el bosque donde cazaba monseñor, y una alta roca sobre un despeñadero. Sobre esta roca había una fortaleza que servía de prisión.

El marqués miraba todos estos elementos del paisaje, que comenzaban a esfumarse en la penumbra crepuscular, con la satisfacción de quien se aproxima al término de una fastidiosa jornada.

La aldea tenía una mísera calle, con su cervecería, su curtiembre, su taberna, su casa de posta para el relevo de los caballos, y su fuente; todo sórdido y pobre, igual que sus habitantes; se veía gente sentada en los umbrales de las casas o apoyadas en el borde de la fuente; unos cortaban cebolla para la cena, otros lavaban en el agua de la fuente algunas hojas o raíces comestibles (hasta briznas de pasto), todo lo más pobre que la tierra daba y que pudiera servir de alimento. No faltaban causas para esta indigencia: los aldeanos debían pagar tributos para el Estado, para la Iglesia y para el señor de esa tierra, además, un impuesto local y otro general; y todos debían ser pagados en un sitio o en otro, según lo decía una inscripción colocada en la aldea. Lo asombroso era que, después de pagados los impuestos, pudiera subsistir alguna aldea.

En ésta se veían pocos niños y ningún perro. En cuanto a los hombres y las mujeres, su suerte estaba echada entre estas dos alternativas: la vida, en su nivel más bajo, en la pequeña aldea situada al sur del molino, o el cautiverio y la muerte en la prisión levantada en lo alto de la roca.

Precedido por un correo y por el restallar de los látigos de los postillones, que los hacían ondular y enroscarse sobre las plebeyas cabezas, el marqués parecía viajar acompañado por las furias. El carruaje se detuvo ante la casa de postas, al lado de la fuente, y los aldeanos suspendieron sus tareas para mirar al amo. También él los miró, y sin pensar en ello, vio la lenta degeneración, la flacura francesa que daría pábulo a la superstición inglesa que sobrevivirá a la verdad durante cerca de un siglo.

El señor marqués miró los rostros que se humillaban ante él, como él se había humillado ante monseñor, en la corte, con la diferencia de que aquéllos se inclinaban para sufrir, no para propiciar a un dispensador de dones y privilegios.

Un peón caminero de cabellos grises se acercó.

—Tráeme aquí aquel hombre —le dijo el marqués al correo.

El hombre fue traído, con su gorra en la mano, y los otros aldeanos se acercaron para ver y oír, como habían hecho otros hombres en París, junto a una fuente.

—¿He pasado cerca de ti en el camino?

—Es verdad, Monseñor; tuve ese honor.

—¿Tanto al subir la colina como cuando llegué arriba?

—En efecto, monseñor.

—¿Qué mirabas con tanta fijeza?

—Monseñor, yo miraba al hombre.

Se inclinó un poco, y con su raída gorra azul señaló hacia abajo del carruaje. Todos se inclinaron para mirar en esa dirección.

—Perdón, monseñor, el hombre estaba colgado de la cadena con que se sujeta la rueda para bajar la cuesta.

—¿Quién?

—Monseñor, digo que el hombre.

—¡Que el diablo se lleve a estos idiotas! ¿Cómo se llama ese hombre? Tú conoces a todos los de esta parte del país. ¿Quién era?

—Tened clemencia, monseñor. No era de esta parte del país. No lo he visto en todos los días de mi vida.

—¿Suspendido de la cadena? ¿Para sofocarse?

—Con vuestro generoso permiso, monseñor; eso era lo asombroso. Tenía la cabeza colgando; así.

El caminero se puso de costado y se echó hacia atrás, con la cabeza colgando y la cara hacia el cielo. Después se enderezó, manoseó su gorra e hizo una reverencia.

—¿Cómo era?

—Monseñor, era más blanco que el molinero; estaba todo cubierto de polvo; alto y blanco como un espectro.

La descripción produjo inmensa sensación en la pequeña multitud. Pero todas las miradas, sin consultarse previamente, se fijaron en el marqués, quizás para observar si él tenía sobre su conciencia algún espectro.

—Verdaderamente, hiciste bien en no abrir esa tu gran boca cuando viste que un ladrón venía debajo de mi carruaje. ¡Bah! Apartadlo, señor Gabelle —dijo el marqués comprendiendo que semejante alimaña no debía irritarlo.

Gabelle era el maestro de postas y, además encargado de la percepción de algunos impuestos. Con gran obsequiosidad había venido a asistir a este interrogatorio, en su calidad de funcionario.

—¡Ea! ¡Apártate! —dijo Gabelle.

—Apoderaos de ese forastero si intenta alojarse en la aldea esta noche, y aseguraos de que es honrado el asunto que lo trae aquí.

—Monseñor, me lisonjea ponerme a vuestras órdenes.

—¿Huyó ese sujeto? ¿Dónde estará ese maldito?

El maldito ya estaba debajo del carruaje con una docena de sus mejores amigos, señalando con su gorra hacia la cadena. Otra media docena de amigos lo tironearon para sacarlo de debajo del vehículo y lo presentaron, casi sin aliento, al marqués.

—Estúpido, di, ¿el hombre ese huyó cuando nos detuvimos para que fuera enganchada la cadena?

—Monseñor, se precipitó de cabeza cuesta abajo, como hace uno cuando se tira al río.

—Averiguad eso, Gabelle. ¡Adelante!

Los que miraban la cadena estaban todavía entre las ruedas, amontonados como ovejas. Las ruedas giraron tan repentinamente que se consideraron felices en poder salvar su piel y sus huesos, teniendo muy poco más que salvar. Quizás no hubieran sido tan afortunados teniendo algo más.

La rapidez con que el carruaje partió de la aldea y subió siguiendo la ondulación del terreno, fue contenida por la naturaleza empinada de otra colina. Gradualmente los caballos marcharon al paso y el coche se balanceó ascendiendo poco a poco, entre los gratos aromas agrestes que saturaban el aire nocturno. Los postillones, no ya acompañados por las Furias sino por una nube de finos insectos, componían tranquilamente las puntas de sus látigos; el lacayo caminaba al lado de los animales; se oía el galope del caballo que montaba el correo, ya próximo, ya distante.

En el punto más alto de la colina había un pequeño cementerio, con una cruz que sostenía una gran imagen del Salvador; era una pobre talla en madera, obra de algún inexperto escultor rústico, pero que había copiado fielmente la figura de algún modelo viviente (de sí mismo, tal vez), pues era de una terrible flacura.

Ante este impresionante emblema de una gran aflicción que iba empeorando sin haber llegado todavía a su punto culminante, estaba arrodillada una mujer. Volvió la cabeza cuando se acercó el carruaje, se levantó vivamente y se presentó a la portezuela.

—¡Sois vos, monseñor! ¡Una petición!

Con una exclamación de impaciencia, pero sin que su

rostro impasible se alterase, el marqués miró hacia afuera del coche y exclamó:

—¡Y bien! ¿Qué hay? ¡Siempre las peticiones!

—¡Monseñor, por amor del gran Dios! Mi marido, el guardabosque. . .

—¿Qué le pasa a tu marido el guardabosque? Vosotros sois siempre los mismos. ¿No puede pagar algo?

—Ya lo ha pagado todo, monseñor. Ha muerto.

—¡Y bien! Ya está tranquilo. ¿Puedo acaso devolvértelo?

—¡Ay, no, monseñor! Pero él yace allí, bajo ese poco de césped.

—¿Y bien?

—Monseñor, ¡hay tantos de esos pequeños montículos bajo el césped ralo!

—¿Y bien, pues?

La mujer estaba envejecida, pero era joven. Manifestaba un dolor desesperado; se retorcía con loca energía las manos nudosas o con ellas acariciaba la portezuela del coche como si fuera un ser humano que pudiera conmoverse ante aquella muda súplica.

—¡Monseñor, oídme! ¡Monseñor, oíd mi petición! Mi marido murió de inanición. ¡Tantos mueren de eso mismo! ¡Tantos más morirán así!

—Y bien, ¿otra vez? ¿Puedo yo alimentarlos?

—El buen Dios lo sabrá, monseñor; pero yo no pido eso. Lo que pido es que se coloque sobre la tumba de mi marido un pedazo de piedra o de madera, con su nombre. Sin eso, pronto se olvidará el sitio donde está, y cuando yo muera del mismo mal me enterrarán lejos de él. ¡Hay tantos muertos de inanición! ¡Monseñor! ¡Monseñor!

El lacayo la apartó del carruaje y el vehículo partió al trote de los caballos, dejando atrás a la pobre mujer. El marqués, escoltado por las Furias, acortó rápidamente la distancia de una a dos leguas que lo separaba de su castillo.

Los delicados aromas agrestes de la noche envolvían a todos, como suave lluvia, tanto al triste grupo andrajoso y polvoriento reunido en torno de la fuente como al coche del marqués. El peón caminero, con la ayuda de su gorra azul (sin la cual él no era nadie), seguía hablando del hombre que parecía un espectro, mientras sus amigos quisieran escucharlo. Su auditorio se fue dispersando poco a poco, cansado de oírlo; comenzaron a brillar luces en algunas pequeñas ventanas. Cuando aquellas luces desaparecieron y salieron las estrellas, pareció que no se apagaron sino que habían subido al cielo.

En ese momento se proyectaba sobre el marqués la sombra, no solamente de un gran edificio de altos techos, sino también las de muchos grandes árboles. Disipó las sombras la luz de una antorcha que iluminó el carruaje que se detenía, mientras se abrían las monumentales puertas del castillo.

—¿Ha llegado de Inglaterra el señor Carlos, a quien aguardo?

—Todavía no, monseñor.

LA CABEZA DE
LA GORGONA

El castillo del señor marqués era un edificio grande y pesado; en el frente había un gran patio con piso de piedra, junto a la puerta principal. Todo allí era de piedra; las balaustradas, las ánforas, los florones, las cabezas humanas y las cabezas de león, dispuestas en todas direcciones. Era como si la cabeza de la Gorgona hubiera aparecido allí cuando el palacio había sido terminado, hacía dos siglos.

El marqués bajó de su carruaje y subió por una de las anchas escaleras de gradas muy bajas. Iba precedido por la antorcha que disipaba las tinieblas y que molestó a un buho instalado en el techo de las caballerizas, situadas a alguna distancia, entre la arboleda. Reinaba tan profundo silencio que parecía que las dos antorchas, la que iluminaba la entrada y la otra que un criado llevaba por la escalera, brillaran en un inmenso salón y no en el aire libre. Apenas rompían el silencio la voz del búho, y el murmullo del agua que caía en la cuenca de piedra de una fuente. Era una de esas noches tenebrosas que parecen contener el aliento durante muchas horas para exhalar un largo suspiro y volver a contenerse.

La enorme puerta resonó al cerrarse después de haber dado paso al marqués, quien cruzó un sombrío vestíbulo adornado con chuzos para jabalíes, espadas y cuchillos de monte; parecía más sombría a causa de gruesas varas y fustas cuyos golpes habían sentido muchos aldeanos antes de acogerse a su única bienhechora, la muerte, cuando el marqués estaba irritado.

Sin parar por las grandes salas, que estaban oscuras y cerradas, el marqués, siempre precedido por el portador de la antorcha, subió una escalera y recorrió una galería hasta llegar a una puerta que se abrió en seguida. Por allí se entraba a su departamento privado, compuesto de tres habitaciones: su dormitorio y dos salas, todas con altos techos abovedados y frescos pisos sin alfombras. En las amplias estufas había grandes morillos de hierro en las hornallas destinadas a encender la leña durante el invierno. En suma, había allí un lujo que correspondía a un marqués en un país y en una época de vida suntuosa. En el rico mobiliario predominaba el gusto del tiempo del penúltimo de los Luises, Luis XIV, aquella dinastía que, según se creía, no se interrumpiría jamás. Pero también se veían allí muchos objetos que eran como ilustraciones de las antiguas páginas de la historia de Francia, y una mesa tendida con dos cubiertos para la cena, en la tercera sala.

Era ésta una habitación redonda, situada en una de las cuatro torres que terminaban en forma de apagador. La habitación era pequeña, de techo alto; la ventana estaba abierta de par en par, pero la celosía permanecía cerrada de modo que desde la oscuridad exterior sólo se veían algunas líneas horizontales de luz alternando con anchas rayas negras.

El marqués miró la mesa puesta, y dijo:

—Han dicho que mi sobrino no ha llegado.

No había llegado. En el castillo creían que vendría con monseñor.

—¡Ah! No es probable que llegue esta noche. Sin embargo, deja la mesa tal como está. Dentro de un cuarto de hora estaré pronto.

Así fue, en efecto; y se sentó, solo, ante la suntuosa y selecta cena. Su silla estaba frente a la ventana. Había tomado la sopa y se llevaba a la boca una copa de Burdeos, cuando la bajó, sorprendido por un leve ruido.

—¿Qué es eso? —preguntó con calma, mirando con atención las rayas horizontales de la celosía.

—¿Monseñor? ¿Qué?

—Allí, afuera de las celosías. Abrelas.

El lacayo obedeció.

—¿Y bien?

—No hay nada, monseñor. Nada más que los árboles y la noche.

El sirviente, que había abierto la celosía, miró en la tiniebla exterior y se volvió, dando la espalda a la negra oscuridad, a esperar instrucciones.

—Está bien. Cierra —ordenó el imperturbable amo.

Fue obedecido. Monseñor siguió comiendo, hasta que volvió a bajar su copa al oír rumor de ruedas. El rumor aumentaba rápidamente hasta que se oyó detenerse un vehículo frente al castillo.

—Pregunta quién ha llegado —dijo al criado.

Era el sobrino de monseñor. En las primeras horas de la tarde tuvo un retraso, y su tío se la había adelantado unas pocas leguas. Su cochero procuró disminuir rápidamente la distancia, pero no tanto como para haber alcanzado a su tío en el camino. En la casa de postas le dijeron que el marqués estaría ya en su castillo.

Monseñor dio orden de que le dijeran que lo estaba aguardando para cenar y que le rogaba lo acompañara a su mesa. Momentos después se presentó en el salón el joven que en Inglaterra era conocido como Carlos Darnay.

El marqués lo recibió cortésmente, pero no se estrecharon las manos.

—¿Salisteis de París ayer, señor? —le preguntó Darnay a su tío, tomando asiento ante la mesa.

—Ayer. ¿Y tú?

—Vengo directamente.

—¿De Londres?

—Sí.

—Has tardado en venir —dijo el marqués sonriendo.

—Al contrario. He venido directamente.

—Disculpa. No quise decir que tardaste en el viaje, sino en decidir el viaje.

—Me detuvieron. . . —y el sobrino hizo una pausa antes de proseguir— varios asuntos. . .

Mientras el criado estuvo presente no cambiaron más palabras. Cuando fue servido el café y los dos caballeros se hallaron solos, el sobrino, sosteniendo la mirada inescrutable de aquel hombre cuyo rostro era una hermosa máscara, inició la conversación.

—Como sabéis, señor, he venido para proseguir el asunto que me llevó a Londres. Me ocasionó un gran peligro inesperado, pero mi objetivo es sagrado y creo que me hubiera sostenido aun ante la muerte.

—Hasta la muerte, no. No es necesario hablar de muerte.

—Si mi misión me hubiera llevado hasta las puertas de la muerte, dudo que hubierais querido salvarme.

Las aletas de la nariz y la línea de la boca de aquel rostro cruel tenían en ese momento una expresión ominosa; hizo un elegante gesto de protesta, que evidentemente obedecía nada más que a un hábito de buena educación y que estaba muy lejos de ser tranquilizador.

—Hasta es posible que hayáis hecho algo para que parecieran aun más sospechosas las circunstancias (ya de por sí sospechosas) que me rodeaban.

—No, no, no —dijo el tío amablemente.

—Como quiera que sea —prosiguió el joven,

mirándolo con profunda desconfianza—, sé que vuestra diplomacia intentará crearme obstáculos por todos los medios, sin deteneros en escrúpulos.

—Amigo mío, ya te lo dije. Hazme el favor de recordar que te lo dije hace tiempo —replicó el marqués, y las aletas de su nariz indicaban una palpitación.

—Lo recuerdo.

—Gracias —repuso el tío, suavemente.

Su voz quedó en el aire, casi como la vibración de un instrumento musical.

—En efecto, señor —prosiguió diciendo el joven—; creo que fueron a la vez vuestra mala suerte y mi buena estrella las que me libraron de ir a una prisión aquí en Francia.

—No comprendo bien —replicó el tío sorbiendo el café—. Te pediré que te expliques.

—Creo que si no hubierais caído en desgracia en la corte y no hubierais estado bajo esa nube durante estos últimos años, una *lettre de cachet*[1] me habría enviado a alguna fortaleza por tiempo indeterminado.

—Es posible —contestó tranquilamente el tío—; por el honor de la familia pude haberte incomodado hasta ese extremo. Discúlpame.

—Veo que, felizmente, amigo mío —fue la respuesta, pronunciada con refinada cortesía—, yo no estaría muy seguro de eso. Una buena oportunidad para reflexionar, rodeada de todas las ventajas de la soledad, podría ejercer más benéfica influencia sobre tu destino que la que pudiera ejercer tu influencia personal. Pero es inútil hablar de eso. Estos pequeños instrumentos de corrección, estos suaves auxiliares del poderío y del honor a las familias, estos pequeños favores que pudieran molestarte, solamente se obtienen ahora mediante el favor de los príncipes y la insistencia

---

[1] Carta cerrada con el sello real y que contenía una orden de prisión o destierro.

importuna. ¡Son tantos los que las solicitan y tan pocos, relativamente, los que las obtienen! Antes no era así, pero para tales cosas Francia ha cambiado, empeorando. Nuestros antepasados, no muy remotos, tenían derecho de vida o muerte sobre la plebe que los rodeaba. Desde este mismo cuarto han salido muchos de esos perros para ser ahorcados; en la habitación contigua (mi dormitorio), un sujeto fue apuñaleado por manifestar alguna insolente delicadeza respecto de su hija. ¡Su hija! Este fue un hecho conocido por nosotros. Hemos perdido muchos privilegios; se ha puesto de moda una nueva filosofía. Y la afirmación de nuestro derecho puede causarnos serios inconvenientes. No digo que esto sucederá, pero podría suceder. ¡Todo está mal, muy mal!

El marqués tomó una pequeña narigada de rapé y movió la cabeza con tan elegante tristeza como era posible, al pensar en un país que, a pesar de todo, aún lo contenía a él, que era un gran elemento de regeneración.

—Nosotros hemos afirmado nuestros derechos antes y ahora, de tal manera que creo que nuestro nombre es el más odiado que hay en Francia —dijo el sobrino con aire sombrío.

—Esperemos que sea así —replicó el tío—. El odio a los encumbrados, es el homenaje involuntario de los inferiores.

—En toda esta comarca no hay una sola persona que me mire con otra expresión que la del temor y la abyección. Nunca veo una mirada de deferencia —prosiguió el sobrino en el mismo tono.

—Ese es un cumplimiento a la grandeza de la familia; lo merecemos por la forma con que se ha mantenido esa grandeza. ¡Ah!

El marqués aspiró otra vez polvo de rapé y cruzó las piernas.

Su sobrino apoyó un codo sobre la mesa y se cubrió los ojos, abatido y meditabundo. El marqués lo miró de soslayo, con tan penetrante atención y tan profunda antipatía como era compatible con su afectada indiferencia.

—La represión es la única filosofía verdadera. La oscura deferencia del miedo y la esclavitud mantendrá a esos perros obedientes al látigo mientras este techo dure bajo el cielo —dijo mirando al cielorraso.

Quizás eso no durase tanto como suponía el señor marqués. Si se hubiera podido mostrarle esa noche el cuadro que presentarían su castillo y otros cincuenta semejantes al cabo de muy pocos años, no habría sabido cómo hacer valer sus derechos a aquel lúgubre montón de negras ruinas calcinadas después del saqueo. En cuanto al techo de que se jactaba, hubiera visto que estaba destinado a que el plomo que contenía fuese convertido en mortíferas balas para cien mil mosquetes.

—Entretanto —prosiguió—, yo seguiré conservando el honor y la tranquilidad de la familia si tú no quieres hacerlo. Pero debes estar fatigado. ¿Daremos por terminada nuestra conferencia por esta noche?

—Un momento más.

—Una hora, si queréis.

—Señor, hemos hecho daño y estamos recogiendo el fruto del mal que hicimos.

—¿Nosotros hemos hecho daño? —repitió el marqués, con una sonrisa interrogadora, señalando delicadamente primero a su sobrino y después a sí mismo.

—Nuestra familia. Nuestra honorable familia, cuyo honor nos interesa tanto a ambos y de manera tan diferente. Aun en tiempo de mi padre hemos perpetrado un mundo de malas acciones, dañando a todo ser humano que se interponía entre nosotros y nuestros placeres. Pero, ¿para qué hablar del tiempo de mi padre, si es también nuestro tiempo? ¿Puedo acaso separar al hermano gemelo de mi padre, heredero en igual grado que él, y su sucesor?

—La muerte se encargó de todo eso.

—Y me ha dejado vinculado a un sistema que juzgo terrible, responsable de lo que para mí es espantoso, pero que soy impotente para cambiarlo. Trato de cumplir el último pedido de mi querida madre, que me miraba con ojos suplicantes al implorarme que tuviera piedad y que reparase el daño infligido. Me tortura la imposibilidad de conseguir ayuda y medios para hacer esa reparación.

—De mi parte los buscarás en vano, sobrino mío —replicó el marqués tocándole el pecho con el dedo índice, mientras se hallaban ambos de pie junto a la chimenea—. Siempre en vano, te lo aseguro.

Todas las líneas del rostro impávido expresaban claramente astucia, inexorable crueldad y firmeza, mientras el marqués, con la cajita de rapé en la mano, miraba fijamente a su sobrino. Volvió a tocarlo en el pecho, como si su índice fuera la aguda punta de una pequeña espada con la que le atravesara el cuerpo delicadamente, y le dijo:

—Amigo mío, yo moriré perpetuando el sistema bajo el cual he vivido.

Dicho esto, aspiró una última narigada de rapé y guardó la cajita en su bolsillo.

—Es mejor ser razonable y aceptar nuestro natural destino. Pero veo, Carlos, que tú estás perdido —añadió tocando una pequeña campanilla que tenía encima de la mesa.

—Esta propiedad y Francia están perdidas para mí. Yo renuncio a ellas —dijo con tristeza el joven.

—¿Son tuyas acaso para que tú renuncies a ellas? La Francia, tal vez; pero ¿esta propiedad? Casi no vale la pena hablar de ello, pero ¿es ya tuya?

—No tuve intención de reclamarla con lo que acabo de decir, pero si mañana pasara de vos a mí, haría lo que dije. Tengo la vanidad y la esperanza de creer que eso no es probable que suceda antes de veinte años.

—Me haces mucho honor —dijo el marqués—; sin embargo, prefiero esa suposición.

—Os repito que si esta propiedad, en cualquier época, llegara a mi poder, yo la abandonaría y viviría de un modo diferente, en otra parte. Es poca cosa abandonar. ¿Qué es sino un desierto de dolor y de ruinas?

—¡Ajá!

Y el marqués recorrió con la mirada la lujosa habitación.

—Para verlo así, esto está bastante bien. Pero visto íntegramente bajo el cielo a la luz del sol, es una derruída torre de despilfarros, de mala administración, de extorsión, deudas, hipotecas, opresión, hambre, desnudez y sufrimiento.

—¡Ajá!

El marqués pareció sentirse muy satisfecho.

—Si alguna vez llega a ser mía, pondré esta propiedad en manos capaces de libertarla gradualmente (si fuera posible tal cosa) del peso que la arrastra hacia abajo, de modo que la mísera gente que no puede salir de aquí y que durante tanto tiempo ha sido extorsionada hasta el último límite de lo soportable, sufra menos en la generación siguiente. Pero no estoy destinado a hacerlo yo. Pesa una maldición sobre esta casa y sobre toda esta comarca.

—¿Y tú? —dijo el tío—. Perdona mi curiosidad. ¿Cómo intentas vivir con tu nueva filosofía?

—Para vivir haré lo que otros muchos de mis compatriotas, aun con su nobleza en hombros, tendrán que hacer algún día: trabajar.

—¿En Inglaterra, por ejemplo?

—Sí. El honor de la familia no corre peligro aquí, en Francia. Vuestro nombre no sufrirá por mi causa en otro país, pues yo no lo usaré en ninguna parte.

Al sonido de la campanilla el dormitorio contiguo fue iluminado brillantemente, como pudo verse por la puerta de comunicación. El marqués miró en esa dirección y escuchó los pasos del ayuda de cámara que se alejaba.

—Inglaterra debe tener mucha atracción para ti, supongo, dado que deseas vivir allí, a pesar de lo poco que has prosperado —dijo volviendo hacia su sobrino su rostro sereno.

—Ya os he dicho que reconozco que a vos os debo el no haber prosperado en Inglaterra. Por otra parte, es mi refugio.

—Dicen esos jactanciosos ingleses que su país es el refugio de otros muchos. ¿Conoces a un compatriota tuyo que ha encontrado refugio allá? ¿Un médico?

—Sí.

—¿Y que tiene una hija?

—Sí, sí —repitió el marqués—. Estás fatigado. ¡Buenas noches!

Inclinó la cabeza con la más fina cortesía, pero a través de su máscara sonriente el joven no pudo menos de ver un aire de misterio; al mismo tiempo, los labios expresaban un cruel sarcasmo, que daba al hermoso rostro algo de diabólico.

—Sí —repitió—. Un médico que tiene una hija. Sí, sí. De ese modo comienza la nueva filosofía. Estás fatigado. ¡Buenas noches!

Tanto hubiera valido interrogar a una de las caras de piedra que decoraban el frente del castillo, como a aquel rostro de expresión fría y cruel.

—¡Buenas noches! Espero tener el placer de volver a verte por la mañana. Que descanses. Tú —añadió dirigiéndose al ayuda de cámara— alumbra a mi sobrino hasta su cuarto (y quema en su cama a mi señor sobrino si quieres) —se dijo antes que volviera a sonar la campanilla para que el criado fuera al dormitorio del señor marqués.

Cuando el ayuda de cámara se retiró, una vez terminado su servicio, el marqués, en bata y zapatillas, se paseó de un lado a otro para prepararse a dormir suavemente en aquella noche calurosa. Sus pasos mesurados, silenciosos, le hacían parecer a un tigre. Se le creería uno de aquellos marqueses hechizados, impenitentes, que se convertían periódicamente en tigres y aguardaba el instante de tal transformación o acababa de volver a la forma humana.

Pasaba de un extremo a otro de su dormitorio de hombre voluptuoso, recordando involuntariamente algunos detalles de su viaje: la lenta subida a la colina, el sol poniente, el descenso al valle, el molino, la prisión en lo alto de la roca, la aldea, los campesinos en torno de la fuente, el peón caminero señalando con su gorra azul la cadena debajo del carruaje. Esa fuente le trajo el recuerdo de la otra fuente de París, el pequeño bulto tendido sobre el zócalo, las mujeres que se inclinaban sobre él y el hombre alto que levantaba los brazos gritando: "¡Está muerto!"

—Ya me he refrescado —se dijo el marqués—. Ya puedo irme a acostar.

Luego dejó una sola luz encendida en la gran chimenea, hizo caer en torno suyo la tenue cortina de gasa y, oyendo el gran suspiro de la noche, se dispuso a dormir.

Las caras de piedra miraron sin ver, fijos los ojos ciegos en las tinieblas nocturnas, durante tres largas horas. En ese tiempo los caballos se movían en las caballerizas, los perros ladraban, y el búho dejaba oír su graznido (que en nada se parece al que le atribuyen los poetas, adversos siempre a decir las cosas como son).

La oscuridad cubría todo el paisaje y hacía más profundo el silencio hasta en los caminos polvorientos. En el pequeño cementerio desaparecía toda separación entre las humildes tumbas, y el Cristo, invisible, podía haber bajado de su cruz. En la aldea dormían los que cobraban los impuestos y los que los pagaban. Quizás estos últimos soñaran con banquetes, como suele suceder a los que se mueren de hambre, o con descanso y comodidades, como pudieran soñar el buey uncido al yugo y el esclavo. Los escuálidos moradores de la aldea dormían profundamente y en el sueño gozaban de alimento y libertad.

La fuente del castillo y la de la aldea manaban agua tan calladamente como corre el tiempo. Transcurridas tres horas, el agua grisácea comenzó a ser visible. Las caras de piedra, las caras humanas y las de león parecieron abrir los ojos.

La claridad fue aumentando hasta que el sol tocó las copas de los árboles inmóviles y alumbró la cumbre de la colina. Al resplandor del sol, el agua de la fuente del castillo y las caras de piedra tomaron el tinte rojo de la sangre. El coro de los pájaros era agudo y continuo. Sobre el borde de la ventana del dormitorio del marqués, un pajarillo entonaba con todas sus fuerzas su más dulce canción; al contemplarlo, la cara más próxima parecía asombrarse y su boca abierta expresaba admiración.

Había salido el sol y comenzaba el movimiento en la aldea. Se abrían las ventanas, se corrían los cerrojos de las puertas desvencijadas, y los aldeanos salían temblando al recibir el soplo del aire fresco y puro. Entre la población de la aldea comenzaba el trabajo diario, tan pocas veces aliviado. Algunos iban a la fuente, otros a los campos; hombres y mujeres aquí y allí, cavaban, removían la tierra y llevaban a beber y pastar el pobre y escaso ganado que apenas hallaba algunas matas de pasto al borde del camino. En la iglesia y al pie de la cruz rústica había algunas figuras prosternadas; entre las tumbas, las vacas famélicas buscaban briznas para comer.

El castillo se despertó más tarde, como correspondía a su categoría, y muy gradualmente. Primero enrojecieron al sol las chuzas y los cuchillos de monte, después, todo había revivido a la luz de la mañana. Se abrieron de par en par puertas y ventanas, los caballos se volvían hacia la luz y el aire que entraba en las caballerizas; las hojas de las plantas se movían y brillaban frente a las ventanas enrejadas; los perros tironeaban de sus cadenas, impacientes por verse en libertad.

Todos estos triviales incidentes formaban la rutina de la vida, a la hora del retorno de la mañana. Pero seguramente que no formaban parte de esa norma el agitado toque de la gran campana del castillo, ni las carreras por las escaleras, ni las precipitadas idas y venidas en la terraza, ni el tumulto inusitado, ni el apresurado ensillar de los caballos para partir a todo galope.

¿Qué vientos trajeron al peón caminero la noticia que causaba toda esta agitación? El peón de cabeza gris estaba trabajando en lo alto de la colina, más allá de la aldea. Había llevado consigo, en un atadito, su comida del día, tan escasa, que los cuervos no se dignaban picotear el mezquino envoltorio colocado sobre una piedra. Los pájaros, que dejaban caer al azar alguna semilla recogida al pasar, ¿podían haber dejado caer entre ellas alguna noticia? Quizás. Lo cierto es que el caminero corría ahora cuesta abajo con toda la velocidad de que era capaz, hundiéndose en el polvo hasta la rodilla. No se detuvo hasta llegar a la fuente.

Toda la gente de la aldea estaba allí, hablando en voz baja, demostrando curiosidad y sorpresa, sin perder su aire deprimido. Las vacas eran conducidas y atadas a cualquier casa que pudiera retenerlas y miraban estúpidamente, rumiando lo que habían podido encontrar en sus interrumpidas andanzas. Algunas personas del castillo y de la casa de postas y todas las autoridades receptoras de impuestos, estaban armadas y se agrupaban sin objeto en la calle de la aldea. El caminero había penetrado en medio de un grupo como de cincuenta de sus amigos y se golpeaba el pecho con su gorra azul. ¿Qué significaba todo esto? ¿Por qué montaban rápidamente a caballo el señor Gabelle y uno de sus sirvientes y partían al galope, como una nueva versión de la balada germana de Leonora?

Significaba que había en el castillo una nueva cara de piedra.

La Gorgona había vuelto a mirar el edificio durante la noche, agregando el rostro que faltaba, el que había estado esperando durante doscientos años.

Yacía ese rostro sobre la almohada del marqués. Era una hermosa máscara, súbitamente sobresaltada, irritada y petrificada. Había un puñal hundido en el corazón que correspondía a ese rostro. En torno al mango del puñal había una tira de papel, en que estaban escritas estas palabras:

"Llévalo rápidamente a su tumba, de parte de Jacques".

Capítulo 10

DOS PROMESAS

Habían transcurrido doce meses; el señor Carlos Darnay se hallaba establecido en Inglaterra como distinguido profesor de francés, conocedor de la literatura francesa. Actualmente se le hubiera llamado "profesor", pero en aquella época se le decía "tutor". Enseñaba a varios jóvenes que tenían tiempo disponible y a quienes interesaba el estudio de una lengua viva, hablada en todo el mundo; además, Darnay cultivaba su gusto por todas las obras francesas de arte y de ciencia. También sabía traducirlas en excelente inglés y transmitirlas en correcto lenguaje. No era fácil en aquellos días encontrar profesores de esta clase. Los que habían sido príncipes y los que debían llegar a ser reyes, todavía no pertenecían a la clase de los pedagogos y no había llegado aún el tiempo en que los nobles arruinados bajasen del libro mayor del banco Tellson para convertirse en cocineros y carpinteros. El joven señor Darnay pronto llegó a ser conocido y estimulado en su obra de traductor elegante, que no se limitaba al trabajo de diccionario; para sus discípulos el estudio era agradable y provechoso. También conocía perfectamente la situación de su propio país, y esto inspiraba creciente interés en Inglaterra. Fue así como prosperó mediante una gran perseverancia y una infatigable labor.

No había esperado que en Londres caminara sobre barras de oro, ni que iba a dormir en lecho de rosas; no hubiera prosperado abrigando tan locas esperanzas. Buscó trabajo, lo halló y su desempeño fue de lo mejor posible. En esto consistió su prosperidad.

Pasaba una parte de su tiempo en Cambridge, donde leía con los estudiantes de cursos superiores, y llegó a ser algo así como un contrabandista tolerado por las autoridades, ejerciendo un contrabando en lenguas vivas europeas en vez de transmitir latín y griego por las vías oficiales. El resto de su tiempo lo pasaba en Londres.

Desde la época de perpetua primavera del Paraíso Terrenal hasta los cambiados tiempos en que reinan diversas estaciones, el hombre ha amado a alguna mujer, y, Darnay, no fue una excepción.

Había amado a Lucía Manette desde el día en que estuvo en peligro. Nunca había escuchado sonido tan dulce como el de su voz compasiva; jamás había visto un rostro tan suavemente bello como el de ella, cuando ambos se miraron casi al borde de la tumba que se le preparaba a él. No le había hablado a Lucía de su amor. Un año había transcurrido desde el asesinato en el castillo abandonado. Más allá del canal, al término de largos caminos polvorientos, se alzaba la gran mole de piedra que ahora era para Darnay como un sueño nebuloso, casi olvidado.

El tenía motivos para no haber revelado a Lucía el estado de su corazón. Era un día de verano cuando Darnay llegó a Londres, procedente de Cambridge, y tomó el camino de la tranquila esquina en Soho, decidido a buscar la oportunidad de hablar con el doctor Manette de lo que le preocupaba. Caía la tarde y era la hora en que Lucía salía a caminar con la señorita Pross.

Darnay encontró al doctor sentado en su sillón, leyendo ante una ventana. La energía que lo había sostenido durante los largos años de sufrimiento y que había agravado la intensidad de su dolor, le había sido devuelta gradualmente. Era ahora un hombre enérgico, resuelto, de propósitos firmes y de acción decidida. En la sensación de su vigor recobrado, algunas veces se mostraba vehemente o de humor cambiante; estas variaciones de carácter y hasta las ideas habían ido desapareciendo poco a poco, hasta llegar a su antiguo estado normal. Estudiaba mucho, dormía poco, soportaba con facilidad la fatiga y se mostraba invariablemente afable. Al ver entrar a Darnay, bajó su libro y le tendió la mano.

—¡Carlos Darnay! Me alegro de veros; hace tres o cuatro días que esperábamos vuestro regreso. El señor Stryver y Carton vinieron ayer y dijeron que ya debíais haber regresado.

—Les agradezco el interés que ellos demuestran por mi presencia —dijo con frialdad, pero cambiando de expresión se volvió hacia el doctor, y preguntó—: ¿La señorita Manette?

—Está bien, vuestro regreso nos alegrará a todos. Ha salido a hacer algunas compras, pero no tardará en volver.

—Doctor Manette, yo sabía que ella no estaba aquí y he aprovechado esta oportunidad de su ausencia para que me permitáis hablaros.

Reinó un momento de silencio.

—¿Sí? —dijo el doctor, visiblemente cohibido—. Acercad vuestra silla, y hablad.

Darnay acercó la silla, pero no le fue fácil comenzar a hablar. Por último, se decidió.

—He tenido la felicidad, doctor Manette, de frecuentar vuestra casa durante un año y medio, y espero que el tema que voy a abordar no vaya a. . .

Se interrumpió al ver que el médico levantaba una

mano como para hacerlo callar. Al cabo de un instante, el doctor bajó la mano, y preguntó:

—¿Se trata de Lucía?

—Sí.

—Siempre me es difícil hablar de ella. Y aún más difícil oír hablar de ella con el tono con que lo hacéis.

—Lo hago con ferviente admiración, con rendido homenaje y con profundo amor, doctor Manette —replicó Darnay con sincera deferencia.

Después de otro momento de silencio, el caballero contestó:

—Os creo; os hago justicia. Os creo.

Era evidente que sufría, y Darnay, después de un momento de indecisión, le preguntó:

—¿Debo continuar?

—Sí —fue la tardía respuesta.

—Adivináis lo que yo diría, pero no podéis adivinar con qué profunda emoción tengo que hablaros de las esperanzas y de los temores que agitan mi corazón desde hace largo tiempo. Mi querido doctor Manette, amo a vuestra hija, profunda y desinteresadamente. Vos también habéis amado y me comprenderéis.

El doctor había vuelto el rostro y tenía los ojos fijos en el suelo. Al oír las últimas palabras extendió la mano con viveza y exclamó:

—¡No me recordéis eso! ¡No, señor, no!

Expresaba tanto dolor que Darnay se conmovió, y le parecía oír todavía la voz doliente cuando hacía rato que ambos callaban.

Pasado un momento, habló el doctor:

—Disculpadme. No dudo que améis a Lucía. ¿Habéis hablado con ella? —añadió inclinando la cabeza y dejando que los cabellos blancos sombrearan el rostro pálido.

—No.

—¿Le habéis escrito?

—No.

—No sería generoso de mi parte desconocer que

habéis procedido de ese modo por consideración hacia mí. Os lo agradezco —y le tendió la mano, sin mirarlo.

—Habiéndoos visto juntos, diariamente, sé que hay entre vos y vuestra hija un cariño más profundo y más tierno que el que une generalmente a los padres con los hijos. Sé que ella revive en vos su niñez y vuestra juventud; es como una sagrada compensación de su niñez solitaria y de vuestra juventud malograda, y, para hacer aun más intenso su amor filial, Lucía piensa en la madre a quien no conoció y que vos perdisteis prematuramente durante vuestra terrible desgracia. Todo esto y las circunstancias que fueron su causa, hacen para mí, doctor Manette, que vuestro hogar, vos y vuestra hija tengáis algo de sagrado.

El doctor escuchaba sin levantar los ojos del suelo; solamente su respiración acelerada revelaba su honda emoción.

—Sabiendo todo eso, mi querido doctor Manette, he callado hasta donde me fue posible. No me animaba a interponer mi amor, grande y sincero como es, entre vos y vuestra hija. Ahora sabéis cuánto la amo.

—Sí, antes de ahora he creído que así sería. Os creo.

—Creed también que si yo llegara a tener la felicidad de hacerla mi esposa y por un solo momento pretendiera separaros de ella, me consideraría indigno de Lucía, culpable de una vileza. No sería digno de tocar vuestra mano.

Apoyó su mano sobre la del doctor y prosiguió:

—Como vos, me he desterrado voluntariamente de Francia; como vos, me he alejado de ella indignado por sus locuras, sus opresiones y sus miserias; como vos, me propongo vivir lejos de Francia, sosteniéndome con el producto de mi trabajo, confiado en un porvenir mejor; espero compartir vuestra suerte, vuestra vida y vuestro hogar, y seros fiel hasta la muerte. No para quitarle a Lucía ninguno de sus privilegios de hija vuestra, de vuestra amiga y compañera, sino para confirmarla en todo eso, si ello fuera posible.

Su mano seguía apoyada sobre la del doctor; éste respondió brevemente a la presión afectuosa y depués apoyó sus dos manos en los brazos del sillón; por primera vez desde que se inició la conferencia, levantó los ojos. Era evidente que sostenía una lucha consigo mismo, y por su semblante pasaba una fugaz expresión de temor y de duda.

—Habláis con tanto sentimiento y de manera tan varonil, Darnay, que os agradezco de todo corazón y os hablaré con toda franqueza. ¿Tenéis algún motivo para creer que Lucía os ama?

—No. Todavía no.

—El objeto de esta conferencia es quizás que deseáis, con mi aprobación, cercioraros de ello.

—No. Ignoro si me equivoco en esto, pero no lo intentaré hasta pasadas algunas semanas. Conservaré mi esperanza hasta entonces.

—¿Queréis algún consejo mío?

—No lo he pensado, pero tal vez una confidencia como ésta que yo me he aventurado a haceros, le repitáis lo que os he dicho y. . . le digáis que me creéis. Espero mereceros tan buena opinión que no estimularéis ninguna otra pretensión que no sea la mía. Imponedme vuestras condiciones; yo las aceptaré sin vacilar.

—Os lo prometo, sin condición ninguna. Creo en vuestra sinceridad al decirme que os proponéis fortalecer y perpetuar, no debilitar, los vínculos que me unen con mi hija tan querida. Si ella me dice que le sois necesario para que su felicidad sea completa, os la daré. Si es que hubiera, Darnay, si. . .

Tenían las manos unidas cuando el doctor añadió:

—. . . hubiera. . . hechos, reales o imaginarios, nuevos o antiguos, de los cuales no fuera responsable el hombre a quien ella ama, todo sería olvidado, borrado, en homenaje a ella, que lo es todo para mí, más que el dolor, más que el mal recibido. . . Pero es inútil hablar de tales cosas.

Calló, y sus miradas fijas, su extraña expresión, hicieron que Darnay soltara lentamente la mano que se había puesto fría.

—Me decíais algo —dijo el doctor Manette sonriendo—. ¿Qué me decíais?

—Esto: comprendo que sin vos, no habría esperanzas para mí; aun cuando "ella" me hubiera dado ya algún pequeño lugar en su inocente corazón, no podría conservar ese lugar si fuera opuesto a vuestro gran cariño recíproco.

—¿Cómo debo interpretar eso?

—De este modo: yo quiero el amor espontáneo de Lucía y no os pediría que influyerais en favor mío sino en el caso de que ella temiera que un nuevo amor pudiera intentar lo imposible: separarla de vos.

—En el amor, como en el odio, hay cosas muy sutiles, impenetrables. El corazón de mi hija es para mí un misterio en ese sentido.

—¿Me permitís preguntar si ella tiene algún. . .?

—¿Algún otro pretendiente?

—Eso es.

El doctor meditó un momento antes de contestar:

—Habéis visto al señor Carton. También el señor Stryver viene algunas veces. Si hay un pretendiente, será alguno de esos dos.

—O ambos —replicó Darnay.

—Yo no había pensado en eso.

Ambos permanecieron callados durante algunos minutos.

—Doctor Manette, debo haceros una última confidencia. El nombre que llevo no es el mío, es el apellido de mi madre, ligeramente alterado. Deseo deciros cuál es mi verdadero nombre y por qué vivo en Inglaterra.

—¡Deteneos! —exclamó el médico de Beauvais.

—Deseo que lo sepáis a fin de merecer toda vuestra confianza, y que ya no tenga ningún secreto para vos.

—¡Deteneos!

El doctor se llevó las manos a los oídos, y en su agitación cubrió después con ellas los labios de Darnay.

—Me lo diréis cuando yo os lo pregunte. Ahora no. Si es que Lucía os ama, me diréis lo que ahora no puedo, ni debo oír, el día de vuestro casamiento. ¿Me lo prometéis?

—Os lo prometo.

—Dadme la mano. Mi hija no tardará en venir y es mejor que no nos vea juntos esta noche. Partid amigo mío.

Ya era de noche cuando se separaron, pero Lucía no llegó a su casa sino al cabo de una hora. Corrió a la sala mientras la señorita Pross subía a su cuarto. Extrañando no hallarlo en su sillón favorito, lo llamó dos veces.

No obtuvo respuesta, pero llegó a sus oídos el ruido de un sordo martilleo que venía del dormitorio de su padre. Cruzó rápidamente la habitación que precedía a ese dormitorio, miró por la puerta entreabierta y volvió corriendo hacia la sala, asustada, angustiada, murmurando:

—¿Qué haré? ¿Qué haré?

Su indecisión duró poco. Fue a llamar a la puerta que acababa de cerrar, y dijo nuevamente:

—¡Padre! ¿Puedo entrar?

El martilleo cesó instantáneamente. El doctor abrió la puerta y salió. Durante largo rato, padre e hija se estuvieron paseando en silencio de un extremo a otro de las tres habitaciones.

Esa noche Lucía bajó para ver si su padre dormía. Lo halló profundamente dormido.

La bandeja que contenía las herramientas y el zapato no terminado estaba en su sitio de costumbre.

LOS DOS CAMARADAS

—Sidney, prepara más ponche. Tengo algo que decirte —le dijo Stryver a su chacal esa misma noche (quizás era ya la madrugada).

Sidney había trabajado con doble afán durante esa y otras muchas noches para arreglar los papeles de Stryver antes del comienzo de la feria de los tribunales. Finalmente, el trabajo quedó terminado. Todo lo que estaba atrasado fue puesto al día; hecha la liquidación, sólo quedaba aguardar hasta que volvieran también a reanudarse las provechosas tareas legales.

A pesar de tanta aplicación al trabajo, Sidney no se mostraba más animado ni bebía menos. Había necesitado recurrir a muchas toallas mojadas, durante esa noche, a causa de la excesiva cantidad de vino consumido. Su estado era desastroso cuando arrojó en la palangana la última toalla húmeda que le había servido de turbante y que estuvo empapando, con breves intervalos, durante las seis horas precedentes.

—¿Estás preparando el ponche? —preguntó el voluminoso Stryver mirando desde el sofá donde estaba tendido, con las manos en el cinturón.

—Oye. Voy a decirte algo que ha de causarte sorpresa y que quizás te haga cambiar de opinión con respecto a mi sagacidad, que has elogiado tantas veces. Me propongo casarme.

—¿Tú?

—Sí; y no por interés. ¿Qué me dices?

—Nada. ¿Quién es ella?

—Adivínalo.

—¿La conozco yo?

—Adivínalo.

—No quiero adivinar nada a esta hora. Son las cinco de la mañana y mi cerebro está hirviendo. Si quieres que adivine algo, tienes que invitarme a almorzar.

—Entonces te diré de quién se trata —replicó Stryver sentándose—. Sidney, casi no tengo esperanza de que comprendas, siendo como eres, un perro incapaz de sentir una emoción.

—Y tú —replicó Sidney sin dejar de revolver el ponche—, tienes un espíritu tan poético y sentimental. . .

—¡Vamos! —exclamó el abogado con su risa jactanciosa—. Aunque no pretendo ser muy romántico (soy demasiado listo para caer en ese error) me considero más capaz de ternura que tú.

—Eres más afortunado, querrás decir.

—No. No es eso lo que quiero decir. Pero soy. . . soy. . .

—Galante, entonces —sugirió Carton.

—Galante, diremos. Me gusta ser agradable y trato de serlo (sabiendo cómo conseguirlo) en el trato con las mujeres. Te aventajo en eso —y se irguió ante el otro, que seguía ocupándose del ponche.

—Prosigue —dijo Carton.

—No. Antes de proseguir quiero poner algo en claro —replicó Stryver, sacudiendo la cabeza con aire de desafío—. Tú has frecuentado la casa del doctor Manette tanto como yo, o quizá más que yo. Me he avergonzado del aire taciturno que mostrabas allí.

También me he avergonzado de tu actitud humilde, tu silencio hosco, tu displicencia.

—Será un gran bien para un profesional de tu calaña poder avergonzarse alguna vez. Debes estarme muy agradecido —contestó Carton.

—Con eso no impedirás que yo cumpla con mi deber de decirte en tu cara y para tu bien, que eres un sujeto absolutamente inapropiado para esa clase de sociedad. Eres un individuo desagradable.

Sidney bebió un vaso de ponche y se rió.

—Miradme a mí —añadió Stryver con su desplante característico—. Yo tengo menos necesidad que tú de mostrarme agradable, teniendo mejor situación pecuniaria. ¿Por qué crees que lo hago?

—Es que yo todavía no he visto que te muestres agradable —murmuró Carton.

—Lo hago por política, porque está de acuerdo con mis principios. Y. . . ¡mírame! Yo progreso.

—Pero no has progresado en lo referente a tus proyectos matrimoniales —replicó Sidney, con su aire indiferente—. Deseo que te limites a hablar de eso por ahora. En cuanto a mí, ¿no comprenderás nunca que soy incorregible?

Hizo esta pregunta con tono desdeñoso.

—Pues no tienes que ser incorregible —contestó su amigo con aspereza.

—Tampoco es necesario que yo exista —dijo Sidney—. ¿Quién es la dama?

—Ahora, Sidney, no quiero que te sientas molesto cuando yo la nombre; bien sé que no piensas ni la mitad de lo que dices, y aunque lo pensaras, yo no le daría importancia. Este pequeño preámbulo se debe al hecho de que una vez tú hablaste de esa dama con cierto desprecio.

—¿Yo hice tal cosa?

—Ciertamente; y en este mismo sitio.

Carton miró el vaso, después a Stryver, bebió el ponche y volvió de nuevo los ojos hacia su amigo.

—Dijiste que esa joven no era más que una muñeca de cabellos dorados. Es la señorita Manette. Si fueras capaz de alguna sensibilidad o delicadeza de alma, yo podía haberme resentido al oírte hablar así de ella. ¡Pero siendo lo que eres. . .! No se puede tomar a mal que desprecie un cuadro o una melodía el que no entiende nada de pintura o de música.

Sidney Carton bebió a grandes sorbos uno y otro vaso de ponche, sin dejar de mirar a su amigo:

—Ya estás enterado de todo. Sidney —dijo Stryver—. No me importa el dinero. Ella es una encantadora criatura y he resuelto darme un gusto que mis medios me permiten. Ella encontrará en mí un hombre que ya posee una mediana fortuna y que avanza rápidamente hacia una posición distinguida; para ella, este casamiento es un caso de suerte, y bien lo merece. ¿Te asombras?

—¿Por qué me asombraría? —preguntó Carton sin dejar de beber.

—¿Apruebas?

—¿Por qué no aprobaría?

—¡Y bien! Tomas la noticia con más calma de la que yo esperaba. Pero a esta hora tú estarás convencido de que tu antiguo camarada es hombre de firme voluntad. Sí, Sidney: estoy cansado de esta clase de vida que no ofrece ninguna variación. Siento que debe ser más agradable tener un hogar adonde ir cuando uno se sienta inclinado a hacerlo y del que pueda ausentarse cuando quiera. La señorita Manette estará bien en cualquier situación y me hará honor. Es por todo eso que he tomado la resolución de casarme. Y ahora, viejo, quiero decirte algo que te concierne: estás en mal camino, y tú lo sabes. No conoces el valor del dinero; tu vida es dura, cualquier día de estos tendrás un tropiezo y caerás enfermo. ¡Enfermo y pobre! Debes pensar en alguna enfermera, en alguien que te cuide.

El tono petulante y protector con que hablaba parecía aumentar su corpulencia y hacerlo doblemente antipático.

—Permíteme recomendarte que pienses en lo que te digo. Yo he encarado a mi modo mi situación. Haz tú lo mismo con la tuya. Cásate. Busca alguien que te cuide. No importa que no te guste la sociedad de las mujeres, que no las entiendas, que carezcas de tacto para tratarlas. Busca una mujer respetable que posea algunos bienes; alguna que tenga un terreno que arrendar, o aunque sea una casa de huéspedes, y cásate con ella, en previsión de los malos tiempos que pueden sobrevenir. Eso es lo que te conviene a ti. Piénsalo.

—Lo pensaré.

Capítulo 12

EL HOMBRE QUE TENIA DELICADEZA

Como había decidido magnánimamente casarse con la hija del doctor Manette, Stryver decidió hacerle conocer a ella su felicidad antes de salir de la ciudad para pasar las vacaciones. Después de debatir el punto consigo mismo, llegó a la conclusión de que sería conveniente terminar todos los preliminares, después de lo cual podrían arreglar sin precipitación si él debía otorgar su mano a la elegida una o dos semanas antes del fin de las vacaciones, o durante el breve periodo de descanso de la semana de Navidad.

En cuanto al éxito de su empresa, el abogado no abrigaba ni la más mínima duda, y veía claramente cuál sería la respuesta de ella. Considerado el caso desde el punto de vista de las ventajas materiales (las únicas que merecían ser tenidas en cuenta) era muy sencillo, sin un solo punto débil. Examinándolo en todos sus detalles, cualquier jurado hubiera decidido el caso en favor de Stryver C. J. Nada podía ser más claro.

Así fue como inició sus vacaciones invitando a la señorita Manette a ir a los jardines de Vauxhall; como la invitación le fue rehusada, le propuso hacer un paseo a Ranelagh: también esta invitación fue rechazada de manera inexplicable. No le quedaba otro recurso que presentarse en la casa de Soho y hacer allí su generosa proposición.

Desde el Temple se dirigió hacia Soho cuando aun tenía la perspectiva de la larga feria de los tribunales. Cualquiera que lo hubiera visto pasar por Saint Dunstan en dirección a Soho, corpulento, enérgico, llevándose por delante a los transeúntes más débiles, habría reconocido que era un hombre fuerte, seguro de sí mismo.

Debía pasar por delante del banco Tellson; era cliente del establecimiento y conocía al señor Lorry, el íntimo amigo de la familia Manette. Estas razones lo indujeron a entrar en el mismo y comunicar al banquero la brillante fortuna que aguardaba a la hija del doctor Manette. Abrió la puerta, bajó las dos gradas, pasó por delante de los ancianos cajeros y entró, sin hacerse anunciar, al oscuro despacho donde el señor Lorry trabajaba, teniendo sobre su mesa unos grandes libros de caja, rayados y con cifras. Los barrotes perpendiculares de la ventana parecían otras tantas rayas de libros de caja, haciendo pensar en que todo lo que hay bajo el sol es cuestión de números.

—¡Hola! ¿Cómo estáis? Espero que os encontréis muy bien —dijo el abogado.

Era una peculiaridad de Stryver parecer que ocupaba demasiado espacio, dondequiera que se encontrase. Cuando entró en el banco, los empleados lo miraron con aire de reproche, como si su enorme persona los empujara hacia la pared. Hasta el principal de la firma, a quien se podía ver en lejana perspectiva leyendo el diario en actitud de importancia, frunció el ceño, como si Stryver le ocasionara una molestia muy personal.

El discreto señor Lorry le habló en el tono indicado para momentos como ése.

—¿Cómo estáis, señor Stryver?

Le estrechó la mano de la manera especial que los empleados adoptaban cuando recibían a un cliente estando presente el principal: una manera impersonal, como indicando claramente que se obraba en representación de Tellson y Cía.

—¿Puedo serviros en algo, señor Stryver? —preguntó el señor Lorry.

—No, gracias. He venido a veros particularmente, señor Lorry. Deseo hablar brevemente con vos.

—¡Oh! ¿Realmente? —y el banquero se dispuso a prestar oído, sin perder de vista al principal.

Stryver apoyó los brazos sobre el gran escritorio, que pareció disminuir en tamaño.

—Voy a ir a ofrecerme en matrimonio a vuestra agradable amiguita, la señorita Manette, señor Lorry.

—¡Oh, Dios mío! —exclamó el banquero, frotándose el mentón y mirando con expresión de asombro a su visitante.

—¿Por qué decís eso, señor mío? —dijo Stryver echándose hacia atrás—. ¿Qué queréis decir?

—¿Qué quiero decir? ¡Oh!, todo lo que sea amistoso, naturalmente, y todo lo mejor que sea de desear. Creo, además, que el paso que intentáis dar os hace honor; pero verdaderamente, señor Stryver. . .

Se interrumpió, movió la cabeza y miró al abogado como si calculara mentalmente el valor de la enorme y arrolladora persona que tenía ante sí.

—¡Y bien! —exclamó Stryver dando una palmada sobre el escritorio, abriendo mucho los ojos y aspirando profundamente—. ¡Que me ahorquen si os entiendo, señor Lorry!

El banquero se ajustó sobre las orejas su pequeña peluca y se dedicó a morder el extremo de la pluma con que había estado escribiendo.

—¡Un dem. . .! —exclamó el abogado mirándolo fijamente—. ¿No soy elegible, acaso?

—¡Oh, sí! Sí, en cuanto a elegible lo sois, sin duda alguna.

—¿No soy un hombre próspero?

—Sí; que sois hombre próspero, es evidente.

—¿Y que voy progresando?

—Nadie puede dudar de que progresáis —dijo el señor Lorry, encantado de poder afirmar una vez más.

—Y entonces, ¿qué queréis decir? —preguntó el abogado, visiblemente decaído.

—Pues bien; yo. . . ¿Ibais a ir allá ahora?

—¡Directamente! —exclamó Stryver dejando caer su puño sobre el escritorio.

—En lugar vuestro, yo. . . no creo que iría.

—¿Por qué? Voy a poneros en situación de explicaros; sois hombre de negocios y debéis tener razón para lo que acabáis de decir. Veamos, exponed esa razón —dijo Stryver con tono y aire profesionales, levantando su índice—. ¿Por qué no iría?

—Porque no iría a hacer una proposición semejante sin tener algún fundamento para creer que sería aceptada.

—¡Un dem. . .! ¡Esto es más que extraordinario!

El señor Lorry miró hacia la lejanía donde se hallaba el principal, y después miró a Stryver.

—He aquí un hombre de negocios que tiene edad y experiencia —dijo éste irritado—, y que está en un banco. Después de haber reconocido que hay tres razones principales que asegurarían el éxito completo de la gestión, ¡acaba diciendo que no hay razón ninguna! ¡Y lo dice teniendo la cabeza en su lugar!

Stryver parecía creer que aquella contradicción sería menos sorprendente si el banquero hubiera dicho "no", teniendo la cabeza en su sitio.

—Me refiero a la señorita de quien depende la aceptación de vuestra propuesta; es quien juzgará del valor que tienen para ella esas razones. ¡La señorita, mi buen señor! —dijo el señor Lorry, tocando con los dedos un brazo de su interlocutor—. Ella, es lo primero en este caso.

—Entonces, ¿queréis decir —dijo Stryver poniéndose

en jarras— que, según vuestro criterio, la señorita en cuestión es una tonta vanidosa?

—No es eso precisamente. Pero os diré, señor Stryver —dijo el banquero enrojeciendo—, que no permitiré que nadie falte al respeto a esa señorita ni con una palabra. Y si yo conociera (y espero no conocer) a un hombre de semejante grosería, y que no fuera capaz de dominarse cuando quiere demostrar su falta de respeto aquí, en mi presencia, ni aun el principal de Tellson me impedirá decirle lo que pienso de él.

La necesidad de contener su cólera había puesto en estado terrible al arrebatado Stryver. Pero no se sentía mucho mejor el señor Lorry, a pesar de su calma usual, cuando le llegó el turno de irritarse.

—Fue eso lo que quise decirle, señor, y le ruego que me interprete bien.

El abogado se llevó a la boca la punta de una regla y se dio con ella algunos golpecitos en los dientes, lo cual acabaría por producirle algún dolor. Interrumpió el penoso silencio diciendo:

—Esto es algo nuevo para mí, señor Lorry. ¿Me aconsejáis deliberadamente que yo no vaya a Soho a ofrecerme, yo, Stryver, del foro de King's Bench?

—¿Pedís mi consejo, señor?

—Sí; os lo pido.

—Muy bien. Os lo he dado y lo habéis repetido exactamente.

—Y lo que yo puedo decir es que esto es lo más extraordinario que se haya visto en todos los tiempos, pasados, presentes y futuros.

—Comprendedme —dijo el banquero—. Como hombre de negocios yo no debo decir ni una palabra en este asunto, que como tal yo debo ignorar por completo. Pero soy un anciano que he tenido en mis brazos a la niñita que es hoy la señorita Manette; soy el amigo de confianza de ella y de su padre, y ambos me inspiran un profundo afecto. Os he hablado en ese carácter. No olvidéis que yo no busqué esta confidencia. ¿Me dais la razón?

—¡De ningún modo! —contestó Stryver—. No me propongo encontrar buen sentido en. . . terceras personas; me basta con tenerlo yo. Atribuí buen sentido a cierta persona. Vos le atribuís infantiles tonterías. Esto es una novedad para mí, pero quizás seáis vos quien tiene razón.

—Señor Stryver, tengo el derecho de calificar lo que digo y lo qué pienso. Y tened presente que no le permito a nadie que lo haga por mí.

—¡Vamos! Disculpadme —replicó el abogado.

—Concedido. Gracias. Ahora bien, señor Stryver, iba a deciros esto: sería penoso para vos descubrir que os habíais equivocado, y sería penoso para el doctor Manette y para su hija tener que hablaros claramente. Sabéis que tengo el honor y la felicidad de ser un especial amigo de esa familia; si no queréis comprometeros dando un paso prematuro, y sin que yo pretenda representaros, puedo cerciorarme discretamente de vuestras probabilidades de éxito; si no aceptáis mi comunicación, estaréis a tiempo de cercioraros personalmente. Si, por el contrario, creyerais lo que yo os diga, os habríais ahorrado, ellos y vos, el desagrado consiguiente. ¿Qué decís a esto?

—¿Cuánto tiempo tendré que permanecer en la ciudad?

—Sería cuestión de unas pocas horas. Puedo ir a Soho esta tarde, y de allí iré a vuestra casa.

—Acepto. No iré a Soho ahora; no tengo tanta prisa. Os esperaré esta noche. ¡Muy buenos días!

Después de esto Stryver irrumpió, más que salió, del banco, agitando el aire a tal punto que los empleados apenas pudieron hacerle su reverencia usual. El público siempre veía a los empleados en actitud de saludar a los clientes que entraban o salían del establecimiento, y se llegó a creer que ésa era su actitud fija, esperando o despidiendo a la clientela.

El abogado era lo bastante sagaz como para comprender que el banquero no se habría expresado con tanta seguridad sin tener una fundada certeza moral de lo que daba a entender. Aunque no estaba preparado para tragar la gran píldora que se le ofrecía, la pasó, diciéndose, mientras amenazaba con el índice al Temple en general:

—Ahora yo saldré del paso dejándoos mal a todos.

Esta conducta formaba buena parte de la táctica de Old Bailey. Tomada su resolución, Stryver sintió un gran alivio.

—No me dejaréis en mal terreno, señorita —se dijo—. Seré yo quien os deje en falta.

Obedeciendo a este propósito, Stryver, rodeado de papeles y de libros, aparentemente absorto en su trabajo, recibió esa noche al señor Lorry a las diez, fingiendo sorpresa al verlo entrar: tan lejos estaba de su mente lo ocurrido esa mañana.

—Pues bien —dijo el bondadoso emisario al cabo de media hora de inútiles tentativas para dar cuenta de su misión; debéis saber que he ido a Soho.

—¿A Soho? —repitió el abogado, con distraída indiferencia—. ¡Ah, sí! ¿En qué estaba yo pensando?

—Y no tengo ninguna duda, señor Stryver, de que tuve razón en lo que os dije esta mañana. Me confirmo en mi opinión y os reitero mi consejo.

—Os aseguro —replicó el abogado con su tono más amistoso— que lo lamento por vos y por el pobre padre. Sé que éste será siempre un tema penoso para la familia. No hablemos más de ello.

—No os comprendo —dijo el señor Lorry.

—Es posible. Pero no importa, no importa.

—El caso es que importa.

—Os aseguro que no. Como he creído que había buen sentido y justa ambición donde no existen, reconozco haberme equivocado sin por eso perjudicar a nadie. Muchas jóvenes han cometido locuras semejantes y luego se han arrepentido, sumidas en la pobreza y en la oscuridad. Por altruismo lamento el fracaso de un proyecto que no era ventajoso para mí; ahora, por egoísmo, me felicito de ese fracaso, pues no es necesario decir que yo no ganaba nada. No hablé con la señorita y, aquí, entre nosotros, os confieso que me parece que pensándolo bien, yo no hubiera llegado a tanto. Señor Lorry, no podéis evitar que las jóvenes de cabeza vacía sean aturdidas y vanidosas. Si creyerais otra cosa, sufriríais una decepción. Os ruego que no hablemos más de ello. Os repito que lo lamento por otros, pero me felicito por lo que me concierne a mí. Os estoy muy agradecido por haberme permitido sondearos y por el consejo que me disteis. Conocéis a la señorita mejor que yo y teníais razón. Lo proyectado no hubiera convenido.

El señor Lorry miró estupefacto al abogado que lo impelía hacia la puerta con todo el aire de abrumarlo con su generosidad, su tolerancia y su buena voluntad.

—Consolaos, mi querido señor —añadió Stryver—; no habléis más de eso. Os vuelvo a dar las gracias por haberme permitido sondearos. ¡Buenas noches!

El señor Lorry se encontró en la calle oscura, casi sin saber cómo.

El señor Stryver, tendido de espaldas en el sofá, parpadeaba mirando el cielorraso.

Capítulo 13

EL HOMBRE
SIN DELICADEZA

Si en alguna parte había hecho un papel brillante Sidney Carton, no era ciertamente en la casa del doctor Manette. Durante todo un año había sido un asiduo visitante en esa casa y siempre era el mismo holgazán displicente y taciturno. Cuando quería hablar, hablaba bien, pero muy raras veces su luz interior se dejaba ver a través de su indiferencia profunda.

Y, sin embargo, parecían atraerlo las calles próximas a la casa y hasta las piedras del pavimento. Muchas eran las noches que pasaba vagando tristemente por ese barrio, cuando el vino no le había proporcionado una transitoria alegría; muchas madrugadas sorprendían su errante figura solitaria, en los mismos sitios, y todavía permanecía allí cuando los primeros rayos del sol ponían de relieve las bellezas arquitectónicas de las antiguas iglesias, las elevadas torres y algunos otros altos edificios. Quizás en esos momentos se revelaran también a su alma ideas, sentimientos y buenos propósitos olvidados, casi inaccesibles ya para él. Ultimamente parecía dormir menos que de costumbre;

momentos después de haberse echado en su cama, en su cuarto del patio del Temple, se levantaba y volvía a rondar por las desiertas calles de Soho.

En el mes de agosto el abogado Stryver comunicó a su camarada que, pensándolo bien, había renunciado a la idea de casarse, y fue a llevar su "delicadeza" a Devonshire para pasar allí la feria de los tribunales.

La vista y el perfume de las flores que se vendían en las calles de la City parecían llevar algunas ráfagas bienhechoras a los malvados, a los enfermos y a los ancianos. Carton, siempre apático, sintió una repentina animación, echó a andar y no tardó en hallarse a la puerta de la casa del doctor Manette.

Se le hizo entrar a la sala donde estaba Lucía, sola, haciendo labor. Ella nunca se había sentido del todo tranquila en presencia de Carton y lo recibió un tanto cohibida. El se sentó junto a la mesita de labor y ella lo miró al cambiar los saludos usuales.

—Temo que no os sintáis bien, señor Carton —le dijo Lucía al notar un cambio en su semblante.

—No tengo nada, pero la vida que yo llevo no es sana. ¿Qué se puede esperar de un calavera?

—Disculpadme, pero ¿no es una lástima no llevar una vida mejor?

—Es una vergüenza, ¡Dios lo sabe!

—Y entonces, ¿por qué no la cambiáis?

Al mirarlo se sorprendió, entristeciéndose al ver que tenía los ojos llenos de lágrimas. Con voz trémula contestó:

—Es demasiado tarde. Nunca seré mejor de lo que soy; iré más bajo todavía y. . . seré peor.

Había apoyado un codo sobre el borde de la mesa y se cubrió los ojos con una mano. Durante el rato de silencio que siguió, Lucía notó que la mesa temblaba.

Nunca lo había visto conmovido y se afligió al verlo ahora. El lo adivinó, y dijo, sin mirarla:

—Perdonadme, señorita. Pierdo valor al pensar en lo que quiero deciros. ¿Queréis escucharme?

—Sí, si creéis que os hará bien, señor Carton. Me alegraría mucho poder daros ese gusto.

—¡Bendita seáis por mostrarme tan dulce piedad!

Bajó la mano con que se cubría los ojos y habló con tono firme:

—No temáis oírme; no os inquietéis por lo que voy a deciros; yo soy como un hombre que hubiera muerto siendo muy joven y cuya vida se hubiera malogrado.

—No, señor Carton. Estoy segura de que lo mejor de vuestra vida está en el porvenir, porque podéis llegar a ser digno de vos mismo.

—Debíais decir que podría llegar a ser digno de vos; nunca olvidaré lo que acabáis de decirme, sabiendo que eso no podrá ser jamás.

Lucía se había puesto pálida y sentía un leve temblor. Carton habló con una desesperación tal, que la entrevista tomó un giro muy extraño.

—Si hubiera sido posible que correspondierais al amor de un hombre como yo, inútil, bebedor, extraviado, él habría comprendido, a pesar de su felicidad, que iba a arrastraros a una vida de dolor, de miseria, de deshonor y tardío arrepentimiento. Sé muy bien que no podéis sentir cariño hacia mí y no os lo pido. Hasta me alegro de que sea imposible.

—Pero sin, eso, ¿no puedo hacer algo para salvaros? ¿No puedo exhortaros a tomar mejor camino? ¿Nada puedo hacer para retribuir esta confidencia? ¿No es posible estimularos a mejorar, señor Carton?

El tono de su voz y sus ojos llorosos indicaban la penosa emoción de Lucía.

—No. Nada, nada, salvo escucharme durante unos instantes más. Deseo que sepáis que habéis sido mi último sueño. A pesar de mi degradación sentí en mí algo que creí muerto para siempre cuando os vi al lado de vuestro padre, en este hogar formado por vos. Desde que os he conocido me ha turbado el remordimiento que nunca más creí sentir y me hice reproches que creí acallados para siempre. Tuve impulsos de regenerarme, oí voces misteriosas que me inducían a sacudir mi pereza, a dominar mis vicios, a reanudar la lucha que había abandonado. Fue un sueño, nada más que un sueño, pero quiero que sepáis que vos lo inspirasteis.

—¿No ha quedado nada? ¿No intentaréis de nuevo?

—¡Oh, no! Bien sabía yo que era irredimible. Pero he tenido (y aun tengo) la debilidad de desear que lo sepáis; que encendisteis en mis cenizas una llama. Pero esa llama no ilumina, no reanima; se consume sin haber servido para nada.

—Ha sido para mí una desgracia haber contribuido a aumentar vuestro mal.

—No digáis tal cosa. Si alguien hubiera podido redimirme, vos lo habríais hecho. No es culpa vuestra que yo siga empeorando.

—¿Nada, ninguna influencia puede seros benéfica?

—No, no. Pero llevaré durante el resto de mi vida el recuerdo de haberos abierto mi corazón, y que lamentando mi extravío me habéis compadecido.

—A pesar de todo lo que decís, sigo creyendo que todavía podéis cambiar de vida, y os ruego que creáis que os lo digo sinceramente.

—Me he puesto a prueba y he fallado. Pero os estoy afligiendo y voy a terminar. Mi último consuelo será el pensar que mi confidencia no será olvidada ni compartida jamás, con nadie. ¿Me lo prometéis?

—Sí, si es para vos un consuelo.

—¿Ni aun con la persona que llegue a seros más querida?

—Señor Carton —replicó Lucía—, el secreto es vuestro, no mío. Prometo respetarlo.

—Gracias. Y otra vez, ¡bendita seáis!

Carton acercó a sus labios la mano de Lucía y se volvió hacia la puerta. Se detuvo para decir:

—No temáis que vuelva jamás a aludir a esta confidencia, ni con una palabra. Será el único buen recuerdo que yo conserve y será sagrado para mí. Tendré el consuelo de saber que en algún rincón de vuestro corazón está mi nombre, con todas mis faltas y mis dolores.

Había tanta amargura, tanto desaliento y tanta tristeza en quien siempre se había mostrado indiferente, hosco y frío, que Lucía sintió correr sus lágrimas.

—No merezco eso —se apresuró a decir él—. No tengáis pena. Dentro de pocas horas se habrán apoderado de mí nuevamente mis viles compañeros y mis malos hábitos. Soy tan indigno de vuestras lágrimas como el último miserable que se escurre por esas calles.

Se había detenido y pareció querer decir algo más.

—Señorita, aunque entre vos y yo hay un abismo infranqueable, voy a deciros que si alguna vez yo pudiera sacrificarme por vos, o por alguien que vos amáis, no vacilaría en dar mi vida. Cuando tengáis otros afectos y una dicha completa, cuando en vuestro feliz hogar veáis una reproducción pequeña de vuestra belleza y veáis en un rostro infantil el retrato de otro rostro que os sea muy querido, no olvidéis que en el mundo hay un hombre que iría con gusto a la muerte para conservar vuestra felicidad. ¡Adiós! ¡Bendita seáis!

Capítulo 14

EL HONRADO COMERCIANTE

Un gran número de variados objetos se presentaban diariamente a los ojos de Jeremías Cruncher cuando se hallaba sentado en su taburete, en la calle Fleet, con su horrible chicuelo al lado. Desde su asiento era imposible no sentirse deslumbrado y ensordecido durante las horas de actividad del día, por dos inmensas procesiones, una de las cuales marchaba hacia el oeste, con el sol, y la otra hacia el este, como huyendo del mismo. Ambas tendiendo siempre hacia las regiones situadas más allá del naciente y del poniente, donde se oculta el sol.

Con su brizna de paja en la boca, Cruncher observaba, desde su asiento, las dos corrientes, parodiando al rústico que durante varios siglos estuvo apostado observando un río; con la diferencia de que Jerry no tenía la esperanza de que las dos corrientes opuestas se secaran. No le hubiera convenido que tal cosa ocurriera, pues una pequeña parte de sus entradas procedía de acompañar a mujeres tímidas (de edad más bien madura, generalmente) desde el lado de Tellson hasta la acera opuesta. Breve como era esta relación con cada señora, el piloto demostraba tanto interés por cada una, que le manifestaba el deseo de tener el honor de beber a su salud. Las propinas que le eran dadas con ese plausible objeto, contribuían a mejorar sus finanzas.

En algún tiempo ha habido poetas que, desde su asiento respectivo, meditaban observando a los hombres. Como Cruncher no era poeta, mirando el desfile se entregaba poco a la meditación, pero lo veía todo.

Sucedió que estando en esa situación un día en que pasaba poca gente (hasta las mujeres retardadas eran pocas), pensaba en el mal estado de sus negocios, y sospechaba que quizá su mujer había estado rezando contra él, con inusitado fervor. Le llamó la atención un numeroso grupo que recorría la calle Fleet en dirección al oeste. Pronto comprendió que se trataba de un entierro y que del grupo partían gritos y denuestos, demostrando que el mismo despertaba la ira popular.

—Joven Jerry —le dijo Cruncher a su hijo—, es un entierro.

—¡Hurra, padre! —exclamó el muchacho, con tan misterioso significado, que el padre acechó y halló la oportunidad de darle una bofetada.

—¿Qué quieres decir? ¿Por qué gritas "hurra"? ¿Qué pretendes hacerle saber a tu padre con eso, bribonzuelo? ¡Este chico me está cansando! —dijo el mensajero, mirando de pies a cabeza a su hijo—. ¡El y sus "hurras"! Que yo no te vuelva a oír si no quieres sentir el peso de mi mano. ¿Has oído?

—Yo no hacía nada malo —protestó Jerry (hijo) frotándose la mejilla.

—Entonces cállate —replicó el padre—. No quiero oírte decir que no hacías nada malo. Súbete a ese asiento y mira a la turba.

El muchacho obedeció; la turba se acercaba vociferando y silbando en torno de un viejo carro fúnebre y de otro destartalado coche que lo seguía y en el que viajaba un solo individuo enlutado; su presencia y sus raídas ropas negras eran consideradas necesarias para la dignidad de la ceremonia. El individuo parecía muy descontento de su posición; el grupo iba en aumento en torno del coche y lo hacían a él objeto de burlas y de gestos despreciativos; muchas voces gritaban:

—¡Sí! ¡Espías! ¡Chist! ¡Espías! —y otros cumplidos demasiado numerosos y enérgicos para ser repetidos.

En todo tiempo los entierros habían ejercido gran atracción sobre Cruncher; siempre que un séquito fúnebre pasaba frente al banco Tellson, él había demostrado agitación. Era natural que un entierro que llevaba semejante acompañamiento le interesara en alto grado.

—¿Qué pasa, hermano? ¿Por qué es todo esto? —preguntó al primero que tropezó con él, al pasar corriendo.

—Yo no sé —contestó el interpelado—. ¡Espías! ¡Sí! ¡Chist! ¡Espías!

Le preguntó a otro:

—¿Quién es?

—Yo no sé —contestó el hombre, haciendo bocina con las manos, vociferando con sorprendente energía y acaloramiento—: ¡Espías! ¡Sí! ¡Chist! ¡Chist! ¡Espías!

Por fin tropezó con Cruncher un sujeto mejor informado y le comunicó que este era el entierro de un tal Rogerio Cly.

—¿Era espía? —preguntó Cruncher.

—Espía de los tribunales. Espía de Old Bailey —contestó el informante—. ¡Sí! ¡Chist! ¡Sí! ¡Espías de Old Bailey!

—¡Es claro! —exclamó el mensajero recordando el juicio al que había asistido—. Yo lo he visto. ¿Ha muerto?

—Muerto. Y tan muerto como una oveja carneada; y aun es poco para lo que merecía. ¡Sacadlo de ahí! ¡Espías! ¡Sacadlo! ¡Espías!

A falta de otra, esta idea pareció tan aceptable que la turba la adoptó con entusiasmo y vociferaba repitiendo que sacaran al espía, rodeando a los dos vehículos de tal modo que los obligó a detenerse. Los energúmenos abrieron la portezuela del coche, y el hombre enlutado, luchando y defendiéndose, cayó entre seis manos durante un momento; pero fue tan ágil que se les escapó y huyó por la calle lateral, dejándoles su capa, su sombrero con larga banda de crespón y otras simbólicas prendas de duelo.

Estas fueron hechas pedazos y esparcidas al viento, con gran júbilo; entretanto, los comerciantes cerraban apresuradamente sus tiendas, porque en aquellos tiempos una multitud no se detenía ante nada y era un monstruo muy temido.

Se había llegado al extremo de abrir el carro fúnebre con el objeto de sacar el ataúd, cuando alguien propuso escoltarlo hasta su destino entre muestras de general regocijo. Esta idea genial fue aceptada. Como hacían falta las proposiciones prácticas, ésta fue recibida con aclamaciones; inmediatamente treparon unos ocho hombres al interior del coche, doce se instalaron en la parte exterior y se encaramaron al techo tantos como pudieron mantenerse sobre él. Entre los primeros voluntarios estaba Jerry Cruncher en persona, quien escondió modestamente su cabeza erizada de púas en el ángulo menos visible del coche fúnebre, a fin de no ser visto desde el banco Tellson.

Los representantes de los empresarios de pompas fúnebres protestaron por estos cambios en el ceremonial, pero como el río estaba tan próximo y algunos aconsejaron que sería eficaz un baño de inmersión para hacer entrar en razón a los miembros refractarios de aquella profesión, la protesta fue débil y breve. La procesión así deformada se puso en movimiento. Un limpiador de chimeneas guiaba el vehículo, aconsejado por el cochero, quien iba con ese objeto sentado al lado del improvisado conductor y estrechamente vigilado por un vendedor de pasteles. Formaban parte del séquito un oso negro y su dueño; estos dos tipos, muy populares, añadían una triste y grotesca nota a aquel extraño entierro, que iba avanzando a lo largo del Strand.

Bebiendo cerveza, fumando en pipas, cantando a gritos, y haciendo todas las imaginables caricaturas del dolor, la desordenada procesión seguía su camino reclutando adeptos a su paso, mientras se cerraban todas las tiendas. Su objeto era llegar a la antigua iglesia de San Pancracio, situada en pleno campo. Por último llegó a su destino; toda la turba insistió en invadir el cementeno, y allí, con gran satisfacción general, se llevó a cabo el entierro de Rogerio Cly.

Una vez libres del difunto, alguien tuvo otra idea genial (quizás el mismo que tuvo la idea de escoltar el entierro) y que consistió en proporcionar a la multitud una diversión necesaria, a saber: acusar a cualquier transeúnte de ser espía de Old Bailey, y de castigarlo debidamente. Se persiguió a varias veintenas de personas inofensivas que jamás habían estado ni cerca de Old Bailey, y se satisfizo el capricho de asustarlas y maltratarlas. Después de esto era fácil y natural la transición de una a otra diversión: romper ventanas y saquear tabernas. Por fin, luego de varias horas, cuando derribaron varias glorietas y arrancaron algunas rejas para proveer de armas a los de espíritu belicoso corrió el rumor de que venía la guardia. Ante esta noticia, la turba se dispersó; que viniera o no la guardia, éste era el proceder usual del populacho.

Cruncher no asistió a los últimos juegos, pues se quedó en el cementerio para conferenciar con los empleados de las pompas fúnebres y lamentar con ellos lo ocurrido. El sitio ejercía sobre él una influencia calmante. Se proveyó de una pipa en una taberna próxima y comenzó a fumar, mirando la verja que cerraba el cementerio, y observando detenidamente el sitio.

—Jerry —se dijo Cruncher, apostrofándose, según era su costumbre—; tú viste a ese Cly aquel día; con tus propios ojos observaste que era joven y bien formado.

Terminó de fumar su pipa, caviló durante unos momentos más, y emprendió el regreso, a fin de que se le viera en su puesto antes de la hora en que se cerraba el banco. Ya fuera que a consecuencia de sus meditaciones sobre la muerte se le hubiera afectado el hígado, o que su salud no hubiera sido muy buena últimamente, o que deseaba mostrarle atención a un hombre eminente, son cosas menos importantes que el hecho de que, al volver, le hizo una corta visita a su médico, que era un cirujano distinguido.

El joven Jerry había relevado a su padre con respetuoso interés, y le comunicó que no había habido nada que hacer. Se cerró el banco, salieron los empleados, se instaló el sereno, y los Cruncher, padre e hijo, se fueron a su casa a tomar el té.

—Ahora te advierto —dijo el mensajero a su esposa, en el momento de entrar en su casa—, que si siendo un honrado comerciante, mis diligencias vuelven a salir mal esta noche, estaré seguro de que has estado rezando contra mí y te castigaré como si lo hubiera visto.

La pobre mujer movió la cabeza.

—¡Si lo estás haciendo delante de mi cara! —dijo el marido con indicios de temor y de irritación.

—Yo no digo nada.

—Pues no medites tampoco. Tanto vale que reces como que medites. Tanto vale que te pongas en contra mía de un modo o de otro. Deja todo eso.

—Sí, Jerry.

—Sí, Jerry —repitió Cruncher, sentándose a la mesa—. ¡Ah, sí! Eso es todo. Bien puedes decir: "Sí, Jerry".

Estas repeticiones no tenían otro sentido ni otro objeto que expresar cierto irónico descontento general. Otras personas hacen lo mismo, frecuentemente.

—Tus "sí, Jerry" —volvió a decir, con un buen bocado

de pan con manteca entre los dientes y una invisible ostra sacada de su plato—. ¡Sí, que lo creo! Te creo.

—¿Vas a salir esta noche? —le preguntó su buena mujer, mirándolo comer.

—Sí.

—¿Puedo ir contigo, padre? —le preguntó con marcado interés el muchacho.

—No. Como lo sabe tu madre, yo voy a pescar. Eso es, voy a pescar.

—Tu aparejo de pescar se pone un poco herrumbrado, ¿no es cierto, padre?

—No te ocupes de eso.

—¿Vas a traernos pescado, padre?

—Si no traigo, comerás poco mañana —contestó Cruncher, sacudiendo la cabeza—. Y basta de preguntas. Yo no saldré sino después que hayas estado largo rato en cama.

Durante el resto de la noche se dedicó a observar a su mujer, y a hablarle con aspereza para impedir que meditara oraciones en su contra. Con este objeto exhortó a su hijo a que la distrajera conversando. La infortunada mujer sufría al oír la insistencia con que se le reprochaba la menor falta en que se la pudiera encontrar, y sin permitirle ni por un momento que se entregara a sus reflexiones. La persona más devota no hubiera podido rendir mayor homenaje a la eficacia de las oraciones que la constante desconfianza que demostraba Cruncher a su mujer.

Era como si alguien que afirmara no creer en duendes, se asustara al oír una historia de fantasmas.

—¡Ten cuidado! —dijo Jerry (padre)—. Nada de bromas mañana. Si yo, como honrado comerciante que soy, consigo proveerme de uno o dos trozos de carne, no permitiré que los desaires y te dediques a comer pan. Si traigo un poco de cerveza, te prohibiré que bebas agua. Cuando se va a Roma hay que hacer lo que se hace en Roma. Y te irá mal si no lo haces. Sabes que yo soy tu Roma.

Después volvió a rezongar.

—¡Poner así en peligro de perder los víveres y las bebidas de la familia! Yo no sé hasta dónde disminuirás nuestros alimentos con tu picardía y tu conducta cruel. Mira a tu hijo. ¿No es tuyo, acaso? Está tan delgado como una lata. ¿Te crees buena madre y no sabes que el primer deber de toda madre es engordar a su hijo?

El joven se sintió tocado en un punto sensible, y suplicó a su madre que cumpliera con su primer deber, aunque olvidara o descuidara cualquier otro. Tal fue el efecto de las delicadas palabras de su padre.

Transcurrió así la primera parte de la noche en casa de la familia Cruncher, hasta que la mujer y el hijo del "honrado comerciante" recibieron orden de irse a la cama. El siguió fumando para matar el tiempo, y cuando era cerca de la una se dispuso a salir. Sacó del bolsillo una llave con la que abrió un armario de donde extrajo una bolsa, una palanca de buen tamaño, una cuerda, una cadena y otros útiles de pescar, de esta clase. Ocultando hábilmente entre sus ropas todos estos objetos, dirigió una última conminación a su mujer, apagó la luz y salió.

El joven Jerry sólo había simulado desvestirse cuando se metió en cama, y no tardó en seguir a su padre. A favor de la oscuridad lo siguió fuera de la habitación, bajó la escalera detrás de él, cruzó el patio, y lo siguió por las calles. No le inquietaba ninguna dificultad para volver a entrar en la casa, pues como había muchos inquilinos, la puerta permanecía entreabierta durante toda la noche.

Impulsado por la muy laudable ambición de conocer el arte y el misterio del honrado oficio de su padre, el muchacho, pegándose a las paredes y a los pórticos de las casas, no perdía de vista al presunto pescador. Este se dirigió hacia el norte, y no había ido lejos cuando se le reunió otro discípulo de Isaac Walton, y los dos siguieron marchando juntos.

Al cabo de una media hora dejaron atrás las

mortecinas lámparas y los adormilados serenos, y se encontraron en un camino solitario. Allí se les reunió otro pescador, tan silenciosamente que si el muchacho hubiera sido supersticioso, hubiera podido pensar que el primero se había dividido súbitamente en dos.

Los tres hombres siguieron marchando, seguidos por Jerry (hijo), hasta que llegaron al pie de una pequeña altura que dominaba el camino; sobre esta elevación se levantaba una pared de ladrillos, de poca altura, coronada por una verja de hierro. A la sombra de la pared los tres abandonaron el camino y echaron a andar por una senda angosta, bordeada de un lado por la pared, que allí se levantaba a unos ocho o diez pies de altura. El joven Jerry, agazapado en un rincón y mirando hacia el extremo de la senda, vio claramente, a la luz de una luna acuosa y seminublada, que su padre escalaba ágilmente un portón de hierro y que pronto se halló al otro lado; allá lo siguieron el primer pescador, y luego el segundo. Los tres se dejaron caer al suelo silenciosamente, y desde el recinto cerrado escucharon durante un instante. Después avanzaron apoyándose en las rodillas y las manos.

Era el momento favorable para que el joven Jerry se acercara al portón; lo hizo, conteniendo el aliento; se detuvo nuevamente y distinguió a los tres pescadores que se escurrían entre la abundante hierba; todas las losas de cabecera de los sepulcros (los pescadores se encontraban en un vasto cementerio) parecían fantasmas blancos que miraban a los intrusos, y la torre de la iglesia parecía ser el alma en pena de algún monstruoso gigante. Los tres hombres no tardaron en hacer alto y en recobrar su posición natural. Fue entonces cuando comenzaron a pescar.

Al principio pescaban con azada; después Jerry (padre) se puso a ajustar alguna herramienta semejante a un gran tirabuzón. Trabajaban con afán, manejando otras herramientas, hasta que el toque de la hora en el campanario de la iglesia aterrorizó de tal modo al muchacho, que huyó, con los cabellos tan erizados como los de su padre.

Pero lo detuvo en su huida el vivo deseo de saber algo más de este asunto, y volvió sobre sus pasos. Los tres hombres seguían trabajando con persistencia cuando Jerry (hijo) volvió a mirar a través del portón de reja. Sin duda los pescadores hallaban algo que pescar. Las tres figuras inclinadas tenían la actitud tensa, y se oía un ruido quejumbroso como producido por algún tornillo hundido en tierra; gradualmente, el peso que hacía inclinar a los compañeros rompió el suelo y fue saliendo a la superficie. Bien sabía el muchacho lo que aquello sería, pero cuando lo miró y vio que su padre se disponía a abrirlo, se asustó tanto, por no haber visto nunca tal cosa, que volvió a huir, y esta vez no se detuvo hasta sino después de recorrer más de una milla.

No se hubiera detenido a no haber sido por la necesidad de tomar aliento, porque ahora la carrera era de orden macabro y era de desear que terminara cuanto antes. Creía que el ataúd que había visto corría tras él, y se imaginaba que lo perseguía a saltos, puesto de punta sobre el extremo más angosto, y lo alcanzaba saltando a su lado; quizás le asiría un brazo este perseguidor temible que, en su imaginación, tenía el don de ubicuidad. El muchacho salió de la peligrosa oscuridad del sendero y se precipitó al camino para evitar las callejuelas sombrías, de donde podía salir dando saltos como un extraño barrilete sin cola y sin flecos; el siniestro enemigo se ocultaba en los portales frotando sus hombros contra las puertas, y encogiéndolos como si se estuviera riendo; se ocultaba en las sombras del camino y se tendía astutamente de espaldas en el suelo, con el objeto de hacer tropezar y caer a su víctima. Durante todo este tiempo seguía dando saltos y acercándose cada vez más, de modo que cuando el muchacho llegó a la puerta de su casa se sentía más muerto que vivo. Ni aun entonces lo dejó, sino que lo siguió escaleras arriba, dando un golpe sordo en cada escalón; se metió en la cama con él y se dejó caer pesadamente sobre su pecho cuando Jerry quedó dormido.

La presencia del padre, después de la madrugada y antes de la salida del sol, despertó al hijo que había tenido un sueño angustioso. En algo le había ido mal, según dedujo el muchacho al ver que Cruncher asía por las orejas a la pobre mujer y le golpeaba la parte posterior de la cabeza contra la cabecera de la cama.

—¡Te dije que lo haría, y lo hago! —exclamó Jerry (padre).

—¡Jerry! ¡Jerry! ¡Jerry! —imploró la mujer.

—Estás en contra de las ganancias de mi negocio —dijo él—; y sufrimos yo y mis socios. Tú ibas a honrar y a obedecer a tu marido, ¿por qué diablos no lo haces?

—Trataré de ser una buena esposa —dijo, llorando, la infeliz.

—¿Es ser buena esposa ponerse en contra del oficio de su marido? ¿Es honrar al marido desaprobar su ocupación? ¿Es obedecer al marido desobedecerlo en el asunto vital de sus negocios?

—Entonces no te habías dedicado a tan terrible ocupación, Jerry.

—A ti debe bastarte con ser la mujer de un honrado comerciante, sin preocuparte, sin ocupar tu cabeza en calcular cuándo empezó a dedicarse a una ocupación, y cuándo no. Una esposa obediente y que honra a su marido, dejará en paz la ocupación de él. ¿Te crees una mujer religiosa? Pues, si lo eres, yo prefiero una que no lo sea. Tú no tienes más idea de lo que es el deber, que el cauce del Támesis tiene de lo que es una estaca. Y así como hay que clavar la estaca en el fondo del río, hay que clavar en tu cabeza esa idea.

El altercado continuó en voz baja, y terminó cuando el honrado comerciante se quitó las botas enlodadas y se tendió, cuan largo era, en el suelo. Después de mirarlo tímidamente, y de verlo acostado de espaldas, con las manos manchadas de herrumbre sirviéndole de almohada, el muchacho se volvió a acostar y ambos quedaron profundamente dormidos.

No hubo pescado para el almuerzo, que fue escaso ese día. Cruncher estaba abatido y malhumorado; conservaba a su lado la tapa de una olla de hierro como proyectil con que corregir a su mujer si ésta manifestaba intenciones de querer bendecir la comida.

A la hora usual el mensajero de Tellson se lavó, se cepilló y partió con su hijo a desempeñar su ocupación ostensible.

El joven Jerry, con el taburete bajo el brazo, marchaba al lado de su padre por la soleada y repleta calle de Fleet. Era este muchacho muy diferente del que la noche anterior había huido en la oscuridad de los caminos y las calles desiertas, seguido por su fantástico perseguidor. Su astucia renacía con el día, y sus temores se disiparon con la noche, sin duda semejante en esto a otros que estaban en la calle Fleet y en la City de Londres en aquella hermosa mañana.

—Padre —dijo el muchacho, cuidando de mantenerse fuera del alcance del brazo de Cruncher, y poniendo entre arnbos el taburete—. ¿Qué es un resucitador?

Cruncher se detuvo antes de contestar.

—¿Qué sé yo?

—Yo creí que tú sabías todo, padre —dijo el ingenuo Jerry.

—¡Hum! Bien —replicó el padre, reanudando la marcha y levantando su sombrero para dar libre juego a las púas—, es un comerciante.

—¿Qué mercaderías tiene, padre?

—Sus mercaderías —dijo Cruncher después de pensar un poco— son una rama de objetos científicos.

—¿Cadáveres de personas, no es eso, padre? —preguntó el vivaz chiquillo.

—Creo que es algo de eso.

—¡Oh!, padre. ¡Me gustaría tanto ser un resucitador, cuando yo sea grande!

Cruncher se sintió calmado, pero sacudió la cabeza con aire de duda, y contestó:

—Eso depende de la manera con que desarrolles tus talentos; ten cuidado de desarrollarlos y no le hables de eso a nadie. Hoy por hoy, no se puede adivinar de lo que serás capaz.

El joven Jerry, así estimulado, se adelantó unos pocos pasos para colocar el taburete a la sombra de Temple-Bar; su padre se dijo:

"Jerry, eres un honrado comerciante, y hay esperanza de que ese muchacho te será muy útil, en compensación de lo que es su madre."

Capítulo 15

TEJIENDO

Se había bebido más temprano que de costumbre en el almacén de vinos del señor Defarge. Ya a las seis de la mañana unos rostros pálidos asomados a las ventanas enrejadas habían visto que en el interior del despacho había otras caras, inclinadas sobre jarros de vino. En el mejor de los tiempos el señor Defarge vendía un vino muy claro, pero esta vez era excepcionalmente claro el que vendía. Además, era un vino agrio, o, por lo menos, agriaba a los que lo bebían hasta ponerlos sombríos. Ninguna llama vivaz brotaba del jugo de uva vendido por Defarge; por el contrario, un fuego mortecino ardía en las tinieblas y se ocultaba en los sedimentos del vino.

Esta era la tercera mañana en que se bebía desde muy temprano en la tienda de vinos. Había comenzado el lunes y este día era miércoles. Más bien se tramaba desde temprano, pues se bebía poco; muchos hombres escuchaban, hablaban en voz baja y se escurrían dentro y fuera de la tienda de vinos desde que se abrieron las puertas, y eran los que no hubieran podido poner sobre el mostrador ni una moneda, ni aun para salvar sus almas. Sin embargo, éstos demostraban tanto interés como si hubieran podido comprar barriles de vino, se deslizaban de un asiento a otro, de un rincón a otro, oyendo ávidamente, en vez de beber.

A pesar de la concurrencia inusitadamente numerosa, no se veía al dueño de casa. No se le extrañaba; ninguno de los que trasponían el umbral preguntaba por él; nadie lo buscaba, ni se asombraba al ver solamente a la señora Defarge, que presidía desde su asiento la distribución de vino y tenía sobre el mostrador una taza con moneditas tan deformadas, borrosas y gastadas, como estaban desfiguradas y borrosas las insignificantes personas de cuyos rotos bolsillos habían salido.

Los espías que entraban a la tienda de vinos, como entraban a todos los sitios, suntuosos o humildes, desde el palacio del rey hasta el presidio de los criminales, veían sólo un atenuado interés y una abstracción general. Los juegos de naipes languidecían; los jugadores de dominó, pensativos, levantaban torres con las piezas; los bebedores dibujaban figuras sobre las mesas con las gotas de vino derramadas. La misma señora Defarge seguía los dibujos de su manga con la punta de su palillo de dientes, y parecía ver y oír en la lejanía algo invisible y mudo.

Así permaneció Saint-Antoine en la tienda hasta el mediodía. Era pasada esa hora cuando dos hombres cubiertos de polvo pasaron por las calles bajo las lámparas que se balanceaban; uno de ellos era el señor Defarge, y el otro un caminero con gorro azul. Sedientos y cubiertos de polvo, ambos entraron al almacén de vinos. Su llegada encendió fuego en el pecho de Saint-Antoine, fuego que se propagaba rápidamente ante su presencia y que encendía los rostros que aparecían en las puertas y ventanas. Y sin embargo, nadie los había seguido, nadie habló cuando entraron, pero todos los ojos se volvieron hacia ellos.

—¡Buen día, señores! —dijo el señor Defarge.

Hubiera podido ser una señal para que todos soltaran la lengua. Contestaron en coro:

—¡Buenos días!

—Hace mal tiempo, señores —dijo el vendedor de vinos, moviendo la cabeza.

Al oír esto, cada hombre miró a su vecino, y después todos miraron al suelo y guardaron silencio; excepto uno que se levantó y salió.

—Esposa mía —dijo Defarge dirigiéndose a su mujer—, he recorrido varias leguas con este buen caminero. Lo encontré, por casualidad, a un día y medio de jornada de París. Es un buen muchacho llamado Jacques, que compone caminos. Dale de beber, esposa mía.

Otro hombre se levantó y salió. La señora de Defarge sirvió el vino, y el caminero Jacques se quitó la gorra para saludar a la concurrencia, y después bebió. En el pecho de su blusa llevaba un poco de grosero pan moreno, del que arrancaba trozos que masticaba alternando con sorbos de vino, sin apartarse del mostrador. Otro hombre, el tercero, se levantó y salió.

Defarge bebió un poco de vino, menos de lo que se le sirvió al forastero, pues para él no era una novedad. Aguardó hasta que el campesino hubiera terminado de comer y beber. No miró a ninguno de los presentes; nadie lo miró a él en este momento; ni aun su mujer que volvió a reanudar su trabajo de tejedora.

—¿Has acabado de comer, amigo? —preguntó.

—Sí, señor. Gracias.

—Ven entonces. Verás el departamento que te dije que podías ocupar. Te convendrá maravillosamente.

De la tienda pasaron a la calle, de la calle a un patio, del patio a una empinada escalera, y entraron en un desván, el mismo que en otro tiempo ocupara un hombre de cabellos blancos, sentado en un banco y trabajando afanosamente haciendo zapatos.

Ahora no estaba allí el hombre de cabellos blancos, pero estaban los tres hombres que habían salido de la tienda, uno a uno. Entre ellos y el ausente existía un pequeño eslabón: lo que habían visto a través de la grieta de la pared.

Defarge cerró cuidadosamente la puerta, y habló en voz baja:

—Jacques Uno, Jacques Dos, Jacques Tres. Este es el testigo que he encontrado yo, Jacques Cuatro, según lo convenido. El os dirá todo. Habla, Jacques Cinco.

El caminero tenía en la mano su gorra azul; se la pasó sobre la frente curtida, y preguntó:

—¿Por dónde debo comenzar, señor?

—Por el principio —contestó Defarge, razonablemente.

—Entonces, señores, lo vi, hizo un año este verano, debajo del carruaje del marqués, colgado de la cadena. Ved cómo iba. Yo dejé mi trabajo porque ya se ponía el sol; el carruaje del marqués subía lentamente la colina, y él iba colgando, así, de la cadena.

El caminero repitió la antigua imitación, que ya debió hacer a la perfección, pues era el número infaltable de toda reunión en la aldea, durante el año transcurrido.

Jacques Uno le preguntó si antes había visto a aquel hombre.

—Nunca —contestó el aldeano, recobrando su posición perpendicular.

Jacques Tres, le preguntó, entonces, ¿cómo lo había reconocido después?

—Por su alta estatura —contestó el caminero llevándose un dedo a la nariz—. Cuando el señor marqués me preguntó aquella tarde: "Di, ¿cómo es?", yo le respondí: "Alto como un espectro".

—Debiste decir: "Bajo como un enano" —replicó Jacques Dos.

—Pero, ¿qué sabía yo? El hecho no había sido cometido todavía, ni él me hizo ninguna confidencia. Observad, que ni aun en estas circunstancias yo ofrecí mi testimonio. El señor marqués me señaló con el dedo, estando yo parado cerca de nuestra pequeña fuente, y dijo: "¡A mí! ¡Traed a ese bribón!" Por mi fe, señores, yo no ofrecí nada.

—En eso tienes razón, Jacques —murmuró Defarge, dirigiéndose al que había interrumpido—. ¡Prosigue!

—Bien —dijo el caminero con aire de misterio—. El hombre alto se ha perdido y lo buscan; ¿hace cuántos meses? ¿Nueve, diez, once?

—No importa el número de meses —dijo Defarge—. Está bien escondido, pero al fin lo han de encontrar, desgraciadamente. Continúa.

—Estoy otra vez trabajando en la colina, y el sol está a punto de ocultarse. Estoy juntando mis herramientas para bajar a mi cabaña, ya está oscuro, cuando levanto los ojos y veo que vienen seis soldados. En medio de ellos viene un hombre alto, con los brazos atados a sus costados, así.

Con la ayuda de su imprescindible gorra, representó a un hombre que tenía los codos asegurados sobre las caderas con cuerdas que estaban anudadas a su espalda.

—Yo me aparto, señores, al lado de mi montón de piedras, para ver pasar a los soldados y al preso, pues aquel es un camino solitario, y cualquier espectáculo que ofrece, vale la pena ser visto. Al principio, cuando se acercaban, yo no veía más que seis soldados y un hombre alto, que estaba atado, y que todos ellos, vistos contra el sol poniente, parecían negros, con un borde rojo donde les daba el sol sobre las espaldas. También, señores, yo veía sus sombras alargadas sobre la altura, al lado opuesto del camino, y parecían ser sombras de gigantes. También vi que estaban cubiertos de polvo y que la polvareda venía con ellos, que marcaban el paso así: ¡tramp!, ¡tramp! Pero cuando estuvieron cerca de mí reconocí al hombre alto, y él me reconoció a mí, ¡ah! El se hubiera alegrado de poder volver a precipitarse otra vez cuesta abajo, como hizo aquella tarde en que nos encontramos por primera vez, cerca del mismo sitio.

Lo describía como si estuviera allí, y era indudable que lo veía todo vívidamente. Quizás no hubiera visto mucho durante su vida.

—Ni yo ni el hombre alto les dejamos ver a los

soldados que nos habíamos reconocido; nuestros ojos solamente lo hicieron. "¡Vamos, pues! ¡Llevadlo pronto a su tumba!" —dijo el jefe del pelotón, señalando a la aldea, y lo llevaron con más rapidez. Yo los seguí. Tenía los brazos hinchados a causa de las ligaduras demasiado apretadas; sus zuecos eran grandes y pesados, y él caminaba como un cojo. Porque caminaba despacio a causa de su cojera, lo empujaban con las armas, así.

Imitó la marcha del hombre impelido hacia adelante a culatazos.

—Cuando bajaron la pendiente como locos que corrieran una carrera, el preso se cae. Los soldados se ríen y lo levantan. Tiene la cara ensangrentada y cubierta de polvo, pero no se la puede tocar, lo que los hace reír de nuevo. Lo llevan a la aldea; todos corren a verlo. Se lo llevan por frente al molino hasta llegar a la cárcel; toda la aldea ve que se abre el portón de la fortaleza y en la oscuridad de la noche lo traga, así.

Abrió la boca tan grande como le fue posible, y la cerró de golpe, haciendo chocar los dientes. Notando que no quería borrar el efecto producido, volviendo a abrirla, Defarge, le dijo:

—Continúa, Jacques.

—Todos los aldeanos se retiran —prosiguió en voz baja el caminero, poniéndose en puntas de pie—; todos murmuran alrededor de la fuente; después todos duermen y sueñan con el desgraciado que está detrás de los candados y los cerrojos de la prisión, allá, sobre la roca, y que no saldrá sino para morir. Por la mañana, con mis herramientas al brazo, y comiendo un pedazo de pan negro, doy un rodeo para pasar frente a la prisión, al ir a mi trabajo. Lo veo, en un sitio alto, detrás de los barrotes de una gran jaula de hierro, ensangrentado y polvoriento como estaba la tarde anterior. No tiene mano libre con que saludarme; yo no me atrevo a llamarlo. Me mira como si ya estuviera muerto.

Defarge y los tres Jacques cambian entre sí miradas

sombrías. La expresión de los cuatro hombres era ceñuda, contenida, amenazadora, mientras escuchaban el relato del campesino. A pesar de sus actitudes de misterio, los cuatro se mostraban autoritarios. Parecían constituir un severo tribunal. Jacques Uno y Dos estaban sentados sobre el viejo colchón, cada uno con el mentón apoyado en la mano, y con los ojos fijos en el narrador. Jacques Tres igualmente atento, situado detrás de éstos, se apoyaba sobre una rodilla; su mano inquieta recorría constantemente la red de finos nervios que rodeaban su boca y su nariz. Defarge, de pie entre ellos y el caminero, quien, colocado a la luz de la ventana, miraba sucesivamente, a éste y a los otros.

—Prosigue, Jacques —dijo Defarge.

—Durante algunos días queda allá, en su jaula de hierro. Los aldeanos lo miran a escondidas porque tienen miedo. Pero miran desde lejos; por la tarde, cuando ha terminado la tarea del día y se reúnen cerca de la fuente para charlar, todas las caras están vueltas hacia la prisión. Se murmura en la fuente, que, aunque está sentenciado, no será ajusticiado; se dice que en París se han presentado peticiones alegando que está enfurecido y medio loco por la muerte de su hijo; se aseguraba que la petición había sido presentada al rey en persona. ¿Qué sé yo? Es posible. Quizás sí, quizás no.

—Escucha entonces —dijo con dureza Jacques Uno—: La petición fue presentada al rey y a la reina. Todos los que estamos aquí, menos tú, vimos que el rey tomaba la petición en su carruaje, sentado al lado de la reina, cuando recorrían unas calles. Fue Defarge, éste a quien ves aquí, quien, con peligro de su vida, se precipitó delante de los caballos, con la petición en la mano.

—¡Y una vez más, escucha, Jacques —dijo el que se apoyaba sobre una rodilla, y cuya mano inquieta vagaba una y otra vez sobre los finos nervios, con tan ávida expresión como si tuviera hambre de algo que no era alimentos ni bebida—; los guardias de a pie y de a caballo rodearon al peticionante y le dieron de golpes! ¿Oyes?

—Oigo, señores.

—Entonces prosigue —dijo Defarge.

También dicen allí, cerca de la fuente, que ha sido traído a nuestra parte del país para ser ajusticiado, y que lo será, ciertamente. Hasta dicen que será ejecutado en el suplicio de los parricidas, porque mató a monseñor, y monseñor era el padre de sus arrendatarios, o siervos, si queréis. Un viejo explicó, allá en la fuente, que la mano derecha del preso, armada con el cuchillo, será quemada ante su vista; que se le harán heridas en los brazos, en el pecho, y en las piernas, y que en esas heridas se derramará aceite hirviendo, plomo derretido, resina caliente, cera y azufre; y que, finalmente, será despedazado por cuatro fuertes caballos. El viejo decía que todo esto se le hizo a un hombre que atentó contra la vida del difunto rey Luis XV. ¿Pero cómo sabría yo si él miente? Yo ni sé leer.

—Entonces escucha otra vez, Jacques —dijo el de la mano inquieta y la expresión ávida—: el nombre de ese ajusticiado era Damiens; todo lo que has oído se hizo en pleno día, en las calles abiertas de esta ciudad de París; y lo más notable del enorme gentío que lo vio ejecutar, fue la presencia de la multitud de damas de calidad que mostraron atento interés hasta el final, Jacques, hasta el fin, que se prolongó hasta que cayó la noche, cuando el hombre ya había perdido las dos piernas y un brazo; ¡y todavía respiraba! Esto ocurrió, veamos, ¿qué edad tienes tú?

—Treinta y cinco —contestó el caminero, que representaba tener sesenta años.

—Ocurrió cuando tenías más de diez años. Has podido ver esa ejecución.

—¡Basta! —exclamó Defarge, con áspera impaciencia—. ¡Voto a Satanás! Sigue.

—Bien. Unos dicen esto y otros aquello. Nadie habla de otra cosa; hasta la fuente parece murmurar de lo mismo. Por último, un domingo por la noche, cuando toda la aldea está dormida, bajan de la prisión unos soldados y sus mosquetes resonaban sobre las piedras de la pequeña calle de la aldea. Unos obreros cavan, otros martillan, los soldados cantan y se ríen; por la mañana aparece al lado de la fuente una horca de cuarenta pies de altura. Envenenaba el agua.

El caminero miró al techo bajo del desván y parecía atravesarlo con su mirada, señalando como si viera la horca en alguna parte del cielo.

—Todo trabajo se aplazó; todos se reunieron allí; nadie llevó a pastar las vacas que también quedaron en el sitio, entre la gente. Al medio día se oye un redoble de tambores. Los soldados habían entrado en la prisión durante la noche y él viene en medio de muchos soldados. Está atado como antes y tiene una mordaza tan tirante que hace parecer que se riera; parece todavía más, porque con los dos pulgares estira la boca desde los ángulos hasta las orejas. En lo alto del patíbulo está fijado el cuchillo con la hoja hacia arriba y la punta hacia el aire. Lo cuelgan a cuarenta pies de altura y lo dejan allí, suspendido, envenenando el aire.

Los que escuchaban al caminero se miraron unos a otros, y él se secó el rostro con la gorra azul. Al recordar aquel espectáculo le había brotado el sudor de la cara.

—¡Es espantoso, señores! ¿Cómo pueden ir los niños y las mujeres a sacar agua? ¿Quién puede conversar allí, cuando cae la tarde, bajo esa sombra? ¿"Bajo" la sombra, he dicho? Cuando salí de la aldea, el lunes, a la hora en que se pone el sol, me volví para mirar desde lo alto de la colina y vi que aquella sombra se extendía sobre la iglesia, sobre el molino y hasta sobre la prisión; me pareció que se extendía sobre toda la tierra y llegaba hasta el punto donde el cielo descansa sobre la tierra.

El hombre ávido, mordiéndose uno de sus dedos, miraba a los tres Jacques; y su mano temblaba de la ansiedad que sentía.

—Eso es todo, señores. Partí a la hora del poniente (según se me había indicado); caminé durante toda esa noche y también la mitad del día siguiente, hasta que me encontré (como se me había advertido) con este camarada. Vine con él, caminando algunas veces, a caballo otras, durante el resto del día de ayer y durante toda la noche siguiente. Y ahora me veis aquí.

Después de un hosco silencio, el primer Jacques dijo:

—Está bien; has procedido y narrado fielmente. ¿Quieres esperarnos un momento, del lado de afuera de esa puerta?

—Con mucho gusto —contestó el caminero.

Defarge lo acompañó hasta el rellano de la escalera, lo dejó allí sentado, y volvió al desván.

—¿Qué dices, Jacques? —preguntó el número Uno—. ¿Debe ser anotado?

—Sí, como condenado a ser destruido —contestó Defarge.

—¡Magnífico! —exclamó con voz ronca el hombre ávido.

—¿El castillo y toda la raza? —preguntó el primero.

—El castillo y toda la raza —repitió Defarge, añadiendo—: ¡Exterminio!

—¡Magnífico! —volvió a decir la voz ronca.

—¿Estáis seguro de que no habrá confusiones a causa de nuestra manera de llevar la lista? —preguntó a Defarge, Jacques Tres—. Sin duda es un método seguro, porque nadie, fuera de nosotros, puede descifrarlo; ¿pero siempre podremos descifrarlo? Debí decir más bien: "¿ella podrá hacerlo?"

—Jacques —contestó Defarge, irguiéndose—, si mi señora esposa se propusiera fiar esta lista a su memoria solamente, no olvidaría ni una sola palabra, ni una sola sílaba. Tejida la lista con los puntos simbólicos que emplea, siempre estará para ella tan clara como el sol. Confiad en la señora Defarge. Más fácil sería que el mayor de los cobardes de este mundo se suicidara, que una sola letra de su nombre o uno solo de sus crímenes se borrare de la lista tejida por ella.

Hubo un murmullo de aprobación y de confianza, y Jacques Tres preguntó:

—¿Volverá pronto a su aldea ese rústico? Espero que así sea. Es muy tonto. ¿No será peligroso?

—No sabe nada —repuso Defarge—. Por lo menos, nada más que lo bastante para que lo cuelguen en una horca de igual altura que la que ha descrito. Me encargo de él; dejadlo conmigo. Yo me ocuparé de él y lo pondré en el camino. Desea ver al gran mundo, al rey, a la reina y a la corte. Que los vea el domingo.

—¿Qué? ¿Es un buen indicio que quiera ver a los reyes y a la nobleza? —preguntó la voz ronca.

—Jacques —replicó Defarge—, mostrad oportunamente un plato de leche a un gato si queréis que desee beberla. Mostrad oportunamente a un perro su presa natural, si queréis que algún día se apodere de ella.

No se habló más, y como hallaron dormitando al caminero, le aconsejaron que descansara sobre el colchón; sin más, el campesino aceptó la invitación y se quedó dormido.

Para un pobre esclavo provinciano como él, hubiera sido fácil encontrar en París alojamiento peor que el desván de la tienda de vinos. La vida del caminero era novedosa y agradable, salvo cierto temor misterioso que le infundía la señora Defarge. Pero ella estaba durante todo el día sentada ante su mostrador, ignorando la existencia del huésped y resuelta a ignorar que su presencia allí tuviera relación alguna con otra cosa que lo que aparentaba. El temblaba pensando que era imposible prever lo que aquella señora fingiría ver o no ver. Si se le ocurriera fingir que lo había visto cometer un asesinato y desollar a su víctima, ella mantendría hasta el fin lo que pretendiera haber visto. Así, el campesino temblaba al mirar la cabeza vistosamente adornada de la señora Defarge.

Llegado el domingo, él no se sintió encantado (aunque afirmó que sí) al descubrir que la señora iba a acompañarlos hasta Versalles a él y al señor Defarge. También era desconcertante que durante todo el viaje en un vehículo público, la señora iba tejiendo; y aun más cuando se halló en medio de la multitud esa tarde, con su tejido en las manos, esperando el carruaje en que pasarían el rey y la reina.

—Trabajáis mucho, señora —le dijo un hombre a la señora Defarge.

—Sí; tengo mucho que hacer —contestó ella.

—¿Y qué hacéis?

—Muchas cosas.

—¿Por ejemplo?. . .

—Por ejemplo —contestó tranquilamente la señora—, hago sudarios.

El hombre se apartó un poco tan pronto como pudo, y el caminero se dio aire con su gorro azul, sintiendo un calor opresivo. Si para reponerse necesitaba la presencia de un rey y una reina, tuvo la fortuna de tener a la mano ese remedio: el rey de la cara grande y la reina de la linda cara se aproximaban en una carroza dorada, acompañados por el brillante Ojo de Toro de la corte, la resplandeciente multitud de risueñas damas y elegantes caballeros. El caminero creía bañarse en aquel espectáculo de joyas, sedas, polvos y lujos, de hermosos y desdeñosos rostros de damas y caballeros, y, en medio de su embriaguez admirativa, gritó:

—¡Viva el rey! ¡Viva la reina! ¡Vivan todos y todo!

Tal como si jamás hubiera oído hablar de los Jacques que aparecían en tan diversos sitios.

Después pudo ver jardines, patios, terrazas, fuentes, césped, otra vez el rey, la reina, Ojo de Toro, más damas y caballeros, y volvió a gritar "¡vivas!" hasta que lloró de emoción. Durante toda esa escena, que duró unas tres horas, el caminero y otros muchos gritaron y lloraron de emoción, lo mismo que él. Defarge lo sujetaba por el cuello, como para impedirle abalanzarse sobre los objetos de su admiración y hacerlos pedazos.

—¡Bravo! —exclamó Defarge con aire protector y palmeandole la espalda, cuando todo hubo terminado—. ¡Bravo! ¡Eres un buen muchacho!

El campesino recobraba la calma y temía haber cometido un error al hacer tantas demostraciones. Pero no era así.

—Tú eres el hombre que necesitamos —le dijo Defarge al oído—. Sois de los que hacéis creer a esos tontos que todo eso durará siempre. Entonces se ponen más insolentes y más se acerca el fin.

—¡Eh! Eso es verdad —replicó el campesino con aire pensativo.

—Esos tontos no saben nada. Desprecian vuestras voces y las apagarían para siempre, en centenares de vosotros, antes que perder uno de sus caballos o sus perros; pero no saben más que lo que vuestras voces les dicen. Que se engañen un poco más de tiempo. El engaño no durará demasiado.

La señora Defarge miró solapadamente al campesino y asintió con la cabeza.

—En cuanto a ti —le dijo—, gritarías y derramarías lágrimas por cualquier cosa vistosa y que haga ruido. Di, ¿no es así?

—Ciertamente, señora. Creo que sí, por un momento.

—Si te mostraran un gran montón de muñecas y te pusieran a hacerlas trizas y a despojarlas en ventaja tuya, buscarías las más vistosas y las más lujosamente vestidas; di, ¿no harías eso?

—Ciertamente que sí, señora.

—Sí; y si te mostraran una bandada de pájaros imposibilitados de volar y te pusieran a desplumarlos en ventaja tuya, tú buscarías los que tuvieran mejores plumas. ¿No es así?

—Es cierto, señora.

—Hoy has visto muñecas y pájaros —dijo la señora Defarge señalándole el sitio donde habían sido vistos últimamente—. Ahora, vete a tu casa.

Capítulo **16**

TODAVIA TEJIENDO

La señora Defarge y su marido regresaron amigablemente al seno de Saint-Antoine, mientras una gorra azul avanzaba, en la oscuridad y entre el polvo a lo largo de muchas millas del fatigoso camino, andando lentamente hacia el sitio donde el castillo del difunto marqués parecía escuchar el rumor de las hojas de los árboles. Las caras de piedra tenían ahora mucho tiempo para escuchar a los árboles y a la fuente; los pocos espantapájaros de la aldea que, en busca de raíces que comer y ramas secas que quemar, llegaban a la vista de la gran terraza y las anchas escaleras, creían ver, en su imaginación morbosa, que había cambiado la expresión de las caras de piedra. Corría un rumor, tan débil y apagado, como era la existencia de los aldeanos, de que cuando el puñal se hundió en el corazón del marqués, las caras cambiaron su expresión de orgullo por otra de irritación y de dolor; y también que cuando fue izada aquella figura humana a cuarenta pies de altura, al lado de la fuente, las caras de piedra volvieron a cambiar, expresando la crueldad de la venganza satisfecha, que conservarían para siempre. En el rostro que estaba sobre la gran ventana del dormitorio donde fue cometido el asesinato, se notaron dos pequeños cortes en la nariz de piedra; todos los reconocieron, asegurando no haberlos visto nunca antes. Y las pocas veces que dos o tres andrajosos aldeanos se apartaban del grupo habitual para ir a dirigir una rápida mirada al marqués petrificado y señalarlo con un dedo flaco, todos huían entre el musgo y la hojarasca, a manera de las liebres. Estas, más afortunadas, podían encontrar alimento allí.

El castillo y la choza, el rostro de piedra, y la figura humana suspendida en la horca, la mancha roja sobre el piso de piedra y el agua pura del pozo de la aldea, miles de acres de tierra, toda una provincia de Francia, y Francia misma, todo dormía bajo el cielo nocturno, como concentrado en un débil soplo del aire de la noche. Así también, todo un mundo, con sus grandezas y sus pequeñeces, cabe dentro de una estrella rutilante. Y así como la simple inteligencia humana puede dividir un rayo de luz y estudiar sus elementos componentes, del mismo modo una inteligencia superior puede leer en el resplandor estelar de este nuestro pequeño mundo, todos los pensamientos y las acciones, todos los vicios y las virtudes de cada uno de los seres responsables que lo habitan.

Los Defarge, marido y mujer, vinieron en el vehículo público hasta aquella puerta de París, desde donde debían dirigirse a su casa bajo la luz de las estrellas. En el cuerpo de guardia de la barrera los detuvieron, según la costumbre, y a la luz de una linterna los observaron dirigiéndoles las preguntas usuales. Defarge bajó. El conocía a uno o dos de los guardias y a un agente de la policía. Era íntimo amigo de este último y se abrazaron afectuosamente.

Los Defarge penetraron en la penumbra de Saint-Antoine y, finalmente, bajaron del vehículo, cerca del límite de ese barrio; desde allí recorrieron a pie las calles enlodadas y sembradas de desperdicios.

—Dime, amigo mío, lo que te ha dicho el Jacques de la policía— le preguntó la señora Defarge a su marido.

—Muy poco es lo que me dijo esta noche, pero es lo único que sabe. Hay otro espía destacado para nuestro barrio; quizá sean más, pero él sólo sabe de uno.

—¡Ah, muy bien! —dijo la señora arqueando las cejas y con su aire tranquilo y firme—. Es necesario anotarlo en la lista. ¿Cómo se llama ese hombre?

—Es inglés.

—¡Tanto mejor! ¿Su nombre?

—Barsad —contestó Defarge con pronunciación francesa; había tenido cuidado de oírlo bien, y ahora lo deletreó correctamente.

—Barsad: muy bien. ¿Y el nombre de bautismo?

—Juan.

—Juan Barsad —repitió la mujer, después de decírselo en voz baja una vez—. Muy bien. ¿Se sabe cómo es su aspecto?

—Edad, unos cuarenta años; estatura, unos cinco pies y nueve pulgadas; cabellos negros, piel morena; rostro bien parecido; ojos oscuros; cara delgada, larga y pálida; nariz aguileña, pero no recta, con una peculiar inclinación hacia la mejilla izquierda; con esto, expresión siniestra.

—¡A fe mía, es todo un retrato! —dijo la señora riendo—. Mañana estará anotado en la lista.

Entraron a la tienda de vinos, que ya estaba cerrada, pues era media noche. La señora fue inmediatamente al escritorio, contó las monedas recibidas durante su ausencia, examinó la mercadería que aun quedaba, recorrió las entradas en el libro de caja, examinó lo que había hecho el sirviente, y, finalmente, lo despidió para que se fuera a dormir. Por segunda vez sacó el contenido de la taza de monedas y comenzó a anudarlas separadamente en su pañuelo, formando una cadena de nudos, a fin de poder tener el dinero en seguridad durante toda la noche. Mientras hacía esto, Defarge, con la pipa en la boca, complacido y admirado, se paseaba de un lado a otro, sin intervenir en las tareas de su mujer. En realidad, ésta era su actitud en todos los asuntos comerciales y domésticos; así recorría su camino en la vida, confiado en ella.

La noche era calurosa, y en la tienda, cerrada y rodeada por tan sucia vecindad, había mal olor. El olfato del señor Defarge no era tan delicado, pero era más fuerte que otras veces el olor de sus vinos, de su ron, su anís y su coñac. Resopló para rechazar aquella combinación de aromas, y apagó la pipa.

—Estás cansado —le dijo su mujer, y lo miró mientras continuaba guardando en nudos el dinero—. No son más que los olores de siempre.

—Estoy algo cansado —reconoció Defarge.

—También estás deprimido —replicó su esposa, cuyas miradas aparentemente fijas en sus cuentas, también habían observado a su marido—. ¡Oh, los hombres! ¡Los hombres!

—¡Pero, mi querida!

—¡Pero, mi querido! —repitió ella haciendo un gesto firme con la cabeza—. Te siento desanimado esta noche, querido.

—¡Y bien! —dijo Defarge como si le arrancaran una confesión—. ¡Hace ya mucho tiempo!. . .

—¡Mucho tiempo! —repitió ella—. ¿Y cuándo no es largo el tiempo? La venganza y la retribución requieren largo tiempo; ésa es la regla.

—No tarda mucho el hombre en ser herido por el rayo.

—¿Cuánto tarda en ser preparado el rayo? ¡Dímelo!

Hablaba con gran serenidad.

Defarge levantó la cabeza pensativo, como si admitiera que este razonamiento valía algo.

—No tarda mucho un terremoto en hacer desaparecer una ciudad —prosiguió la señora—, pero dime, ¿cuánto tiempo es necesario para preparar el terremoto?

—Mucho tiempo, supongo.

—Pero cuando ya está pronto, se produce y lo arrolla todo ante sí. Entretanto, aquello se está preparando, aunque nadie lo ve ni lo oye. Que eso sea tu consuelo. Piensa en ello.

Sus ojos centelleaban mientras ataba un nudo, como si estuviera ahorcando a un enemigo.

—Te digo —añadió, extendiendo una mano para dar mayor énfasis a sus palabras—, que aunque aquello se demore mucho en el camino, está en marcha y llegará. Te digo que nunca retrocede ni se detiene, sino que siempre avanza. Mira en torno y piensa en las vidas de todos los que conocemos, mira sus caras, observa el descontento y la rabia que aumentan hora por hora entre los Jacques. ¿Puede durar esto? ¡Bah! Me haces reír.

—Mi valiente esposa —dijo Defarge, deteniéndose delante de ella, con la cabeza inclinada y las manos a la espalda, como un docil y atento escolar ante su maestro—, no dudo de todo eso. Pero ha tardado ya tanto tiempo que es posible, sabes bien que es posible, que no llegue durante tu vida y la mía.

—¿Y qué? —replicó ella atando otro nudo como si estrangulara otro enemigo.

—Que no veremos el triunfo —contestó su marido encogiéndose de hombros y con tono quejumbroso.

Miró a su mujer como pidiendo disculpa por su falta de optimismo.

—Habremos contribuido al triunfo —replicó ella, repitiendo el gesto enérgico de su mano—. Nada de lo que hemos hecho quedará perdido. Creo con toda mi alma que hemos de ver el triunto. Pero aun cuando no fuera así, y yo tuviera la certeza de que así no lo fuera, muéstrame el cuello de un aristócrata y yo. . .

Apretando los dientes, ajustó con terrible energía otro nudo más.

—¡Calla! —exclamó Defarge sonrojándose como si se sintiera acusado de cobardía—. Querida mía, tampoco yo me detendría ante nada.

—Sí; pero tu debilidad consiste en que algunas veces necesitas, para contenerte, ver a tu víctima y hallas la oportunidad de proceder. Aprende a sostenerte sin eso. Cuando llegue el momento, suelta a un tigre y también al diablo; entretanto, aguarda, teniendo a ambos encadenados, invisibles, pero prontos siempre.

La señora imprimió mayor fuerza a este consejo final golpeando el mostrador con la cadena de nudos, como si estrellara cabezas enemigas. Después recogió el pesado pañuelo y dijo que ya era hora de ir a dormir.

Al mediodía siguiente, se vio a la admirable mujer ocupando su puesto habitual en la tienda de vinos, tejiendo afanosamente. A su lado había una rosa, a la que miraba de rato en rato, sin alterar su aire preocupado de siempre. Había pocos parroquianos diseminados por la sala, algunos bebían, otros no; algunos estaban sentados, otros en pie. El día era muy caluroso; numerosas moscas exploraban los bordes pegajosos de todos los pequeños vasos, ya usados, que había sobre el mostrador; muchas de ellas caían al fondo y morían allí, sin que tales accidentes afectaran a las otras, que las miraban con indiferencia, considerándose a sí mismas tan diferentes de ellas como si fuesen elefantes. Y a poco andar, hallaban a su vez idéntico fin. Es cosa curiosa observar la despreocupación de las moscas. Quizás sucediera lo mismo en la corte, en aquella clara mañana de verano.

Un hombre que apareció en la puerta proyectó una sombra sobre la señora Defarge, y ella adivinó que era un parroquiano nuevo; bajó el tejido y prendió la rosa en sus cabellos antes de ir a atender al desconocido.

Cosa extraña. Tan pronto como ella levantó la rosa, los parroquianos dejaron de hablar, y uno a uno, fueron saliendo de la tienda.

—Buenos días, señora —dijo el nuevo parroquiano.

—Buenos días, señor.

Al decir estas palabras en voz alta, se dijo mentalmente mientras volvía a su tejido:

—¡Ah! Buenos días. Edad, unos cuarenta años; estatura, unos cinco pies con nueve pulgadas; cabellos negros; en general, bien parecido de rostro; tez oscura; ojos oscuros; cara angosta, larga y pálida; nariz aguileña, pero no recta, con una peculiar inclinación hacia la mejilla izquierda, lo cual le da una expresión siniestra. Buenos días a todos y a cada uno de esos detalles.

—Tened la bondad de servirme un vasito de coñac añejo y un trago de agua fresca, señora.

La aludida atendió con cortesía el pedido.

—Es un coñac maravilloso, señora.

Era la primera vez que el coñac recibía semejante cumplido. La señora Defarge, que conocía la procedencia de la bebida, reconocía el valor de aquel elogio. Sin embargo, se dijo que el coñac había sido elogiado y siguió tejiendo. El visitante estuvo mirando los dedos de la tejedora durante unos momentos, aprovechando la oportunidad de observar el sitio en que se hallaba.

—Tejéis con gran habilidad.

—Estoy acostumbrada a tejer.

—También es un lindo dibujo.

—¿Lo creéis así? —preguntó ella, mirándolo con una sonrisa.

—Decididamente. ¿Se puede preguntar para qué es eso?

—Es un pasatiempo —contestó la señora, y lo miró, sonriendo siempre, mientras sus dedos se movían con rapidez.

—¿No es para algún uso particular?

—Depende. Puede ser que algún día le encuentre aplicación. Si eso ocurre, pues. . . —dijo aspirando y moviendo la cabeza con cierta grave coquetería— lo usaré.

Era de notarse que a Saint-Antoine parecía no agradarle ver una rosa en los cabellos de madame Defarge. Dos hombres habían entrado a la tienda separadamente y estuvieron a punto de pedir algo que beber; al ver la novedad de aquella rosa titubearon, simularon buscar a algún amigo que no estaba allí y se fueron. Tampoco quedaba ni uno de los parroquianos que habían estado presentes cuando entró el espía. Todos se habían ido sin que éste hubiera podido percibir la menor seña entre ellos. Todos partieron de la manera más natural e inocente, con su aire de pobre gente apática, sin rumbo.

—Juan —dijo para sus adentros la señora, anotando algo en su tejido y con los ojos fijos en el forastero—. Si te demoras un poco más, tejeré "Barsad" antes que hayas partido.

—¿Tenéis esposo, señora?

—Sí.

—¿Hijos?

—No tengo hijos.

—¿El negocio parece ir mal?

—Sí; va mal. La gente está muy pobre.

—¡Ah, el desgraciado, el mísero pueblo! También está tan oprimido, según decís.

—Según vos decís —replicó la señora, corrigiendo el error y tejiendo hábilmente algún punto más junto al nombre. Aquel punto no presagiaba nada bueno para el espía.

—Disculpadme; es cierto que fui yo quien lo dije, pero vos pensáis lo mismo, naturalmente.

—¿Que yo pienso? —replicó la señora levantando la voz—. Yo y mi marido tenemos bastante que hacer con mantener abierta esta tienda, sin ponernos a pensar. Nosotros no pensamos aquí sino en vivir, y eso nos preocupa suficientemente de la mañana hasta la noche, sin echarnos encima las preocupaciones ajenas. ¡Oh, no, no!

El espía, cuyo objeto era recoger o inventar algunas observaciones, no dejó traslucir en su rostro siniestro que se veía defraudado. Permaneció en su puesto, apoyando un codo sobre el mostrador, bebiendo uno que otro sorbo de coñac y aparentando charlar galantemente con la tejedora.

—Mal asunto fue aquel de la ejecución de Gaspar, señora. ¡Ah, el pobre Gaspar! —y exhaló un gran suspiro de compasión.

—¡A fe mía! —replicó la señora, con calma y con ligereza—. Los que usan puñales con ese objeto saben que tienen que pagar ese hecho. El sabía de antemano cuál sería el precio del lujo que se permitía, y ha pagado ese precio.

El espía bajó la voz hasta un tono confidencial, y cada músculo de su malvado rostro reveló la expresión ofendida del revolucionario en plena protesta.

—Aquí entre nosotros —murmuró—, creo que en este barrio se siente mucha compasión por ese pobre hombre, y también mucha irritación.

—¿Es así? —preguntó la señora con indiferencia.

—¿No es así?

—¡Aquí está mi marido! —exclamó la señora Defarge.

Cuando el vendedor de vinos entró a su tienda, el espía lo saludó tocándose el sombrero y diciendo con una insinuante sonrisa:

—¡Buenos días, Jacques!

Defarge se detuvo bruscamente y lo miró con fijeza.

—¡Buenos días, Jacques! —repitió el espía con menos confianza y una falsa sonrisa.

—Os equivocáis, señor —contestó Defarge—. Me confundís con alguna otra persona. Ese no es mi nombre; yo me llamo Ernesto Defarge.

—Es igual —replicó el espía sin demostrar que estaba desconcertado—. ¡Buenos días!

—Buenos días —fue la seca respuesta.

—Cuando entrasteis tenía yo el placer de estar charlando con la señora y le decía que no es de extrañar que aquí, en Saint-Antoine, haya cólera y compasión a causa del desgraciado fin del pobre Gaspar.

—Nadie me lo ha dicho —replicó Defarge moviendo la cabeza—. No sé nada de eso.

Con estas palabras se colocó detrás del mostrador y apoyó la mano en el respaldo de la silla de su mujer. Desde el otro lado de aquella barrera estuvo mirando al espía, a quien cualquiera de los dos esposos hubiera matado a tiros con mucho gusto.

El espía, muy acostumbrado a las tretas y simulaciones de su oficio, no cambió su actitud; apuró el vasito de coñac, bebió un trago de agua y pidió más coñac. La señora se lo sirvió y siguió tejiendo mientras canturreaba en voz muy baja.

—Parece que conocéis bien este barrio —dijo Defarge—; es decir, lo conocéis mejor que yo.

—De ninguna manera; pero espero llegar a conocerlo mejor. Me interesan profundamente sus miserables habitantes.

—¡Ah!

—El placer de conversar con vos, señor Defarge, me recuerda que tengo el honor de saber algo que está relacionado con vuestro nombre.

—¿De veras? —replicó Defarge con indiferencia.

—De veras. Cuando el doctor Manette fue puesto en libertad, vos, su antiguo servidor, os encargasteis de él, según supe. Os fue entregado a vos. Ya véis que estoy enterado de todos los detalles.

—Así fue, en realidad —contestó Defarge, después que un codo de su mujer lo tocó accidentalmente en uno de los movimientos naturales de la tejedora al mover las agujas.

Imperceptible mensaje que le advertía que era conveniente contestar pero con brevedad.

—Su hija vino a veros —prosiguió el espía— y fue de vuestro poder que ella lo recibió, acompañada por un pulcro señor. . . ¿cómo se llamaba? ¡Ah, sí! Lorry, del banco Tellson y Cía., y se lo llevaron a Inglaterra.

—Es así, en efecto —volvió a decir Defarge.

—Son recuerdos muy interesantes —dijo el espía—.

Yo conocí en Inglaterra al doctor Manette y a su hija.

—¿Sí?

—¿No tenéis noticias de ellos, ahora?

—No.

—En efecto —dijo la señora Defarge interrumpiendo su tejido y su canturreo—. No sabemos nada de ellos. Tuvimos noticias de que habían llegado bien allá y, después, una carta, o quizás dos. Pero luego ellos han seguido su camino en la vida y nosotros el nuestro, sin tener más correspondencia.

—Eso es, señora. La hija se va a casar.

—¿Se va a casar? —repitió la señora—. Era lo bastante linda para haberse casado mucho antes. Me parece que vosotros los ingleses sois muy fríos.

—¡Oh! ¿Sabéis que soy inglés?

—Percibo que vuestra lengua lo es —replicó ella—, y supongo que el hombre tiene la nacionalidad que su lengua indica.

El espía no tomó el descubrimiento como un cumplido, pero se rió para disimular su contrariedad. Después de haber bebido el último sorbo de coñac, añadió:

—Sí; la señorita Manette va a casarse, pero no con un inglés, sino con uno que es, como ella, francés de nacimiento. Y hablando de Gaspar (¡ah, el pobre Gaspar! Su fin fue cruel, muy cruel), es cosa curiosa que la señorita Manette se vaya a casar con el sobrino del señor marqués que fue la causa de que Gaspar fuera levantado a esa altura de cuarenta pies; en otras palabras, se casa con el actual marqués. Pero él vive de incógnito en Inglaterra; allá es el señor Carlos Darnay. D'Aulnais es el apellido de la madre.

La señora Defarge siguió tejiendo tranquilamente, pero la noticia afectó visiblemente al marido. En vano hizo fuego y encendió la pipa con el único objeto de ocultar su turbación; y el espía no habría sido tal si no hubiera notado el temblor revelador de la mano de Defarge.

Habiendo hecho este descubrimiento, por lo menos, que tal vez llegara a tener algún valor, y como no apareció ningún parroquiano a quien observar, el señor Barsad pagó lo que había consumido y se despidió, diciendo con gentileza que esperaba tener el placer de volver a ver al señor y a la señora Defarge. Durante algunos minutos después de su partida de Saint-Antoine, marido y mujer permanecieron tal como él los había dejado, para el caso en que el espía volviera.

El comerciante, con una mano apoyada en el respaldo de la silla de su mujer y fumando su pipa, le dijo en voz baja:

—¿Será verdad lo que ha dicho de la señorita?

—Como él lo ha dicho, probablemente es mentira; pero es posible que sea cierto.

—¡Si fuera cierto!. . .

—¿Si lo fuera?

—. . . ¡y él viniera aquí estando nosotros vivos para ver el triunfo! Espero, por ella, que el destino retenga a su marido fuera de Francia.

—El destino de su marido lo llevará adonde deba ir, es decir, al fin que le esté deparado. Eso es todo lo que yo sé.

—Pero es muy extraño. . . por lo menos ahora. ¿No es muy extraño que después de todo nuestro afecto por su padre y por ella, el nombre de su marido deba estar anotado, por tu propia mano, el lado del nombre de ese perro infernal que acaba de salir? —dijo Defarge con tono en que era evidente que casi suplicaba a su mujer que admitiera que aquello era una anomalía.

—Cosas más extrañas que esa ocurrirán cuando llegue lo que ha de llegar —contestó ella—. Ambos están anotados aquí, en realidad; y lo están porque lo merecen. Con eso basta.

Arrolló su tejido al decir estas palabras y se quitó la rosa que había prendido en el pañuelo con que ataba sus cabellos. Ya fuera que Saint-Antoine supiera instintivamente que el adorno aquel había desaparecido y fuera que hubiera estado acechando su desaparición, lo cierto es que el barrio se animó a entrar poco después y la tienda de vinos recobró su aspecto habitual.

Al caer la tarde, cuando los moradores de Saint-Antoine salían a tomar aire en los patios y en las calles, sentándose unos en los umbrales, otros en los antepechos de las ventanas, la señora Defarge, con su tejido en la mano, iba de un sitio a otro, siendo una de tantas misioneras que el mundo haría bien en no volver a producir. Todas las mujeres tejían prendas sin utilidad, pero aquel trabajo mecánico reemplazaba en cierto modo a la acción de comer y beber; la actividad de las manos sustituía a la de las mandíbulas y del aparato digestivo; si los dedos huesudos hubieran estado inmóviles, los estómagos vacíos habrían sufrido más intensamente.

No solamente funcionaban los dedos y los ojos, sino también el pensamiento. Cuando la señora Defarge pasaba de un grupo a otro, las tres actividades se aceleraban con saña en cada grupo de esas mujeres con quienes ella había hablado al pasar.

Su marido fumaba en la puerta de su casa, siguiéndola con miradas de admiración.

—Es una gran mujer —se decía—. Es una mujer fuerte y terriblemente soberbia.

La noche se acercaba; repicaban las campanas de las iglesias y se oía el redoble de los tambores de la guardia, en el patio del palacio. Las mujeres seguían tejiendo, tejiendo. La oscuridad las envolvió. Igualmente incontenible se iba acercando otra noche tenebrosa durante la cual estas campanas que repicaban ahora alegremente en los altos campanarios de Francia, serían fundidas para convertirse en cañones, y esos tambores militares redoblarían para ahogar una triste voz.

Esa noche, que se revelaría con voces tan potentes como son las del poderío, la abundancia, la libertad y la vida, esa noche se condensaba en torno a las mujeres que seguían tejiendo, tejiendo, como continuarían haciéndolo en torno de un aparato no construido todavía, mientras ellas contaran las cabezas que iban cayendo.

Capítulo 17

UNA NOCHE

Nunca se había puesto el sol en medio de tanta gloria de luz y color como en una memorable tarde en que el doctor y su hija estaban sentados bajo el plátano. Nunca se había levantado la luna con más suave luz sobre la gran ciudad de Londres que cuando alumbró al padre y a la hija, todavía sentados bajo el árbol cuyas hojas filtraban la luz.

Lucía debía casarse al día siguiente y había reservado para su padre esta última noche; por eso estaban solos bajo el plátano.

—¿Eres feliz, querido padre?

—Completamente, hija mía.

Poco habían hablado, aunque hacía largo rato que estaban allí. Cuando todavía la luz permitía coser o bordar, Lucía no hizo ninguna de esas cosas. Muchas otras veces, estando sentados allí, ella le había leído algo a su padre, o se dedicaba a una labor; pero esta tarde y esta noche eran diferentes a todas las otras y nada podía obviar esa diferencia.

—Soy muy feliz esta noche, querido padre. Soy muy feliz por el amor que el cielo ha permitido que nos tengamos Carlos y yo. Pero si mi vida no siguiera consagrada a ti, si mi casamiento me obligara a vivir separada de ti, aunque fuera por la distancia de unas pocas calles, yo me sentiría muy desgraciada y me haría severos reproches. Aun ahora. . .

No pudo seguir hablando. Echó los brazos al cuello de su padre, sobre cuyo pecho apoyó el rostro. Los alumbró la luz de la luna, que es siempre melancólica. La salida y la puesta del sol y de la luna, como el comienzo y el fin de esa luz que llamamos la vida humana, son melancólicos.

—¡Queridísimo! ¿Puedes asegurarme por última vez que estás bien seguro de que ningún afecto nuevo, ningún vínculo nuevo mío se interpondrá jamás entre tú y yo? Sé eso muy bien, pero ¿lo sabes tú? ¿Tienes la íntima certeza de que nada nos separará?

El padre contestó con una jovial firmeza de convicción que no hubiera podido simular:

—Estoy completamente seguro, mi querida. Más aún —añadió—: mi porvenir es más claro, Lucía, visto a través de tu boda, de lo que hubiera podido ser sin ella.

—¡Si yo pudiera tener esa esperanza, padre!

—Créelo, amor mío, porque es la verdad. Piensa en lo natural y justo de que sea así. Eres tan joven y has estado tan dedicada a mí, que no puedes comprender plenamente el temor que yo he tenido de que tu vida se malograse. . .

Ella levantó una mano hacia los labios del padre, pero él tomó esa mano en la suya y repitió:

—Malogrado, sí, hija mía, por haber sido apartada del orden natural de las cosas por causa mía. Tu altruismo no te permite ver bien cuánta preocupación me ha causado tu porvenir. Pero pregúntate a ti misma si yo hubiera podido sentirme completamente feliz mientras tu felicidad fuera incompleta.

—Si yo nunca hubiera visto a Carlos, habría sido muy feliz siempre contigo.

El padre sonrió al oír que ella admitía

involuntariamente que, habiendo visto a Carlos, no sería feliz sin él.

—Pero lo has visto, hija mía. Y de no haber sido Carlos, sería algún otro. Y no siendo así, por causa mía, la parte oscura de mi vida se proyectaría sobre la tuya.

Era esta la primera vez, salvo durante el juicio en Old Bailey, que ella lo oía referirse a la época de sus sufrimientos. Al oírlo sintió una emoción nueva y extraña que debía recordar mucho tiempo después.

—¡Mira! —dijo el doctor Manette levantando una mano hacia la luna—. Muchas veces la he mirado desde la ventana de mi prisión, cuando me era insoportable su luz, pensando que estaría brillando sobre todo lo que yo había perdido, y después de mirarla me he golpeado la cabeza contra las paredes de la celda. También la he visto cuando he caído en tal estado de apatía que no pensaba más que en el número de rayas horizontales y verticales que podría trazar sobre ella durante el plenilunio.

Se quedó abstraído durante un momento contemplando la luna llena, y murmuró:

—Eran veinte rayas en ambos sentidos, y recuerdo que la vigésima apenas cabía.

La extraña emoción que su hija sintió al oírlo hablar de aquel tiempo, se hizo más honda cuando le oyó evocar aquel recuerdo, aunque no había nada de alarmante en su manera de referirse a su triste pasado. Parecía que pensara solamente en el contraste que ofrecía su serena felicidad actual con el cruel dolor que había sufrido.

—Miles de veces la he mirado pensando en el hijo cuyo nacimiento aguardábamos, y me preguntaba si viviría o si habría nacido muerto a causa del golpe moral recibido por la pobre madre. Si sería un hijo que algún día vengara a su padre (durante un tiempo mi deseo de venganza era insoportable). O si sería un hijo que ignoraría siempre la historia de su padre, o si llegaría a pensar en la posibilidad de que su padre hubiera desaparecido voluntariamente. O si sería una hija que crecería y llegaría a ser una mujer.

Lucía se estrechó contra él y le besó una mejilla y una mano.

—Me he imaginado a mi hija completamente ignorante de mi historia y absolutamente olvidada de mí. Año por año he calculado la edad que tendría; he creído verla casada con un hombre que no sabía nada de mi historia. Entonces me sentía totalmente borrado de la memoria de los vivos y sin ocupar ningún lugar en la generación siguiente.

—¡Padre mío! Oírte hablar de ese modo de una hija cuya misma existencia ignorabas, me parte el corazón como si se tratara de mí.

—¿Tú, Lucía? Estos recuerdos surgen y pasan entre nosotros y la luna en esta última noche, porque tú me has traído el consuelo y me has devuelto el alma, el sentimiento, la inteligencia. ¿Qué es lo que te decía?

—Que tu hija no sabía nada de ti y que le eras indiferente.

—¡Ah, sí! Pero durante otras noches de luna, cuando la tristeza y el silencio me afectaban de otra manera, me infundían una melancólica sensación de paz, como pueden infundir a la larga los grandes dolores; me imaginaba a mi hija entrando en mi calabozo y devolviéndome la libertad, lejos de la fortaleza. Con frecuencia he visto su imagen a la luz de la luna, como te veo ahora a ti, salvo que nunca la tuve en mis brazos; permanecía entre la ventanita enrejada y la puerta. Pero ¿comprendes que esa no era la hija de que estoy hablando?

—La figura, no. Pero ¿la imagen de tu fantasía?

—No. Esa era otra cosa, estaba inmóvil ante mi vista perturbada. El fantasma que mi mente perseguía era otra criatura más real. De su aspecto, sólo sé que se parecía a la madre; la otra tenía también esa semejanza, como la tienes tú, pero no era igual. ¿Me doy a entender, Lucía? Creo que no. Creo que es necesario haber sido un prisionero solitario para comprender estas confusas distinciones.

El tono tranquilo con que hablaba no impidió que Lucía sintiera helarse su sangre al oírlo analizar de este modo sus antiguos recuerdos.

—En ese estado de mayor serenidad, ya la veía venir a mí y llevarme para que yo viera que su hogar de mujer casada estaba lleno de testimonios del cariño que sentía hacia su padre desaparecido. Tenía mi retrato en su cuarto y me nombraba en sus plegarias. Su vida era activa, alegre y útil, pero mi triste historia lo llenaba todo.

—Yo era esa hija, padre, no tan buena, pero ésa era yo, por el cariño que siento por ti.

—Y ella me mostraba sus hijos —dijo el doctor—; habían oído hablar de mí y se les había enseñado a compadecerme. Cuando pasaban delante de una prisión del Estado, se apartaban de sus sombríos muros, miraban a las rejas y se hablaban en voz baja. Y entonces, aliviado por el llanto, yo caía de rodillas y bendecía a mi hija.

—Yo soy esa hija, según espero, padre. ¿Me bendecirás mañana con igual fervor?

—Lucía, he traído todos esos dolorosos recuerdos porque mi cariño hacia ti no puede expresarse con palabras, y para agradecerle a Dios por mi felicidad que es tan grande. Mis pensamientos, en las horas de más locas esperanzas, no llegaron ni aun a acercarse a la felicidad de que he disfrutado contigo y que nos aguarda en el porvenir.

La abrazó, encomendándola fervorosamente a Dios y agradeciéndole el don de aquella hija.

Poco después entraron a la casa.

Solamente el señor Lorry fue invitado a asistir a la boda; el otro testigo de la ceremonia era la señorita Pross. La familia seguiría habitando la misma casa, que pudo ser ampliada tomando el último piso, donde se suponía la invisible existencia de un apócrifo inquilino.

El doctor Manette se mostró muy contento durante la cena de esa noche. Estaban él, Lucía y la señorita Pross. Lamentó la ausencia de Carlos, pues había hecho alguna oposición al pequeño complot con que se le alejó de la casa durante esa noche. El doctor bebió afectuosamente a la salud del ausente.

Llegó el momento de darle a Lucía las buenas noches y se separaron. Pero en el silencio nocturno, a eso de las tres de la madrugada, Lucía bajó y se deslizó hasta el dormitorio de su padre, sintiendo un vago temor indefinido.

Todo estaba en su sitio, reinaba completo silencio; el doctor dormía, con sus hermosos cabellos blancos sobre la almohada y las manos inmóviles sobre la colcha. Lucía colocó la vela en la sombra, a cierta distancia, se acercó a la cama y besó levemente los labios de su padre; después, inclinada sobre su rostro, estuvo mirándolo.

La firme voluntad de borrar, hasta de los músculos de su hermoso rostro, las huellas de su cautiverio, perduraban aún durante el sueño.

El rostro del doctor era de notable serenidad y firmeza, como si indicara que ningún asaltante oculto lo hallaría desprevenido. Difícilmente se hubiera visto esa noche un semblante más notable durante el sueño.

Lucía le tocó el pecho tímidamente y pidió a Dios que le concediera la gracia de serle tan fiel como deseaba y como sus desgracias merecían. Retiró la mano, volvió a besar a su padre y partió. Llegó el día, y las hojas del plátano proyectaron suavemente sus sombras sobre el rostro que Lucía había besado al orar silenciosamente.

Capítulo **18**

NUEVE DIAS

Amaneció muy hermoso el día del casamiento. La bella novia, el señor Lorry y la señorita Pross estaban prontos y aguardaban al lado de la puerta de la habitación donde hablaban, a puerta cerrada, el doctor y Carlos Darnay. Por un proceso gradual de concesiones, la señorita Pross había llegado a aceptar lo inevitable, y habría estado aún más contenta si no hubiera lamentado tanto que su hermano Salomón no fuera el novio.

Aguardaban al doctor y a Carlos para ir a la iglesia. El señor Lorry no dejaba de admirar a la novia, contemplándola desde todos los puntos de vista y notando la elegancia del sencillo vestido.

—¡Fue para esto, mi querida Lucía, que te hice cruzar el canal cuando eras tan pequeñita! —exclamó—. ¡Bendito sea Dios! ¡Qué lejos estaba yo de pensar en lo que hacía! No pensé en todo lo que valía el servicio que le prestaba a mi amigo Carlos.

—No lo hicisteis con esa intención —replicó la práctica señorita Pross—. Así es que no podíais saber nada del servicio. ¡Qué tontería!

—¿De veras? Está bien, pero no lloréis —dijo el suave señor Lorry.

—Yo no estoy llorando. Sois vos el que lloráis —protestó ella.

—¿Yo, mi buena Pross? —dijo el señor Lorry, que algunas veces se animaba a ser amable con la señorita Pross.

—Sí; yo os vi llorar y no me extraña. El regalo que les mandasteis arrancaría lágrimas a cualquiera. En toda la colección de cubiertos de plata no hay un cuchillo ni un tenedor que yo haya visto, más que a través de mis lágrimas.

—Mucho me complace —dijo el señor Lorry—, pero os doy mi palabra de honor que al enviar esos pequeños objetos no tuve intención de hacer llorar a nadie. Es en circunstancias como ésta, que el hombre piensa en todo lo que ha perdido. ¡Dios mío! Pensar que pude haberme casado en el transcurso de los últimos cincuenta años, o algo menos.

—De ningún modo —protestó la señorita Pross.

—¿Creéis que no hubiera podido casarme?

—¡Bah! Si vos nacisteis para ser soltero.

—Es probable —replicó el anciano alegremente mientras ajustaba su pequeña peluca.

—Antes de ser puesto en la cuna, ya estabais destinado a ser soltero.

—Entonces pienso que se cometió un abuso y que debí ser consultado a ese respecto. ¡Basta! Ahora, mi querida Lucía, oigo pasos en el cuarto del doctor; y antes que vengan él y Darnay, la señorita Pross y yo queremos deciros algo que debéis oír. Dejáis a vuestro padre en buenas manos; lo cuidaremos con tanto cariño y asiduidad como podéis desear. Durante la quincena que pasaréis en Warwickshire y sus cercanías, hasta el mismo Tellson ocupará el segundo lugar, y cuando al fin de esa quincena él vaya a reunirse con vosotros para pasar otros quince días en Gales, veréis que os lo enviaremos en perfecto estado de salud y muy contento.

Ya oigo los pasos de alguien que se acerca a la puerta. Y ahora, mi querida niña, dejad que os bese y os bendiga un anticuado solterón, antes que alguien venga a reclamaros.

Durante un instante retiró un poco de sí la linda cara de Lucía para mirar la expresión de su frente, y después acercó a su peluca los finos cabellos dorados con gran ternura y delicadeza. Estos sentimientos, pasados de moda quizá, son tan antiguos como Adán.

Se abrió la puerta de la habitación y salió el doctor en compañía de Carlos Darnay. El doctor Manette estaba tan mortalmente pálido que no quedaba el menor vestigio de color en su rostro. No estaba así cuando entró a conversar con Darnay. Conservaba todo su aplomo y serenidad, pero la penetrante mirada del señor Lorry descubrió vagos indicios de que la antigua expresión de temor y aversión acababa de pasar por su semblante como un viento frío que lo alteraba levemente.

Dio el brazo a su hija, y bajaron la escalera para subir al carruaje que el señor Lorry había alquilado para la ocasión. Los otros siguieron en otro carruaje, y en una iglesia próxima donde no había ojos extraños que los mirasen, se casaron Carlos Darnay y Lucía Manette.

Además de las fugaces lágrimas que relucían en medio de sonrisas, cuando terminó la ceremonia, brillaron en la mano de la novia unos hermosos brillantes que acababan de salir del bolsillo del señor Lorry. Todos regresaron a la casa para almorzar, y llegada la hora de la partida de los novios, volvieron a unirse en el radiante sol de la mañana los rizos dorados y los cabellos blancos que se habían mezclado por primera vez en el desván de París.

Era difícil despedirse, aun por tan corto tiempo; pero el padre se mostró alegre, y separando suavemente los brazos que le rodeaban el cuello, dijo:

—Tomadla, Carlos; es vuestra.

Ya partía el coche cuando Lucía aun agitaba la mano en señal de despedida.

Como la esquina de Soho quedaba apartada del camino de los curiosos y los desocupados, y como los preparativos habían sido pocos y sencillos, el doctor, el señor Lorry y la señorita Pross quedaron completamente solos. Fue cuando volvieron a entrar en la fresca penumbra del vestíbulo que el banquero notó que se había producido un gran cambio en el semblante del doctor, como si el brazo dorado que se alzaba allí le hubiera asestado un golpe cruel.

Naturalmente, se había estado conteniendo y era de esperar que alguna reacción se produjera cuando cesara la necesidad de contenerse. Pero lo que preocupaba al buen amigo era la antigua expresión de temor y de abstracción. Al verlo llevarse ambas manos a la cabeza con ademán vago y entrar a su cuarto en cuanto estuvieron en la casa, el señor Lorry pensó en Defarge, el vendedor de vinos, y en el triste viaje a la luz de las estrellas.

Después de reflexionar con ansiedad, dijo en voz baja a la señorita Pross:

—Creo que conviene no hablarle ni molestarlo en estos momentos. Tengo que hacer en el banco, de modo que voy a ir allá y volveré pronto. Después lo llevaremos en coche a dar un paseo por el campo, comeremos algo y todo irá bien.

Le fue más fácil entrar al banco que salir de él. Las ocupaciones lo retuvieron durante dos horas. Cuando regresó, subió la escalera sin dirigirle ninguna pregunta a la sirvienta y se encaminó directamente al dormitorio del doctor. Se detuvo al oír un sordo martilleo.

—¡Buen Dios! —se dijo sobresaltado—. ¿Qué es eso?

La señorita Pross, aterrada, le dijo al oído:

—¡Ay de mí! ¡Ay de mí! ¡Todo está perdido! ¿Qué se le puede decir a mi palomita? No me reconoce y está haciendo zapatos.

Consternada, se retorcía las manos.

El señor Lorry hizo lo que pudo para calmarla y entró al cuarto del doctor. El banco estaba colocado hacia la luz, como lo había estado cuando trabajaba en el desván; el doctor tenía la cabeza inclinada y se mostraba atareado.

—¡Doctor Manette! ¡Mi querido amigo, doctor Manette!. . .

El interpelado lo miró como si no lo conociera, demostrando cierto enfado por haber sido interrumpido, y volvió a su tarea.

Se había quitado la casaca y el chaleco y tenía abierto el cuello de la camisa, como cuando estaba en el desván. Hasta la antigua expresión había vuelto a desfigurar su semblante. Trabajaba con afán, con impaciencia, como si lo hiciera a causa de haber sido interrumpido en su tarea.

El señor Lorry miró lo que tenía en la mano y vio que era un zapato de la misma medida y forma que el de antes. Levantó otro que estaba a su lado y le preguntó qué era eso.

—Un zapato para que pasee una señorita. Hace tiempo que debió estar terminado. Dejadlo.

—¡Pero doctor Manette, miradme!

Obedeció de la manera maquinal, sumisa que el banquero había visto antes, pero no dejó de trabajar.

—¿Me conocéis, mi querido amigo? Pensadlo. Esta no es la ocupación apropiada para vos. ¡Pensad, mi querido amigo!

Nada pudo inducir al doctor a contestar. Levantaba la mirada por un instante cuando se le pedía que mirase, pero no se le podía hacer decir ni una sola palabra. Trabajaba incesantemente, y las palabras que se le decían le hacían tan poco efecto como si fueran dirigidas a una pared o al espacio.

El único rayo de esperanza provenía de que algunas veces miraba hacia arriba furtivamente, sin que se lo pidieran. El señor Lorry creía ver en ello una vaga expresión de curiosidad o de perplejidad, como si estuviera tratando de conciliar algunas dudas que surgían en su mente.

El banquero pensó en dos cosas de la mayor importancia: una, era que Lucía no supiera nada de esto; y la otra, que también lo ignorasen todos cuantos conocían al doctor. Con la ayuda de la señorita Pross, tomó inmediatas medidas para mantener el secreto: a los clientes les dijo que el doctor no se sentía bien y necesitaba algunos días de absoluto reposo. En cuanto a Lucía, la señorita Pross se encargó del bondadoso engaño diciéndole en una carta que su padre había sido llamado fuera de la ciudad por una cuestión profesional y que sólo había mandado dos líneas para ella.

El señor Lorry consideraba que estas precauciones eran convenientes para cualquier caso, pero él abrigaba la esperanza de que su amigo volvería en sí. Si esto último ocurriera en breve plazo, se proponía tomar otra medida, que consistía en consultar la opinión que él creía más autorizada, respecto al caso del doctor.

Con la esperanza de que éste se recobrara, lo que haría posible la consulta proyectada, el señor Lorry lo observaba atentamente, sin aparentarlo, hasta donde eso era posible. Por primera vez en su vida hizo cierto arreglo que le permitió ausentarse del banco Tellson y se instaló en su puesto junto a la ventana, en la habitación de su amigo.

No tardó en descubrir que no solamente era inútil hablarle, sino que le molestaba que le hicieran hablar. Desde el primer día abandonó ese recurso y resolvió solamente permanecer siempre ante su vista como una muda protesta contra el retroceso ceso en que había caído o estaba cayendo. Permanecía ante la ventana, leyendo y escribiendo, manifestando de diversas maneras agradables y naturales que allí se estaba en libertad.

El doctor Manette tomaba lo que se le daba para comer y beber, y ese primer día estuvo trabajando hasta que la oscuridad le impidió ver; trabajó durante media hora, después que el señor Lorry tuvo que dejar de leer porque ya no veía. Cuando apartó las herramientas que ya no le servirían hasta el día siguiente, el banquero se levantó y le dijo:

—¿Queréis salir?

Miró al suelo, a uno y otro lado, levantó la mirada y preguntó con voz apagada:

—¿Salir?

Sus movimientos, su expresión y su voz eran las mismas del tiempo del desván.

—Sí. Salir a pasear conmigo. ¿Por qué no?

No se esforzó en explicar por qué no saldría a paseo; no contestó ni una palabra, pero el señor Lorry oyó que murmuraba con voz opaca: "¿Por qué no?", sentado en la oscuridad, con los codos sobre las rodillas y la cabeza entre las manos. La sagacidad del hombre de negocios percibió en esto un síntoma favorable y resolvió tenerlo en cuenta.

La señorita Pross y el banquero dividieron la noche en dos guardias, y a intervalos, el que estaba de turno, observaba al doctor desde la habitación contigua. Se paseaba durante largo rato antes de acostarse, pero cuando finalmente lo hacía, se quedaba dormido. Por la mañana se levantaba muy temprano, se instalaba directamente en su banco y se ponía a trabajar.

Al segundo día el señor Lorry lo saludó alegremente, llamándolo por su nombre, y le habló de temas que habían tratado con preferencia los últimos días. No contestó, pero era evidente que oía lo que se le decía y que pensaba en ello de alguna manera confusa. Esto estimuló al señor Lorry a hacer venir a la señorita Pross con su costura a pasar algunos ratos en la habitación; durante estos breves momentos, ambos conversaban nombrando a Lucía y a su padre allí presente como si nada extraño hubiera ocurrido. Esto se hacía con naturalidad, sin frecuencia o insistencia que pudiera incomodarlo. El banquero sentía aliviado su bondadoso corazón al creer notar que su amigo levantaba la mirada más a menudo, y que parecía sentir o percibir que en torno suyo ocurrían algunas cosas contradictorias.

Cuando volvió a caer la noche el señor Lorry le preguntó como lo había hecho la tarde anterior:

—Querido doctor, ¿queréis salir?

Como el día anterior, él contestó:

—¿Salir?

—Sí. A pasear conmigo. ¿Por qué no?

Esta vez el señor Lorry fingió salir, pues no pudo obtener una respuesta a su pregunta; y después de ausentarse durante una hora, volvió. Entretanto, el doctor se había trasladado al sillón colocado frente a la ventana y estaba allí, mirando al plátano; pero al regreso del señor Lorry, volvió a su banco de zapatero.

El tiempo transcurría lentamente; la esperanza del buen amigo comenzaba a disiparse y su corazón se oprimía más y más. Así pasaron el tercer día, el cuarto y el quinto. Cinco días, seis, siete, ocho, nueve días.

El señor Lorry, cada vez con menos esperanzas y con el corazón más oprimido, vivió días angustiosos. El secreto estaba bien guardado. Lucía era feliz, ignorando la recaída de su padre. El observador no podía menos de notar que las manos del zapatero, algo torpes al principio, iban adquiriendo una terrible destreza, y que nunca había estado tan absorto en su tarea, nunca tan ágil y experto como a la caída de la tarde del noveno día.

Capítulo 19

UNA OPINION

Exhausto después de una ansiosa vigilia, el señor Lorry se quedó dormido en su puesto. En la mañana del décimo día lo despertó asustado la luz del sol que entraba en la habitación donde lo había dominado el sueño cuando era noche cerrada.

Se frotó los ojos para despejarse; entonces se preguntó si no estaría dormido todavía, cuando al acercarse a la puerta del dormitorio del doctor, mirando a su interior, vio que el banco de zapatero y las herramientas habían sido retiradas a un rincón y que su amigo, vestido como solía estar todas las mañanas, estaba sentado ante la ventana leyendo, y que su rostro (que se podía ver claramente) estaba todavía muy pálido, pero tenía la expresión tranquila e indicaba que prestaba atención a su lectura.

Aun después que se hubo convencido de que estaba bien despierto, el señor Lorry, aturdido, se preguntó si la recaída no habría sido otra cosa que una pesadilla suya. ¿No estaba allí su amigo, con su indumentaria y su aspecto usuales, entregado a su habitual ocupación de leer? ¿Había a la vista algún indicio de que se hubiera producido el cambio que tanto lo había afectado a él?

Estas preguntas eran el resultado de la confusión y el asombro experimentados en el primer momento, pues la respuesta era obvia. ¿Por qué causa se encontraba allí él, Jarvis Lorry? ¿Cómo se hallaba durmiendo vestido sobre el sofá del consultorio del doctor Manette? Y después, ¿por qué se hallaba debatiendo consigo mismo la realidad de la situación a aquella hora de la mañana, ante la puerta de esta habitación?

Pocos minutos más tarde apareció la señorita Pross y le habló al oído. Si le hubiera quedado alguna duda, las palabras de ella la habrían disipado. Pero él ya se sentía despejado y libre de dudas. Aconsejó que se dejara pasar el tiempo hasta la hora usual del desayuno, y entonces se sentarían a la mesa como si nada inusitado hubiera ocurrido. Si Manette mostraba el estado normal de espíritu que su expresión hacía suponer, el señor Lorry procedería con prudencia a solicitar la opinión que tanto deseaba conocer para que le sirviera de guía y dirección.

Como la señorita Pross se sometía al criterio del amigo de la casa, el plan se llevó a cabo con cuidado. Teniendo tiempo de sobra para hacer su metódica "toilette", el señor Lorry se presentó a la hora del desayuno tan pulcro y cuidado como siempre, con su cuello y sus puños muy blancos y sus medias bien estiradas. El doctor fue llamado como de costumbre y se sentó a la mesa.

Hasta donde era posible comprenderlo sin trasponer las delicadas barreras que, a juicio del banquero, debían ser gradualmente eliminadas, se dedujo que el doctor creía que el casamiento de su hija había tenido lugar el día anterior. Una deliberada alusión, aparentemente hecha por casualidad, al día de la semana y a la fecha del mes, lo hizo pensar y contar, ocasionándole visible inquietud. Sin embargo, en todo lo demás se mostró tal como había sido: sereno, atento, como siempre. El señor

Lorry resolvió solicitar la opinión que había deseado conocer. Y esa opinión era la del mismo doctor Manette.

—Mi querido Manette, estoy deseoso de conocer vuestra opinión, en confianza, respecto a un caso muy curioso que me inspira profundo interés; es decir, para mí es un caso muy curioso; quizá lo sea menos para vos, que poseéis otros conocimientos.

Mirándose las manos, que estaban teñidas a causa de su reciente trabajo, el doctor pareció turbado, pero escuchó con atención. Ya se había mirado las manos más de una vez.

—Doctor Manette —comenzó el señor Lorry, tocándole afectuosamente de un brazo—, el caso es el de un amigo que me es especialmente querido. Pensad en ello y aconsejadme bien, no solamente por él, sino también por su hija. Especialmente por su hija, mi querido Manette.

—Si es que comprendo —dijo el doctor con voz contenida—, se trata de un *shock* mental. . .

—Sí.

—Sed explícito —dijo el médico—. No ahorréis detalles.

El señor Lorry vio que se comprendían, y prosiguió:

—Mi querido Manette, este es un caso de un *shock* antiguo, prolongado, extraordinariamente fuerte y agudo, que hirió los afectos, los sentimientos y hasta. . . la mente, como decíais. Sí, la mente. Es este el caso de un *shock* que abatió a la victima durante un tiempo no determinado, pues él no puede calcular el tiempo y no hay medio alguno de saberlo. El paciente se recobró de los efectos de aquel *shock* por un proceso que él no ha podido seguir, según se lo oí decir públicamente una vez, y de manera notable. Se ha recobrado tan completamente que es un hombre de brillante inteligencia, capaz de asidua aplicación mental, de gran fuerza física y que se ocupa constantemente en aumentar su caudal de conocimientos, que era ya muy grande. Pero, desgraciadamente, se ha producido una pequeña recaída.

El banquero aspiró profundamente al decir estas últimas palabras.

El doctor preguntó, bajando la voz:

—¿Cuánto duró la recaída?

—Nueve días con sus noches.

—¿Cómo se manifestó la recaída? Deduzco —dijo mirándose las manos—, que fue volviendo a alguna ocupación relacionada con el *shock*.

—Justamente.

—¿Lo habéis visto antes ocupado en esa tarea? —preguntó el doctor, clara y tranquilamente, pero con el mismo tono de voz.

—Sí; una vez.

—¿Durante aquella recaída se mostró, en todo o en parte, tal como lo visteis esta vez?

—Me parece que en todo.

—Dijisteis que el paciente tiene una hija. ¿Ella supo de la recaída?

—No. Le fue ocultado ese hecho y espero que lo ignore siempre. No lo sabemos sino yo y otra persona, que es de absoluta confianza.

El doctor le estrechó la mano, y murmuró:

—Es muy bondadoso, muy generoso ese proceder.

El banquero respondió a la presión de la mano de su amigo y ambos quedaron callados.

—Ahora, mi querido Manette —dijo por último el banquero con su modo delicado y afectuoso—, yo no soy más que un hombre de negocios, inapropiado para tratar asuntos tan intrincados y difíciles. No poseo los conocimientos necesarios ni la clase de inteligencia que se requiere. Necesito que se me guíe. No hay en el mundo hombre alguno que me inspire más confianza como guía que vos. Decidme, ¿cómo se produce esa recaída? ¿Hay peligro de que se repita? ¿Puede evitarse esa repetición? Si no fuera posible evitarlo, ¿cómo se le debe tratar? ¿Cómo llega a producirse? ¿Qué puedo hacer en favor de mi amigo? Nadie ha podido sentir mayor deseo de ser útil a un amigo, que yo al mío. Pero no sé lo que debo hacer en el caso de que hablamos. Si vuestra sagacidad, vuestros conocimientos y experiencia pueden ponerme en el buen camino, yo podría ser muy útil; sin eso, muy poco puedo hacer. Os ruego que hablemos de ello; os ruego que me ayudéis a ver con más claridad y que me enseñéis a ser un poco más útil.

El doctor quedó meditando después de oír estas vehementes palabras, y el señor Lorry no lo apremió para que hablara.

—Pienso que es probable que la recaída que habéis descrito haya sido prevista por el paciente —dijo al fin haciendo un esfuerzo para romper el silencio.

—¿Lo temía? —se apresuró a preguntar el banquero.

—Mucho —contestó el doctor estremeciéndose involuntariamente—. No tenéis idea de la manera con que ese temor oprime la mente del paciente y qué difícil, casi imposible, le es obligarse a sí mismo a proferir alguna palabra sobre el tema que lo oprime.

—¿Sentiría algún alivio, si pudiera decidirse a hablar de su secreta preocupación cuando la siente venir?

—Creo que sí. Pero ya os he dicho que es casi imposible; más: en ciertos casos, es absolutamente imposible.

—Decidme, ¿a qué atribuiríais este ataque? —preguntó el señor Lorry después de un momento de silencio, apoyando ligeramente su mano sobre el brazo del doctor.

—Creo que ha habido un extraordinario caso de renovación de las ideas y los recuerdos que fueron la causa primera del mal. Creo que revivieron algunas intensas emociones, a causa de una asociación de ideas muy penosas. Es probable que se hallara en su espíritu algún temor oculto y reprimido, de que esos recuerdos serían evocados en ciertas circunstancias por un hecho especial. En vano trató de prevenirse; quizás el mismo esfuerzo hecho para prepararse le quitó fuerza para sobrellevar. . . la causa de la recaída.

—¿Se acordaría de lo sucedido durante la recaída?

El doctor recorrió la habitación con miradas desoladas y contestó en voz baja:

—No recuerdo nada.

—Ahora, en cuanto al porvenir. . .

—En cuanto al porvenir —dijo el doctor recobrando su aplomo—, debo tener grandes esperanzas. Como Dios ha tenido a bien, misericordiosamente, hacer que se recobrase tan pronto, hay que tener esperanzas. El paciente, cediendo a la presión del temor de un hecho complicado, temido y vagamente previsto durante largo tiempo, intentó en vano defenderse, pero la tormenta estalló y ha pasado, y él se ha recobrado muy pronto. Todo esto me hace pensar que lo peor ya ha pasado.

—¡Bien, bien! Eso es un gran consuelo. ¡A Dios gracias!

—¡A Dios gracias! —repitió el doctor inclinando la cabeza.

—Hay dos puntos respecto de los cuales quiero que me ilustréis —dijo el señor Lorry—. ¿Puedo continuar?

—No podéis prestar mayor servicio a vuestro amigo —repuso Manette estrechándole la mano.

—Vamos a lo primero, entonces. El tiene el hábito del estudio y posee una gran energía. Se aplica con entusiasmo a adquirir conocimientos profesionales, a hacer experimentos y a otras muchas cosas. Decidme, ¿no trabaja demasiado?

—No lo creo. Quizás sea natural en él la necesidad de estar constantemente ocupado, o quizá la sienta como resultado de sus sufrimientos. Cuando menos ocupe su mente con ideas sanas, tanto mayor sería el peligro de que lo asaltaran ideas malsanas. Tal vez se haya observado y hecho ese descubrimiento.

—¿Estáis seguro de que no trabaja demasiado?

—Completamente seguro.

—Mi querido Manette, si es excesivo trabajo. . .

—Mi querido Lorry, dudo que esa pueda ser la causa. Ha habido una tensión violenta en una dirección, y se necesita otra en sentido contrario.

—Disculpadme si me muestro tenaz, pero soy hombre de negocios. Admitamos por un momento que mi amigo trabaja demasiado; ¿se manifestaría eso en una repetición del mal?

—No lo creo —contestó Manette con tono de firme convicción—. Creo que solamente la renovación de cierta asociación de ideas podría traer ese retroceso. Pienso que de aquí en adelante, solamente alguna extraordinaria vibración de esa cuerda podría ocasionar una recaída. Después de haberse recobrado, me parece muy difícil imaginar que vuelva a presentarse una situación tan violenta como la última. Confío; más: creo que han desaparecido las circunstancias que pudieran traer la repetición del mal.

Hablaba con las precauciones de quien sabe que la delicada organización de la mente puede ser afectada por causas leves, pero al mismo tiempo demostraba la confianza del hombre que ha adquirido lentamente la seguridad que le han dado el sufrimiento y la resistencia al dolor. No le correspondía a su amigo disminuir esa confianza, y mostrándose más animado y convencido de lo que estaba en realidad, pasó a tratar del segundo y último punto. Sabía que era lo más difícil, pero recordando una antigua conversación que tuvo un domingo con la señorita Pross, y pensando en lo que había visto durante los últimos nueve días, decidió abordar el tema.

—La ocupación a la que volvió al caer bajo la influencia renovada del mal, y de la que se ha recobrado felizmente, es, digamos, un trabajo de herrería —dijo el señor Lorry—. Digamos que durante su época desgraciada se acostumbró a trabajar en una pequeña fragua. Digamos que volvió a encontrarse inesperadamente con su fragua. ¿No es una lástima que la conserve a su alcance?

El doctor se cubrió la frente con una mano y golpeó nerviosamente el suelo con el pie.

—Siempre la ha tenido consigo —dijo el banquero mirando con ansiedad a su amigo—. ¿No sería mejor que se desprendiera de ella?

Manette, con la mano en la frente, seguía golpeando el suelo con el pie.

—¿No os parece prudente dejarme? Comprendo que es un asunto delicado, y, sin embargo, yo pienso. . .

—Como veis —agregó el doctor, después de una pausa inquietante—, es muy difícil explicar, sin caer en contradicciones, los íntimos pensamientos de un pobre hombre. En un tiempo anhelaba febrilmente tener esa ocupación, y tuvo una alegría cuando se lo permitieron. Sin duda, aliviaba su pena sustituyendo las preocupaciones de su mente con el esfuerzo de adiestrar sus dedos; y a medida que adquiría destreza, era menos aguda su tortura mental; por eso es que nunca pudo soportar la idea de tenerla fuera de su alcance. Aun ahora que tiene más esperanza que nunca de ser dueño de sí, y que habla de sí mismo con relativa confianza, la idea de que puede tener necesidad de recurrir a esa ocupación y no encontrarla le inspira un terror súbito, semejante al que uno se imagina que sentirá el corazón de un niño perdido.

Como ese niño se sentía cuando levantó su mirada hasta el rostro del señor Lorry.

—Tened presente que no hago sino preguntar, como un obstinado hombre de negocios que no se ocupa más que de objetos tan materiales como son las guineas, chelines y billetes de banco. Decidme: la presencia de esa fragua, ¿no contribuirá a tener presentes ciertas ideas? Si ese objeto desapareciera, ¿no desaparecería también el temor al que está mentalmente asociado, mi querido Manette? En resumen, ¿no creéis invitar al temor conservando la fragua?

Reinó otro momento de silencio.

—Como veis, ¡es también una compañera tan antigua! —dijo el doctor con voz trémula.

—Pues yo no la conservaría —replicó el banquero sacudiendo la cabeza, pues él ganaba en firmeza a medida que Manette se mostraba intranquilo—. Yo recomendaría que se la sacrifique. Pero necesito vuestra aprobación. Estoy seguro de que no hace ningún bien. ¡Vamos! Dadme vuestro consentimiento, mi buen amigo. ¡Es por la hija, mi querido Manette!

Era extraño ver la lucha que se trababa en el ánimo del médico.

—Entonces, que sea en nombre de ella. Doy mi consentimiento. Pero que no la saquen cuando el paciente esté presente, sino durante su ausencia. Que note la falta de su antigua compañera cuando regrese de algún viaje.

El señor Lorry se apresuró a aceptar esta condición y así terminó la conferencia. Pasaron el día en el campo y el doctor se sintió completamente curado. Se hallaba perfectamente bien, y el día décimo cuarto partió para reunirse con Lucía y Carlos. Se le había explicado previamente la precaución tomada para justificar su silencio y él le escribió una carta a su hija de modo que ella no tuviera ninguna sospecha.

En la noche del día de su partida, el señor Lorry entró al dormitorio provisto de hacha, serrucho, escoplo y martillo. Lo acompañaba la señorita Pross, llevando una luz. Allí, a puertas cerradas y con aires misteriosos, como delincuentes, el señor Lorry destrozó el banco mientras la señorita Pross sostenía la bujía como si ayudara a perpetrar un asesinato; en verdad, su expresión y su aspecto se prestaban a esa ficción. El banco, previamente reducido a pedazos de tamaño conveniente, fue quemado sin demora en la hornalla de la cocina. Las herramientas, los zapatos y los retazos de cuero fueron enterrados en el jardín. Tan mal les parece la destrucción y el misterio a las personas honradas, que el señor Lorry y la señorita Pross, mientras ejecutaban su obra y, después, borraban las huellas del hecho, casi se sentían (y lo parecían) como cómplices en la perpetración de algún horrible crimen.

Capítulo 20

UN RUEGO

Cuando los recién casados llegaron a su casa, la primera persona que se presentó a saludarlos fue Sidney Carton. No hacía muchas horas que habían llegado cuando apareció. No habían mejorado sus hábitos, su aspecto ni sus maneras; pero tenía cierto aire de ruda fidelidad que Darnay notó por primera vez.

Aguardó el momento de llevar a Darnay hacia una ventana y de hablarle cuando nadie más pudiera oírlo.

—Señor Darnay, yo deseo que seamos amigos.

—Pero si ya lo somos, según creo.

—Sois lo bastante bueno para decirlo como simple fórmula de cortesía. No es eso lo que yo quiero decir. La verdad es que, al decir que deseo que seamos amigos, no es eso lo que quiero decir.

Como era natural, Carlos Darnay le preguntó con buen humor y con bondad qué quería decir.

—¡A fe mía! —exclamó Carton, sonriendo—, veo que es más fácil comprender que darme a entender. Voy a intentarlo, sin embargo. ¿Os acordáis de cierta ocasión famosa en que yo estaba más ebrio que. . . de costumbre?

—Recuerdo cierta ocasión famosa en que me obligasteis a confesar que habíais estado bebiendo.

—Yo también lo recuerdo. Lo malo de estas ocasiones es que pesan sobre mí, porque siempre las tengo presentes. Tengo la esperanza de que algún día eso me será tenido en cuenta, cuando mi vida haya terminado. No os alarméis, no voy a predicar.

—No me alarmo. La seriedad en vos está lejos de ser alarmante para mí.

—¡Ah! Durante la beodez en cuestión (una de tantas, como sabéis), me puse insoportable hablando de si me agradabais o no. Deseo que lo olvidéis.

—Hace mucho tiempo que lo he olvidado.

Carlos movió con indolencia la mano, como para rechazar aquellas palabras.

—¡Forma de lenguaje, otra vez! —exclamó—. Pero, señor Darnay, a mí no me es tan fácil olvidar como decís que lo es para vos. Yo lo recuerdo, y una frívola respuesta no me ayuda a olvidar.

—Si mi respuesta fue frívola, espero que me perdonaréis. No me propuse sino apartar un tema sin importancia que, según parece, os preocupa demasiado, lo cual me sorprende. Os declaro, a fe de caballero, que hace mucho tiempo que deseché de mi mente ese hecho. ¡Gran Dios! Al fin y al cabo, ¿qué había de desechar? ¿No tenía yo nada más importante que reco dar todo ese día en que me prestasteis tan gran servicio?

—En cuanto al gran servicio —dijo Carton—, estoy obligado a manifestaros, ya que habláis de ello en ese tono, que fue un simple golpe teatral de mi profesión. No sé si me importaba vuestro destino cuando lo hice. ¡Observad! Digo "cuando lo hice"; hablo del pasado.

—No dais importancia a vuestro servicio —replicó Darnay—; pero yo no os lo reprocharé.

—¡Es la pura verdad, Darnay! Creedme. Pero me he apartado de mi objeto. Os hablaba de mi deseo de que fuéramos amigos. Ahora bien; vos me conocéis; sabéis que soy incapaz de las más altas y las mejores aspiraciones de los hombres. Si lo dudáis, preguntadle a Stryver y él os dirá.

—Prefiero formar mi propia opinión, sin recurrir a la de él.

—Está bien. De todos modos sabéis que soy un perro disoluto que jamás ha hecho ningún bien, ni lo hará nunca.

—No sé eso de que no "lo haréis jamás".

—Pero lo sé yo, y debéis creerme. Si podéis tolerar la presencia ocasional de un sujeto tan indigno y de tan dudosa reputación, os pediría que me permitieseis venir aquí, como persona a quien se le otorga ese privilegio. Se me podría considerar como un mueble útil y hasta poco decorativo; añadiría, si no fuera por la semejanza que descubrí entre vos y yo: un trasto que sería tolerado en gracia de su utilidad pasada, y del que nadie se preocuparía. Dudo que yo llegara a abusar de este permiso. Apostaría ciento contra uno que no lo utilizaría cuatro veces en un año. Creo que me daría por satisfecho con saber que lo tenía.

—¿Queréis ponerlo a prueba?

—Esa es una manera de decirme que se me coloca en el pie que he indicado. Os agradezco, Darnay. ¿Puedo permitirme llamaros así?

—Me parece que sí, Carton, y que ya era tiempo.

Se estrecharon las manos, y Sidney se alejó. Un minuto más tarde volvía a mostrarse tan insignificante como siempre.

Cuando hubo partido, en el curso de la tarde pasada en compañía del doctor, el señor Lorry y la señorita Pross, Carlos Darnay mencionó esta conversación y habló de Carton como de un caso extraño de negligencia y abandono de sí mismo; en sus palabras no había amargura ni severidad de juicio, sino que hablaba de él como lo haría todo el que lo viera tal como se mostraba.

No tenía idea de que sus palabras pesarían en el ánimo de su joven y bella esposa; pero cuando se retiró a su departamento, ella lo esperaba con la señal de una preocupación claramente visible en la frente.

—¿Estamos pensativos esta noche? —le dijo él rodeándola con su brazo.

—Sí, querido Carlos —contestó Lucía poniéndole las manos en el pecho y mirándolo con atención—; sí, estoy pensativa porque hay algo que me preocupa.

—¿Qué es ello, mi Lucía?

—¿Prometes no insistir en cierta pregunta si yo te pido que no la hagas?

—¿Si lo prometo? ¿Qué no prometería yo a mi amor? —replicó apartando los rizos dorados y poniendo una mano sobre el corazón que latía por él.

—Pienso, Carlos, que ese pobre señor Carton merece más consideración y respeto del que mostraste hablando de él esta noche.

—¿Piensas eso, querida? ¿Por qué?

—Eso es lo que no tienes que preguntarme. Pero yo pienso. . . no, yo sé que es así.

—Basta con que tú lo sepas. ¿Qué quieres que yo haga, vida mía?

—Pedirte que siempre seas generoso con él e indulgente con sus faltas cuando no esté presente. Mi querido, créeme. Carton tiene un corazón profundamente herido y que deja ver muy raras veces. Yo he podido ver cuánto sufre.

—Me apena la idea de que he podido juzgarlo mal —dijo Carlos asombrado—. Nunca pensé que fuera tal como tú dices.

—Lo es, Carlos. Temo que sea imposible redimirlo; no hay casi ninguna esperanza de que mejore su modo de ser o su suerte. Pero lo creo capaz de acciones buenas, quizás hasta generosas y abnegadas.

Lucía estaba tan bella al manifestar fe en aquel perdido, había tan suave fuerza en su semblante, que Darnay hubiera podido quedarse mirándola así, durante horas.

—Piensa, mi querido, en nuestra felicidad que nos

hace tan fuertes y comparémonos con ese desgraciado que es tan débil en su triste soledad —dijo Lucía apoyando el rostro en el pecho de su marido y levantando hacia él los límpidos ojos.

Darnay se sintió conmovido, y replicó:

—Lo recordaré siempre, Lucía. Lo recordaré mientras viva.

Se inclinó sobre la cabeza dorada, besó los labios de rosa y estrechó en sus brazos el cuerpo gentil. Si un solitario vagabundo que en ese momento erraba por las calles oscuras hubiera podido oír lo que Lucía decía de él, y hubiera visto las dos lágrimas que Darnay borró con sus besos, habría exclamado, y no por primera vez:

—¡Que Dios os bendiga por tan suave piedad!

Capítulo 21

EL ECO DE LOS PASOS

Ya se ha dicho que era notable por los ecos la esquina en la que estaba situada la casa donde vivía el doctor. Siempre devanando el hilo de oro que mantenía unidos con ella a su padre, su marido y su antigua compañera, Lucía llevaba una vida de tranquila felicidad.

Sentada en su casa silenciosa, escuchaba el eco misterioso del paso de los años en la desierta esquina.

Al principio, aun sintiéndose muy feliz, se le caía la costura de entre las manos y se le empañaban los ojos. Creía percibir en los ecos algo lejano, apenas perceptible, que la conmovía profundamente. En su alma alternaban vagas esperanzas e incertidumbres; la esperanza de sentir un amor nuevo para ella; la incertidumbre de si saldría con vida de la prueba que le aguardaba; de si viviría para conocer el nuevo júbilo que le estaba prometido. Y si moría en la prueba, ¿aquellos pasos serían los del esposo tan amado, y quedaría solo, desolado, yendo a visitarla en su última morada? Estas ideas tristes hacían brotar lágrimas en sus ojos.

Esas horas de melancolía pasaron, y una pequeña

Lucía dormía en sus brazos. Ahora los ecos traían el rumor de los pasos de sus diminutos pies y de su charla infantil; y eran éstos los que la joven madre distinguía, sentada junto a la cuna, aun cuando otros ecos resonaron. La casa se alegró con las risas de la niña, y el Divino amigo de los niños a quien ella confió su hija, parecía haberla tomado en brazos, colmando la sagrada dicha de la madre.

Siempre devanando el hilo que los unía a todos, ejerciendo su eficaz y feliz influencia sobre todos los que la rodearan, sin que predominara nunca, Lucía ya no oía en los ecos de los años más que sonidos tranquilizadores; los pasos de su esposo le parecían indicar energía y prosperidad; los de su padre eran firmes y acompasados. La señorita Pross, enjaezada con cordones, convertida en un corcel rebelde, castigaba con una fusta, resoplaba y escarbaba la tierra, al pie del plátano, en el jardín.

Aun cuando llegaron ecos de tristeza, no revelaron dureza ni crueldad. En torno del rostro pálido de un niño enfermo, los cabellos dorados, semejantes a los de Lucía, formaban una aureola sobre la almohada, y el niño decía sonriendo:

—Querido papá, querida mamá, siento mucho dejaros y, también, a mi linda hermanita; pero me llaman y tengo que ir.

Había dulzura en las lágrimas que mojaban las mejillas de la joven madre cuando el alma abandonó el pequeño cuerpo que ella tenía en sus brazos. Las debía dejar correr en su hora de pena y no contenerlas; a través de ellas veía el rostro divino del padre.

De este modo, el rumor de las alas de un ángel se unió a los otros ecos que ya no eran solamente de la tierra, sino que parecían ser traídos por un soplo celestial en el suspiro del viento en torno de una pequeña tumba cubierta de flores. Otros ecos percibía Lucía, vagos y leves como el rumor del mar en calma al avanzar sobre las playas arenosas: era la voz de su hijita que estudiaba o vestía a su muñeca, hablando en los idiomas de las dos ciudades que habían formado parte de su vida.

Aquellos ecos eran pocas veces los de los pasos de Sidney Carton. Una media docena de veces en el año, a lo sumo, hacía uso del privilegio de entrar sin ser invitado y de sentarse entre sus amigos durante el final de la tarde, como había hecho en otros tiempos. Jamás se presentaba acalorado por el vino. También murmuraban los ecos algo más referente a Carton, algo que ha ocurrido en todos los tiempos.

Todo hombre que ha amado a una mujer y la ha perdido, viéndola intachable y feliz con su marido y sus hijos, ha inspirado siempre una extraña simpatía a esos niños, una especie de instintiva y delicada compasión. ¡Qué hermosas y ocultas sensibilidades (que el eco no repite con claridad) se despiertan en este caso, es un misterio!, pero es también una realidad que se ha observado muchas veces. Carton fue la primera persona extraña a quien la pequeña Lucía le tendió los brazos, y esa amistad se mantuvo siempre igual. El niño había hablado de él casi hasta el fin, diciendo:

—¡Pobre Carton! Bésenlo en mi nombre.

El señor Stryver fue abriéndose camino en su profesión como una poderosa máquina que avanzara surcando aguas turbias, arrastrando tras de sí a su útil amigo a manera de un bote llevado a remolque. Los botes así manejados siempre sufren y, a menudo, se llenan de agua; así era la vida de Sidney, que la tolerancia y la costumbre habían llegado a hacerle llevadera, ya que carecía del estímulo que imprimen las nociones del mérito o del honor. Tanto pensaba él en cambiar su situación de chacal de león, como un verdadero chacal pensaría en convertirse en león. Stryver era rico; se había casado con una vistosa viuda que tenía algunos bienes y tres hijos varones; en éstos, lo único brillante que había eran los cabellos lacios que cubrían sus cabezas en forma de budín.

El señor Stryver, con el aire de la más hiriente

superioridad, llevó a estos tres jóvenes, como hubiera llevado tres ovejas, a la tranquila casa de Soho y se los ofreció como discípulos al esposo de Lucía, diciéndole con su característica delicadeza:

—¡Aquí os traigo tres pedazos de pan para vuestra mesa de hombre casado!

Los tres pedazos de pan fueron cortésmente rehusados, hecho que inflamó la indignación de Stryver y que más tarde le sirvió para agregar una lección a la educación de sus hijastros: los exhortó a guardarse del orgullo de los muertos de hambre como ese maestro. Tenía también la costumbre de repetir a la señora Stryver, en la sobremesa alegrada por los vinos fuertes, que la señora Darnay había puesto en práctica todas sus artes para "atraparlo", pero que él había demostrado la dureza del diamante contra todas las asechanzas y no se había dejado atrapar. Algunos de sus compañeros del tribunal que solían participar del vino fuerte y oían esa mentira, lo disculpaban diciendo que la había repetido tantas veces que él mismo llegó a creerla. Otros pensaban que tal cosa era un agravante que haría disculpable el que llevara al embustero a un sitio apartado y lo estrangulara.

Estos y otros ecos oía Lucía, algunas veces pensativa, y otras divertida, hasta que su hijita cumplió seis años. ¡Cómo repercutían en su corazón los ecos de los pasos de la niña, los del doctor siempre activo y sereno, y los del esposo! Todos los ecos de su hogar eran música para sus oídos; ella dirigía su casa con prudencia e imperceptible economía que resultaba en una elegante abundancia. Su padre le repetía que ello lo hacía más feliz ahora que cuando estaban los dos solos. Carlos le preguntaba:

—¿Cuál es el secreto con que pareces consagrarte por entero a cada uno de nosotros, sin mostrar nunca prisa ni fatiga?

Pero durante todo este tiempo llegaban a la solitaria esquina de Soho otros ecos lejanos, sordos y amenazadores. Hacia el día del sexto cumpleaños de la pequeña Lucía, estos ecos se hicieron terribles, como si en Francia se preparase una gran tempestad y se levantara el mar.

Era una noche de mediados de julio del año mil setecientos ochenta y nueve. El señor Lorry llegó ante la ventana entre Lucía y Carlos. Era una noche cálida y tempestuosa, y los tres recordaron una noche semejante, cuando desde esa misma ventana habían estado mirando los relámpagos.

—Empiezo a pensar que tendré que pasar la noche en el banco —dijo el señor Lorry retirando un poco hacia atrás su peluca—. Hemos tenido tanto que hacer hoy que no sablamos por dónde empezar. ¡Hay tanta intranquilidad en París, que nos sentimos abrumados con la confianza que se nos demuestra! Nuestros clientes se apresuran a confiarnos sus bienes, y muchos de ellos parecen ser presa de la manía de enviarlos a Inglaterra.

—Eso es mal síntoma —dijo Carlos.

—¿Mal síntoma, decís, mi querido Darnay? Sí; pero lo que no vemos es la causa que lo justifique. ¡La gente es tan poco razonable! Algunos de los que trabajamos en el banco nos estamos poniendo viejos, y, verdaderamente, no se nos debe imponer una tarea extraordinaria sin causa suficiente.

—Sin embargo —replicó Darnay—, sabéis que el cielo está muy sombrío y amenazador.

—Lo sé, ciertamente —afirmó el banquero, tratando de persuadirse a sí mismo de que su suave carácter se había agriado y lo hacía rezongar—. Estoy resuelto a mostrarme displicente después de tan fastidioso día. ¿Dónde está Manette?

—¡Aquí está! —dijo el doctor, entrando a la habitación, que estaba a oscuras.

—Me alegro de que estéis aquí; estas prisas y estos presagios que me han absorbido durante todo el día, me han puesto nervioso sin motivo. Espero que no saldréis hoy. ¿Verdad?

—No. Voy a jugar una partida de chaquete con vos, si queréis.

—No me siento muy dispuesto, si me permitís decirlo. No podría jugar contra vos esta noche. ¿Todavía está allí el té, Lucía? No veo bien.

—Por cierto que está aquí, aguardándoos.

—Gracias, querida. ¿La preciosa niña está en cama?

—Sí, y profundamente dormida.

—Muy bien; todos estamos bien y en salvo, a Dios gracias. Aunque no sé por qué sería de otro modo. Es que he estado preocupado durante todo el día y ya me voy poniendo viejo. ¿Me traéis el té, querida? Gracias. Venid y ocupad vuestro sitio, y quedémonos escuchando en silencio los ecos, respecto a los cuales tenéis cierta teoría.

—No es una teoría; es simplemente una fantasía.

—Una fantasía, entonces, mi discreta niña —replicó el anciano palmeándole una mano—. Esta noche parecen los ecos muy numerosos y pronunciados. ¡Oídlos!

Y a la hora en que el pequeño círculo familiar está reunido frente a la ventana, en Londres, los pasos temerarios y amenazadores atropellaban el barrio de Saint-Antoine. Cuando las pisadas quedaran marcadas en rojo, sería muy difícil borrar las huellas.

Esa mañana Saint-Antoine era una enorme y oscura aglomeración de espantapájaros que se movían como un oleaje; por sobre las cabezas centelleaban al sol los aceros de las bayonetas y de los sables. Resonó un tremendo rugido y se levantó agitándose en el aire todo un bosque de brazos desnudos que parecían ramas secas movidas por un viento de invierno; todas las manos oprimían convulsivamente las armas (o lo que pudiera ser convertido en armas) que les eran arrojadas desde las profundidades de los sótanos más o menos cercanos.

Quién las daba, de dónde procedían últimamente, cuándo comenzaron a ser distribuídas, por qué medio eran lanzadas por vientenas en todas las direcciones, por sobre las cabezas de la muchedumbre, nadie hubiera podido verlo ni saberlo. Brillaban al sol como relámpagos los mosquetes, los puñales, hachas, picas, toda clase de armas imaginables; y además, cartuchos, pólvora, balas, barras de hierro, garrotes. Los que no habían podido proveerse de ninguna de estas armas, se ensangrentaban las manos arrancando piedras y ladrillos de las paredes de sus casas. Reinaba en todo el barrio un ambiente febril, iracundo. Nadie tenía en cuenta la propia vida, sino que en medio de la locura colectiva, todos estaban dispuestos a sacrificarse.

A la manera de los remolinos de aguas hirvientes que tienen un punto central, toda aquella multitud bravía giraba en torno de la tienda de vinos de Defarge, como si fuera su centro. Allí estaba Defarge, sucio de sudor y de pólvora, impartiendo órdenes, distribuyendo armas, retirando a empellones a uno, arrastrando a otro hasta ponerlo al frente, desarmando a aquél para armar a éste, trabajando y debatiéndose en medio del torbellino y del vocerío.

—¡Quédate cerca de mí, Jacques Tres! —gritaba—. Y vosotros, Jacques Uno y Dos, separaos y poneos cada uno a la cabeza de tantos de estos patriotas como podáis reunir. ¿Dónde está mi mujer?

—¡Y bien! ¡Aquí me ves! —contestó la señora Defarge, tan serena como siempre; pero hoy no tejía. La mano de la enérgica mujer sostenía un hacha en vez de agujas de tejer, y en el cinto tenía una pistola y un terrible puñal.

—¿Adónde vas? —le preguntó el marido.

—Por el momento voy contigo. Más tarde me verás capitaneando a las mujeres.

—¡Vamos entonces! —gritó Defarge con voz estentórea—. ¡Patriotas y amigos, estamos prontos! ¡A la Bastilla!

Resonó un rugido en el que pareció expresar toda Francia el odio que inspiraba aquella palabra. Como un mar ondulante, la enorme multitud echó a andar; ola tras ola, avanzaba aquella marea humana inundando la ciudad hasta llegar al punto señalado. El ataque comenzó entre el toque de las campanas de alarma y el redoble de los tambores. La multitud lanzaba atronadores rugidos de furor al arrojarse contra la fortaleza.

Fosos profundos, doble puente levadizo, macizos muros de piedra, ocho grandes torres, cañones, mosquetes, todo esto era impotente para contenerla. Durante dos terribles horas luchó Defarge como un bravo soldado; la marea lo había llevado entre el fuego y el humo hasta arrojarlo contra un cañón, y el vendedor de vinos se convirtió instantáneamente en artillero.

A pesar de todos los obstáculos, los atacantes avanzaron entre el humo y el fuego. ¡Ha caído un puente levadizo!

—¡Trabajad, camaradas, trabajad todos! ¡Trabaja tú, Jacques Uno; tú, Jacques Dos! ¡Jacques Mil, tú también! ¡Jacques Dos Mil, y tú, Jacques Veinticinco Mil! ¡En nombre de todos los ángeles o de los demonios, como prefiráis, trabajad! —vociferaba Defarge al pie de su cañón, que hacía un buen rato que se había calentado.

—¡A mí, mujeres! —gritaba la señor Defarge—. ¡Nosotras podremos matar también como los hombres cuando la fortaleza sea tomada!

Y a ella acudían en tropel, profiriendo agudos gritos, numerosas mujeres armadas, ávidas y sedientas de venganza.

Seguían arrojando fuego y humo cañones y mosquetes, pero no cedían los defensores de los fosos, del puente levadizo, de las ocho grandes torres y de las macizas murallas de piedra. Los heridos que caían ocasionaron un ligero desplazamiento de la marea invasora.

Habían transcurrido ya cuatro horas de encarnizada lucha entre estampidos, humareda, alaridos, execraciones y bravura sin límites. Las llamas de las antorchas, las humeantes carradas de paja húmeda, el estruendo de las rodantes piedras de las barricadas levantadas precipitadamente en todas direcciones, el fragor de la batalla sin cuartel, el tronar del cañón del artillero Defarge, exacerbaban el furor del embravecido mar humano.

Apareció una bandera blanca en la fortaleza y se presentó un parlamentario cuya voz apenas se oía entre el tumulto de aquella muchedumbre. La marea subía cada vez más, arrebatando a su paso a Defarge por encima del puente levadizo que era bajado en ese momento; la oleada humana traspuso las murallas y, junto con el vendedor de vinos, inundó el recinto amurallado y se vio que las ocho grandes torres acababan de rendirse.

Tan irresistible era la fuerza de este océano, que Defarge se veía tan imposibilitado de respirar o de volver la cabeza como si estuviera luchando contra el oleaje en el mar del Sur. Por fin fue arrojado al patio exterior de la Bastilla. Allí, resguardado en un ángulo del muro, se debatió hasta poder mirar lo que ocurría. Jacques Tres estaba casi a su lado; a la señora Defarge la veía a la distancia, a la cabeza de un grupo de mujeres, llevando en la mano su puñal. En todas partes había tumulto, exaltación jubilosa, ruido ensordecedor, confusión y locura, y también una furiosa pantomima.

—¡Los presos!

—¡Los archivos!

—¡Los calabozos secretos!

—¡Los instrumentos de tortura!

—¡Los presos!

De todos estos gritos y otros mil, el que la multitud, avanzando repetía con mayor insistencia era el de "¡Los presos!" Cuando se levantaron las primeras oleadas llevando consigo a los funcionarios de la prisión y amenazando con la muerte inmediata si no descubrían hasta el último rincón secreto de la fortaleza, Defarge apoyó su mano en el pecho de uno de los funcionarios;

éste era un hombre de cabeza gris, y llevaba en la diestra una tea encendida. Defarge lo apartó de los otros y lo colocó entre el humo y él, diciéndole:

—¡Muéstrame la Torre del Norte! ¡Apresúrate!

—Lo haré fielmente si queréis ir conmigo, pero no hay nadie allí —fue la respuesta.

—¿Qué significa "Ciento Cinco, Torre del Norte"? ¡Habla, pronto!

—¿Qué significa, señor?

—¿Quiere decir un preso o un sitio de cautiverio? ¿O quiere decir que os mataré ahora mismo?

—¡Mátalo! —gritó con voz ronca Jacques Tres, que se les había acercado.

—Es un calabozo, señor.

—Muéstramelo.

—Venid por aquí, entonces.

Jacques Tres, siempre ávido, se sintió contrariado al ver que el diálogo tomaba un giro que no prometía derramamiento de sangre. Se asió de un brazo de Defarge, como éste se había asido de un brazo del carcelero. Las cabezas de los tres habían estado juntas durante la breve conversación, y aun así les había sido difícil oír lo que se decían, tan tremendo era el ruido con que la inmensa muchedumbre irrumpía en la fortaleza invadiendo los patios, los corredores y las escaleras. En la parte exterior también reinaba una confusión tumultuosa, de la cual surgían a ratos algunas voces roncas y aisladas.

Recorriendo sombríos sótanos en los que nunca había penetrado la luz del día, pasando por delante de las horribles puertas de jaulas y guaridas, bajando por cavernosas escaleras y volviendo a subir por toscos y empinados declives de piedras y ladrillos, que más parecían ser torrenteras secas que escaleras. Defarge, el carcelero y Jacques Tres, tomados del brazo, marchaban con toda la rapidez que les era posible. Al comienzo de su marcha la marea humana los alcanzaba y seguía adelante, dejándolos atrás; pero cuando dejaron de bajar y comenzaron a ascender a una torre, se encontraron solos. Gracias al espesor de los muros y los arcos, el estruendo de la invasión les llegaba tan atenuado como si el terrible o incesante ruido los hubiera ensordecido.

El carcelero se detuvo ante una puerta baja, introdujo la llave en una cerradura que rechinaba, abrió lentamente la puerta, y cuando todos hubieron entrado bajando la cabeza, dijo:

—Ciento Cinco, Torre del Norte.

En lo alto del muro había una pequeña ventana sin vidrios y con gruesas rejas de hierro; una cornisa de piedra avanzaba sobre ella, de manera que solamente inclinándose mucho se podía ver el cielo. Una pequeña chimenea cerrada con gruesos barrotes se abría en el muro; en la hornalla se veía un pequeño montón de finas cenizas de leña. La celda contenía una mesa, un taburete y un jergón de paja; las cuatro paredes estaban ennegrecidas y en una de ellas había una argolla de hierro.

—Pasa lentamente la antorcha a lo largo de estas paredes para que yo las vea —dijo Defarge al carcelero.

El hombre obedeció y Defarge lo siguió, mirando con atención lo que la luz de la llama ofrecía a su vista.

—¡Detente! ¡Jacques, mira aquí!

—A. M. —murmuró Jacques.

—Alejandro Manette —le dijo al oído Defarge, siguiendo el contorno de las letras con su dedo índice intensamente ennegrecido por la pólvora—. Mira, aquí escribió "un pobre médico". Fue él, sin duda, quien grabó este calendario sobre esta piedra. ¿Qué es eso que tienes en la mano? ¿Un escoplo? Dámelo.

Todavía tenía en la mano el botafuego de su cañón; lo cambió por el escoplo y volviéndose hacia el taburete y la mesa apolillados, fácilmente los hizo trizas.

—¡Ten más alta la luz! —ordenó con ira al carcelero—, y tú, Jacques, busca bien entre esos fragmentos. Toma mi cuchillo —añadió arrojándoselo—. Rasga el forro del jergón y busca bien entre la paja. Y tú, levanta más la luz.

Dirigiendo una mirada amenazadora al carcelero, se arrastró sobre la hornalla, y mirando hacia la abertura de la chimenea golpeó y tanteó con el escoplo los lados que no alcanzaba a ver. Al cabo de pocos minutos retiró la cara ante la avalancha de polvo y argamasa que se desprendió de golpe de la herramienta. Buscó en el hueco dejado por el desprendimiento como había buscado entre la ceniza; la paja y las astillas de madera apolillada eran examinadas por Jacques.

—¿No hay nada entre eso, Jacques?

—Nada.

—Vamos a juntarlo todo en el centro de este calabozo. ¡Eso es! ¡Préndeles fuego tú!

El carcelero acercó la tea al pequeño montón de combustible que pronto dio una viva llamarada. Volvieron a inclinarse para poder pasar por la puerta, dejando que ardiera aquella hoguera, y recorriendo de nuevo el intrincado trayecto se encontraron en el patio. Parecían haber recobrado el oído cuando se encontraron otra vez entre el furioso oleaje.

La multitud se agitaba con furia buscando a Defarge. Querían que él encabezara la guardia que custodiaba al gobernador que había defendido la Bastilla y hecho fuego contra el pueblo. Exigían su presencia con espantoso clamoreo. Sin él, no sería llevado al Ayuntamiento el gobernador para que fuera juzgado. Además, este funcionario se escaparía y no sería vengada la sangre del pueblo que había sido derramada. ¡Sangre que adquiriría repentinamente un valor que no se le había reconocido durante tanto tiempo!

En medio del torbellino de pasiones desencadenadas alrededor del anciano funcionario cuyo traje gris y condecoración roja lo destacaban entre la turba ciega de furor, solamente una persona mantenía serenidad, y ésta era una mujer.

—¡Ved! ¡Allí está mi marido! —exclamó ésta señalándolo—. ¡Mirad a Defarge!

Permaneció inmóvil junto al anciano gobernador. Conservó ese puesto cuando recorrieron las calles, encabezados por Defarge y escoltados por una multitud. Tampoco se apartó cuando se acercaban a su destino, y algunos exaltados lo golpearon por la espalda; ni cuando cayó sobre él una lluvia de puñaladas y de golpes. El anciano cayó muerto, y ella, perdiendo la calma repentinamente, apoyó un pie sobre el cuello del cadáver y le cercenó la cabeza con el puñal que tenía preparado desde hacía tanto rato.

Había llegado la hora en que Saint-Antoine iba a poner en práctica su horrible idea de izar hombres en vez de lámparas, a fin de demostrar lo que era capaz de ser y de hacer.

Saint-Antoine se sentía fuerte, y los que lo habían dominado y tiranizado con manos de hierro se sentían débiles, tan desvalidos como el cadáver del gobernador que yacía sobre las gradas del Ayuntamiento y sobre el cual la señora Defarge había apoyado el pie para decapitarlo.

—¡Bajad aquella lámpara! —gritaba Saint-Antoine, después de haber mirado en torno buscando algún nuevo medio para dar la muerte—. ¡He aquí uno de sus soldados! ¡Hay que dejárselo de guardia!

El desgraciado fue ahorcado y quedó balanceándose de la grampa de hierro que había sostenido la lámpara. La marea siguió adelante.

Aquel mar de aguas turbias y amenazadoras cuyas oleadas destructoras se sucedían sin cesar, y cuyo fondo abismal no había sido sondeado, aun ignoraba su inconmensurable fuerza. En aquel mar turbulento de rostros endurecidos en el sufrimiento no podía hallarse un rasgo de compasión. Pero entre aquellos que expresaban una implacable fiereza se distinguían dos grupos de rostros que ofrecían notable contraste. Jamás ningún mar embravecido había arrojado a las playas más conmovedores restos de un memorable naufragio. Siete de estas caras eran las de siete prisioneros sacados de sus tumbas por esta tempestad; se mostraban azorados, confusos, aturdidos, creyendo quizá que este era el Día del Juicio y que aquella turba bravía que se regocijaba en torno de ellos eran las almas de los condenados. Los otros siete rostros eran llevados en alto; impasibles, con sus párpados caídos, parecían aguardar el último día para decir con sus labios exangües a cada uno de los autores de la matanza: "Tú lo hiciste".

En aquel día de mediados de julio del año mil setecientos ochenta y nueve, el bullicioso barrio de Saint-Antoine llevaba por las calles de París a los siete presos libertados; siete cabezas ensangrentadas clavadas en picas; las llaves de la fortaleza maldita de las ocho torres, algunas cartas descubiertas en los archivos y algunas memorias de prisioneros de un tiempo lejano, que habían muerto de dolor y desesperación dejando tras de sí terribles recuerdos. ¡Que Dios disipe las fantasías de Lucía Darnay y aleje de su vida pisadas como las de Saint-Antoine! Aquella gente peligrosa, temeraria, enloquecida, se ha manchado con sangre muchos años después de haberse manchado con el vino del tonel roto a la puerta de Defarge, y no será fácil purificarla de esa mancha.

Capítulo

LA MAREA SIGUE SUBIENDO

La señora Defarge estaba sentada ante el mostrador, como de costumbre, presidiendo a su clientela. Hacía apenas una semana que el feroz Saint-Antoine se había dado el gusto de dar nuevo sabor al pan duro y amargo que consumía; ese sabor lo proporcionaban las mutuas felicitaciones y los abrazos fraternales. Esta vez la señora no llevaba la rosa en sus cabellos; en una breve semana la gran hermandad de los espías se había puesto extremadamente temerosa de exponer sus personas a merced de Saint-Antoine. Las lámparas de la calle habían adquirido una portentosa elasticidad en su balanceo.

Con los brazos cruzados, la señora Defarge, desde su asiento, contemplaba la calle y la tienda a la luz de aquel día caluroso. Veía diversos grupos de ociosos, de aspecto sórdido y miserable, pero con una evidente sensación de fuerza por encima de su miseria. El más raído gorro puesto de través sobre la cabeza más desgraciada, expresaba esto: "Sé cuán difícil ha sido para mí, que uso esta gorra, mantener mi vida; pero

¿sabes tú cuán fácil ha llegado a ser para mí el destruir tu vida?" Cada uno de los flacos brazos desnudos que carecieron de trabajo, tenía siempre ocupación, ahora que podía herir. Los dedos de las tejedoras parecían malévolos, habiendo adquirido la certeza de que podían desgarrar. Se había producido un cambio en el aspecto de Saint-Antoine; se había modelado a golpes durante cientos de años, y estos últimos toques poderosos le habían dado su expresión actual.

La señora Defarge lo estaba observando con la aprobación contenida que era de desear en la capitana de las mujeres de Saint-Antoine. Una de sus compañeras tejía a su lado. Era la mujer de un famélico almacenero y madre de dos niños; era de baja estatura, algo obesa y había merecido ya el honroso apodo de "La Venganza". Ocupaba, además, el cargo de lugarteniente de la Defarge.

—¡Atención! —exclamó La Venganza—. ¡Escuchad, pues! ¿Quién viene?

Como si se hubiera puesto un reguero de pólvora desde el límite extremo del barrio hasta la puerta de la tienda de vinos, y, repentinamente, se le hubiera prendido fuego, corrió velozmente un rumor:

—¡Es Defarge! —exclamó su esposa—. ¡Silencio, patriotas!

El vendedor de vinos entró, sin aliento, se quitó una gorra encarnada que llevaba puesta, y miró en torno suyo.

—¡Escuchad todos! —dijo su mujer—. ¡Oíd lo que dice!

Defarge, jadeante, estaba en pie, de espaldas a la calle, teniendo como fondo numerosos ojos ansiosos y bocas abiertas. Los parroquianos que se hallaban en el interior de la tienda se habían puesto en pie bruscamente.

—¡Habla, esposo mío! ¿Qué hay?

—Son noticias del otro mundo.

—¿Qué es eso? —preguntó su mujer, con desprecio—. ¿El otro mundo?

—¿Todos los que están aquí se acuerdan de Foulon, aquél que dijo al pueblo hambriento que podía comer pasto, y que murió y se fue al infierno?

—¡Todos! —replicaron en coro.

—Las noticias se refieren a él. ¡Está entre nosotros!

—¿Entre nosotros? —repitió el coro—. ¿Y está muerto?

—No. Tenía tanto miedo de nosotros, y con razón, que se hizo pasar por muerto y ordenó la farsa de un gran entierro. Pero ha sido descubierto vivo, oculto en el campo, y lo han traído. Acabo de verlo, prisionero, camino al Ayuntamiento. Yo he dicho que tenía razón para temernos. ¡Decid todos! ¿Tenía razón?

El miserable pecador, de más de setenta años, si no lo hubieran pensado antes, conocería ahora en el fondo de su conciencia la respuesta dada a Defarge.

Siguió un momento de profundo silencio. El vendedor de vinos y su mujer se miraron fijamente, uno a otro. La Venganza se inclinó y se oyó el ruido de un tambor que ella tocaba detrás del mostrador.

—¡Patriotas! —exclamó Defarge con tono resuelto—. ¿Estamos prontos?

Instantáneamente apareció el puñal en el cinturón de la señora Defarge. El tambor redoblaba en las calles como si el instrumento y quien lo tocaba se hubieran juntado súbitamente por arte de magia. La Venganza, lanzando alaridos aterradores y agitando los brazos por encima de su cabeza, como poseída por las cuatro Furias, corría de casa en casa enardeciendo a las mujeres.

Los hombres se mostraban terribles, con el furor sanguinario pintado en sus rostros asomados a las ventanas. Corrieron a empuñar las armas que poseían y se precipitaron a las calles. Pero las mujeres presentaban un espectáculo que habría helado la sangre en las venas del más valiente. Abandonando las ocupaciones domésticas que su pobreza les imponía, dejando a los niños, a los ancianos y a los enfermos que yacían sobre el suelo desnudo, hambrientos y sin ropa, salieron corriendo, sueltas al viento las cabelleras, excitando a las otras y a sí mismas hasta el delirio con sus gritos salvajes y sus desmanes violentos.

—¡El bandido Foulón ha sido tomado, hermana mía!

—¡El viejo Foulón ha sido tomado, madre!

—¡El infame Foulón ha sido tomado, hija mía!

Otras veinte corrían entre éstas, golpeándose el pecho, arrancándose los cabellos, y gritando:

—¡Foulón está vivo!

—¡Foulón, que dijo al pueblo hambriento que comiera pasto!

—¡Foulón, que dijo a mi viejo padre que podía comer pasto cuando yo no tuve pan que darle!

—¡Foulón, que dijo a mi hijito que chupara pasto, cuando éstos mis pechos se secaron a causa del hambre! ¡Oh, Madre de Dios, este Foulón!

—¡Oídme, aunque estáis muertos, hijito mío, pobre padre mío, juro de rodillas sobre estas piedras que os vengaré en Foulón!

—¡Maridos, hermanos, todos vosotros, jóvenes, dadnos la sangre de Foulón; dadnos la cabeza de Foulón, su corazón, su cuerpo y su alma!

—¡Haced pedazos a Foulón y sepultadlo en la tierra para que de su cuerpo brote pasto!

Multitud de mujeres, presas de ciego frenesí, profiriendo estos y otros gritos, giraban de un lado a otro, golpeando y arañando a sus propias amigas hasta caer desvanecidas. Sus parientes las levantaban para impedir que fueran pisoteadas por la turba frenética.

Sin embargo, no se perdió ni un momento. Foulón estaba en el Ayuntamiento y podía ser puesto en libertad. ¡Eso nunca, si Saint-Antoine recordaba sus sufrimientos, los insultos recibidos, los males infligidos! Del barrio salieron en tumulto numerosos hombres y mujeres, todos armados, con tal precipitación y tal poder de atracción, que al cabo de un cuarto de hora no quedaban en Saint-Antoine más que unas pocas ancianas y niños quejumbrosos.

Pocos momentos tardaron en atestar la sala del interrogatorio donde se hallaba el feo y malvado anciano, y en desbordar sobre el espacio abierto contiguo y las calles próximas. En la sala estaban los Defarge, marido y mujer, La Venganza y Jacques Tres; se hallaban en primera fila, a corta distancia del acusado.

—¡Mirad! —exclamó la señora Defarge, señalando con su puñal—. ¡Ved al viejo canalla atado con cuerdas! Hicieron bien colgarle a la espalda un manojo de pasto. ¡Ja, ja! ¡Eso estuvo muy bien hecho! ¡Que lo coma ahora! —y colocando su puñal bajo el brazo, aplaudió como en una comedia.

Los que se hallaban inmediatamente detrás de la señora Defarge explicaron la causa de su alegría a los que estaban detrás de ellos, y éstos a su vez a otros, y así sucesivamente hasta que en toda la calle resonaron los aplausos. Así transcurrieron dos o tres horas de balbuceos, cerniéndose muchos quintales de palabras. Las frecuentes manifestaciones de impaciencia de la señora Defarge eran transmitidas a lo lejos con maravillosa rapidez, tanto más cuanto que algunos hombres de asombrosa agilidad se habían encaramado a las cornisas del edificio, desde donde podían mirar por las ventanas; conocían a la mujer y actuaban como telégrafos entre ella y la multitud que había quedado afuera.

Por último, el sol estaba tan alto que uno de sus benéficos rayos cayó directamente sobre la cabeza del anciano, quizá como una esperanza o una protección. Esto exasperó a los presentes; en un instante la frágil barrera que había contenido a la multitud durante un tiempo increíblemente largo, fue aventada y Saint-Antoine se apoderó de su presa.

Esto se supo inmediatamente hasta en los confines de

las calles. Defarge no había hecho más que trasponer de un brinco una reja y una mesa, y estrechar en mortal abrazo al desdichado viejo; la señora Defarge no había hecho más que seguirlo y apoderarse de una de las cuerdas con que estaba atado el prisionero. La Venganza y Jacques Tres no se les habían acercado todavía; los hombres que estaban encaramados en las ventanas, aun no se dejaban caer a la sala como aves de presa, cuando surgió un grito que recorrió toda la ciudad:

—¡Sacadlo! ¡Traedlo a la lámpara!

Cayendo y levantándose, tan pronto de cabeza sobre las gradas del edificio, como de rodillas, o en pie; por último, de espaldas, arrastrado, golpeado, casi ahogado por los manojos de pasto y de paja que centenares de manos le arrojaban al rostro, desgarrado, amoratado, jadeante, sangrando, Foulón no cesaba de suplicar a todos, de pedir misericordia. Se incorporó en un acceso de desesperación, y trató de defenderse, al verse en un pequeño claro producido por los que luchaban para desalojar y reemplazar a los que estaban más próximos; fue derribado como un leño y arrastrado entre un bosque de piernas. Lo levantaron en la próxima esquina donde se balanceaba una de las fatales lámparas. Allí la señora Defarge lo soltó —a la manera de un gato que jugara con un ratón— y lo miró tranquila y silenciosamente, mientras lo preparaban, y él le dirigió súplicas. Las mujeres le gritaban desaforadamente durante todo este tiempo, y los hombres exigían que se le matara con pasto en la boca. Lo izaron, y la cuerda se rompió; lo levantaron, y sin cuidarse de sus alaridos, se le volvió a izar; la cuerda se rompió por segunda vez, la muerte se mostró misericordiosa: le fue cortada la cabeza y clavada en una pica, con tanto pasto en la boca que hizo bailar de júbilo a todo Saint-Antoine.

No fue esta la última acción de aquel día; el barrio gritó y bailó tanto que sintió nuevamente exacerbado su rencor; y cuando supo, al caer la tarde, que el yerno de

Foulón (otro de los enemigos del pueblo al que insultaba) venía a París bajo una guardia de quinientos soldados de caballería, escribió la lista de sus crímenes en vistosas hojas de papel, y fue a arrebatarlo de entre sus soldados para que fuera a hacerle compañía a Foulón. Clavaron en picas su cabeza y su corazón. Aquel día llevaron por las calles los despojos en una procesión digna de lobos.

Era de noche cuando las mujeres regresaron a ver a sus hijos que lloraban y tenían hambre. Más tarde las míseras panaderías tenían ante sus puertas largas filas de mujeres que aguardaban pacientemente su turno para comprar pan. Mientras aguardaban, sintiéndose débiles y con los estómagos vacíos, abreviaban la tediosa espera cambiando abrazos en celebración del triunfo de ese día y renovando las proezas al hablar de ellas. Gradualmente disminuyeron hasta desaparecer estas filas de gente andrajosa. Comenzaron a aparecer luces débiles en las altas ventanas, y en las calles se encendieron pequeñas fogatas, en las que los vecinos cocinaban la comida común que después consumían en las puertas de sus casas.

Eran cenas escasas e insuficientes, sin carne y casi sin ninguna otra cosa que acompañara al mísero pan. Pero la humana camaradería prestaba elemento nutritivo a las pobres comidas y hasta les arrancaba algunas chispas de alegría. Padres y madres que habían tomado parte activa en los peores hechos de aquel día, jugaban gentilmente con sus escuálidos hijos; y los enamorados, en medio de aquel ambiente, hablaban de amor y de esperanzas.

Era casi de día cuando se retiró el último grupo de parroquianos de la tienda de vinos, y Defarge le dijo a su mujer, con voz velada, mientras aseguraba la puerta:

—¡Por fin ha llegado aquello, querida!

—¡Y bien! —replicó ella—. ¡Casi ha llegado!

Saint-Antoine dormía. Los Defarge y hasta La Venganza y su hambriento almacenero dormían.

Descansaba el tambor, cuya voz era la única que la sangre y la precipitación no había alterado en todo el barrio. La Venganza, como guardiana del tambor, habría podido arrancarle los mismos sonidos que tenía antes que cayera la Bastilla, o antes que el viejo Foulón fuera apresado. Las voces roncas de los hombres y las mujeres del corazón del barrio habían cambiado.

Capítulo

SURGE EL FUEGO

Se había operado un cambio en la aldea donde caía el agua en la fuente y de donde el caminero salía diariamente a trabajar en las piedras del camino, a fin de ganar el poco de pan, indispensable, para mantener unidos su pobre alma ignorante y su pobre cuerpo raquítico. La prisión que se levantaba sobre la roca ya no tenía el aspecto dominante de otros tiempos; contenía unos pocos soldados que la cuidaban; había algunos oficiales encargados de cuidar a los soldados, pero ninguno de ellos sabía lo que harían sus subalternos, sino esto solo: probablemente no harían lo que se les ordenara.

En toda la comarca se veían los campos desiertos, que no producían más que la sensación de desolado abandono. Cada hoja, cada brizna de pasto, cada espiga estaba tan marchita y pobre como el mísero pueblo. Todos se sentían abatidos, oprimidos, quebrantados. Las viviendas, los setos, los animales domésticos, los hombres, las mujeres, los niños, el suelo que los mantenía, todo estaba agotado.

Monseñor (con frecuencia un digno caballero

individualmente) era una bendición para el país, daba a todas las cosas un tono caballeresco, era un refinado producto de la vida fastuosa y brillante y poseía otras cualidades de este orden. Sin embargo, monseñor, como clase, había traído las cosas a este extremo de alguna manera. Era extraño que la Creación, destinada expresamente para monseñor, hubiera sido tan pronto exprimida hasta quedar seca, exhausta. Seguramente, en aquel arreglo de las cosas eternas, hubo falta de previsión, pues no sólo se había extraído todo cuanto era posible extraer, sino que hasta el último tornillo de la máquina de tormento, había girado tanto, que inutilizó el aparato que ahora se movía sin tener nada que triturar. Monseñor trató de huir de un fenómeno tan vil y tan inexplicable.

Pero no se limitaba a esta esterilidad y a este abandono el cambio operado en la aldea y en otras muchas semejantes a esa. Durante veintenas de años transcurridos, monseñor las había expoliado y extorsionado, visitándolas solamente para gozar de los placeres de la caza; a veces era una cacería de hombres y, otras veces, cacería de bestias; para preservar a éstas, monseñor hacía talar importantes fracciones de sus tierras convirtiéndolas en eriales. El cambio consistía en la aparición de extrañas caras plebeyas más que en la desaparación de rostros de tipo refinado, modeladas en el estilo del de monseñor.

En esos tiempos el caminero veía venir a pie individuos cuya presencia allí, tan pocas veces vista en otras épocas, era frecuente ahora. El caminero seguía trabajando solo, en medio del polvo que no le traía la idea de que un día él también sería polvo, pensando en la escasez de su comida y en lo mucho que podría comer para quedar satisfecho. Cuando los caminantes desconocidos se acercaban, el aldeano no se sorprendía al ver a algún hombre de cabellos y barbas desgreñadas, alto, de aspecto semisalvaje, calzado con zuecos demasiado toscos aun para su vista, hosco, ceñudo, negro, cubierto con el lodo y el polvo de muchos caminos; mojado con la humedad de innumerables pantanos y tierras bajas, trayendo en sus harapos las espinas, el musgo y las hojas secas desprendidas a su paso por matorrales, bosques y atajos.

En un mediodía del mes de julio, en que el caminero estaba sentado sobre unas piedras, al pie de una pequeña barranca donde había buscado refugio contra el granizo que caía en abundancia, vio aparecer ante él, como un fantasma, uno de aquellos hombres.

El caminante lo miró y luego recorrió con la vista la aldea situada en la hondonada, el molino y la prisión que se alzaba sobre la roca. Cuando hubo identificado todas estas cosas con los datos que recordaba, habló en un dialecto que apenas se entendía:

—¿Cómo está todo aquí, Jacques?

—Todo está bien, Jacques.

—Toca, entonces.

Juntaron sus manos, y el caminante se sentó sobre el montón de piedras.

—¿No hay comida?

—Apenas para la cena —contestó el caminero con expresión de hambre.

—Es la moda —gruñó el otro—. No encuentro comida en ninguna parte.

Sacó una pipa ennegrecida, la llenó, la encendió valiéndose de yesca y pedernal, y chupó hasta que ardió el tabaco; después la apartó de sí, dejó caer en ella algo que él sostenía entre el pulgar y el índice, algo que produjo una llamarada y se disipó en un copo de humo.

—Toca —dijo el caminante a su vez, después de haber observado lo que el otro hacía.

Volvieron a juntarse sus manos.

—¿Esta noche? —preguntó el caminero.

—Esta noche —repuso el caminante llevándose la pipa a la boca.

—¿Dónde?

—Aquí.

Los dos, sentados sobre las piedras, se miraban en silencio, bajo el granizo que los azotaba, hasta que el cielo comenzó a clarear sobre la aldea.

—Muéstrame —dijo el desconocido, subiendo a lo alto de la colina.

—¡Mira! —replicó el otro señalando con el índice—. Baja allá, calle arriba, derecho hasta la fuente. . .

—¡Al diablo con todo eso! —interrumpió el caminante girando la mirada sobre el paisaje—. Yo no seguiré ese camino. ¿Y bien?

—Unas dos leguas más allá de la cumbre de esa colina que domina la aldea.

—Bien. ¿A qué hora dejas tu trabajo?

—A la puesta del sol.

—¿Quieres despertarme antes de partir? He caminado sin descansar durante dos noches. Cuando termine de fumar mi pipa me dormiré como un niño. ¿Querrás despertarme?

—Ciertamente.

El caminante acabó de fumar su pipa, se la guardó en el pecho, se quitó los zuecos, se tendió de espaldas sobre las piedras y se durmió inmediatamente.

El aldeano hacía su trabajo mientras caía el granizo o el viento desgarraba las nubes dejando ver rayos de luz y trozos de cielo. Había reemplazado la gorra azul por otra de color rojo. El hombre dormido atraía tan poderosamente su atención, que manejaba con descuido sus herramientas y adelantaba poco el trabajo. El rostro bronceado, la cabellera y la barba negras, el tosco gorro encarnado, la extraña combinación de su ropa de gruesa lana y de pieles de animales, el vigoroso cuerpo enflaquecido por las penurias, la desesperada compresión de los labios durante el profundo sueño, le inspiraban respetuoso temor. Era evidente que el hombre había caminado mucho; tenía los pies y los tobillos desollados y sangrando; los grandes zuecos, rellenos con hojas secas y briznas de pasto, debían pesar mucho para ser arrastrados durante tantas leguas; sus ropas estaban deterioradas como su cuerpo. Inclinándose sobre su cómplice, el caminero trató de ver si ocultaba armas sobre su persona; en vano. Los brazos cruzados sobre el pecho parecían tan firmes como los labios apretados. El caminero pensó que las ciudades fortificadas, con sus cercos, cuerpos de guardia, portones, trincheras y puentes levadizos cederían ante este hombre como si estuvieran en el aire. Levantó los ojos para mirar al horizonte y la campiña, y se imaginó otros muchos hombres como éste, venciendo todos los obstáculos, en marcha hacia los centros señalados en toda la extensión de Francia.

El caminante seguía durmiendo, indiferente a la granizada o al sol que se sucedían a intervalos sobre su cara, y a los fríos diamantes en que el sol convertía el granizo. Así estuvo hasta que el sol poniente extendió sobre el cielo un resplandor dorado. El aldeano lo despertó después de haber reunido sus herramientas para bajar a la aldea.

—¡Está bien! —dijo el forastero incorporándose y apoyándose sobre un codo—. ¿Dos leguas más allá de la cumbre de la colina, dijiste?

—Más o menos.

—Más o menos. Está bien.

El aldeano bajó a su casa precedido por el polvo que levantaba el viento; llegó hasta la fuente y se escurrió entre el escuálido ganado llevado allí para beber. Al comunicar en voz baja las noticias que traía, parecía dirigirse también al pobre ganado. Después de la cena, los habitantes de la aldea no se retiraron a dormir como de costumbre, sino que permanecieron en las puertas de las casas. Todos hablaban en voz muy baja, y los que se habían reunido en torno de la fuente, a oscuras, miraban al mismo tiempo en igual dirección. El señor Gabelle, que era el principal funcionario del lugar, se ponía inquieto. Subió solo al techo de su casa y miró en la misma dirección que los aldeanos. Resguardándose detrás de sus chimeneas observaba los rostros ceñudos que aparecían junto a la fuente, y mandó decir al sacristán que guardaba las llaves de la iglesia, que quizás sería necesario más tarde tocar las campanas de alarma.

Cerraba la noche. Los árboles que rodeaban el antiguo castillo, aislándolo, se movían al viento como si amenazaran a la oscura y maciza mole de piedra que se alzaba en la penumbra. La lluvia caía con furia sobre la terraza y los dos tramos de escalera, y golpeaba con estrépito la enorme puerta, como si fuera un mensajero apresurado que se afanara en despertar a los moradores. Intermitentes ráfagas atravesaban el vestíbulo donde estaban las lanzas y los puñales, y subían como un lamento por las escaleras interiores para ir a sacudir las cortinas del lecho donde había dormido el último marqués. Por los caminos del norte, del sur, del este y del oeste, cuatro hombres desaliñados venían a través de los bosques pisoteando las hierbas y quebrando ramas al pasar. Avanzaban cautelosamente para ir a reunirse en el patio del palacio; cuatro luces brillaron allí repentinamente; luego se alejaron en direcciones opuestas y volvió a reinar la oscuridad.

No por largo tiempo, sin embargo. El castillo comenzó a hacerse visible de extraña manera, como por medio de alguna luz propia, como si repentinamente se hubiera vuelto luminoso. Apareció un rayo de luz errante por detrás del palacio, que permitió distinguir las balaustradas, las ventanas, para subir cada vez más brillante; pronto aparecieron grandes llamaradas que salían de una veintena de grandes ventanas. Las llamas rodeaban ya todo el edificio, y los rostros de piedra asomaban por entre el fuego.

Se oyó un débil murmullo, y los pocos moradores del castillo se apresuraron a ensillar caballos y a partir a todo galope. Alguien frenó su caballo cerca de la fuente y lo llevó, cubierto de espuma, hasta la puerta de la casa del señor Gabelle.

—¡Socorro, señor Gabelle! ¡Socorro!

Resonó con premura el toque de alarma, pero nadie prestó el auxilio pedido. El caminero y doscientos cincuenta de sus amigos íntimos, permanecieron en torno de la fuente con los brazos cruzados, mirando hacia la columna de fuego que se alzaba en el espacio.

—Debe estar el fuego a cuarenta pies de altura —decían intencionadamente, y nadie se movía.

El jinete venido del castillo atravesó la aldea sobre su caballo cubierto de espuma y subió la cuesta pedregosa que conducía a la prisión. Un grupo de oficiales y funcionarios miraban desde los portones el incendio del palacio; a cierta distancia se veía un grupo de soldados.

—¡Auxilio, señores oficiales! ¡El palacio está ardiendo, pero todavía se podrán salvar objetos valiosos si acudís a tiempo! ¡Auxilio! ¡Auxilio! —suplicaba el jinete.

Los oficiales miraron a los soldados y éstos miraban el incendio. Nadie dio órdenes; todos se limitaron a encogerse de hombros, a morderse los labios o a decir:

—Tiene que quemarse.

Cuando el jinete bajó la pendiente y entró en la calle, la aldea estaba iluminada. El caminero y sus doscientos cincuenta amigos, hombres y mujeres, tuvieron la misma idea: corrieron a sus casas y colocaron en cada ventana una bujía encendida, visible a través de los pequeños vidrios turbios. La escasez de todos los artículos hizo que se le pidiera, en tono perentorio, al señor Gabelle el préstamo de las bujías. En un instante de indecisión del funcionario, el caminero, antes tan sumiso a toda autoridad, dijo que los carruajes servirían muy bien para encender fogatas y que los caballos de postas podrían ser asados.

El castillo fue abandonado a las llamas; en medio del fragor del incendio se levantó un viento que parecía venir directamente de las regiones infernales para llevarse los restos del palacio. Debido al movimiento de las llamas, las caras de piedra parecían atormentadas. Cuando comenzaron a caer grandes piedras y maderas, quedó a oscuras la cara que tenía los dos cortes en la nariz; durante un momento volvió a aparecer entre el humo, como si fuera la cara del cruel marqués que estuviera ardiendo en la hoguera y luchara contra el fuego.

Ardió el palacio; los árboles más próximos, alcanzados por las llamas, se secaron y se retorcieron, los que estaban más lejos, incendiados por los cuatro fieros caminantes, ardieron también, rodeando al edificio con un bosque de llamas y de humo. El plomo y el hierro fundidos hervían en la cuenca de mármol de la fuente donde se había secado el agua. Los techos de las torres en forma de apagador, se fundieron como el hielo bajo la acción del calor. Grandes grietas y aberturas se abrían en los gruesos muros. Los pájaros, aturdidos, revoloteaban asustados y caían en la hoguera. Cuatro hombres de expresión fiera partieron por los cuatro caminos en direcciones opuestas, guiándose en la oscuridad por la gran luminaria que ellos habían encendido, y se encaminaron hacia otros objetivos de su viaje. Los aldeanos se habían apoderado de la campana de alarma, y suprimiendo al sacristán, tocaron repiques de júbilo.

No bastaba eso. Excitados por el fuego, el hambre, los toques de rebato y de fiesta, pensaron que el señor Gabelle estaba complicado en la percepción de los impuestos y arrendamientos, y desearon con impaciencia celebrar una conferencia con él; con ese objeto rodearon su casa y le intimaron para que bajara a hablar con ellos. Sabían que últimamente los impuestos habían sido muy reducidos y que no se cobraba arrendamientos, pero el señor Gabelle debía presentarse. El resultado de la exigencia fue que Gabelle corrió los fuertes cerrojos de su puerta y se retiró a reflexionar; por último subió al techo de su casa, al reparo de sus chimeneas. Siendo hombre del sur de Francia, pequeño y de temperamento vivo, resolvió que, si forzaban la puerta, se arrojaría de cabeza por encima del parapeto y, al caer, aplastaría a uno o dos de los invasores.

Es probable que el señor Gabelle pasara una larga noche mirando el incendio del palacio, oyendo los golpes dados a su puerta y el alegre repicar de las campanas; además, delante de su casa y frente a la puerta de la casa de postas, pendía una de las temibles lámparas, y los aldeanos parecían muy dispuestos a bajarla y a izarlo a él en su reemplazo. Fue angustiosa aquella noche de verano pasada al borde del abismo, teniendo en todo momento la perspectiva de arrojarse a él, según la resolución que había tomado. La aurora llegó finalmente; las bujías de la aldea se consumieron, los aldeanos se dispersaron, y Gabelle bajó, conservando la vida por algún tiempo.

A una distancia de cien millas, a la luz de otro incendio, otros funcionarios menos afortunados aparecieron, a la luz del día, balanceándose sobre las calles en las que habían nacido y crecido. Aquellas calles fueron tranquilas y pacíficas poco tiempo antes. En otras aldeas y pequeñas ciudades, los funcionarios y los soldados se impusieron a los Jacques, menos afortunados que el caminero, y los ahorcaron. Sin embargo, los cuatro fieros caminantes seguían marchando por los cuatro puntos cardinales, y cayera quien cayera, provocaban incendios. Ningún funcionario, por ningún cálculo matemático, podía saber con exactitud qué altura debían tener los cadalsos necesarios para ahogar tanto fuego.

Capítulo 24

ATRAIDO POR
LA ROCA IMANTADA

Durante tres años había rugido la tempestad; no bajaba la marea ni se extinguía el fuego, y los espectadores miraban desde la costa llenos de terror y asombro. Tres años más cumplió la pequeña Lucía en el seno de su tranquilo hogar.

Durante muchos días y muchas noches los moradores de aquel hogar escuchaban los ecos de la esquina, y sus corazones se oprimían cuando oían pasos atropellados. Es que se imaginaban que aquellos pasos eran los de un pueblo tumultuoso que enarbolaba una bandera roja, y que, habiendo declarado a la patria en peligro, se convertían en fieras, guiadas por aquel terrible llamado: "¡A salvar la patria!"

Monseñor, como clase, se había desentendido de aquella situación, en la que no se le daba ningún valor; tan poco se le quería en Francia que corría el peligro de ser expulsado de ella y, también, del mundo de los vivos. Semejante al rústico de la fábula, que luego de invocar al demonio, se aterró de tal manera al verlo, que no pudo pedirle nada y sólo atinó a huir; así también, monseñor, después de haber leído audazmente el padrenuestro a la inversa durante un gran número de años, y de haber recurrido a otros muchos poderosos hechizos para llamar al diablo, apenas lo vio en su terrible forma, echó a correr desesperado.

El brillante Ojo de Toro de la corte había desaparecido; de no ser así, habría servido de blanco para una lluvia de balas nacionales. Nunca supo ver con claridad, ofescado por el orgullo de Lucifer y el fausto de Sardanápalo; fue ciego como un topo, y, finalmente, cayó y desapareció. De la corte, ya nada quedaba desde el excluyente centro íntimo hasta su más apartado círculo exterior, podrido de intrigas, corrupción y disimulo, no existían. La monarquía había desaparecido también, sitiados los reyes en su palacio y "suspendidos en sus funciones", según las últimas noticias.

Llegó el mes de agosto del año mil setecientos noventa y dos, y monseñor, como clase, se había dispersado en todas direcciones.

Como es natural, el cuartel general y el gran punto de reunión de monseñor, como clase, era, en Londres, el banco de Tellson. Se dice que los espíritus vuelven a menudo a rondar los sitios que frecuentaron sus cuerpos; monseñor, sin poseer ni una guinea, rondaba el sitio donde habían estado sus guineas. Además, era el punto adonde más rápidamente llegaban de Francia las noticias más fidedignas. Por otra parte, la casa Tellson era generosa y trataba de manera muy liberal a sus antiguos clientes caídos desde sus elevadas situaciones. Los nobles que vieron a tiempo que se acercaba la tormenta, y que, en previsión de los saqueos y confiscaciones, habían hecho importantes remesas al banco Tellson, eran fáciles de encontrar, mediante esta institución, por sus hermanos necesitados. A lo cual debe agregarse que todos los que iban llegando de Francia, se presentaban con sus noticias en la casa Tellson como la cosa más corriente. Por estas variadas razones, el banco era en ese tiempo, para las noticias de

Francia, una especie de Bolsa. Bien lo sabía el público, y las averiguaciones hechas allí eran tan numerosas que algunas veces se escribían brevemente las últimas noticias y se ponían los carteles, bien visibles, en las ventanas de la empresa para que fueran leídos por todos los que pasaran por Temple Bar.

Una tarde calurosa y húmeda, el señor Lorry estaba sentado en su escritorio, y Carlos Darnay, apoyado en el mueble, hablaba en voz baja. El sitio confidencial, en otro tiempo reservado para las entrevistas con el principal, era ahora la Bolsa de Noticias y desbordaba de gente. Faltaba casi una media hora para que la casa cerrara.

—Aunque no he conocido otro hombre que haya conservado su juventud hasta tan avanzada edad como la vuestra —decía Darnay con cierta vacilación. . .

—Comprendo. ¿Queréis decir que soy demasiado viejo? —dijo el señor Lorry.

—El tiempo variable, un viaje largo, medios inseguros de transporte, un país desorganizado, una ciudad en que podéis correr peligros. . .

—Mi querido Carlos —dijo el anciano con su jovial confianza—, mencionáis algunos de los motivos de mi viaje que me impedirían quedarme. Yo no corro peligro. ¿Quién querría ocuparse de un viejo de casi ochenta años, cuando hay tanta gente de quien ocuparse? En cuanto a que la ciudad está desorganizada, si no lo estuviera, no habría razón para que la casa central enviara a la sucursal de París a quien conoce de antiguo la ciudad y los negocios, y que goza de toda la confianza de Tellson; por lo de la larga travesía, el tiempo variable y los medios inseguros para viajar, además del invierno, os pregunto: si yo no estuviera dispuesto a sufrir algunas molestias en servicio de la casa, al cabo de tantos años, ¿quién lo estaría?

—Quisiera ir yo también —dijo Darnay con alguna inquietud y como si pensara en voz alta.

—¿De veras? ¡Y sois vos quien da consejos y hace

reproches! —exclamó Lorry—. ¿Conque queríais ir, siendo francés de nacimiento? ¡Sois un consejero prudente!

—Mi querido señor Lorry, es porque soy francés de nacimiento que algunas veces he pensado en eso, aunque no tuve la intención de decirlo aquí. No puedo menos de pensar con simpatía en el pobre pueblo, al cual le he cedido algo. Quizás me escucharon y pudiera convencernos de que conviene contenerse un poco. Anoche mismo, después que nos dejasteis, hablando con Lucía. . .

—¡Cuánto hablabais con Lucía! —interrumpió el señor Lorry—. Sí. Me asombra que no os avergoncéis de nombrar a Lucía. ¡Deseando iros a Francia en estos días!

—Y sin embargo, no voy —replicó Darnay sonriendo—. Más justo es aplicaros a vos el implícito reproche.

—En realidad, yo voy a ir. Lo cierto es, querido Carlos —añadió Lorry mirando al principal y bajando la voz—, que no podéis tener idea de la dificultad con que llevamos a cabo nuestros negocios, y del peligro en que están los libros de caja y los documentos que tenemos allá. Sólo Dios sabe qué comprometedoras consecuencias tendría para muchas personas el hecho de que algunos de nuestros papeles fueran tomados o destruidos, lo cual puede ocurrir en cualquier momento, pues ¿quién puede decir que París no será incendiado hoy, o saqueado mañana? Ahora bien; una selección prudente de esos papeles hecha sin demora, difícilmente puede ser practicada por otra persona que no fuese yo. Después se podrá enterrar el paquete, o ponerlo en algún sitio donde no corra peligro. Y cuando Tellson sabe esto ¿debo yo retroceder ante el deber que tengo para con la casa donde me he ganado la vida durante sesenta años, porque mis articulaciones están un poco duras? Además, yo soy un muchacho comparado con una media docena de individuos que hay aquí.

—¡Cuánto admiro la caballerosidad y la valentía de vuestro espíritu juvenil, señor Lorry!

—Esas son tonterías, señor mío. Debéis recordar, querido Carlos —dijo el anciano volviendo a mirar al principal—, que es casi imposible sacar de París algún objeto, sea cual fuere, hoy por hoy. En este día nos han entregado papeles y objetos de valor traídos por los más extraños mensajeros que podáis imaginar, cada uno de los cuales tenía la cabeza como pendiente de un hilo al cruzar las barreras. Os refiero esto confidencialmente, casi faltando a mi deber de guardar el secreto. En otros tiempos, nuestros paquetes iban y venían con tanta facilidad como en esta vieja Inglaterra tan práctica. Pero ahora se detiene todo lo que se intenta sacar de allá.

—¿Y verdaderamente partís esta noche?

—Sí; partiré esta noche; el caso es demasiado apremiante para admitir demoras.

—¿Llevaréis a alguien con vos?

—Me han propuesto toda clase de personas, pero no las he aceptado. Tengo pensado llevar a Jerry. Por mucho tiempo me ha servido de guardia durante mis salidas de los domingos por la noche y estoy acostumbrado a él. Nadie sospechará de él sino que es un bulldog inglés, sin otra idea en la cabeza que la de arrojarse sobre quien toque a su amo.

—Repito que admiro de todo corazón vuestra valentía y vuestro gallardo espíritu juvenil.

—Y yo debo repetiros que esas son tonterías. Cuando haya desempeñado esta pequeña comisión, quizá acepte el ofrecimiento de Tellson y me retire a vivir cómodamente. Cuando llegue ese momento pensaré en ponerme viejo.

Este diálogo había tenido lugar en el escritorio del señor Lorry. A una distancia de una o dos varas, un monseñor se jactaba de lo que haría antes de mucho tiempo para vengarse del pueblo canalla. Era propio de monseñor hablar así, inducido por sus reveses de refugiado. También era propio del británico normal decir que esta terrible revolución sería la única cosecha en el mundo que no fuera el producto de una siembra. ¡Como si nada se hubiera hecho u omitido de lo que conduciría a este estado de cosas! Los que vieron a millones de franceses viviendo miserablemente, mientras los recursos que debían hacerlos prósperos eran mal empleados y despilfarrados, habían previsto que esta revolución vendría inevitablemente y habían descrito con claridad lo visto. Cualquier hombre sensato que conociera la verdad, apenas podía oír sin protestar aquellas bravatas, y los extravagantes planes de un monseñor para restablecer un estado de cosas que estaba totalmente agotado y que había llegado a cansar al cielo y a la tierra. Todo esto que oía, unido a su ya latente inquietud, contribuía a producir en Carlos Darnay un estado de ánimo particular.

Entre los que peroraban estaba Stryver, de King's Bench Bar, muy próximo a un ascenso oficial, y que, por consiguiente, se mostraba vehemente al juzgar la revolución. Confiaba a monseñor sus proyectos para hacer volar al pueblo y exterminarlo, borrarlo de sobre la faz de la tierra y prescindir de tales gentes. Tenía otros proyectos cuyos resultados serían semejantes al del hombre que propuso extirpar la raza de las águilas echándoles sal sobre las colas. Darnay lo oía con particular desagrado, titubeando entre marcharse para no seguir oyéndolo o quedarse para expresar su opinión. En ese momento ocurrió lo que debía ocurrir.

El principal se aproximó al señor Lorry y poniendo ante él, sobre la mesa, una carta cerrada y manchada, le preguntó si ya había descubierto alguna huella de la persona a quien estaba dirigida. El principal había dejado la carta tan cerca de Darnay que éste vio la dirección, tanto más rápidamente cuanto que era él mismo a quien estaba dirigida. Traducida decía así: "Muy urgente. Al señor actual marqués de Saint-Evrèmonde, de Francia. Confiada a los señores Tellson y Cía., banqueros de Londres, Inglaterra".

En la mañana del casamiento de su hija, el doctor Manette había rogado encarecidamente a Carlos Darnay que el secreto de su nombre quedara entre ellos dos, a menos que el doctor mismo lo eximiera de su promesa, y Carlos le había prometido que guardaría el secreto. Nadie más que ellos dos sabían que ése era su nombre: su esposa no tenía ni la menor sospecha y el señor Lorry no podría abrigar ninguna tampoco.

El señor Lorry contestó al principal:

—No; y eso que le he hablado de esta carta a todos los que vienen aquí; nadie ha podido decirme dónde puedo encontrar a este caballero.

Se acercaba la hora de cerrar el banco y hubo un movimiento general de retirada que pasó junto a la mesa-escritorio del señor Lorry. El conservaba la carta, continuando la averiguación. Monseñor la miró y la comentó con varios refugiados conspiradores; todos hablaban con indignación, denigrando (en inglés o en francés) al marqués que no podía ser hallado.

—Creo que es sobrino y sucesor degenerado del culto marqués a quien asesinaron —dijo un monseñor—. Me felicito de poder decir que no lo he conocido.

—Un cobarde que abandonó su puesto —dijo otro monseñor que había sido sacado de París con los pies hacia arriba y medio sofocado en un carro de heno—. Hace ya algunos años de eso.

—Infectado por las nuevas doctrinas —dijo el tercer monseñor mirando la carta, al pasar, a través de sus costosos lentes—. Se puso en oposición al finado marqués, abandonó la propiedad, y cuando la heredó se la cedió al rebaño de bribones. Espero que ahora lo recompensarán como merece.

—¿Eh? ¿Hizo tal cosa? —exclamó el enfático Stryver—. ¿Es individuo de esa calaña? Veamos su infame nombre. ¡Al diablo con él!

Darnay, incapaz de contenerse por más tiempo, tocó un hombro de Stryver, y le dijo:

—Yo conozco a ese individuo.

—¿Lo conocéis? ¡Por Júpiter que lo lamento!

—¿Por qué?

—¿Por qué, señor Darnay? ¿Habéis oído lo que hizo? ¡No preguntéis por qué, en estos tiempos!

—Es que lo pregunto.

—Entonces os lo diré otra vez, señor Darnay: lo lamento. Lamento oíros hacer preguntas tan extraordinarias. He aquí un individuo infectado por el más blasfemo y pestilente código de maldades que jamás se haya conocido, que abandona su propiedad a esa vil escoria de la humanidad que comete asesinatos al por mayor, y ¿me preguntáis por qué lamento que yo conozca un hombre que instruye a la juventud? Y bien, voy a contestaros. Lo lamento porque creo que hay peligro de contagio en un tunante como ése.

Pensando en el secreto que debía guardar, Darnay se contuvo con gran dificultad, y replicó:

—Quizás no comprendáis a ese caballero.

—Pero entiendo la manera de arrinconaros, señor Darnay —dijo el necio—; y lo haré. Si ese sujeto es un caballero, no lo comprendo. Podéis decírselo, con mis cumplimientos. También podéis decirle de mi parte que me sorprende no verlo a la cabeza de la turba de asesinos a los que dio sus bienes. Pero no, señores —añadió—; en cuanto se trabe la lucha, él les mostrará la espalda a sus protegidos y desaparecerá escurriéndose.

Con estas palabras, acentuadas por un ademán despreciativo, Stryver se abrió paso hasta la calle Fleet, entre la aprobación general de sus oyentes. El señor Lorry y Carlos Darnay quedaron solos en el despacho del primero.

—¿Queréis encargaros de esta carta? ¿Sabéis dónde debéis entregarla? —preguntó el anciano.

—Sí.

—¿Queréis explicarle que creemos que nos fue dirigida para el caso de que supiéramos adónde enviarla, y que ha estado en nuestro poder durante algún tiempo?

—Lo haré, pero decidme, ¿partiréis de aquí para ir a París?

—Sí, de aquí. Partiré a las ocho.

—Volveré para despediros.

Muy intranquilo, muy enfadado con Stryver y descontento de casi todos los demás hombres, Darnay se encaminó hacia la puerta solitaria del Temple, abrió la carta y la leyó. Decía así:

Prisión de la Abadía.

París, junio 21, 1792.

Señor marqués:

Después de haber estado durante largo tiempo en peligro de perder la vida a mano de los aldeanos, he sido arrestado con gran violencia, sometido a indignidades y traído a París, haciendo a pie la larga jornada. En el camino he sufrido mucho, y eso no es todo: mi casa ha sido destruída, arrasada.

El crimen por el cual estoy preso, señor marqués, y por el cual seré llevado ante el tribunal y perderé la vida (si no interponéis vuestra generosa ayuda), es, según me han dicho, traición contra la majestad del pueblo por haber procedido contra ella en servicio de un emigrado. En vano les he hecho ver que he procedido en favor del pueblo y no en contra, según fueron vuestras órdenes. En vano les he hecho ver que antes de la confiscación de los bienes de los emigrados, yo había perdonado los impuestos que habían dejado de pagar, que no cobré arrendamientos y que no recurrí a pleitos. La única respuesta a todo esto es que yo he procedido en representación de un emigrado, y preguntan: ¿Dónde está ese emigrado?

¡Ah! Mi generoso señor marqués, ¿dónde está ese emigrado? Yo lloro en sueños y le pregunto al cielo si no vendréis a libertarme, sin recibir respuesta. Señor marqués, envío al otro lado del mar este clamor desesperado, esperando que tal vez os llegue por medio del gran banco Tellson, conocido en París.

Por el amor de Dios, por la justicia y generosidad, y por el honor de vuestro noble nombre, os suplico, señor marqués, que me socorráis y me libertéis. Mi culpa consiste en haberos sido fiel. ¡Oh, señor marqués, os ruego que vos me seáis también!

Desde el horror de esta prisión, donde cada día me acerco más y más a la muerte, os envío las seguridades de ser vuestro desgraciado y afligido servidor.

Gabelle.

El latente desasosiego de Darnay se manifestó clara y vigorosamente con la lectura de esta carta. El peligro en que se hallaba el antiguo y buen servidor, cuyo único delito era haberle sido fiel a él y a su familia, le parecían un severo reproche. Al pasearse de un lado a otro del Temple, pensando en lo que debía hacer, evitaba que los transeúntes le vieran la cara.

El horror que le inspiraba la inicua acción en que habían culminado tantas iniquidades, de mala reputación del palacio de su familia, sus sospechas de las hostiles intenciones de su tío, la aversión que, en conciencia, sentía por la ruinosa institución que se le creía llamado a sostener; todo esto había contribuido a que él no procediera debidamente, y él lo sabía. A causa de su amor por Lucía, su renuncia a la hereditaria posición social había sido hecha de modo precipitado e incompleto, aunque su resolución estaba lejos de ser nueva. Debió realizarla con método y haber vigilado su ejecución; cierto es que se había propuesto hacerlo así, pero no lo hizo.

Hubo de ceder a diversos factores que lo habían inquietado sin producir la resistencia continua y acumulada que hubiera sido necesaria. Estos factores eran: su felicidad en el hogar inglés de su elección; la necesidad de estar constante y activamente ocupado; los rápidos cambios y disturbios ocurridos en Francia y que se habían sucedido tan precipitadamente que los acontecimientos de una semana anulaban los improvisados planes de la semana anterior, y los de la siguiente obligaban a comenzar de nuevo. Darnay había esperado que llegaría un momento favorable a la acción, pero a causa de la repentina confusión y de tantos conflictos, ese momento había pasado. La nobleza huía de Francia en tropel, por todos los medios y todos los caminos, y sus propiedades estaban siendo confiscadas o destruidas, hasta sus nombres eran borrados. Darnay sabía tan bien todo esto como lo sabía cualquier nueva autoridad implantada en Francia y que pudiera incluirlo a él en las acusaciones.

Pero Darnay no había oprimido ni encarcelado a ningún hombre; estaba tan lejos de haber exigido el pago de sus derechos, que había renunciado a ellos libre y voluntariamente, entrando a un mundo desconocido para él a conquistar un puesto digno y modesto, ganándose la vida con su trabajo. El señor Gabelle se había encargado de la propiedad empobrecida y endeudada, recibiendo instrucciones escritas según las cuales debía guardar consideraciones al pueblo, dándoles lo poco que quedaba, como ser el combustible que los acreedores les permitían usar durante el invierno y los productos del suelo que podían ser salvados de los acreedores durante el verano. Seguramente Gabelle habría demostrado su conducta ante sus acusadores para salvarse, y las pruebas no podrían menos de aparecer ahora.

Estas razones daban peso a la resolución que Darnay comenzaba a tomar: ir a París.

Como el marino de la leyenda a quien los vientos y las tempestades llevaban a la zona de atracción de la Roca Imantada que lo atraía y que debía llevarlo a su ruina, todo cuanto acudía a la mente de Darnay lo impulsaba con mayor celeridad y mayor fuerza hacia el terrible imán. La causa de su latente malestar había sido la convicción de que en su desgraciado país se perseguían malos fines valiéndose de malos medios, y sintiéndose mejor él que estos actores, no estaba entre ellos para tratar de contener el derramamiento de sangre y abogar en favor de la piedad y de las ideas humanitarias. Con este malestar reprimido a medias, coincidió el viaje del valeroso anciano para quien el deber era tan imperioso. Como si no bastara la comparación entre su conducta y la del señor Lorry, tan desfavorable para él, oyó las burlas tan hirientes de monseñor y las de Stryver, doblemente groseras y exasperantes por antiguas causas. Finalmente llegó la carta de Gabelle; el llamado de un preso inocente, en peligro de muerte, que apelaba a su rectitud, a su honor y a su buen nombre.

La resolución de Darnay estaba formada. Debía ir a París.

La Roca Imantada lo atraía y él debía seguir adelante, hasta estrellarse. Pero no veía la roca y casi no veía el peligro. La intención que había guiado su conducta, aun siendo incompleta su acción en favor de su pueblo, debía ser reconocida con gratitud en Francia al presentarse él para confirmarla. Por lo menos, era esto lo que él preveía. Además, la gloriosa visión de realizar un bien, que es muchas veces el optimista miraje que deslumbra a tantos espíritus bondadosos, surgió ante la mente de Darnay, quien hasta llegó a creer que ejerciera alguna benéfica influencia en la dirección de esta revolución furiosa que iba haciéndose terriblemente feroz.

Una vez tomada su resolución, siguió caminando y decidió que ni Lucía ni su padre debían conocerla hasta que él hubiese partido. A Lucía se le debía ahorrar el dolor de la separación; el doctor Manette, siempre opuesto a volver sus pensamientos hacia el pasado, no debía saber sino lo que ya era un hecho; no convenía tenerlo en una penosa incertidumbre. Darnay no quería pensar que, en gran parte, la reparación incompleta de los males del pueblo era debida al temor de reavivar en el ánimo del doctor el recuerdo doloroso de sus antiguos agravios y sufrimientos. Este era otro de los factores que habían influido en su pasada conducta.

Siguió caminando y meditando hasta que llegó la hora de ir al banco a despedirse del señor Lorry. Tan pronto como llegara a París iría a presentarse a su antiguo amigo, pero ahora no debía decirle nada de su propósito.

A la puerta del banco aguardaba un coche con caballos en posta; Jerry tenía puestas sus altas botas y llevaba todo su equipo de viaje.

—He entregado esa carta —dijo Darnay al señor Lorry—. Yo no hubiera consentido que llevarais una contestación escrita, pero quizá querréis llevarle una respuesta verbal.

—Con mucho gusto, si no es peligrosa.

—No lo es, aunque hay que darla a uno que está prisionero en la Abadía.

—¿Cómo se llama? —preguntó el banquero, teniendo abierto en la mano su libro de notas.

—Gabelle.

—Gabelle. ¿Cuál es el mensaje para el infortunado Gabelle encarcelado?

—Nada más que esto: "Que ha recibido la carta y que irá".

—¿Se menciona alguna fecha?

—Partirá mañana por la noche.

—¿Se nombra a alguien?

—No.

Ayudó al señor Lorry a embozarse en su abrigo y salió con él de la tibia atmósfera del banco al aire nebuloso de la calle Fleet.

—Mis cariños a Lucía y a la pequeña —recomendó el anciano al partir—. Cuidadlas hasta que yo regrese.

Carlos meneó la cabeza y sonrió cuando el carruaje echó a rodar.

Esa noche del catorce de agosto permaneció levantado hasta muy tarde, escribiendo cartas; una era para Lucía, explicándole la obligación moral que le llevaba a París, y asegurándole, con muchas razones, que él no correría allá ningún peligro. La otra carta estaba dirigida al doctor Manette, confiándole el cuidado de Lucía y de su hijita, repitiéndose las mismas seguridades dadas a Lucía. A ambos les prometía enviar cartas, en prueba de que estaba a salvo, inmediatamente después de su llegada.

Le fue duro pasar aquel día entre ellos, guardando el primer secreto que existía en su pecho desde que unieron sus vidas. Le era difícil mantener el engaño que ellos no sospechaban ni remotamente. Una afectuosa mirada a su esposa tan feliz y tan activa, fortalecía su resolución, que flaqueaba en algunos momentos. Tan extraño le parecía proceder sin consultarla o enterarla de sus propósitos. Transcurrió el día. Al caer la tarde la abrazó a ella y acarició a la niña, casi tan amada como la madre, diciendo que volvería un poco tarde a causa de un compromiso que lo obligaba a salir. Ya había preparado en secreto una valija con su ropa, y era hora de partir. Salió a la densa niebla de las calles solitarias, sintiendo el corazón oprimido.

La fuerza invisible lo arrastraba irresistiblemente, y todos los vientos y las mareas tendían en esa dirección. Darnay montó a caballo y tomó el camino de Dover. Así comenzaba su viaje. Había puesto las dos cartas en manos de un mensajero de confianza para que las entregara a las once y media de la noche.

"¡Por el amor de Dios, por justicia y generosidad, por el honor de vuestro noble nombre!", era el clamor del infeliz prisionero, y él se lo repetía para fortalecer su corazón afligido, en el momento de dejar tras de sí todo lo que le era querido, mientras navegaba hacia la Roca Imantada.

Tercera parte

LA HUELLA DE UNA TEMPESTAD

Capítulo

EL SECRETO

Lentamente avanzaba el viajero que, partiendo de Inglaterra, se dirigía a París en el otoño del año mil setecientos noventa y dos. Aun cuando el derrocado e infortunado rey de Francia hubiera estado en su trono, rodeado de toda su gloria, aquel viajero habría encontrado pésimos caminos, malos vehículos y peores caballos; pero los cambios operados le oponían otros muchos obstáculos, además de aquéllos. Cada ciudad, cada aldea, cada puerta tenía su garita con una banda de ciudadanos patriotas armados con sus mosquetes nacionales prontos a entrar en acción; todos los que viajaban en una u otra dirección eran detenidos e interrogados; sus papeles eran examinados y se buscaba su nombre en listas especiales. Después se los hacía retroceder o seguir adelante, cuando no eran detenidos o encarcelados, según el criterio o el capricho de los patriotas que eran los que juzgaban de lo que convenía hacer para la naciente República, Una e Indivisible, de Libertad, Igualdad, Fraternidad. . . o Muerte.

Carlos Darnay había cubierto unas pocas leguas de camino en Francia, cuando comenzó a notar que para él no habría esperanza de regresar por esos caminos hasta que en París lo hubieran declarado buen ciudadano. Ocurriera lo que ocurriese ahora, debía seguir hasta llegar al término de su jornada. Cada mísera aldea, cada barrera que caía sobre un camino y que él iba dejando atrás, era como otra puerta de hierro en la serie de las que iban cerrándose entre él e Inglaterra. La severa vigilancia que se ejercía era tal que él se sentía como envuelto en una red o encerrado en una jaula y enviado así a su destino; tan completamente perdida estaba para él toda libertad.

La estricta vigilancia no solamente lo detenía veinte veces entre dos etapas, sino que retardaba su avance otras tantas veces en el día siguiéndolo a caballo y haciéndolo volver atrás, deteniéndolo provisoriamente o cabalgando a su lado y custodiándolo. Hacía ya varios días que viajaba en Francia cuando llegó a una pequeña ciudad próxima a París, donde pudo reposar, exhausto de fatiga.

Solamente la presentación de la carta de Gabelle, escrita desde la prisión de la Abadía, había permitido a Darnay llegar hasta ese punto. La dificultad que encontró en el cuerpo de guardia de esta ciudad fue tal que comprendió que había llegado a un momento crítico del viaje. No se sorprendió cuando lo despertaron en medio de la noche, en la posada donde se había propuesto dormir hasta la mañana siguiente.

Lo despertaron un tímido funcionario local y tres patriotas animados que llevaban en la cabeza gorros encarnados y fumaban en pipas. Los tres ciudadanos se sentaron sobre la cama.

—Emigrado —dijo el funcionario—, voy a enviaros a París, bajo custodia.

—Ciudadano, mi mayor deseo es llegar a París, pero no necesito de escolta.

—¡Silencio! —exclamó uno de los que usaban gorro encarnado, golpeando sobre la colcha con la culata de su mosquete—. ¡Silencio, aristócrata!

—Es como dice el buen patriota —dijo el tímido funcionario—. Sois un aristócrata y debéis viajar custodiado; tendréis que pagar a los que os custodiarán.

—No tengo otro remedio. . .

—¡No tiene otro remedio! —exclamó el mismo torvo patriota—. ¡Oídlo! ¡Como si no fuera un favor ser protegido para no ser izado hasta la grampa de hierro de las lámparas!

—Es tal como dice el buen patriota —repitió el funcionario—. Levantaos y vestíos, emigrado.

Darnay se sometió y fue conducido al cuerpo de guardia; allí había otros patriotas con sus toscos gorros encarnados; en torno a una fogata bebían, fumaban o dormían. Pagó un buen precio por la escolta y se le dejó partir. Eran las tres de la mañana cuando se encontró en el camino fangoso, en compañía de dos patriotas montados. Estos tenían escarapela tricolor en sus gorros y estaban armados con sables y mosquetes nacionales. Cada uno de ellos cabalgaba a un lado del caballo que montaba Darnay, el que se le permitía manejar; pero una cuerda atada por un extremo a las riendas, era asegurada en otro extremo a la muñeca de uno de los patriotas. Habían dejado atrás el desigual empedrado de la ciudad para salir al camino, que era un verdadero pantano. Bajo la lluvia que les azotaba el rostro recorrieron las leguas que los separaban de la capital, habiéndose detenido una vez para mudar de cabalgadura.

Viajaron durante toda la noche, haciendo alto una hora o dos después de haber amanecido, para no proseguir la marcha sino cuando se acercaba la noche. Los dos patriotas estaban tan miserablemente vestidos que se envolvían con paja las piernas desnudas, y para resguardarse de la lluvia se cubrían con manojos de hierbas secas.

A pesar de la molestia que le ocasionaban sus dos guardianes, y del constante estado de beodez en que se hallaba uno de ellos que llevaba su mosquete de manera descuidada y peligrosa, Carlos no abrigaba serios temores; se decía que las restricciones que le eran impuestas no podían referirse a su caso, no definido todavía, pero que quedaría plenamente aclarado con las declaraciones y el testimonio del hombre que estaba preso en la Abadía.

Pero cuando llegaron a la ciudad de Beauvais, a la caída de la tarde, la hora en que las calles estaban llenas de gente, no pudo ocultarse que la situación se ponía muy alarmante. Una torva multitud se reunió para verlo desmontar a la puerta de la casa de postas, y muchas voces gritaron:

—¡Abajo el emigrado!

Se detuvo en el instante de bajar de su montura, considerando que era más seguro permanecer a caballo, y contestó:

—¡Emigrado decís, amigos míos! ¿No me véis aquí, en Francia, donde he venido voluntariamente?

—¡Eres un maldito emigrado! —vociferó un albéitar, adelantándose furioso por entre la turba y amenazándolo con un martillo—. ¡Eres un maldito aristócrata!

El maestro de postas se interpuso entre el albéitar y las riendas del caballo que montaba Darnay (y que el energúmeno intentaba asir), diciendo con tono tranquilizador:

—¡Déjalo! ¡Déjalo! Va a ser juzgado en París.

—¡Juzgado! ¡Sí, y será condenado por traidor!

La multitud aprobó ruidosamente.

Conteniendo al maestro de postas, que intentaba llevar el caballo al patio, sin ocuparse del patriota beodo que tenía la cuerda atada a la muñeca y miraba a todos con indiferencia, Darnay dijo levantando la voz:

—Amigos míos, os engañáis o habéis sido engañados. Yo no soy un traidor.

—¡Miente! —gritó el albéitar—. Es un traidor, según el último decreto. ¡Su vida no le pertenece, le ha sido entregada al pueblo!

En el instante en que Darnay vio en las miradas de la turba la intención de atropellar, y que en un segundo se habría apoderado de él, el maestro de postas condujo al caballo al patio, llevando también al jinete beodo, cerró los portones y corrió los cerrojos.

El albéitar golpeó la puerta con su martillo y la multitud dejó oír unos gritos. Pero no ocurrió nada más.

—¿A qué decreto se refería ese hombre? —preguntó Darnay al maestro de postas, después de haber desmontado y de agradecerle su acción.

—El decreto ordena que sean vendidas las propiedades de los emigrados.

—¿Cuándo se dictó esa orden?

—El catorce.

—¡El día que yo partí de Inglaterra!

—Todos dicen que ése es uno entre otros muchos que tal vez ya están dictados; uno de ellos destierra a todos los emigrados y castiga con la pena de muerte a los que regresen. Era eso lo que el albéitar quería decir afirmando que vuestra vida no os pertenece.

—¿Pero todavía no están dictados esos decretos?

—¿Qué sé yo? —replicó el maestro de postas—. Quizás estén dictados ya, o si no, lo estarán pronto. Es igual; y por otra parte, ¿qué queréis?. . .

Los viajeros descansaron en un desván, sobre un montón de paja. A medianoche, cuando la ciudad dormía, reanudaron el viaje.

Entre los singulares cambios operados en las cosas familiares y que hacían tan extraño este viaje, no era el menos notable la falta de sueño. Después de recorrer largos caminos desiertos, llegaban a un grupo de mezquinas chozas que no estaban sumidas en la oscuridad, sino que resplandecían de luces, y allí, a altas horas de la noche, veían rondas de gentes que tomadas de la mano bailaban en torno de un seco árbol de la Libertad, o que, reunidos en grupos, entonaban alguna canción referente a la libertad. Sin embargo, en Beauvais la gente dormía, lo cual les permitió cruzar la ciudad y volver a los solitarios caminos. Hacía un frío prematuro para la estación y la lluvia caía sobre los campos empobrecidos, que no habían dado frutos ese año; de trecho en trecho aparecían los negros restos de las casas incendiadas; de algún sitio salían súbitamente patrullas de patriotas que vigilaban los caminos y que les interceptaban el paso.

La luz del día los halló frente a los muros de París. Cuando se acercaron a la barrera la hallaron cerrada y con numerosa guardia.

—¿Dónde están los papeles de este preso? —preguntó un hombre de aire resuelto y que debía ser algún jefe, que acudía al llamado de los que custodiaban a Darnay.

Justamente impresionado por la desagradable palabra con que se le designaba, el viajero pidió al que la había proferido que tuviera presente que él era un viajero libre, ciudadano francés, que venía custodiado a causa del estado perturbado del país y que había pagado a los que lo custodiaban.

—¿Dónde están los papeles de este preso? —repitió el personaje sin hacer el menor caso de Darnay.

El patriota beodo los tenía entre su gorro y los sacó. El jefe de la guardia leyó la carta de Gabelle y pareció turbarse y sorprenderse, mirando con atención al viajero.

Se retiró sin decir ni una palabra, dejando a los tres jinetes del lado exterior del portón. Darnay miró en torno suyo durante ese momento de espera y vio que la puerta estaba guardada por un grupo compuesto de soldados y de patriotas, éstos mucho más numerosos que aquéllos; también notó que las carretas en que los campesinos traían víveres, y otras que hacían tráficos semejantes, tenían fácil entrada, pero que hasta a las personas más humildes les era muy difícil salir. Una numerosa mezcla de hombres, mujeres, vehículos de diversas clases y hasta ganado, aguardaban la autorización para poder salir. Pero la identificación previa era tan severa que el paso a través de la barrera se hacía muy lentamente. Algunas de aquellas personas sabían que estaba muy lejos su turno para ser examinadas y se tendían en el suelo a dormir o a fumar; otras charlaban o se paseaban de un lado a otro. El uso del gorro encarnado y de la escarapela tricolor era universal, tanto entre los hombres como entre las mujeres.

Después de haber esperado durante media hora sin desmontar, observando todo esto, Darnay vio acercarse al jefe, quien dio orden de que se abriera la barrera. Después entregó a los patriotas que habían escoltado a Darnay un recibo de la persona escoltada, y le dijo a éste que se apeara. Obedeció, y los dos patriotas, llevando su cansado caballo, volvieron al camino y pronto se les perdió de vista.

Darnay acompañó a su guía hasta una sala del cuerpo de guardia cuyo ambiente estaba saturado de olor a tabaco y a vino ordinario. Había allí varios soldados y patriotas, algunos dormidos y otros despiertos, algunos ya ebrios y otros en camino de estarlo; varios en estado intermedio entre el sueño y la vigilia, entre la beodez y una relativa lucidez. También la luz que allí reinaba era incierta, en parte procedía de las mortecinas lámparas de aceite y, en parte, del día nublado. Encima de una mesa había algunos registros abiertos, de los que se ocupaba un funcionario tosco, de aspecto sombrío.

—Ciudadano Defarge —dijo el guía de Darnay sacando una tira de papel y disponiéndose a escribir—. ¿Es éste el emigrado Evrémonde?

—Este es.

—¿Vuestra edad, Evrémonde?

—Treinta y siete años.

—¿Casado, Evrémonde?

—Sí.

—¿Dónde os habéis casado, Evrémonde?

—En Inglaterra.

—Sin duda. ¿Dónde está vuestra esposa?

—En Inglaterra.

—Sin duda. Se os destina a la prisión de La Force, Evrémonde.

—¡Justo Dios! —exclamó Darnay—. ¿Según qué ley, y por qué delito?

El funcionario levantó por un instante la mirada de sobre el papel y contestó:

—Tenemos nuevas leyes y nuevos delitos desde el tiempo en que os ausentasteis.

Sonrió con expresión extraña y siguió escribiendo.

—Os ruego que tengáis presente que yo he venido por mi voluntad, para responder a este llamado escrito por un compatriota. Allí tenéis la carta. No pido más que la oportunidad de acudir sin demora a ese llamado. ¿No tengo derecho?

—Los emigrados no tienen ningún derecho, Evrémonde —fue la seca respuesta.

El funcionario terminó de escribir leyó para sí lo que había redactado, esparció la arenilla sobre el papel y se lo entregó a Defarge con estas palabras:

—Es secreto.

Con el papel que tenía en la mano, Defarge indicó a Darnay que debía seguirlo. El preso obedeció, y fueron destacados dos patriotas para acompañarlos.

Al bajar las gradas del cuerpo de guardia para entrar en París; Defarge preguntó a Darnay en voz baja:

—¿Sois vos el que se casó con la hija del doctor Manette que estuvo preso en la Bastilla?

—Sí.

—Mi nombre es Defarge y tengo una tienda de vinos en el barrio Saint-Antoine. Es probable que hayáis oído hablar de mí.

—¿Mi esposa fue a vuestra casa a buscar a su padre? ¡Ah, sí!

Las palabras "mi esposa" parecieron traer un sombrío recuerdo a Defarge, quien dijo con súbita impaciencia:

—En nombre de esa dura hembra recién nacida que se llama La Guillotina, ¿por qué vinisteis a Francia?

—Hace un minuto que me oísteis decir por qué. ¿No creéis que he dicho la verdad?

—Esa verdad es un mal para vos —replicó Defarge, frunciendo el ceño y mirando fijamente al espacio.

—En realidad, me siento perdido aquí. Todo está tan cambiado, todo es injusto e inesperado, tan sin precedentes, que me encuentro completamente perdido. ¿Queréis prestarme una pequeña ayuda?

—No —contestó Defarge sin dejar de mirar el espacio.

—¿Queréis contestarme a una sola pregunta?

—Quizás. Según lo que sea. Hacedla.

—Desde esa prisión en la que voy a ser encerrado tan injustamente, ¿podría comunicarme con el mundo exterior?

—Lo veréis.

—¿Voy a ser enterrado allí, sin ser juzgado y sin ningún medio de defender mi caso?

——Lo veréis. Pero ¿acaso otras personas no han sido enterradas también en prisiones peores?

—Pero nunca han sido encerradas por mí, ciudadano Defarge.

Por toda respuesta el vendedor de vinos lo miró con expresión severa y siguió caminando en silencio; Darnay pensó que, dado este deliberado silencio, había muy poca esperanza de suavizar al ciudadano, y antes de que el silencio fuera más hostil, se apresuró a decir:

—Es de la mayor importancia para mí, y lo sabéis mejor que yo, que pueda comunicarle al señor Lorry, del banco Tellson, y que es un caballero inglés que está actualmente en París, el simple hecho, sin comentarios, de que he sido encerrado en la prisión de La Force. ¿Queréis hacer que se me preste ese servicio?

—No haré nada por vos —replicó obstinadamente Defarge—. Mi deber es para con mi patria y mi pueblo. No haré nada por vos.

Carlos Darnay comprendió que sería inútil insistir, y también se sentía herido en su amor propio. Durante el trayecto no pudo menos que notar que la gente estaba muy acostumbrada a ver los presos que eran llevados por las calles. Aun los niños se mostraban indiferentes ante ese espectáculo. Unos pocos transeúntes volvían la cabeza; algunos lo señalaban con un dedo, por ser un aristócrata; por otra parte, el hecho de que un hombre bien vestido fuera llevado a la cárcel, había llegado a ser tan corriente como que un obrero fuera a su trabajo con su ropa usual. En una calleja angosta, oscura y sucia por la que tuvieron que pasar, vieron a un orador exaltado, subido sobre un taburete, que se dirigía a un auditorio animado, detallando los crímenes perpetrados contra el pueblo por la ley y por la familia real. Las pocas palabras que alcanzó a oír de labios de ese hombre hicieron saber a Darnay que el rey estaba preso y que todos los embajadores extranjeros habían salido de París.

Durante su viaje, salvo en Beauvais, no había oído decir absolutamente nada sobre lo que ocurría en la capital. Custodiado, y a causa de la estricta y general vigilancia, se había sentido completamente aislado.

Ahora se daba cuenta de que había caído entre peligros mucho mayores de los que habían existido cuando salió de Inglaterra. También sabía que aumentaban rápidamente y seguirían aumentando los peligros que lo rodeaban. No podía menos de admitir que no habría emprendido este viaje si hubiera previsto los acontecimientos de los últimos días. Y sin embargo, sus temores no eran tan grandes como puede imaginarse, dada la nueva situación. El porvenir, nebuloso como se presntaba, encerraba todavía alguna esperanza en medio de su oscuridad. La horrible matanza ejecutada durante días y noches y que comenzaría al cabo de pocas horas, arrojando una gran mancha de sangre sobre la época bendita de la cosecha, estaba tan lejos de su mente como si estuviera a cien mil años de distancia. La "dura hembra recién nacida y llamada La Guillotina" era desconocida por su nombre para él y para la mayoría de la gente. Los espantosos hechos que iban a ser ejecutados muy pronto, probablemente no estaban aún ni en la imaginación de los que iban a cometerlos. ¿Cómo podrían estar, ni remotamente, en un espíritu benévolo?

Preveía la posibilidad o la certeza de ser injustamente tratado, de sufrir penurias, y de la cruel separación de su esposa y de su hija; pero fuera de esto, no tenía nada definido. Con estas ideas, suficientemente tristes, llegó a la prisión de La Force.

Un hombre de cara hinchada abrió el sólido postigo, y Defarge le presentó "el emigrado Evrémonde".

—¡Qué demonios! ¿Cuántos más de éstos? —exclamó el de la cara hinchada.

Defarge tomó el recibo sin hacer caso de la exclamación y se retiró con los dos patriotas.

—¡Qué demonios, repito! —exclamó el carcelero cuando quedó a solas con su mujer—. ¿Cuántos más?

La mujer, no pudiendo contestar a esta pregunta, replicó:

—Es menester tener paciencia, querido.

Tres carceleros que acudieron al toque de la campanilla que ella hizo sonar, repitieron la misma exhortación a la paciencia, y uno de ellos añadió:

—Por amor a la Libertad.

Estas palabras parecían impropias en aquel sitio.

La prisión de La Force era tétrica, oscura y sucia, tenía el horrible olor que dejan los que duermen desaseados. Es cosa extraordinaria cuán pronto se manifiesta ese característico olor en las prisiones mal cuidadas.

—En secreto, además —gruñó el carcelero mirando el papel escrito—, como si ya no estuviéramos llenos hasta reventar.

Clavó el papel sobre otros que había en un alambre, demostrando muy mal humor. Carlos Darnay quedó esperando durante una media hora; algunas veces se paseaba por el recinto abovedado; otras se sentaba en un banco de piedra, siempre bien observado por el jefe y sus subalternos a fin de recordarlo.

—¡Vámos! —dijo por último el jefe levantando sus llaves—. Vamos, venid conmigo, emigrado Evrémonde.

En la triste penumbra de la cárcel el prisionero lo siguió por un corredor y una escalera, dejando atrás puertas que rechinaban y se cerraban cuando ellos habían pasado, finalmente llegaron a un recinto abovedado, bajo y espacioso, atestado de prisioneros de ambos sexos, las mujeres estaban sentadas ante una larga mesa, leyendo, escribiendo, tejiendo, cosiendo o bordando; casi todos los hombres estaban de pie detrás de las sillas de ellas y algunos recorrían las salas con lentos pasos.

Con la instintiva asociación de ideas que relaciona a los presos con el deshonor y el delito, Darnay se apartó de esta gente. Pero otra de las cosas extrañas ocurridas durante su extraño viaje, fue que todos se levantaron simultáneamente para recibirlo con todo el refinamiento de modales y la cortesía de aquella época.

Todo esto parecía contradictorio en aquel lugar sórdido y sombrío, tan irreal, que por un momento Darnay pensó que se encontraba en compañía de muertos. ¡Espectros, todos ellos! El espectro de la belleza, de la noble arrogancia, de la frivolidad, del orgullo, de la elegancia, de la juventud, de la ancianidad. Todos esos fantasmas parecían esperar que se les despidiera de esta costa desolada y volvían hacia él miradas de otro mundo.

Darnay quedó como paralizado. El carcelero que estaba a su lado y los otros que circulaban entre los presos, estarían bien en el ejercicio normal de sus funciones, pero parecían extraordinariamente toscos y ordinarios en contraste con las madres afligidas, las hijas radiantes, la juvenil belleza, la graciosa coqueta, la mujer madura, todas delicadas y de refinada educación social. Todo esto contribuía a la irrealidad de aquella escena increíble. Seguramente, eran todos fantasmas. Con seguridad, durante su extraño viaje había adquirido alguna enfermedad que lo había traído a ese lúgubre sitio.

—En nombre de los que estamos reunidos en la desgracia —dijo un caballero de aspecto cortesano y de elegante ademán, adelantándose— tengo el honor de daros la bienvenida a La Force, y de presentaros nuestras condolencias por la calamidad que os ha traído entre nosotros. ¡Que pueda terminar vuestra clausura pronto y con felicidad! En otra parte sería una impertinencia, pero no lo es aquí, preguntaros cuál es vuestro nombre y vuestra clase social.

Carlos Darnay volvió en sí y contestó con las palabras más apropiadas que pudo hallar.

—Pero tengo la esperanza de que no seréis confinado en secreto —dijo el caballero siguiendo con la mirada al carcelero jefe que iba y venía por la sala.

—No comprendo lo que quiere decir esa palabra, pero les he oído decir que es así.

—¡Qué lástima! ¡Lo lamentamos tanto! Pero tened valor; varios miembros de nuestra sociedad han estado en secreto al principio, pero tal situación no ha durado sino poco tiempo.

Después añadió, levantando la voz:

—Siento comunicarlo a la sociedad. En secreto.

Hubo un murmullo de conmiseración cuando Darnay cruzó la sala hasta una puerta enrejada donde lo aguardaba el carcelero. Muchas voces, entre ellas algunas suaves y compasivas voces femeninas, le expresaron los mejores deseos y lo exhortaron a tener valor. Al llegar a la puerta enrejada se volvió para agradecerles de todo corazón. La puerta fue cerrada en el acto por la mano del carcelero, y los fantasmas desaparecieron de su vista para siempre.

La puerta se abría sobre una ascendente escalera de piedra. Cuando hubieron subido cuarenta gradas, el carcelero abrió una puerta baja y negra, y ambos entraron a un calabozo aislado. Era frío y húmedo, pero no oscuro.

—Es el vuestro —dijo el carcelero.

—¿Por qué se me encierra solo?

—¿Qué sé yo?

—¿Puedo comprar pluma, tinta y papel?

—No tengo orden para eso, pero os visitarán y podéis preguntar. Por ahora podéis comprar vuestra comida y nada más.

En el calabozo había una mesa, una silla y un colchón de paja. Mientras el carcelero practicaba la inspección de estos objetos y de las cuatro paredes, antes de retirarse, el prisionero, apoyado contra el muro, lo observaba y pensaba que este sujeto, con aquella malsana hinchazón de la cara y del cuerpo, parecía un hombre que se hubiera ahogado y que estuviera lleno de agua. Cuando quedó solo, Darnay pensó: "Ahora se me deja como si estuviera muerto".

Se detuvo para mirar el colchón y desvió la vista con disgusto, diciéndose: "Entre esos gusanos pasa el cuerpo la primera etapa después de la muerte".

—Cinco pasos por cuatro y medio. Cinco pasos por cuatro y medio. Cinco pasos por cuatro y medio —se repetía recorriendo su prisión y midiendo sus dimensiones, mientras el estruendo de la ciudad le llegaba como el redoble de tambores cubiertos acompañados por voces salvajes que se elevaban gradualmente—. Hacía zapatos. Hacía zapatos. Hacía zapatos.

El prisionero volvió a medir su prisión caminando con más rapidez para apartar su mente de aquellas repeticiones.

Los fantasmas se habían disipado cuando se cerró la puerta enrejada. Había entre ellos el espectro de una dama vestida de negro que se apoyaba contra el marco de una ventana y la luz caía sobre sus cabellos dorados, se parecía a. . . "¡Por Dios! Sigamos cabalgando a través de las aldeas iluminadas, donde toda la gente está despierta. . . El hacía zapatos, hacía zapatos, hacía zapatos. Cinco pasos por cuatro y medio".

Estas ideas surgían y se atropellaban en su mente, contando y volviendo a contar tenazmente. Y el estruendo de la ciudad, como el redoble de los tambores cubiertos, ofrecía este cambio: un lamento de voces que él conocía se elevaba por sobre el ruido de los tambores.

Capítulo 2

LA PIEDRA DE AFILAR

El banco Tellson, establecido en el barrio de Saint-Germain, de París, ocupaba un ala de una gran casa, separada de la calle por un alto muro y una gran portada. Se llegaba a la casa después de atravesar un patio. El edificio había pertenecido a un importante noble que había huído de los disturbios disfrazado con el traje de su cocinero, pudiendo cruzar la frontera gracias al disfraz. Como un simple animal de caza huyendo de los cazadores, en esta metempsicosis no era otro que aquel mismo monseñor que necesitaba tres hombres fuertes y el cocinero para prepararle el chocolate con que se desayunaba.

Monseñor partió, y los tres hombres, para hacerse perdonar el delito de haber recibido de él altos salarios, se mostraban muy dispuestos a cortarle la cabeza en el altar de la naciente República, Una e Indivisible, de la Libertad, la Igualdad, la Fraternidad o. . . la Muerte. La casa de monseñor había sido embargada primeramente y, después, confiscada. Todo marchaba con vertiginosa rapidez; los decretos seguían tan precipitadamente a otros decretos, que en la noche del tres de septiembre los patriotas emisarios de la ley tomaron posesión del palacio, lo señalaron con los tres colores nacionales y se pusieron a beber coñac en los suntuosos salones.

Si el local del banco Tellson en París hubiera sido transportado a Londres, el principal habría perdido la razón y figuraría en *The Gazette*. La sólida respetabilidad y la responsabilidad británicas, ¿qué habrían dicho al ver en el patio del banco naranjos en macetas y hasta un Cupido encima del mostrador? Y, sin embargo, tales cosas existían. Tellson había blanqueado el Cupido, pero todavía se le podía ver en el cielo raso, muy ligero de ropas, apuntando al dinero desde la mañana hasta la noche (como lo hace muy frecuentemente). Aquel joven pagano, cierta alcoba cerrada por cortinas, además de un gran espejo incrustado en la pared, y un personal joven que no perdía oportunidad de bailar en público, hubiera llevado inevitablemente a la bancarrota en la calle Lombard, en Londres. Pero una sucursal de Tellson instalada en Francia marchaba muy bien con todos estos aditamentos que no alarmaban a nadie, y ningún cliente retiraba del banco su dinero.

Cuánto dinero sería retirado de allí en adelante, y cuánto quedaría en las cajas, perdido y olvidado; cuántos objetos de plata y joyas de valor estarían empañándose en los depósitos secretos mientras sus dueños se consumían en las prisiones o perecían de muerte violenta; cuántas de las cuentas pendientes con el banco Tellson no serían saldadas en este mundo y deberían pasar a la otra vida, eran misterios que nadie podría aclarar, ni aun el señor Jarvis Lorry, aunque pensaba con insistencia en estos problemas. Esa noche de otoño estaba sentado ante el fuego de leña acabado de encender (pues ese año triste y estéril era prematuramente frío); además de la expresión de honradez y de valor sereno, su rostro tenía otra expresión que no era debida a la luz de la lámpara suspendida, ni a objeto alguno que pudiera reflejar la luz en la habitación. Era una expresión de horror.

Fiel a la casa de la que había llegado a formar parte, como una hiedra fuertemente arraigada, el señor Lorry ocupaba algunas habitaciones en el banco. El local ofrecía cierta seguridad a causa de haber sido ocupado por los patriotas la parte principal del edificio; pero el valeroso anciano no había contado con esa eventualidad. Para él eran indiferentes esas circunstancias con tal de que pudiera cumplir con su deber. En el lado opuesto del patio, bajo una columnata, estaban las extensas cocheras de monseñor; todavía quedaban allí algunas de sus carrozas. Dos grandes antorchas habían sido aseguradas a dos de las columnas, y, a su luz, se veía una gran piedra de afilar colocada en el patio, al aire libre. Era un objeto toscamente montado y parecía haber sido traído apresuradamente de alguna herrería o de algún otro taller. El señor Lorry se levantó, y acercándose a la ventana miró a todos esos objetos inofensivos; se estremeció y volvió a su asiento junto al fuego. Había abierto no solamente la hoja de vidrio de la ventana sino también la celosía, y al volver a cerrarlas sintió un escalofrío de horror.

De las calles que estaban más allá del alto muro y de la gran portada, llegaba el rumor nocturno de siempre y, de tiempo en tiempo, tenía una resonancia indescriptible, fantástica y sobrenatural, como si algún clamor insólito subiera al cielo.

—Gracias a Dios que esta noche no está en esta terrible ciudad ninguna persona que me sea querida —dijo el señor Lorry juntando las manos—. ¡Que Dios tenga piedad de todos los que están en peligro!

Poco después sonó la campana de la gran portada; el anciano levantó la cabeza y prestó atención.

—¡Esa gente ha vuelto! —se dijo.

Pero no se produjo la esperada tumultuosa irrupción en el patio; oyó que el portón era cerrado de un golpe, y luego todo quedó en silencio.

La nerviosidad y el temor que sentía le inspiraron una

vaga inquietud con respecto al banco, dada la gran responsabilidad que recaía sobre él. Pero el banco estaba bien custodiado; se levantó para ir a ver a la gente de confianza que desempeñaba esa misión, cuando la puerta se abrió súbitamente y dos personas se precipitaron en la habitación. Lorry retrocedió, en el colmo del asombro.

¡Lucía y su padre! Lucía le tendía los brazos y tenía una expresión de intensa ansiedad como si toda su vida se hubiera concentrado en su rostro en ese momento dramático.

—¿Qué es esto? —exclamó el señor Lorry, confuso y agitado—. ¿Qué ocurre? ¡Lucía Manette! ¿Qué ocurre? ¿Por qué habéis venido?

Pálida y azorada Lucía se arrojó en sus brazos diciéndole con tono suplicante:

—¡Oh, mi querido amigo! ¡Mi marido!

—¿Vuestro esposo, Lucía?

—Carlos. . .

—¿Qué hay de Carlos?

—Está aquí.

—¿Aquí, en París?

—Hace algunos días que está aquí. Tres o cuatro, no sé bien cuántos y no puedo pensar. Una misión generosa lo trajo, sin que nosotros lo supiéramos; lo detuvieron en la barrera y lo han enviado a la prisión.

El señor Lorry no pudo contener un grito. Casi al mismo tiempo volvió a sonar la campana en el portón y se oyó un gran ruido de voces y de pasos en el patio.

—¿Qué ruido es ese? —preguntó el doctor volviéndose hacia la ventana.

—¡No miréis! —exclamó el señor Lorry—. ¡No miréis, Manette, os lo ruego! ¡No toquéis la celosía!

El doctor se volvió, manteniendo la mano en la falleba, y dijo sonriendo con expresión de confianza:

—Mi querido amigo, tengo la vida asegurada en esta ciudad. Yo he sido uno de los prisioneros de la Bastilla. No hay en París, ¿qué digo en París? en toda Francia, patriota alguno que, sabiendo que he estado preso en la Bastilla, se atreva a tocarme sino para abrumarme con abrazos o para llevarme en triunfo. Mi pasado sufrimiento me ha dado un prestigio que nos permitió cruzar la barrera, conseguir noticias de Carlos y llegar hasta aquí. Yo sabía que sería así y que libraría a Carlos de todo peligro. Se lo dije a Lucía. ¿Qué ruido es ese?

El doctor llevó otra vez la mano a la ventana.

—¡No miréis! —exclamó con desesperación el señor Lorry—. ¡Ni vos tampoco, mi querida Lucía!

La sujetó con sus brazos, y añadió:

—Os juro que ignoro si le ha ocurrido daño alguno a Carlos. Ni aun sospeché que estuviera en esta ciudad fatal. ¿En qué prisión está?

—¡En La Force!

—¡En La Force! Lucía, hija mía siempre habéis sido útil y valiente, y es más necesario que nunca que lo seais ahora. Tranquilizaos y haced exactamente lo que voy a deciros porque es más importante que lo que pudierais imaginaros. De nada os valdría esta noche ninguna acción, ni aun debéis moveros de aquí. Lo que ahora podéis hacer por Carlos es lo más difícil de todo: estaros quieta y en silencio; voy a llevaros a una habitación que está aquí al lado. Tenéis que dejarnos solos durante dos minutos a vuestro padre y a mí; cualquier demora puede ser cuestión de vida o muerte.

—Yo os obedeceré, porque tengo fe en vos. Adivino que sabéis que nada puedo hacer.

El anciano la besó, la condujo a su habitación y la dejó allí, cerrando la puerta con llave. Volvió rápidamente a reunirse con el doctor; abrió la ventana y entreabrió la celosía para que su amigo pudiera mirar al patio.

Vieron una turba de hombres y mujeres que no alcanzaban a llenar el vasto espacio; serían unas cuarenta o cincuenta personas, a lo sumo. Los patriotas que estaban en posesión de la casa les habían abierto el portón y ellos habían entrado atropelladamente para trabajar con la piedra de afilar; era evidente que ésta había sido colocada allí con ese objeto, habiéndose elegido ese patio como un sitio conveniente y aislado.

—¡Qué espantosa tarea y qué terribles obreros!

La piedra de afilar tenía dos manubrios y cada uno era movido frenéticamente por un patriota. Las caras de estos dos hombres eran más crueles y horribles que las de los más feroces salvajes con sus peores pinturas de guerra. Cuando el esfuerzo de hacer girar la pesada piedra los obligaba a echarse hacia atrás, sus largos cabellos les golpeaban la espalda y se levantaban sus espantosos rostros adornados con bigotes y cejas postizas, manchados con sudor y sangre, crispados de furor, con ojos enrojecidos por la falta de sueño. Según los movimientos impresos a los manubrios, las largas cabelleras caían sobre los rostros o a las espaldas de los dos patriotas que sólo se detenían un instante para beber el vino que las mujeres les acercaban a los labios. Las manchas de sangre y de vino, y la lluvia de chispas que saltaban de la piedra ofrecían una horrible visión de sangre y fuego. No había en todo el grupo ni una sola persona que no presentara manchas de sangre. Abriéndose paso con los hombros para acercarse a la piedra de afilar, avanzaban unos hombres con los torsos desnudos, manchados también con sangre; otros, cubiertos con andrajos ensangrentados; y otros grotescamente adornados con sedas, cintas y encajes empapados en sangre. Todas las armas que traían para afilar, hachas, cuchillas, bayonetas, espadas, estaban enrojecidas. Muchos traían espadas atadas a las muñecas con tiras de seda o de hilo, evidentemente restos de vestidos arrancados, todos teñidos del mismo siniestro color rojo. Y cuando los energúmenos arrebataban sus armas, ya afiladas, de entre la lluvia de chispas y corrían hacia las calles, sus ojos tenían el fulgor de la locura homicida. Cualquier testigo, no brutalizado de esta escena, hubiera dado veinte años de su vida para apagar aquellos feroces ojos con tiro certero.

Todo esto se veía en un instante, como la visión del hombre que se ahoga o como cualquier ser humano puesto en terrible trance podía ver el mundo si lo tuviera ante sí. Los dos espectadores se apartaron de la ventana, y el doctor miró el lívido rostro de su amigo, esperando una explicación de lo que veía.

—Están asesinando a los presos, en las mismas cárceles —murmuró Lorry mirando con expresión medrosa en torno de la habitación cerrada con llave—. Si estáis seguro del prestigio que creéis tener, y que creo tenéis, daos a conocer a esos demonios y haceos llevar a La Force. Quizás ya sea tarde; no lo sé, pero os recomiendo no perdáis ni un minuto.

El doctor Manette estrechó la mano de su amigo, salió en cabeza, apresuradamente, y llegó al patio en el momento en que el señor Lorry volvía a mirar por entre la celosía.

Sus flotantes cabellos blancos, su notable rostro y la impetuosa confianza que denotaban su porte y sus ademanes al apartar las armas que hallaba a su paso, lo llevaron en un instante al centro del grupo, junto a la piedra. Durante unos momentos se produjo una pausa, un movimiento, un murmullo y el senido ininteligible de su voz. Después el señor Lorry vio que todos lo rodeaban y que en medio de una fila de veinte hombres que apoyaban las manos en los hombros de los que tenían a cada lado, se lo llevaban apresuradamente gritando:

—¡Viva el preso de la Bastilla! ¡Auxiliemos al pariente del preso de la Bastilla que está en La Force! ¡Paso al prisionero de la Bastilla! ¡A salvar al prisionero Evrèmonde que está en La Force!

Mil gritos contestaban a cada una de estas frases.

El banquero sentía su corazón agitado por esta escena. Cerró la celosía y la ventana, corrió la cortina y fue a comunicar a Lucía que su padre, ayudado por la multitud, había ido en busca de Carlos. Encontró a la pequeña Lucía y a la señorita Pross, pero solamente más tarde se sorprendió de verlas allí, cuando pudo reflexionar en medio del silencio.

Lucía, sin soltar la mano del anciano, había caído desvanecida a sus pies. La señorita Pross acostó a la niña en la cama del banquero y apoyó la cabeza sobre la misma almohada. Fue aquélla una larguísima noche, que pasaron aguardando el regreso del doctor o alguna noticia y oyendo los ahogados gemidos de Lucía.

Dos veces más en el transcurso de la noche, sonó la campana del portón, se oyó la irrupción de la turba y el chirriar de las armas sobre la piedra de afilar.

—¿Qué es eso? —preguntó Lucía asustada.

—¡Silencio! Los soldados afilan allí sus armas —contestó el señor Lorry—. Esta casa es propiedad nacional, hija mía, y la utilizan como una especie de armería.

Y aun dos veces más. Pero la última vez el trabajo era débil e intermitente. Poco después comenzó a amanecer. El anciano desprendió suavemente su mano de la de Lucía y fue a la ventana a mirar. Vio a un hombre tan cubierto de sangre que hubiera podido pasar por un soldado malherido que volvía en sí en un campo de batalla; se levantaba del suelo y miraba en torno con expresión apática, hasta que descubrió, a la media luz del amanecer, una de las carrozas de monseñor. Aquel asesino, agotado de cansancio, se dirigió tambaleando hasta el lujoso vehículo, abrió la portezuela, subió y se encerró para descansar de su horrenda tarea sobre los blandos cojines.

La tierra, como la piedra de afilar, había girado cuando el señor Lorry volvió a mirar por la ventana, y el sol rojizo iluminaba el patio. La piedra, abandonada, estaba allí, en el aire fresco de la mañana, con manchas rojas que no eran producidas por la luz del sol y que jamás se borrarían.

Capítulo

LA SOMBRA

Una de las primeras consideraciones que surgieron en la mente práctica del banquero cuando llegó la hora del trabajo, fue ésta: que él no tenía el derecho de poner en peligro al banco Tellson, alojando bajo el techo del mismo a la esposa de un emigrado preso. Todo lo que él poseía, su seguridad y hasta su vida, lo habría arriesgado sin titubear por Lucía y por la niñita; pero a él se le había confiado algo que no le pertenecía, y en asuntos de ese género y magnitud, era estrictamente un hombre de negocios.

Al principio pensó en Defarge y se propuso ir en busca de la tienda de vinos y consultar con su propietario sobre algún alojamiento seguro, dado el estado perturbado de la ciudad. Pero pronto rechazó esta idea, recordando que Defarge vivía en el barrio de mayor violencia, y deduciendo que gozaría de influencia entre sus vecinos y estaría complicado en sus peligrosas actividades.

Se acercaba el mediodía, y el doctor no regresaba. Cada minuto de demora comprometía al banco Tellson, y el señor Lorry decidió consultar con Lucía. Ella le dijo que su padre había hablado de alquilar un alojamiento, por poco tiempo, en ese mismo barrio, cerca del local del banco. No había ninguna objeción práctica que oponer a esto; y aun previendo que hubiera tenido éxito la gestión en favor de Carlos, éste no obtendría permiso para salir de la ciudad; el señor Lorry salió a ver si hallaba una casa para alquilar; encontró un departamento muy conveniente, en un piso alto, en una calle apartada, donde las celosías cerradas de todas las ventanas de un cuerpo de altos edificios que formaban un cuadrado, indicaban que aquellas casas estaban deshabitadas.

Inmediatamente trasladó al nuevo alojamiento a Lucía, a la niña y a la señorita Pross, poniendo a su disposición más comodidades de las que él tenía. Dejó en la caja a Jerry, que llenaría bien el vano de la puerta en caso necesario, y que era capaz de resistir muchos golpes. Después el señor Lorry volvió a sus ocupaciones; pero traía el espíritu entristecido e inquieto, y sintió transcurrir el día con pesada lentitud.

Por último, la jornada llegó a su término, y el banco cerró sus oficinas.

El señor Lorry volvió a encontrarse solo, como en la noche anterior, pensando en lo que convendría hacer, cuando oyó pasos en la escalera. A los pocos segundos se presentó ante él un hombre que lo miró atentamente y lo llamó por su nombre.

—Vuestro servidor —replicó el banquero—. ¿Me conocéis?

Era un hombre robusto, con cabellera oscura y rizosa, de unos cuarenta y cinco a cincuenta años de edad. Por toda respuesta, replicó con énfasis:

—¿Me conocéis?

—Os he visto en alguna parte.

—¿En mi tienda de vinos, quizás?

Con viva agitación e interés el señor Lorry le dijo:

—¿Venís de parte del doctor Manette?

—Sí. Vengo de parte del doctor Manette.

—¿Y qué dice? ¿Qué me envía?

Defarge le entregó un pedazo de papel en que había dos líneas escritas por el doctor:

"Carlos está a salvo, pero no puedo salir de aquí todavía. He obtenido el favor de que el portador le lleve una línea escrita por Carlos a Lucía. Que el portador la vea a ella".

Estaba fechada en La Force una hora antes.

—¿Queréis acompañarme a la casa donde reside la esposa del prisionero? —dijo el señor Lorry después de haber leído el mensaje en voz alta.

—Sí —contestó Defarge.

Notando apenas la manera reservada y maquinal con que hablaba Defarge, el señor Lorry se puso el sombrero y bajó al patio con el mensajero. Hallaron a dos mujeres, una de las cuales estaba tejiendo.

—¿La señora Defarge, sin duda? —preguntó el banquero al ver que ella los seguía cuando echaron a andar.

—Sí; es ella.

El banquero notó que la mujer guardaba la misma actitud que cuando la vio por última vez, unos diecisiete años antes.

—¿La señora va con nosotros? —preguntó.

—Sí; a fin de que pueda reconocer las caras y conocer a las personas. Es para seguridad de ellas.

Comenzando a extrañar los modos de Defarge, el señor Lorry lo miró con cierta desconfianza y siguió adelante. Las dos mujeres los seguían; la segunda de éstas era La Venganza.

Recorrieron las calles con toda la rapidez posible y subieron la escalera del nuevo domicilio de Lucía. Jerry les abrió la puerta. Encontraron sola a Lucía, llorando. Al oír las noticias que le daba su anciano amigo, cayó en un transporte de alegría y estrechó la mano que le entregaba el mensaje, ignorando lo que aquella mano había cometido durante la noche, muy cerca de Carlos, y lo que le habría hecho a él de no haber mediado una casualidad.

"Queridísima: Ten valor. Estoy bien y tu padre tiene influencia con los que me rodean. No puedes contestarme. Besa por mí a nuestra hija".

Este era todo el mensaje, pero era tanto para quien lo recibía, que ella se volvió de Defarge hacia su mujer y besó una de sus manos. Era una acción femenina, llena de apasionada gratitud; pero la mano de la Defarge no respondió a aquel impulso afectuoso, sino que cayó, fría y pesada, y después volvió a tejer.

En su contacto había algo que impresionó a Lucía. Se contuvo en el momento en que iba a guardar el papel en el pecho, y con las manos todavía cerca del cuello, miró con terror a la señora Defarge; ésta fijó en ella sus ojos de mirada firme y fría.

—Mi querida Lucía —dijo el señor Lorry queriendo explicar la visita—; en las calles hay frecuentes tumultos, y aunque no es probable que os molesten, la señora Defarge desea ver a las personas a quienes tiene el poder de proteger en tales casos, a fin de conocerlas para poder identificarlas. Creo explicar el caso, ciudadano Defarge —añadió el banquero dudando de sus propias palabras tranquilizadoras, al notar la actitud de los tres visitantes.

Defarge miró a su mujer y contestó con una sílaba de gruñona aprobación.

—Es mejor, Lucía, que hagas venir a tu hijita y a la señorita Pross. Esta es una buena señorita inglesa, Defarge, que no entiende el francés —dijo el banquero tratando de atraer a aquellas tres personas que parecían ser de piedra.

La señorita Pross tenía la arraigada convicción de que era muy capaz de hacerle frente a cualquier extranjera, y ni los peligros ni las desgracias disminuían su valor. Se presentó con los brazos cruzados sobre el pecho, miró a La Venganza y le dijo en inglés:

—Espero, atrevida, que os encontréis muy bien.

Tosió al mirar a la Defarge, pero ninguna de las dos le prestó atención.

—¿Esa es su hija? —preguntó la tejedora, interrumpiendo por un segundo su tarea y señalando a la niña con la aguja, como si ésta fuera el dedo del Destino.

—Sí, señora —contestó el señor Lorry—, ésta es la hijita única y muy querida del pobre prisionero.

La sombra que parecía cubrir a la Defarge y a sus dos compañeros, era tan amenazadora y sombría al proyectarse sobre la niña, que la madre se arrodilló y la estrechó contra su pecho con un instintivo impulso de protección. La sombra negra que se cernía sobre los tres patriotas parecía cubrir a la madre y a la hija.

—Basta —dijo a su marido la Defarge—. Ya los he visto. Podemos irnos.

Aquella helada reserva ocultaba una amenaza velada, que alarmó a Lucía y la indujo a decir con tono de súplica, asiendo el vestido de la Defarge:

—Sed buena para con mi pobre marido. No le hagáis daño; os lo suplico. ¿Me ayudaréis a verlo, si os es posible?

—No es por vuestro marido que estoy aquí —replicó la mujer, mirándola a sus pies, con su calma inalterable—. Si he venido es por tratarse de la hija de vuestro padre.

—Por mí, entonces, tened piedad de mi esposo. ¡Por mi hijita! ¡Ella juntará sus manos y os pedirá que tengáis misericordia! Tenemos más miedo de vos que de esos otros.

La Defarge recibió estas últimas palabras como un cumplido y miró a su marido. Defarge, que había estado mordiéndose las uñas con visible malestar, sin apartar de ella sus ojos, asumió una expresión más torva.

—¿Qué es lo que dice vuestro esposo en esa cartita? —preguntó la Defarge con desdeñosa sonrisa—. ¿Dice algo respecto de influencia?

—Dice que mi padre tiene influencia entre los que lo rodean —contestó Lucía apresurándose a sacar de su pecho el papel, sin mirarlo, y con los ojos medrosos fijos en ella.

—Seguramente lo hará poner en libertad. Que lo haga.

—Como esposa y madre os suplico que tengáis piedad de mí y no utilicéis vuestro poder en contra de mi marido, que es inocente, sino en su favor. ¡Oh, hermana, pensad en mí, que soy esposa y madre!

La Defarge miró con su frialdad usual a la que así suplicaba, y volviéndose hacia su amiga, La Venganza, le dijo:

—Las esposas y las madres que hemos estado acostumbradas a ver desde que éramos tan pequeñas como esa niña, y aun más, no eran tratadas con muchas consideraciones. Bastante a menudo hemos sabido que los padres y los esposos de ellas eran encerrados en las cárceles; durante toda nuestra vida hemos visto a nuestras hermanas, como decís, sufrir ellas y sus hijos, la pobreza, la desnudez, el hambre, la sed, las enfermedades, la miseria, la opresión y el abandono.

—Nunca hemos visto otra cosa —confirmó La Venganza.

—Hemos soportado todo eso durante largo tiempo —dijo la Defarge volviendo la mirada hacia Lucía—. ¡Juzgad vos misma! ¿Es probable que ahora nos importe mucho la pena de una esposa y una madre?

Reanudó su tejido y salió, seguida por La Venganza. Defarge fue el último en salir, y cerró la puerta.

—¡Animo, querida Lucía! —dijo el señor Lorry ayudándola a ponerse en pie—. ¡Animo! ¡Animo! Hasta ahora todo va bien para nosotros; mucho mejor que a otros desgraciados, últimamente. Consolaos y agradeced a Dios.

—No creo ser desgraciada, pero esa terrible mujer pareció arrojar una sombra sobre mí y sobre todas mis esperanzas.

—¡No, no! —dijo el señor Lorry—. ¿Qué abatimiento es éste en ese corazoncito tan valiente? Es una sombra, en verdad; sin realidad ninguna, Lucía.

Pero tampoco él estaba libre de la sombra proyectada por la actitud de la Defarge, y en el fondo de su corazón se sentía muy conturbado.

Capítulo 4

CALMA EN LA TORMENTA

El doctor Manette no regresó hasta el cuarto día de su ausencia. A Lucía se le ocultó, tanto como fue posible, mucho de lo ocurrido durante aquellos terribles días y noches. Sólo mucho tiempo después, cuando ella estuvo lejos de Francia, supo que mil cien indefensos presos de ambos sexos y de toda edad habían sido asesinados por el populacho; que cuatro días y cuatro noches habían sido dedicados a perpetrar la horrenda matanza, y que el aire que la rodeaba había estado infectado por los cadáveres. A ella se le dijo que las cárceles habían sido atacadas, que todos los prisioneros políticos estuvieron en peligro, y algunos habían sido sacados por la multitud y asesinados.

El doctor refirió al señor Lorry, pidiéndole que guardase el secreto, que la multitud lo llevó a La Force a través de una escena de carnicería. Que en la prisión encontró en sesión un Tribunal nombrado por la turba, ante estos jueces eran llevados los presos, uno por uno; se les sacaba rápidamente de allí para ser asesinados; en algunos casos se les enviaba de nuevo a los calabozos. Que él, presentado al Tribunal por sus conductores, había dicho su nombre y su profesión, añadiendo que durante dieciocho años había estado encerrado en un calabozo en la Bastilla, sin saber por qué y sin haber sido procesado; un miembro del tribunal se había levantado para identificarlo: este hombre era Defarge. Después se había cerciorado por los registros que estaban sobre la mesa, que su yerno se hallaba entre los presos que vivían todavía, y pidió encarecidamente la vida y la libertad del esposo de su hija. Algunos miembros del tribunal estaban dormidos, otros despiertos; algunos estaban ebrios y otros no; algunos se habían manchado con los asesinatos y otros no. En el primer momento de entusiasmo en su favor, el doctor fue saludado como una notable víctima del sistema derrocado y se le concedió que Carlos Darnay, su yerno, fuera conducido ante el inicuo tribunal para ser interrogado. Ya estaba a punto de ser puesto en libertad, cuando la tendencia que le era favorable chocó contra un obstáculo inexplicable e ininteligible para el doctor; siguió una breve conferencia secreta, y el que hacía de presidente del tribunal informó al doctor Manette que el preso debía permanecer en la cárcel, pero que por consideración a él, estaría en salvo, bajo segura custodia. Inmediatamente, a una señal del presidente, el preso fue llevado nuevamente al interior de la cárcel, pero el doctor pidió con insistencia que se le permitiera quedarse y quiso asegurarse personalmente de que su yerno, por error o por malicia, no era entregado a los que, fuera de las puertas de la prisión, gritaban para ahogar el ruido producido por lo que se estaba cometiendo. Obtuvo el permiso y permaneció en aquella Sala de Sangre hasta que hubo pasado el peligro.

Los espectáculos que había presenciado, con breves intervalos para que los actores comieran o durmieran, no eran para ser descritos. La loca alegría con que se recibía a los presos indultados no asombraba menos al doctor que la loca ferocidad demostrada a los que eran condenados y despedazados. Hubo un prisionero que salió a la calle, indultado, y a quien, por error, uno de aquellos salvajes le clavó una pica. Se le pidió al doctor Manette que fuera a vendar la herida. El médico acudió, pasando por la misma puerta, y encontró al infeliz en brazos de unos samaritanos que estaban sentados sobre los cadáveres de sus víctimas. Con sentimientos tan monstruosamente contradictorios, como todo lo que ocurría en esta espantosa pesadilla, aquellos asesinos ayudaron al médico, atendieron al herido con la más esmerada solicitud, le proporcionaron una especie de litera y lo condujeron cuidadosamente y bien escoltado fuera de aquel horrible lugar. Después volvieron a empuñar sus armas y reanudaron la carnicería, tan espantosa, que el doctor se cubrió los ojos y cayó sin sentido en medio de todo aquel horror.

El señor Lorry recibía estas confidencias observando el semblante de su amigo, que ahora tenía sesenta y dos años de edad, y sintió el temor de que tan horribles pruebas renovaran el antiguo peligro. Pero él nunca lo había visto con su aspecto actual ni en tal carácter. Por primera vez sentía el doctor que sus sufrimientos pasados le daban energía y prestigio. Por primera vez conoció que en aquel vivo fuego había forjado lentamente el hierro que podría abrir la puerta de la prisión al esposo de su hija y ponerlo en libertad.

—Todo tendía a un buen fin, amigo mío —dijo el doctor Manette—. No fue mi desgracia pura pérdida y ruina. Así como mi hija tan querida me ayudó a recobrarme, yo seré útil ahora para devolverle la parte más amada de sí misma. ¡Lo haré, con la ayuda de Dios!

Cuando Jarvis Lorry vio los ojos brillantes, el semblante resuelto, la expresión serena y firme, el aire enérgico de su amigo, pensó que la vida que se había detenido como la cuerda en un reloj, durante tantos años, renacía con toda la fuerza latente que había estado adormecida cuando no podía ser utilizada. Y el señor Lorry tuvo fe en su amigo.

El tenaz propósito del doctor hubiese vencido

obstáculos aun mayores que éstos contra los que estaban luchando. Mientras se mantenía en su puesto de médico al servicio de toda clase de gente, presos y libres, ricos y pobres, buenos y malos, empleó su influencia personal con tanta habilidad que pronto fue nombrado médico inspector de tres cárceles, una de las cuales era La Force. Pudo asegurarle a Lucía que su marido ya no estaba confinado en un calabozo solitario, sino que se le permitía alternar con los otros detenidos; lo veía todas las semanas y le transmitía a ella tiernos mensajes de Carlos. Algunas veces le enviaba una carta (aunque nunca por mano del doctor), pero a ella no le estaba permitido escribirle, pues entre las muchas locas sospechas de complots tramados en las prisiones, ninguna lo era más que la conjuración atribuída a los emigrados, de quienes se sabía que tenían amigos o vinculaciones permanentes en otros países.

Esta nueva vida del doctor estaba llena de ansiedad, sin duda; pero el sagaz señor Lorry vio que lo sostenía una cierta clase de orgullo. Nada de reprochable tenía este orgullo; era natural y digno, pero el banquero lo observaba como con una curiosidad justa. El doctor sabía que, hasta ese momento, su encarcelamiento había estado asociado en la mente de su hija y en la de su amigo, con su aflicción personal, su debilidad y su decadencia. Ahora eso había cambiado y él se había investido de fuerzas nuevas, a causa de aquellas duras pruebas sufridas. Y con esas fuerzas contaban ambos para lograr la libertad de Carlos. Esta situación lo elevaba a sus propios ojos, y asumió la dirección de las gestiones; ellos dos, que eran débiles en este caso, se fiaron a él, el hombre fuerte. La posición relativa entre él y Lucía estaba invertida, pero con la mayor gratitud y afecto, pues el doctor anhelaba prestarle algún servicio a la hija a quien tanto debía.

—Esto es interesante, pero es justo y natural —se decía el señor Lorry viendo las cosas con su amable penetración—. Tomad la dirección, amigo mío, y conservadla. No puede estar en mejores manos.

Aunque el doctor intentó tenazmente sacar en libertad a Carlos, o, por lo menos, conseguir que fuera sometido a juicio, la corriente de la opinión pública era demasiado rápida y poderosa. Comenzaba la nueva era; el rey fue enjuiciado, sentenciado y decapitado; la República de la Libertad, la Igualdad y la Fraternidad. . . o la Muerte, declaró que vencería o moriría combatiendo contra el mundo levantado en armas contra ella. La bandera negra ondeaba día y noche desde las grandes torres de Notre-Dame; trescientos mil hombres convocados para levantarse contra los tiranos de la tierra, acudieron de todos los ámbitos de Francia, como si los dientes del dragón fabuloso hubieran fructificado igualmente en las sierras y en las llanuras, en la roca arcillosa y en el lodo aluvial, bajo el claro cielo del sur y bajo los cielos nublados del norte, entre los viñedos y los olivares, en los bosques y en los collados, entre los pastos segados y los rastrojos de los cereales, en las fértiles riberas de los anchos ríos y en las playas arenosas del mar. ¿Qué solicitud personal podía prosperar en medio de aquel diluvio del año Uno de la Libertad? ¡Aquel diluvio que no caía de lo alto sino que surgía de abajo, y cuando las ventanas del cielo estaban cerradas, no abiertas!

No había pausa, ni piedad, ni paz. No había intervalo de descanso ni medida del tiempo. Aunque los días y las noches se sucedían con la regularidad del comienzo de los tiempos, cuando la mañana y la tarde formaron el primer día, no se llevaba cuenta del tiempo. Todo se perdía en medio de la fiebre delirante de la nación, como pierde toda noción el enfermo de alta fiebre. Interrumpiendo el insólito silencio de toda la ciudad, el verdugo muestra al pueblo la cabeza del rey. Parecía muy breve el intervalo con que le había mostrado también la cabeza de la bella esposa del rey, y ¡durante ocho largos meses de viudez y de cárcel sus cabellos habían encanecido!

Y, sin embargo, según la extraña ley de las

contradicciones que impera en tales casos, el tiempo era largo y parecía huir tan velozmente. Existía un tribunal revolucionario en la capital y cuarenta o cincuenta mil comités revolucionarios funcionaban, diseminados en todo el país. Una ley de sospechosos destruía toda seguridad de la libertad y la vida, y entregaba a cualquier persona inocente y buena a la merced de cualquier malvado, de cualquier delincuente. Las cárceles desbordaban de gente que no había cometido ningún delito y que no conseguía ser oída. Estas cosas llegaron a constituir el orden establecido y parecían ser de uso consuetudinario cuando hacía apenas unas pocas semanas que se habían iniciado. Y por encima de todo, una odiosa figura llegó a ser tan familiar como si hubiera estado a la vista de todos desde el principio del mundo: la figura de "la dura hembra llamada La Guillotina".

Era el tema popular de las bromas, tales como: la mejor cura para el dolor de cabeza; el preventivo infalible contra las canas; impartía una delicada palidez al cutis; era la navaja nacional que afeitaba mejor; los que besaban la guillotina se asomaban por la ventanita y estornudaban en el cesto. Era el signo de la regeneración de la especie humana. Reemplazó a la cruz. Se usaban prendedores en forma de guillotina, sobre todo los que habían dejado a un lado la cruz. Se negaba a ésta, y las cabezas se inclinaban ante la guillotina.

Se cercenaron tantas cabezas, que el aparato y el suelo en que se levantaba se corrompieron y enrojecieron con tanta sangre. Se la desarmaba como un juguete hecho para algún joven demonio y se la volvía a armar cuando era necesario. Hacía callar a los elocuentes, derribaba a los poderosos y eliminaba a los que eran hermosos y buenos. En una mañana cortó las cabezas de veintidós amigos que ocupaban elevadas situaciones públicas. Uno de ellos ya estaba muerto, pero las veintidós cabezas fueron cortadas casi en otros tantos minutos.

En medio de estos horrores y de la ralea que los ejecutaba, marchaba el doctor Manette con seguridad y firmeza, confiado en su prestigio, con prudente persistencia hacia el fin propuesto, sin dudar nunca de que finalmente salvaría al marido de Lucía. Sin embargo, la corriente era tan fuerte y rápida, y el tiempo pasaba con tan terrible velocidad, que hacía un año y tres meses que Carlos estaba preso; pero el doctor seguía firme y confiado. Tanto más frenética y malvada se había vuelto la Revolución en aquel mes de diciembre, que los ríos del sur arrastraban en su corriente multitud de cadáveres de personas violentamente ahogadas durante la noche, y los presos, colocados en filas o en cuadros, eran asesinados en masa, a tiros, a la luz del sol de invierno en el sur de Francia. A pesar de todo, el doctor conservaba su confianza y su energía. Ningún hombre era más conocido que él en París en aquellos días; ninguno se hallaba en situación más extraña. Silencioso, humano, indispensable en los hospitales y en las prisiones, empleando sus conocimientos igualmente entre los asesinos y las víctimas, el doctor Manette era un hombre aparte. En el ejercicio de su profesión, su presencia y la historia del prisionero de la Bastilla lo apartaban de todos sus semejantes. No se sospechaba de él ni se le discutía, como si verdaderamente fuera un resucitado que hubiera estado muerto durante dieciocho años, o como si fuera un espíritu entre seres mortales.

Capítulo **5**

EL ASERRADOR

Un año y tres meses. Durante todo ese tiempo Lucía vivió en la incertidumbre, hora tras hora, sin saber si su marido sería o no guillotinado al día siguiente. Todos los días pasaban, bamboleándose sobre las piedras de las calles, las carretas llenas de condenados a muerte. Allá iban jóvenes preciosas, mujeres inteligentes, rubias, castañas, canosas; jovencitos, ancianos y hombres vigorosos, personas de abolengo y aldeanos; todos eran el vino de la guillotina, sacados diariamente de los oscuros calabozos, de las horribles prisiones, y llevados por las calles para saciar su sed devoradora. Libertad, lgualdad, Fraternidad. . . o Muerte. ¡Cuánto más fácil de dar era esta última, oh Guillotina!

La repentina calamidad y el girar de la rueda del tiempo habían sumido en estólida desesperación a Lucía, como a otras muchas mujeres. Pero desde el momento en que ella estrechó sobre su pecho la cabeza blanca de su padre, en el desván de Saint-Antoine, había cumplido fielmente sus deberes y seguía cumpliéndolos en estos tiempos de dura prueba, que es como procederán siempre los que son fieles y buenos.

Historia de dos ciudades   331

Tan pronto como se instalaron en su nueva residencia, y el doctor inició la rutina de sus tareas, Lucía arregló la vida doméstica con tanto esmero como si su marido estuviera en la casa. Todo tenía un sitio determinado, y el tiempo estaba bien distribuido. Le daba lecciones a la pequeña Lucía con la misma regularidad que cuando estaban en su hogar en Inglaterra. Aliviaba un tanto su preocupación con algunas ilusiones, imaginándose que no tardaría Carlos en ocupar el sillón que se le tenía destinado, y otros pequeños preparativos para su próximo regreso. Todas las noches se elevaba una plegaria por los desgraciados que estaban sumidos en las cárceles, y una plegaria especial por el prisionero tan amado.

No había cambiado mucho el aspecto de Lucía. Los sencillos vestidos oscuros, muy semejantes a los de luto, eran tan correctos y cuidados como los trajes claros de sus días felices. Había perdido su color de rosa, y su expresión intensa era constante, no ya ocasional como era antes; pero seguía siendo muy bella y elegante. Algunas veces, al besar a su padre, dándole las buenas noches, desahogaba en llanto la pena contenida durante el día, y le decía que su única esperanza, después de Dios, se cifraba en él. Y él siempre le contestaba resueltamente:

—Nada puede ocurrirle a Carlos sin que yo lo sepa, y sé que puedo salvarlo.

No habían transcurrido muchas semanas desde que dieran comienzo a su nueva vida, cuando una noche, al regresar a su casa, el doctor le dijo:

—Mi querida, hay en la prisión una ventana alta a la cual Carlos tiene acceso algunos días, a las tres de la tarde. Eso depende de varias circunstancias e incidencias inseguras, pero estando allí, él cree poder verte en la calle si te colocas en cierto sitio que yo te indicaré. Tú no podrás verlo, pobre hija mía, y aun si eso fuera posible, sería peligroso que le hicieras alguna seña en prueba de que lo reconocías.

—Muéstrame el sitio, padre, y yo iré allá todos los días.

Desde el día siguiente, fuera cual fuese el estado del tiempo, Lucía esperaba durante dos horas en el sitio indicado. Cuando el reloj daba las dos, ya estaba ella allí, y cuando daban las cuatro, se alejaba resignadamente. Cuando no llovía o el tiempo no era demasiado inclemente para que saliera la niña, allá iban, madre e hija; otras veces Lucía iba sola; pero no faltó ni un día.

Era el sitio la esquina oscura y sucia de una callejuela tortuosa. En aquel punto no había otra cosa que la casucha de un aserrador que cortaba astillas de leña; después había un muro ciego. Al tercer día el hombre se dio cuenta de la presencia de Lucía.

—Buenos días, ciudadana —le dijo.

—Buenos días, ciudadano.

Esta fórmula de saludo estaba ordenada por decreto. Algún tiempo antes había sido adoptada voluntariamente entre los más entusiastas patriotas; actualmente era una ley impuesta a todos.

—¿Paseando por aquí otra vez, ciudadana?

—Ya lo veis, ciudadano.

El aserrador era un hombre menudo, muy gesticulador: en otro tiempo había sido peón caminero. Dirigió una mirada a la cárcel y la señaló con un gesto; luego puso sus diez dedos delante de su cara para representar barrotes y miró jocosamente por entre ellos.

—Pero no es asunto mío —dijo, y siguió aserrando leña

Al día siguiente, al verla la abordó en el momento en que apareció en la calle:

—¡Cómo! ¿Paseando otra vez por aquí, ciudadana?

—Sí, ciudadano.

—¡Ah! ¡Y también una criatura! ¿Tu madre, pequeña ciudadana?

—¿Digo que sí, mamá? —murmuró la niña, aproximándose a su madre.

—Sí, querida.

—Sí, ciudadano.

—¡Ah! Pero no es asunto mío. Mi trabajo es mi asunto; mira mi serrucho. Yo lo llamo mi pequeña guillotina. ¡La, la, la! ¡La, la, la! ¡Y salta su cabeza!

La astilla cayó, y él la arrojó a una cesta.

—Yo me llamo a mí mismo el Sansón de la guillotina de la leña. ¡Mira aquí otra vez! ¡Lu, lu, lu! ¡Lu, lu, lu! Y salta la cabeza de "ella"! Ahora es un niño. ¡Pic, pic, pic! ¡Tic, tic, tic! Y salta la cabeza de "él" ¡Toda la familia!

Lucía se estremeció cuando el aserrador arrojó otras dos astillas al cesto. Pero era imposible permanecer allí mientras él trabajaba y no estar a su vista. De ahí en adelante, para asegurar la buena voluntad de tal sujeto, ella siempre le hablaba primero y, muchas veces, le daba dinero para beber, cosa que él recibía con mucha satisfacción.

Era un individuo curioso; algunas veces Lucía olvidaba su presencia mientras miraba al techo y a las rejas de la prisión, levantando el corazón hacia su marido; y de pronto volvía en sí y lo hallaba mirándola con profunda atención, con una rodilla apoyada en el banco y el serrucho inactivo.

—¡No es asunto mío! —decía generalmente, y seguía serruchando afanosamente.

Ni la nieve y la escarcha del invierno, ni los fuertes vientos de la primavera, ni el calor del verano, ni las lluvias del otoño, ni la nieve y la escarcha del nuevo invierno impedían a Lucía pasar cada día dos horas en este mismo sitio; al partir, besaba el muro de la cárcel. Según le dijo el doctor Manette, Carlos la veía una de cada cinco o seis veces; o dos o tres veces consecutivas; después dejaba de verla durante una o dos semanas. Bastaba que él pudiera verla (y la veía cuando lo favorecía la casualidad) para que ella hubiera esperado cada día durante toda la semana.

En estas ocupaciones la halló el mes de diciembre sin que flaqueara la obstinada firmeza de su padre, en medio de todos los horrores. Una tarde que estaba nevando, llegó Lucía a la esquina de la calleja. Al pasar, había visto que las casas estaban adornadas con pequeñas picas que ostentaban gorros encarnados; era un día en que se celebraba con extravagantes manifestaciones alguna fiesta nacional; también había visto muchas cintas tricolor y estandartes con la inscripción, escrita en letras que ostentaban los tres colores: "República Una e Indivisible. Libertad, Igualdad, Fraternidad o Muerte".

La miserable casucha del aserradero era tan pequeña, que en todo el frente apenas había espacio suficiente para esta leyenda. Sin embargo había conseguido que alguien se la escribiera con tanta torpeza que casi no cabía la palabra final: Muerte. En lo alto de la casucha se ostentaba la pica con el gorro, como era el deber de todo buen ciudadano; en la ventana había colocado su serrucho con esta inscripción: "La Pequeña Santa Guillotina", pues la terrible y "dura hembra" había sido canonizada por consenso popular. La casa estaba cerrada, y Lucía sintió alivio al ver que el hombre no se encontraba allí, y que ella quedaba completamente sola.

Pero sin duda él no debía estar lejos, porque Lucía no tardó en oír con temor que se acercaba algún grupo tumultuoso que lanzaba gritos. Al cabo de un momento apareció el gentío en la esquina, del lado del muro de la prisión; en medio del grupo venía el leñador tomado de la mano con La Venganza. Aquella muchedumbre constaba de unas quinientas personas que bailaban como cinco mil demonios. No había otra música que la canción popular de la Revolución, a cuyos sones bailaban todos con un compás en que parecía oírse el rechinar de dientes en unísono. Bailaban juntos hombres y mujeres, bailaban juntas las mujeres y, también, juntos los hombres, según los reuniera el azar. Al principio aquello no parecía sino un torbellino de gorros encarnados y de trapos de lana, pero cuando llenaron la calleja y cesaron de bailar en torno de Lucía, pareció la fantástica figura de una danza de energúmenos. Avanzaban, retrocedían, chocaban las manos entre sí, asían las cabezas unos de otros, giraban solos y después giraban en parejas hasta que muchas cayeron al suelo; otros, tomados de las manos, giraban en ronda; después se rompía el círculo y se formaban rondas de dos y de cuatro que giraban vertiginosamente. Todo cesaba bruscamente para volver a comenzar, y luego formaban filas que llegaban de una a otra pared de la calle, y con las cabezas inclinadas y los brazos en alto, se dejaban caer lanzando alaridos. Ningún combate podía parecer más terrible que esta danza. Evidentemente era un juego degenerado, algo que fue primitivamente inocente y que luego tomó esa forma demoníaca; un antiguo pasatiempo sano convertido en el medio de hacer hervir la sangre, de aturdir los sentidos y de endurecer el corazón. El resto de gracia que aun conservaba, la afeaba aún más, mostrando cómo se había pervertido hasta este grado el que fue bueno en su origen. Los desnudos pechos juveniles, las bonitas caras infantiles, con su expresión alocada, los pequeños pies que saltaban entre este lodo formado por sangre y basuras, eran abominables signos de la terrible época.

Esta danza era la Carmañola. Por fin pasó, dejando a Lucía asustada y aturdida, a la puerta de la casa del leñador. La nieve, blanca y silenciosa, caía tan suavemente como si allí no se hubiera desarrollado semejante escena.

—¡Oh, padre! ¡Qué espectáculo más horrible! —murmuró Lucía, que, al abrir los ojos que se había cubierto con una mano, vio a su lado al doctor.

—Ya lo sé, querida. Lo he visto, por cierto, muchas veces. Pero no te asustes; esa gente no te haría ningún daño.

—No tengo miedo por mí, padre. ¡Pero cuando pienso en Carlos y en esta gente despiadada!. . .

—Muy pronto lo pondremos fuera de su alcance. Lo

dejé trepándose a la ventana y he venido a avisarte. Nadie puede verte ahora. Puedes enviarle un beso hacia aquel techo sobresaliente que está arriba de todo.

—Así lo hago, y le envío mi alma en ese beso.

—¿No puedes verlo, querida?

—No, padre, no —contestó Lucía, llorando y besando las puntas de sus dedos.

Alguien se acercaba caminando sobre la nieve. Era la Defarge.

—Os saludo, ciudadana —dijo el doctor.

—Os saludo, ciudadano.

Nada más que esto, al pasar y la Defarge se alejó como una sombra sobre la calle blanca.

—Dame el brazo, hija mía. Muestra semblante alegre y valeroso, en bien de Carios. Has estado muy bien y no será en vano. Carlos comparecerá mañana ante el Tribunal.

—¡Mañana!

—No hay tiempo que perder. Yo estoy bien preparado, pero hay algunas precauciones que tomar que era imposible tomar antes de que fuera citado ante el tribunal. Carlos todavía no lo sabe; lo sabrá mañana y será trasladado a la Conserjería. Yo he recibido información oportuna. ¿No tienes miedo?

Lucía apenas pudo contestar:

—Confío en ti.

—Puedes estar segura. Tu incertidumbre llega a su fin, mi querida. Tu marido te será devuelto dentro de pocas horas; lo he rodeado de todo cuanto puede protegerlo. Tengo que ver a Lorry.

Ambos se detuvieron; se oía el ruido de pesadas ruedas sobre el tosco empedrado, y ellos sabían lo que aquello significaba. Tres carretas pasaban llevando su doloroso cargamento bajo la nieve.

—Tengo que ver a Lorry —repitió el doctor haciendo a la vez que Lucía volviera la cabeza hacia otro lado.

El intrépido anciano estaba en su puesto. A menudo se recurría a él y a sus libros a causa de bienes confiscados que pasaban a ser propiedad nacional. Salvó para los dueños todo cuanto fue posible salvar. Nadie era más capaz que él de conservar lo que había sido depositado en el banco Tellson, y de guardar el secreto.

Un cielo turbio, de un amarillo rojizo, y la niebla que se levantaba del Sena, indicaban que se aproximaba la noche. Ya había oscurecido cuando Manette y su hija llegaron al banco. La soberbia residencia de monseñor estaba abandonada, desierta. En el patio, encima de un monton de tierra y de cenizas, se leían estas palabras: "Propiedad Nacional. República Una e Indivisible. Libertad, Igualdad, Fraternidad o Muerte".

¿Quién podía ser la persona que estaba con el señor Lorry? ¿A quién pertenecía la levita de montar que se veía sobre una silla? ¿Quién era la persona a la que no se debía ver? ¿De hablar con qué persona recién llegada salía el anciano, agitado y sorprendido, para tomar en sus brazos a su querida Lucía? ¿A quién parecía repetirle las palabras vacilantes de ella, levantando la voz y volviendo la cabeza hacia la habitación donde acababa de salir? ¿A quién le decía?:

—"Trasladado a la Conserjería y citado para mañana".

Capítulo **6**

TRIUNFO

El temido tribunal compuesto por cinco jueces, un fiscal y un jurado de ánimo resuelto, celebraba sesión todos los días. Sus listas salían todas las noches y eran leídas por los carceleros de las diversas prisiones, a los presos. La broma habitual del carcelero era ésta:

—¡Los que estáis ahí adentro, venid a escuchar lo que dice el diario de la tarde! ¡Carlos Evrémonde, llamado Darnay!

Así fue como, por fin, comenzó en La Force el diario de la tarde.

Cuando se citaba un nombre, el nombrado se apartaba hasta un sitio reservado a aquellos a quienes se les anunciaba que estaban en la silla fatal. Carlos Evrémonde, llamado Darnay, tenía motivos para conocer esta costumbre, habiendo visto a centenares ser llamados de ese modo.

Su inflado carcelero, que usaba anteojos para leer, miró por encima de ellos para asegurarse de que el preso había ido a ocupar su puesto, y siguió leyendo la lista con la misma breve pausa después de cada nombre. Había veintitrés nombres, pero solamente respondieron veinte; uno de los presos citados había muerto en la cárcel y los otros dos habían sido guillotinados. Los tres habían sido olvidados. La lista fue leída en la misma sala abovedada donde Darnay vio a los prisioneros reunidos la noche de su llegada a La Force. Cada uno de aquéllos había perecido en la matanza; todos los seres humanos a quienes él había conocido en la prisión y que le inspiraron simpatía, habían muerto en la guillotina.

Se cambiaban breves palabras de despedida y de bondad, y se separaban rápidamente. Era el incidente de todos los días, y la sociedad de La Force estaba ocupada en preparar unos juegos de prendas y un pequeño concierto para esa tarde. Se agruparon ante los barrotes y derramaron algunas lágrimas; pero era menester llenar veinte puestos en el programa de juegos, y el tiempo era corto, pues se acercaba la hora en que debían ser encerrados bajo llave todos los presos, y las salas y corredores serían ocupados por los grandes perros que ejercían allí la vigilancia nocturna. Los prisioneros estaban lejos de ser indiferentes o insensibles; su comportamiento actual era el resultado de las circunstancias. Del mismo modo, aunque con una sutil diferencia, algunos demostraban una especie de exaltación, de embriaguez, que los hacía desafiar innecesariamente a la guillotina y morir en ella, sin que tal actitud fuera una simple bravata sino una manifestación del desequilibrio general. En las épocas de epidemia muchos sienten una secreta atracción por el mal reinante, una terrible y pasajera inclinación a morir de ese mal. Todos tenemos asombrosos secretos semejantes a ésos y que sólo aguardan las circunstancias propicias para manifestarse.

El pasaje que lleva a la Conserjería era corto y oscuro. La noche, en sus calabozos infestados de parásitos, fue larga y fría. Al día siguiente, quince presos fueron llamados ante el tribunal antes que se citara el nombre de Carlos Darnay. Los quince fueron condenados a muerte, y el juicio de todos ellos duró una hora y media.

—Carlos Evrémonde, llamado Darnay —se oyó por fin.

Los jueces tenían puestos sus sombreros adornados con plumas, pero en toda la asamblea predominaban los gorros encarnados y las escarapelas tricolor. Al mirar al jurado y al público turbulento, el acusado podía haber pensado que estaba invertido el orden de las cosas, y que los bribones estaban juzgando a los hombres honrados. El populacho más vil, más cruel y malvado de la ciudad (no hay gran ciudad que no contenga ese bajo fondo), era el director de aquella escena; comentando ruidosamente, aplaudiendo, desaprobando, anticipando o precipitando el resultado, sin ser nunca contenido. Casi todos los hombres estaban armados de diversos modos, algunas mujeres tenían cuchillos o puñales, otras comían y bebían, muchas tejían. Entre estas últimas había una que tenía bajo el brazo una parte del tejido en qué trabajaba; estaba sentada en primera fila, al lado de un hombre a quien Carlos no había vuelto a ver desde el día de su llegada a la barrera, pero que recordó inmediatamente: un tal Defarge. Notó que ella le habló al oído una o dos veces, y pensó que quizá sería la mujer de Defarge; le llamó la atención que estando aquella pareja tan próxima a él como era posible, no lo miraban. Parecían esperar algo, y no apartaban del jurado sus miradas, en las que se leía una gran firmeza. Una grada más abajo del presidente estaba sentado el doctor Manette, sencillamente vestido, como era su costumbre. Según pudo ver el preso, el doctor y el señor Lorry eran los únicos que, no teniendo nada que ver con el tribunal, tenían sus trajes usuales y no habían endosado las burdas ropas de la Carmañola.

Carlos Evrémonde, llamado Darnay, estaba acusado por el fiscal como emigrado cuya vida pertenecía a la República, según el decreto que desterraba a todos los emigrados, bajo pena de muerte. Nada importaba que el decreto tuviera fecha posterior a su regreso a Francia. Aquí estaba él, y también estaba el decreto; había sido tomado en Francia y se pedía su cabeza.

—¡Quitadle la cabeza! —gritó el público—. ¡Es un enemigo de la República!

El presidente tocó la campanilla para acallar aquellos gritos y preguntó al acusado si no era verdad que él había vivido muchos años en Inglaterra.

Era cierto, indudablemente.

Entonces ¿no era un emigrado? ¿Cómo se calificaba a sí mismo?

No era emigrado, según el sentido y el espíritu de la ley.

¿Por qué no?, deseó saber el presidente.

Porque él había renunciado voluntariamente a un título que le era odioso y a una situación social que le era igualmente odiosa, habiendo abandonado el país antes de que la palabra "emigrado" tuviera el sentido que ahora le daba el tribunal, para vivir de su trabajo en Inglaterra, y no del trabajo del abrumado pueblo de Francia.

¿Qué pruebas tenía de todo esto?

Darnay dio los nombres de dos testigos: Teófilo Gabelle y Alejandro Manette.

Pero se había casado en Inglaterra, le recordó el presidente.

Es verdad, pero no con una inglesa.

¿Con una ciudadana de Francia?

Sí; francesa de nacimiento.

¿El nombre y familia de ella?

Lucía Manette, hija única del doctor Manette, el buen médico que estaba allí presente.

Esta respuesta tuvo un feliz efecto sobre el público. Los gritos de elogio al conocido y bondadoso médico, llenaron los ámbitos de la sala. Tan caprichosa era la emoción del público, que inmediatamente corrieron lágrimas sobre varios de los rostros feroces que un momento antes habían mirado con odio al prisionero, como si estuvieran impacientes por arrebatarlo y llevarlo a la calle para matarlo.

En aquellas pocas etapas de su peligroso camino.

Carlos Darnay había marchado siguiendo al pie de la letra las reiteradas instrucciones del doctor Manette. Los mismos prudentes consejos lo guiaron en las etapas a recorrer, habiendo preparado el camino pulgada a pulgada.

El presidente preguntó al acusado por qué había regresado a Francia cuando lo hizo y no antes.

Contestó que no había regresado antes, sencillamente porque no tenía medios de vida en Francia, salvo aquellos a los que había renunciado; mientras que en Inglaterra vivía enseñando el idioma francés y la literatura francesa. Había regresado cuando lo hizo, cediendo al urgente ruego escrito de un ciudadano que le decía que su vida corría peligro a causa de su ausencia. Había regresado para salvar la vida de un ciudadano y prestar testimonio de la verdad, aun corriendo riesgos personalmente. ¿Era eso un crimen a los ojos de la República?

El populacho gritó con entusiasmo:

—¡No!

El presidente tocó la campanilla para aquietarlos, pero no lo consiguió, pues el pueblo siguió gritando: "¡No!" hasta callarse voluntariamente.

El presidente preguntó cuál era el nombre de este ciudadano. El acusado contestó que ese ciudadano era su primer testigo; después se refirió, confiado, a la carta del ciudadano, que le había sido quitada en la barrera, pero que sin duda se encontraría entre los papeles que el presidente tenía ante sí.

El doctor había cuidado de que la carta estuviera allí, y había asegurado a Carlos que, en efecto, estaría. La carta fue presentada y leída en ese momento. El ciudadano Gabelle fue llamado para confirmarla, y lo hizo. El ciudadano Gabelle insinuó con infinita delicadeza y cortesía, que en la apremiante tarea impuesta al Tribunal por la multitud de enemigos de la República, de quienes tenía que ocuparse, él había sido un tanto descuidado en su prisión de la Abadía, es decir, se había borrado de la patriótica memoria del Tribunal hasta hacía tres días, en que fue citado a comparecer, siendo puesto en libertad por haberse declarado satisfecho el jurado; la acusación contra él había sido contestada, por su parte, con la entrega de sí mismo que hizo el ciudadano Evrémonde, llamado Darnay.

Después se interrogó al doctor Manette. Su gran popularidad personal y la claridad de sus respuestas produjeron profunda impresión. En el curso de su declaración demostró que el acusado había sido su primer amigo después de haber sido libertado de su largo cautiverio; que había permanecido en Inglaterra, siempre fiel y consagrado a él y a su hija en su vida de desterrado; y que, lejos de estar en favor del gobierno de aristócratas en este país, había sido procesado, corriendo peligro de su vida, como enemigo de Inglaterra y amigo de los Estados Unidos. El doctor dijo todo esto con la mayor discreción y con la honrada fuerza de convicción de la verdad y la seriedad. El jurado y el público formaron una misma unánime opinión. Por último, cuando el testigo apeló al testimonio del señor Jarvis Lorry, un caballero inglés que estaba allí presente, y que había sido, como el doctor, testigo en el juicio mencionado y podía corroborar su declaración, el jurado manifestó haber oído bastante y que estaba pronto a emitir sus votos si el presidente estaba dispuesto a recibirlos.

El jurado votaba en alta voz e individualmente. A cada voto el pueblo estallaba en aplausos y gritos. Todos los votos fueron favorables al prisionero, y el presidente lo declaró libre.

Entonces se desarrolló una de esas escenas con que el populacho satisface su versatilidad o, quizás; sus mejores impulsos hacia la generosidad y la misericordia, o, también, como prueba en contra de los exagerados relatos de su feroz crueldad. Nadie puede asegurar a cuál de aquellas tres causas puede atribuirse tan extraordinarias escenas; probablemente a una mezcla de las tres, con predominio de la segunda. Apenas fue proclamado el fallo, cuando el público vertió lágrimas en tanta abundancia como vertía sangre en otras ocasiones; abrumaron al preso con fraternales abrazos, tantos hombres y mujeres como pudieron precipitarse hacia él. Sin duda a causa de su prolongado y malsano encierro, Darnay se sentía débil y estuvo a punto de desmayarse. Bien sabía él que ese mismo pueblo, llevado por otra corriente, se hubiera abalanzado sobre él con igual intensidad de entusiasmo para despedazarlo y esparcir sus restos por las calles.

Por el momento se libró de estas caricias por tener que retirarse para dar paso a otros acusados que debían ser juzgados. Eran cinco los que debían someterse a juicio como enemigos de la República, por no haberla ayudado con hechos o con palabras. Tan rápidamente se compensaron el Tribunal y la nación por un prisionero indultado, que los cinco acusados bajaron a verlo antes que se retirase; habían sido condenados a morir dentro de veinticuatro horas. El primero de ellos se lo comunicó a Darnay con la señal que se emplea en la prisión para indicar la pena de muerte: levantando un dedo, y los cinco exclamaron:

—¡Viva la República!

Cierto es que los cinco infortunados no tuvieron público que con sus actitudes y voces prolongara la sesión, porque cuando el doctor Manette y Darnay salieron a la calle, había allí una gran multitud entre la que parecían hallarse todas las caras que Darnay había visto en el tribunal; es decir, todas menos dos que buscó en vano. A la salida, la multitud lo rodeó nuevamente llorando, abrazándolo y gritando, por turno o todos a la vez. Hasta el oleaje del río a cuyas orillas se había desarrollado la tumultuosa escena, pareció compartir la agitación de aquella gente.

Sentaron a Darnay en un sillón sacado del Tribunal mismo, o de alguno de los corredores o salas contiguas. Sobre el sillón se había extendido una bandera roja y en el respaldo estaba asegurada una pica que sostenía un gorro encarnado. Todos los ruegos del doctor no lograron impedir que Carlos fuera llevado hasta su casa en este carro triunfal, colocado en hombros de algunos ciudadanos y rodeado por un confuso y ondulante mar de gorros encarnados del que surgían rostros tales que, más de una vez, él creyó estar trastornado, y que, en realidad, se hallaba en la carreta, camino a la guillotina.

En loca procesión, abrazando a los que hallaban a su paso y señalándoselo, lo llevaban por las calles, que, cubiertas de nieve, aparecían enrojecidas con el color predominante en la República; la turba pisoteaba la nieve que cubría el suelo teñido con un tono rojo más intenso que el de los gorros y las banderas. Así llegaron hasta el patio de la casa en que vivía el doctor. Lucía había sido prevenida por su padre, que llegó un poco antes; cuando Carlos pudo estar en pie, ella cayó sin sentido en sus brazos.

Cuando él la estrechó contra su corazón y puso la hermosa cabeza entre su rostro y la turbulenta multitud, de modo que no pudieran ver las lágrimas de él ni los labios de ella, algunos entusiastas se pusieron a bailar. Instantáneamente se les unieron los otros, y en el patio desbordó la Carmañola. Después subieron al sillón vacío a una joven sacada de entre los bailarines para ser llevada como la Diosa de la Libertad, aumentando en número y desbordando sobre las calles adyacentes, a lo largo de la orilla del río y sobre el puente; la Carmañola absorbió a todos y los arrastró en sus giros.

Carlos estrechó la mano del doctor, que se mostraba triunfante y orgulloso ante ellos; estrechó la mano del señor Lorry, que llegaba jadeante después de luchar para verse libre de la Carmañola; abrazó y besó a la pequeña Lucía, que fue levantada para que pudiera rodearle el cuello con sus brazos; y también abrazó a la fiel señorita Pross, que levantaba a la niña. Después tomó en brazos a su esposa y la condujo a sus habitaciones.

—¡Lucía! ¡Mi querida! ¡Estoy salvado!

—Mi querido Carlos, voy a agradecerle de rodillas a Dios como acostumbro a hacerlo.

Ambos se inclinaron con unción.

Cuando él volvió a tenerla en sus brazos le dijo:

—Háblale a tu padre, querida mía. Ningún otro hombre en toda Francia hubiera podido hacer lo que él ha hecho por mí.

Lucía apoyó la mano sobre el pecho de su padre, como él había apoyado la cabeza sobre el pecho de ella hacía tanto, tanto tiempo. El doctor se sentía feliz de poder retribuir lo que debía a su hija; se consideraba compensado de sus pasados sufrimientos y estaba orgulloso de su fuerza.

—No debes mostrarte débil, hija mía —murmuró—. No tiembles así. Lo he salvado.

Capítulo 7

UN LLAMADO A LA PUERTA

—Lo he salvado.

Muchas veces había soñado Lucía con el regreso de su marido. Ahora no era un sueño su presencia. Estaba realmente en la casa. Y sin embargo, ella temblaba, y un temor vago y constante le oprimía el corazón.

Todo el ambiente era tan pesado y sombrío; el pueblo se mostraba tan apasionadamente vengativo y versátil; tantos inocentes eran guillotinados por vagas sospechas o por negra maldad, que era imposible olvidar que muchos acusados tan intachables como Carlos y tan amados como él, eran diariamente sacrificados, que Lucía no podía sentirse tan feliz ni tan despreocupada como hubiera deseado. Las sombras de la tarde invernal comenzaban a caer, y aun a esa hora los horribles carros recorrían las calles. Lucía los seguía con la imaginación, buscándolo a "él" entre los condenados, y se abrazaba a él más estrechamente y se estremecía.

Su padre la consolaba mostrando una compasiva superioridad para aquella debilidad femenina, que era conmovedora. Se había borrado todo recuerdo del desván, del banco de zapatero, del Ciento Cinco, Torre del Norte. Había realizado la tarea que se impuso; había cumplido su promesa de salvar a Carlos. Que todos se apoyaran en él.

En la casa del doctor Manette la mesa era muy frugal no solamente por ser el menos peligroso modo de vivir, a causa de que era menos opuesto a las ideas del pueblo, sino también porque la familia no era rica; durante su cautiverio, Carlos había tenido que pagar cara la mala comida que consumía; debía además pagar a los que lo custodiaban y contribuir a pagar los alimentos para los prisioneros más pobres. En parte por economía, y en parte, para evitar la presencia de algún espía doméstico, no tenían sirvientes. El ciudadano y las ciudadanas que hacían de porteros a la entrada del patio, les prestaban algunos servicios de tiempo en tiempo. Jerry, transferido del todo por el señor Lorry a la familia Manette, era un servidor diario y dormía en la casa todas las noches.

Era orden de la República Una e Indivisible, de Libertad, Igualdad, Fraternidad o Muerte, que en la puerta, o en el marco de la puerta de cada casa, estuviera escrito el nombre de cada uno de sus moradores, en letras de un tamaño determinado y a cierta altura conveniente del suelo. Así, el nombre de Jerry Cruncher ornaba debidamente la puerta de la calle. En aquella tarde de invierno en que la sombra comenzaba a caer sobre la ciudad, se presentó el dueño de aquel nombre; venía de inspeccionar la obra de cierto pintor empleado por el doctor para que añadiera a la lista el nombre de Carlos Evrémonde, llamado Darnay.

Debido al temor y a la desconfianza que ensombrecía la vida, todos los modos de vivir usuales e inofensivos habían sufrido un cambio. En la casa del doctor, como en muchísimas otras, los víveres y otros artículos de uso diario eran adquiridos cada tarde, al anochecer, en pequeñas cantidades y en diversas tiendas. El deseo general era evitar llamar la atención y no dar ocasión a las habladurías y a la envidia.

Desde algunos meses atrás, la señorita Pross y Cruncher habían desempeñado el puesto de proveedores. Ella llevaba el dinero y él la canasta. Todas las tardes, hacia la hora en que se encendían las lámparas en las calles, ambos salían a cumplir con este deber, hacían las compras necesarias y las traían a casa. La señorita Pross debía saber el francés tan bien como su propio idioma, después de haber vivido durante tantos años en casa de una familia francesa; pero ella ni siquiera intentó aprenderlo, de modo que ignoraba tanto como Cruncher el idioma que calificaba de "puras tonterías". A causa de esta ignorancia, su manera de hacer las compras consistía en decir bruscamente un nombre sustantivo al vendedor, sin otro preliminar, y si no había acertado con el nombre apropiado, buscaba en la tienda el artículo deseado hasta encontrarlo y se apoderaba de él hasta que la compra quedaba realizada. Su manera de regatear consistía en levantar siempre un dedo menos de los que levantaba el vendedor, fuera cual fuese el precio de la mercancía.

—Y ahora, señor Cruncher —dijo la señorita Pross, cuyos ojos relucían de felicidad—. Si estáis pronto, yo ya lo estoy.

Jerry le contestó con su voz ronca que estaba a sus órdenes. Hacía mucho tiempo que habían desaparecido las manchas de herrumbre de los dedos del mensajero de Tellson, pero nada pudo alisar sus cabellos hirsutos.

—Se necesitan toda clase de cosas —dijo la señorita—, y no tenemos mucho tiempo. Hay que comprar vino, además. Lindos brindis oiremos gritar a esos cabezas coloradas dondequiera que entremos a comprarlo.

—Creo que para vos será lo mismo que brinden a vuestra salud o a la del viejo, me parece a mí —replicó Jerry.

—¿Quién es el viejo?

Cruncher explicó de mala gana que era El Malo.

—¡Ah! No se necesita ningún intérprete para explicar

lo que eso quiere decir. Siempre es una sola cosa: hacer el mal y cometer asesinatos a medianoche.

—¡Calla, querida! Por favor, ten prudencia —rogó Lucía.

—Sí, sí, sí; seré prudente —dijo la señorita Pross—, pero digo aquí, entre nosotros, que espero que no habrá apreturas con el olor a tabaco y a cebolla, con pretexto de abrazos a todos en las calles. Y ahora, palomita, no os apartéis del lado del fuego hasta que yo vuelva. Cuidad a ese tan querido esposo que habéis recobrado y conservad así vuestra cabeza sobre su hombro hasta que yo os vea de nuevo. ¿Puedo hacer una pregunta antes de salir, doctor Manette?

—Creo que podéis tomaros esa libertad —contestó el doctor sonriendo.

—Por favor, no habléis de libertad; ya tenemos bastante de eso —replicó la señorita Pross.

—¡Silencio, querida! ¿Otra vez? —dijo Lucía con tono de reproche.

—Está bien, mi preciosa —replicó la señorita, haciendo con la cabeza un gesto enérgico—. El caso es que yo soy súbdita de Su Muy Graciosa Majestad el Rey Jorge III —y al decir este nombre hizo una reverencia—; y como tal, mi máxima es: "Confundid su política, frustrad sus viles intrigas. En él ciframos nuestras esperanzas. ¡Dios salve al rey!"

Cruncher, con un exceso de lealtad, repetía las palabras de la señorita, como se hace en la iglesia.

—Me alegro de ver que sois tan buen inglés, pero hubiera sido mejor que no tuvierais esa ronquera —dijo la señorita Pross con aire de aprobación—. Y ahora mi pregunta, doctor Manette: ¿Hay alguna probabilidad de que salgamos de este lugar?

Era costumbre de la buena mujer tratar este tema con aparente ligereza y de manera casual, lo que les causaba una gran ansiedad.

—Temo que todavía no haya ninguna probabilidad. Sería peligroso para Carlos.

—Pues entonces debemos tener paciencia y esperar —dijo alegremente, reprimiendo un suspiro al mirar los cabellos dorados de Lucía que brillaban a los reflejos del fuego—. Tendremos que mantener alta la cabeza y defendernos, como decía mi hermano Salomón. ¡Ahora, Cruncher! No os mováis, palomita.

Salieron, dejando delante del fuego a Lucía, Carlos, el padre y la niña. Se esperaba al señor Lorry, que debía venir del banco. La señorita Pross había encendido la lámpara, colocándola en un ángulo a fin de que contemplaran a su gusto el fuego de la chimenea. La pequeña Lucía estaba sentada al lado del abuelo, con las manos cruzadas sobre su brazo, y él empezó a contarle la historia de una hada muy poderosa que había abierto la pared de una prisión sacando de allí a un cautivo que en otro tiempo le había prestado un servicio.

Hablaba en voz baja, y en toda la habitación reinaba una suave quietud que calmó el malestar de Lucía.

—¿Qué es eso? —exclamó ella, de pronto.

—¡Mi querida! —dijo el doctor, interrumpiendo la historia y poniendo su mano sobre la de su hija—. Domínate. ¡En qué estado nervioso estás! La menor cosa, casi nada, te sobresalta. ¡A ti, la hija de tu padre!

—Pensé que oía pasos en la escalera —dijo Lucía, disculpándose, pero muy pálida y con la voz trémula.

—Hija mía, en la escalera reina un silencio de muerte.

Cuando pronunciaba la última palabra, sonó un golpe en la puerta.

—¡Padre! ¡Oh, padre! ¿Qué puede ser esto? ¡Oculta a Carlos! ¡Sálvalo!

—Hija mía —dijo el doctor poniéndole la mano sobre el hombro—. Lo he salvado. ¿Qué debilidad es ésta? Voy a ver quién llama a la puerta.

Levantó la lámpara, cruzó las dos habitaciones que lo separaban de la puerta, y la abrió. Se oyó un fuerte ruido de pasos, y cuatro hombres rudos, armados con sables y pistolas y con gorros encarnados en la cabeza entraron en la habitación.

—El ciudadano Evrèmonde, llamado Darnay —dijo el que había entrado primero.

—¿Quién lo busca? —preguntó Carlos.

—Yo lo busco. Lo buscamos nosotros. Os reconozco, Evrèmonde. Os he visto hoy, ante el Tribunal. Sois de nuevo prisionero de la República.

Los cuatro hombres lo rodearon; él estaba de pie, y su esposa y su hijita se abrazaron a él.

—Decidme cómo y por qué soy de nuevo apresado.

—Basta con que volváis directamente a la Conserjería; lo sabréis mañana. Mañana seréis citado otra vez.

El doctor Manette había quedado como petrificado, con la lámpara en la mano, como si fuera una estatua destinada a sostenerla; se recobró después de oír estas palabras, bajó la lámpara, y poniéndose delante del hombre que había hablado, le asió la pechera de la blusa de lana colorada, y le dijo:

—Habéis dicho que lo conocéis a él. ¿Me conocéis a mí?

—Todos os conocemos, ciudadano doctor —dijeron a una los otros tres hombres.

El doctor, como abstraído, los miraba uno a uno, y después de una corta pausa añadió, bajando la voz:

—Queréis contestarme a esta pregunta: ¿Cómo es que sucede esto?

—Ciudadano doctor —dijo de mala gana el primero—: Ha sido acusado a la sección de Saint-Antoine. Este ciudadano —añadió señalando al que había entrado después de él— es de Saint-Antoine.

El indicado asintió con un ademán, y dijo:

—Está acusado por Saint-Antoine.

—¿De qué se le acusa? —preguntó Manette.

—Ciudadano doctor —dijo el que había hablado primero—, no preguntéis más. Si la República os pide sacrificios, sin duda que vos, como buen patriota, os alegraréis de poder hacerlos. La República está antes que todo. El pueblo es supremo, Evrèmonde, tenemos prisa.

—Una palabra —suplicó el doctor—. ¿Queréis decirme quién lo ha denunciado?

—Es contra las reglas contestar a eso. Pero preguntádselo a ése, que es de Saint-Antoine.

El doctor volvió la mirada hacia el aludido, que se apoyaba sobre un pie, luego sobre otro, y se frotaba la barba, demostrando cierto malestar. Por último dijo:

—¡Y bien! Ciertamente que es contra las reglas, pero ha sido denunciado, y gravemente, por el ciudadano y por la ciudadana Defarge, y por otra persona.

—¿Qué otra persona?

—¿Y "vos" lo preguntáis, ciudadano doctor?

—Sí.

—Entonces —dijo el patriota mirándolo con expresión extraña—, se os responderá mañana. Ahora soy mudo.

Capítulo 8

UNA PARTIDA DE NAIPES

Con feliz ignorancia de la nueva calamidad que ocurría en su casa, la señorita Pross recorría algunas angostas calles y cruzaba el Sena por el Puente Nuevo contando mentalmente las cosas indispensables que debía comprar. Con la cesta al brazo, Cruncher marchaba a su lado, ambos miraban a izquierda y derecha, observando las tiendas frente a las cuales pasaban, cuidando de evitar los grupos numerosos de gente exaltada y locuaz. Era una tarde fría y nebulosa. Se veía vagamente el río, a pesar de la profusión de luces que había en el sitio donde estaban los pontones y las barcazas en las que trabajaban con gran estrépito los herreros que fabricaban armas para el ejército de la República. ¡Ay de quien urdiera intrigas en ese ejército o que fuera ascendido inmerecidamente en él! Más le valiera que su barba no hubiera crecido nunca, pues la navaja nacional se encargaría de afeitarlo.

Después de haber comprado unos pocos artículos de almacén y una medida de aceite para la lámpara, la señorita Pross pensó en el vino que hacía falta en casa. Se asomó a varias tiendas de vinos y, por último, se detuvo ante una cuya muestra decía: "Al Buen Republicano Bruto de la Antigüedad", no lejos del Palacio Nacional, llamado en un tiempo pasado Las Tullerías; le agradó esta tienda por parecer menos bulliciosa que las otras; aunque contenía cierto número de gorros encarnados, no eran tan numerosos como en las que había visto al pasar. Consultó a su compañero, y siendo ambos de la misma opinión, entró la señorita Pross en "Al Buen Republicano Bruto de la Antigüedad", seguida de Cruncher.

Los dos parroquianos extranjeros se aproximaron al mostrador e indicaron qué era lo que deseaban comprar. Entretanto, miraban las lámparas ahumadas, los patriotas que tenían la pipa en la boca y jugaban con naipes grasientos o con dominós amarillos, un obrero que tenía el pecho y los brazos desnudos y leía en voz alta un diario a los camaradas que lo escuchaban; dos o tres parroquianos que dormían reclinados sobre las mesas, y que en esa actitud, con burdas blusas de lana negra, altas de hombros y con largos pelos, parecían osos o perros dormidos.

Cuando el vendedor estaba midiendo el vino pedido, un hombre se separó de otro que estaba en un ángulo de la habitación y se levantó para retirarse. Para salir tenía que enfrentarse con la señorita Pross; apenas lo vio, ella dio un grito y juntó las manos.

En un instante se pusieron en pie todos los parroquianos. Lo más probable era que alguien hubiera cometido un asesinato a causa de una diferencia de opinión. Todos miraron para ver quién había caído, pero no vieron más que a un hombre y a una mujer frente a frente, mirándose; el hombre tenía todo el aspecto de un francés y de un entusiasta republicano; la mujer era inglesa, evidentemente.

Los comentarios que esta decepción provocó entre los adeptos de "Al Buen Republicano Bruto de la Antigüedad" eran tan completamente incomprensibles para la señorita Pross y su acompañante como si hubieran sido dichos en hebreo o en caldeo; lo único que pudieron haber notado era que todos hablaban mucho y en voz muy alta. Pero ambos, en el colmo del asombro, no notaron nada, aunque cada uno de ellos tenía un motivo diferente para sentirse estupefacto.

—¿Qué ocurre? —preguntó el hombre que arrancó a la señorita Pross el grito de sorpresa, hablando en inglés, con enfado y brusquedad, pero bajando la voz.

—¡Oh, Salomón! ¡Mi querido Salomón! —exclamó la inglesa volviendo a juntar las manos—. ¡Después de haber pasado tanto tiempo sin verte y sin tener noticias tuyas, te encuentro aquí!

—No me llames Salomón. ¿Quieres ser causa de mi muerte? —preguntó el hombre, de manera furtiva y medrosa.

—¡Hermano, hermano! —exclamó la señorita Pross, rompiendo a llorar—. ¿He sido acaso tan dura contigo para que me hagas esa pregunta cruel?

—Entonces, cállate, entremetida —replicó Salomón—, y vamos afuera si quieres hablarme. Paga el vino y ven. ¿Quién es ese hombre?

La pobre mujer sacudió la cabeza con aire de abatimiento, miró con cariño a su nada afectuoso hermano, y contestó en medio de sus lágrimas:

—Es el señor Cruncher.

—Que salga él también —dijo Salomón—. ¿Cree acaso que soy un fantasma?

Así era, sin duda, a juzgar por la expresión azorada de Jerry, quien no profirió ni una palabra. La señorita Pross, sin cesar de llorar, buscó el dinero en el fondo de su bolsa y pagó el vino. Mientras tanto, Salomón se volvió hacia los patriotas parroquianos de "Al Buen Republicano Bruto de la Antigüedad", y les dijo en francés algunas palabras de explicación. Todos volvieron a sus asientos a proseguir sus respectivas ocupaciones.

—Y ahora —dijo Salomón, deteniéndose en la esquina de la calle oscura—, ¿qué es lo que quieres?

—¡Qué terriblemente indiferente es este hermano a quien nunca he dejado de querer! —exclamó la pobre hermana—. ¡Que me salude de este modo, sin demostrarme el menor afecto!

—¡Vaya! ¡Maldición! Toma —dijo Salomón, dando un rápido beso en los labios de su hermana—. ¿Estás contenta ahora?

La señorita Pross movió la cabeza y siguió llorando en silencio.

—Si esperas verme sorprendido, no lo estoy. Yo sabía que estabas en París; tengo noticias de casi toda la gente que está en la ciudad. Si verdaderamente no deseas poner mi vida en peligro, y empiezo a creer qué es lo que te propones, vete lo más pronto posible y déjame seguir mi camino. Estoy ocupado, y soy funcionario.

—¡Mi hermano inglés, Salomón, que tenía las cualidades necesarias para ser uno de los hombres mejores y más grandes de su propio país, es funcionario entre extranjeros! ¡Y qué extranjeros! —exclamó con tristeza la señorita Pross, levantando al cielo sus ojos arrasados en lágrimas—. Casi hubiera preferido ver a aquel querido niño tendido en su. . .

—Es lo que te he dicho —interrumpió Salomón—. Lo sabía. Quieres que yo muera. Me tratarán de sospechoso a causa de mi propia hermana. Y eso cuando empiezo a prosperar.

—¡Que el cielo misericordioso no lo permita! —exclamó la señorita—. Prefiero no volver a verte nunca, mi querido Salomón, aunque siempre te he querido y seguiré queriéndote. Dime una sola palabra afectuosa, y que no hay resentimiento ni enojo entre tú y yo, y no te detendré más.

¡Bondadosa señorita Pross! ¡Como si ella fuera culpable del alejamiento de su hermano! Hacía años que el señor Lorry sabía positivamente que este hermano tan querido había gastado todo el dinero que ella tenía y después la había abandonado.

Sin embargo, se disponía a decir la palabra afectuosa

con aire de displicente protección, que no hubiera asumido si sus posiciones respectivas estuvieran invertidas, como ocurre siempre, en todo el mundo, cuando Cruncher le tocó un hombro y se interpuso inesperadamente haciendo esta extraña pregunta:

—¡Digo! ¿Puedo preguntaros, por favor, si vuestro nombre es Juan Salomón o Salomón Juan?

El funcionario se volvió hacia él con súbita desconfianza. Hasta ese momento Cruncher no había dicho ni una palabra.

—¡Vamos! —insistió Cruncher—. Hablad claro (que era algo que él no podía hacer), ¿Juan Salomón o Salomón Juan? Ella os llama Salomón y debe saber vuestro nombre, siendo hermana vuestra. Y yo sé que sois Juan, bien lo sabéis. ¿Pero cuál nombre va primero? Y en cuanto a ese nombre de Pross, no era el que usabais allá, al otro lado del Canal.

—¿Qué queréis decir?

—No lo sé, porque no puedo recordar qué nombre era el que usabais allá, al otro lado del agua.

—¿No?

—No. Pero yo juraría que era un nombre de dos sílabas.

—¿De veras?

—Sí. El nombre del otro era de una sílaba. Os conozco. Erais un espía-testigo en Old Bailey. En nombre del padre de todas las mentiras, que debe ser vuestro propio padre, ¿cómo os llamabais en aquel tiempo?

—Barsad —dijo otra voz, interrumpiendo.

—Ese nombre representa mil libras esterlinas —dijo Juan.

El que había intervenido en la conversación era Sidney Carton. Tenía las manos a la espalda bajo los faldones de su levita de montar, y estaba parado detrás de Cruncher, con el mismo aire despreocupado que asumía en Old Bailey.

—No os alarméis, mi querida señorita Pross. Ayer a

la tarde llegué a la casa del señor Lorry causándole gran sorpresa. Convinimos en que no me presentaría en ninguna parte hasta que todo estuviera bien o yo pudiera ser útil. Me presento aquí para conversar un poco con vuestro hermano. Os deseo un hermano con mejor empleo que el señor Barsad. Por vos, desearía yo que el señor Barsad no fuera un carnero de las prisiones.

El nombre con que se designaba a los espías puestos a las órdenes de los carceleros, era "carneros". El espía, ya muy pálido, palideció aún más, y preguntó:

—¿Cómo os atrevéis?

—Os lo diré —interrumpió Sidney—: Os vi salir de la Conserjería, hace poco más de una hora, mientras yo contemplaba los muros de la prisión. Tenéis una cara que no se olvida, y yo tengo buena memoria para las caras. Sentí curiosidad viéndoos allí, y como tengo motivos, a los que no sois extraño, para asociaros con las desgracias de un amigo mío que está en situación muy infortunada, marché en vuestra misma dirección, llegué a esta tienda de vinos muy poco después de vos y me senté a corta distancia de vuestra mesa. De la libre conversación que oí y del rumor que corría abiertamente entre vuestros admiradores, deduje sin dificultad cuál era vuestra profesión. Y gradualmente, señor Barsad, lo que yo había hecho al azar, se convirtió en un propósito.

—¿Qué propósito? —preguntó el espía.

—Sería molesto y, quizá, peligroso explicarlo en la calle. ¿Podríais concederme, en confianza, algunos minutos de conversación en las oficinas del banco Tellson, por ejemplo?

—¿Bajo amenaza?

—¡Oh! ¿He dicho tal cosa?

—Entonces, ¿por qué ir yo allá?

—Realmente, señor Barsad, yo no lo sé, si vos no lo sabéis.

—¿Es decir, que no queréis explicaros, señores? —preguntó el espía, indeciso.

—Me comprendéis muy claramente, señor Barsad. En efecto, no quiero decirlo.

El modo y el aire de negligente despreocupación de Carton eran una poderosa ayuda a la rapidez y la destreza con que iniciaba el secreto propósito que abrigaba, tratándose de un sujeto tal como éste con quien tenía que habérselas. Su mirada experta vio el efecto producido.

—Ya te lo dije —murmuró el espía, dirigiéndole la palabra y una mirada de reproche a su hermana—. Si algún mal resulta de esto, será obra tuya.

—¡Vamos, vamos, señor Barsad! —exclamó Sidney—. No seáis desagradecido. A no ser por el gran respeto que me inspira vuestra hermana, no hubiera llegado tan amablemente a proponeros algo que será satisfactorio para vos y para mí. ¿Iréis conmigo al banco?

—Oiré lo que tenéis que decir. Sí; iré con vos.

—Propongo que primeramente escoltemos a vuestra hermana hasta la esquina de su calle. Permitidme tomar vuestro brazo, señorita Pross. Por ahora no conviene que andéis sin protección por la ciudad. Como vuestro acompañante conoce al señor Barsad, lo invito a ir con nosotros al domicilio del señor Lorry. ¿Estamos prontos? ¡Vamos, entonces!

La señorita Pross recordó poco después, y no lo olvidó durante el resto de su vida, que mientras ella oprimía el brazo de Carton y lo miraba a la cara con aire de súplica, implorándole que no le hiciera daño a Salomón, vio que la mirada de este hombre que parecía tan frívolo y tan indiferente, era la de un inspirado, y que el brazo de este indolente era de una gran firmeza. En ese momento ella estaba demasiado afligida por los temores que sentía por el hermano ingrato y egoísta, así es que no reflexionó en las cosas contradictorias que no pudo menos de notar.

La dejaron en la esquina de su casa, y Carton guió a sus dos compañeros hacia el domicilio de Lorry, que sólo quedaba a pocos minutos de marcha. Juan Barsad, o Salomón Pross, marchaba a su lado.

El señor Lorry había terminado de cenar y estaba sentado frente a un vivo fuego de leña. Quizás buscaba entre las llamas una imagen de cierto anciano caballero, menos anciano que el actual, de la casa de Tellson, que había estado mirando, hacía muchos años, las brasas que ardían en la chimenea del hotel Real Jorge, en Dover. Volvió la cabeza al oír que alguien entraba, y se sorprendió al ver a un desconocido.

—Es un hermano de la señorita Pross, señor —dijo Sidney Carton—; el señor Barsad.

—¿Barsad? —repitió el anciano—. ¿Barsad? Asocio algo con ese nombre y con esa cara.

—Ya os he dicho que tenéis una fisonomía notable, señor Barsad —dijo tranquilamente Carton—. Tomad asiento.

Al acercar una silla para sí, dio al señor Lorry el medio de precisar sus recuerdos, diciendo, con el ceño fruncido:

—Fue testigo en un juicio.

El señor Lorry recordó inmediatamente y miró a su nuevo visitante con manifiesta aversión.

—El señor Barsad ha sido reconocido por la señorita Pross como el afectuoso hermano de quien habéis oído hablar —dijo Sidney—, y él ha reconocido el parentesco. Pero voy a daros peores noticias: Darnay ha sido arrestado nuevamente.

Consternado, el anciano exclamó:

—¿Qué es lo que me decís? Lo he dejado sano y salvo hace apenas dos horas, y yo estaba pronto para volver a verlo.

—Con todo eso, esá preso. ¿Cuándo fue, señor Barsad?

—En estos momentos, si es que ha sido detenido.

—El señor Barsad es la mejor fuente de información posible, señor —dijo Carton—; he oído que él se lo comunicaba a un colega carnero, mientras los dos bebían vino; le dijo que la detención ha tenido lugar. Dejó a los autores del arresto a la puerta de la casa del doctor, después de ver que el portero los hacía entrar. No hay ni la más mínima duda de que está preso otra vez.

La mirada penetrante del señor Lorry leyó en el semblante de Carton que era inútil pérdida de tiempo insistir en aquel tema. Confundido, pero adivinando que algo podía depender de su presencia de ánimo, se dominó, y guardando silencio, prestó atención.

—Ahora confío en que el nombre y la influencia del doctor Manette le sean eficaces mañana —dijo Sidney—. Señor Barsad, ¿dijisteis que volverá a comparecer mañana ante el Tribunal?

—Sí. Así lo creo.

—Que el nombre y la influencia del doctor le sean tan eficaces mañana como le fueron hoy, es de esperar. Pero puede no ser así. Os confieso, señor Lorry, que me preocupa que el doctor Manette no haya podido evitar esta detención.

—Quizás no pudo tener noticia de ella, de antemano —replicó el señor Lorry.

—Esa misma circunstancia es alarmante, sabiendo qué identificado está él con su yerno.

—Es verdad —reconoció el anciano, llevándose la mano insegura al mentón y fijando en Carton su mirada triste.

—En suma —dijo Sidney—, esta es una época en que se juega con grandes riesgos en procura de fines desesperados. Que el doctor juegue al alza; yo jugaré a la baja. Aquí no vale la pena comprar la vida de ningún hombre. Cualquiera que sea llevado en triunfo por el pueblo hasta su casa, puede ser condenado a muerte mañana. Ahora bien: yo estoy resuelto a jugar con un amigo que está en la Conserjería. Mi juego es para el peor de los casos. Y el amigo a quien me propongo ganarle la partida es el señor Barsad.

—Tendréis que tener muy buenas cartas, señor —dijo el espía.

—Voy a recorrer mis cartas y veré qué mano tengo.

Señor Lorry, sabéis qué animal soy. Deseo que me deis un poco de coñac.

Le fue traída la bebida; llenó un vasito y lo apuró, luego apuró otro, y después apartó la botella y quedó pensativo.

—Señor Barsad —dijo en el tono con que se expresaría alguien que realmente estuviera examinando sus naipes—; carnero de las prisiones, emisario de comités republicanos, hoy carcelero, mañana preso, espía y delator secreto siempre; tanto más valioso aquí por ser inglés, pues siendo inglés se le cree menos sospechoso de ser sobornado en sus varios oficios que si fuera francés, y se presenta bajo nombre falso a los que lo emplean. Esta es una carta muy buena. El señor Barsad, actualmente al servicio del gobierno republicano de Francia, estuvo antes al servicio del gobierno aristocrático de Inglaterra; enemigo de Francia y de la libertad. Esta es una excelente carta. Deducción tan clara como la luz del día es que, en este momento de sospechas, el señor Barsad está todavía a sueldo del gobierno aristocrático de Inglaterra, es espía de Pitt y traicionero enemigo de la República, y que se acurruca en su pecho; es el traidor inglés y agente de todos los males, de quien tanto se ha hablado y a quien es tan difícil descubrir. A esta carta no se la puede ganar. ¿Habéis visto qué mano tengo, señor Barsad?

—No es bastante para comprender vuestro juego —contestó el espía con cierta inquietud.

—El as que tengo es éste: denuncia del señor Barsad al más próximo Comité Seccional. Ahora mirad vuestras cartas y ved lo que tenéis. No os apresuréis.

Acercó la botella, se sirvió coñac y apuró el vaso. Vio que el espía temía verlo beber hasta ponerse en estado tan exaltado como para ir a denunciarlo inmediatamente. Viendo esto, Carton se sirvió más coñac y lo bebió.

—Examinad con atención vuestras cartas, señor Barsad. Tomaos tiempo.

Los naipes del espía valían poco; él veía algunos cuya existencia ignoraba Sidney Carton. Despedido de su honorable empleo en Inglaterra a causa de sus muchos fracasos al jurar por una paga (y no porque no se le quisiera tener allá; nuestras jactancias inglesas de superioridad en el espionaje son de fecha muy reciente). Había cruzado el Canal y aceptado servicio en Francia, primeramente para tentar a sus compatriotas y escuchar ocultamente sus conversaciones; después, para desempeñar igual papel entre los franceses. Bajo el gobierno derrocado había sido enviado como espía a Saint-Antoine y a la taberna de Defarge; la vigilante policía le había dado datos suficientes respecto a la prisión del doctor Manette, de su liberación y de su historia, para que le permitieran presentarse en la taberna y tratar de conversar familiarmente con los Defarge; en vano lo intentó con la mujer del tabernero y por último, rompió con ellos visiblemente. Siempre recordaba, temblando de miedo, que aquella terrible mujer tejía mientras él le hablaba, mirándolo con expresión ominosa mientras movía los dedos. Después la había visto en Saint-Antoine una y otra vez sacar sus listas tejidas y denunciar a personas cuyas vidas la guillotina habría suprimido, seguramente. Como los que se entregan a la misma ocupación que él, bien sabía que nunca podía estar seguro, que era imposible huir y que se podía considerar atado bajo el hacha de la guillotina. A pesar de todas sus traiciones, sus tergiversaciones de hechos y de palabras, de todos sus esfuerzos para mantener el reinado del terror, una sola palabra podía hacerlo caer en desgracia. Sabía todo esto, y, además, que una vez que fuera denunciado por causas tan graves como las que en este momento se presentaban a su mente, adivinaba que la terrible mujer de cuyo carácter cruel e inexorable había visto tantas pruebas, sacaría contra él su fatal lista tejida y destruiría la última probabilidad de salvar su vida. Además de que todo hombre de su clase y de su oficio se aterra fácilmente, sus cartas eran tales que al examinarlas se puso lívido.

—Parece no gustaros mucho la mano que tenéis —le dijo Sidney con la mayor serenidad—. ¿Os decidís a jugar la partida?

—Yo creo, señor —dijo el espía con su modo más vil, volviéndose hacia el señor Lorry—, que puedo apelar a un caballero de vuestra edad y de vuestra benevolencia para hacerle ver a este otro caballero tanto más joven que vos, que en ninguna circunstancia correspondería a su clase jugar el as de que acaba de hablar. Admito que soy espía, y que ese oficio es considerado deshonroso, aunque alguien tiene que desempeñarlo. Pero este caballero no es espía, ¿por qué se rebajaría hasta el grado de serlo?

—Jugaré mi as, señor Barsad —dijo Carton, como si el espía le hubiera hablado a él, y mirando su reloj—. Y lo haré dentro de muy pocos minutos.

—Yo habría tenido la esperanza, caballeros —dijo Barsad, tratando siempre de atraer al señor Lorry a la discusión—, que vuestro respeto por mi hermana. . .

—No podría yo demostrar mejor mi respeto por vuestra hermana que librándola definitivamente de su hermano —dijo Sidney.

—¿Lo creéis así, señor?

—Estoy absolutamente decidido, a ese respecto.

La impenetrable expresión de Carton desconcertó de tal manera a Barsad, que su habilidad le falló, y no supo qué hacer ni qué decir. Las maneras suaves del espía ofrecían vivo contraste con su ropa ostentosamente burda, y también con su porte habitual.

Carton, que era un misterio para hombres más inteligentes y mejores que el espía, hizo ademán de volver a examinar los naipes imaginarios, y dijo:

—Y ahora que pienso en ello, tengo aquí otra carta de triunfo de que no he hablado todavía. Ese vuestro amigo y colega, carnero también, que os decía que él pastaba en las prisiones del campo, ¿quién es?

—Un francés. No lo conocéis —se apresuró a decir el espía.

—¿Francés, eh? —repitió Carton, pensativo, y pareciendo ajeno a su presencia, aunque repetía su palabra—. Y bien, es posible que lo sea.

—Es francés, os lo aseguro —dijo Barsad—; aunque no tiene importancia.

—Aunque no tiene importancia —repitió Carton de la misma manera abstraída—. Aunque no tiene importancia. No. Y sin embargo, yo conozco esa cara.

—Creo que no. Estoy seguro de que no la conocéis. No puede ser —afirmó Barsad.

—No. . . puede. . . ser. . . —murmuró Sidney, viendo mentalmente algo lejano y llenando el vaso que era pequeño, afortunadamente—; no puede ser. Hablaba bien el francés, pero como extranjero, me pareció.

—Es provinciano —dijo el espía.

—No. ¡Es extranjero! —exclamó Carton, dando una palmada sobre la mesa, al hacerse una luz en su memoria—. ¡Cly! Disfrazado, pero es el mismo. Tuvimos a ese hombre delante de nosotros en Old Bailey.

—Estáis equivocado, señor —dijo Barsad con una sonrisa que acentuó la inclinación de su nariz aguileña hacia un lado—; en esto me dais una ventaja sobre vos. Cly ha muerto hace varios años. Admito sin reservas, a esta distancia de su muerte, que fue mi socio. Lo cuidé en su última enfermedad. Fue sepultado en Londres, en la iglesia de San Pancracio. Su impopularidad con el infame populacho en aquel momento me impidió seguir sus restos, pero yo ayudé a ponerlo en el ataúd.

El señor Lorry, desde su asiento, vio una extraña y fantástica sombra en la pared. Buscando la causa, descubrió que proyectaban aquella sombra los tiesos y erizados cabellos de Cruncher.

—Seamos razonables —dijo Barsad—, y seamos justos. Para mostraros lo equivocado que estáis, y qué infundada es vuestra afirmación, voy a presentaros el certificado en que consta que Cly fue sepultado, y que desde ese tiempo he tenido guardado en mi cartera.

Sacó apresuradamente su cartera y la abrió.

—Aquí está —dijo presentando el papel—. Miradlo, miradlo; tomadlo en la mano. No es una falsificación.

El señor Lorry vio que la sombra se alargaba. Era que Cruncher se levantaba y echaba a andar. Sus cabellos no podían estar más violentamente erizados si hubieran sido peinados por los cuernos de la vaca fabulosa del cuento de Jack y su casa.

Sin ser visto por el espía, Cruncher se situó a su lado y le tocó un hombro, como si fuera un alguacil fantasma.

—En cuanto a ese Rogerio Cly —dijo Cruncher avanzando su rostro de expresión sombría—, ¿fuisteis vos quien lo puso en el ataúd?

—Fui yo.

—¿Quién lo sacó del ataúd?

Barsad se apoyó en el respaldo de su silla, y balbuceó:

—¿Qué queréis decir?

—Quiero decir que nunca estuvo dentro del ataúd. ¡No y no! Que me corten la cabeza si alguna vez estuvo dentro de ese cajón.

El espía miró a los dos caballeros y ellos miraron a Jerry con indecible asombro.

—Te digo —dijo Cruncher airado—, que pusiste tierra y piedras de la calle dentro del ataúd. No vengas a decirme a "mí" que sepultaste a Cly. Fue una farsa. Lo sabemos yo y otros dos hombres.

—¿Cómo lo sabéis?

—¿Qué te importa? ¡A fe mía! —gruñó Cruncher—. Te guardo un antiguo rencor por la manera vergonzosa con que has defraudado y engañado a los comerciantes. Soy capaz de asirte por el cuello y estrangularte, por el precio de media guinea.

Sidney Carton y el señor Lorry habían estado mudos de asombro ante el giro que tomaba el asunto. Pero Carton se repuso y exhortó a Jerry a moderarse y a explicarse.

—En otra oportunidad, señor —replicó evasivamente—. Este momento no es apropiado para explicaciones. Lo que sostengo es que ese hombre sabe muy bien que el tal Cly nunca estuvo en aquel ataúd. Que diga que sí estuvo, aunque sólo sea con una sílaba, y yo le apretaré el cuello hasta estrangularlo por el precio de media guinea, o iré a denunciarlo.

Al señor Cruncher le parecía que la primera alternativa era una proposición generosa.

—¡Hum! Yo veo una cosa —dijo Carton—: tengo otra carta en mi poder, señor Barsad. Aquí en este París enfurecido, donde la sospecha llena el ambiente, no podréis sobrevivir a la denuncia estando como estáis, en relación con otro espía aristocrático de iguales antecedentes que vos, y a quien, además, rodea el misterio de haber simulado estar muerto y de haber vuelto a la vida. Un complot en las prisiones, urdido por un extranjero contra la República. ¡Es una buena carta! Una carta que lleva a la guillotina. ¿Jugamos la partida?

—¡No! —contestó el espía—. Me doy por vencido. Confieso que éramos tan impopulares con la multitud turbulenta, que sólo yo pude salir de Inglaterra arriesgándome a ser ahogado en el río, y que Cly estaba tan tenazmente perseguido, que solamente pudo escapar mediante aquella farsa. Aunque para mí es un verdadero misterio cómo este hombre pudo descubrir la farsa.

—No te preocupes de este hombre —dijo el hostil Cruncher—; tendrás bastante con prestar atención a aquel caballero. ¡Y atiende! Una vez más, estoy dispuesto a apretarte la garganta y estrangularte por media guinea.

Cruncher parecía no poder abstenerse de ostentar su generoso ofrecimiento.

El carnero de las prisiones se volvió hacia Sidney Carton, y dijo, con más resolución:

—Ha llegado el punto crítico. Pronto tengo que estar en mi puesto y no puedo faltar a la hora. Me habéis dicho que tenéis una proposición que hacer. ¿Cuál es? Es inútil exigir demasiado de mí. Si me pedís algo que yo pueda hacer desde mí puesto, poniendo mi cabeza en algún extraordinario riesgo, me convendría más arriesgarme rehusando que consintiendo. En realidad, optaría por rehusar. Habláis de desesperación. Todos aquí estamos desesperados. ¡No lo olvidéis! También yo puedo denunciaros si me conviene; como otros tantos, puedo abrirme paso a través de muros de piedra, nada más que prestando juramento. Ahora bien, ¿qué queréis de mí?

—No es mucho. ¿Sois carcelero en la Conserjería?

—Os digo de una vez por todas que una evasión es imposible.

—¿Qué necesidad tenéis de decirme lo que no os pregunto? ¿Sois carcelero en la Conserjería?

—Algunas veces.

—¿Podéis serlo cuando queráis?

—Puedo entrar y salir cuando quiera.

Carton llenó otro vasito de coñac, lo vertió lentamente sobre la hornalla mirándolo gotear. Cuando quedó vacío el vaso, dijo:

—Hasta ahora he hablado en presencia de estas dos personas, porque era conveniente que el valor de mis cartas no fuera un secreto entre vos y yo solamente. Venid a este otro cuarto y sostendremos una conversación final a solas.

Capítulo 9

SE JUEGA LA PARTIDA

Mientras Sidney Carton y el carnero de las prisiones conferenciaban en la habitación contigua, en voz tan baja que no se oía ni un murmullo, el señor Lorry miró a Jerry con expresión de duda y desconfianza. No inspiraba confianza la manera con que el "honrado comerciante" recibía aquella mirada. Con tanta frecuencia se apoyaba en una u otra pierna, como si tuviera medio ciento y estuviera probando la resistencia de cada una; se examinaba las uñas con indiscutible minuciosidad de atención; y cada vez que su mirada se encontraba con la del señor Lorry, se sentía atacado por esa breve tos que exige la protección del hueco de la mano sobre la boca, y que rara vez o nunca ataca a las personas de carácter franco y abierto.

—Jerry —dijo el señor Lorry—. Ven acá.

Cruncher se acercó al anciano.

—¿Qué has sido tú, además de mensajero?

Después de cierta vacilación y de mirar atentamente a su patrón, Cruncher tuvo la luminosa idea de contestar:

—Me he ocupado de agricultura.

—Mucho me temo —dijo el anciano, moviendo el índice de su mano derecha y con aire de enojo—, que te hayas servido de la respetable y gran casa Tellson para ocultar alguna ocupación ilegal, de carácter infame. Si lo has hecho, no esperes que yo te ampare cuando vuelvas a Inglaterra, ni esperes que yo guarde tu secreto. La casa Telison no será engañada.

—Yo espero, señor —suplicó el humillado Cruncher—, que un caballero como vos, a quien he tenido el honor de servir de varios modos hasta ponerme canoso, pensaría dos veces antes de hacerme daño, aunque fuera como decís; y no digo que estéis en lo cierto, sino, aunque lo estuvierais. También debe tenerse en cuenta, si lo fuera, que toda la culpa no estaría de un solo lado. Habría dos lados. Habría actualmente médicos que cobraban guineas allí donde un honrado comerciante no recibe sino *farthings*.[2] ¡Digo *farthings*! No, medio, o quizás un cuarto de *farthing*. Aquéllos colocan su dinero como si fuera humo en la casa Tellson, y, a escondidas, les hacen guiñadas a esos comerciantes, al entrar o salir de sus carruajes propios. ¡Ah, sí! Guineas, abundantes como el humo, o quizás más. También eso es engañar a Tellson. No se debe hacer una salsa para el pato y otra para el ganso. Y también está mi esposa (o por lo menos así era en Inglaterra) echándose de rodillas, y lo estaría mañana si tuviera ocasión, rezando en contra de mi trabajo hasta un grado ruinoso, verdaderamente ruinoso. Las esposas de esos médicos no se echan de rodillas; no, ellas no harían tal cosa. O si lo hacen, será para pedir más clientes, y, ¿cómo se puede tener enfermos que curar sin tener. . . lo otro? Y después, entre los empresarios de pompas fúnebres, los sacristanes de las parroquias, los sepultureros y los serenos, todos complicados en el negocio, y a cual más codicioso, uno no ganaría casi nada, aunque fuera verdad que. . . Y lo poco que uno

2 Cuarto de penique.

consigue, no lo hace prosperar, señor Lorry. De nada le sirve, uno desearía dejar su trabajo si supiera cómo, una vez puesto en él, aun cuando fuera cierto que. . .

—¡Uf! Me siento indignado contra ti —exclamó el señor Lorry, pero, sin embargo, con menos severidad.

—Y ahora, señor, lo que yo os pediría humildemente, si fuera lo que creéis, que no digo que lo sea. . .

—No intentes prevaricar.

—No lo intentaré, señor —dijo Cruncher, como si nada estuviera más lejos de su mente y de sus costumbres—; lo que yo quería deciros, señor, es esto: sobre aquel taburete, en Temple-Bar, está sentado mi hijo, que ha llegado a ser un hombre y que os servirá de mensajero y desempeñará todos los servicios que le confiéis, hasta que así lo dispongáis y deseéis. Si lo fuera (y no digo todavía que lo sea porque no quiero prevaricar, señor), que ese hijo mío reemplace a su padre y mantenga a su madre. Para conseguir eso, señor, no habléis contra su padre; porque el padre se ocupará de reparar lo que hizo contra la ley, y en vez de desenterrar, enterrará con buena voluntad y con la convicción de que en el porvenir debe cuidar de que permanezca bajo la tierra lo que depositó en ella. Esto es, señor, lo que yo os prometo respetuosamente —y Cruncher se secó la frente con el brazo, como para advertir que llegaba al término de su confusa peroración, pero añadió—: uno no puede ver las terribles cosas que suceden aquí, alrededor de uno, con respecto a tanto súbdito sin cabeza (en número suficiente para rebajar el precio hasta cubrir apenas el gasto de conducción y quizás ni aun eso), sin tener varios pensamientos. Y mis pensamientos son éstos: os ruego que tengáis presente lo que acabo de deciros, y que lo he dicho cuando muy bien he podido callarme.

—Por lo menos eso es verdad —dijo el señor Lorry—. Pero no hables más. Puede ser que te ampare si lo mereces y si muestras con hechos y no con palabras que estás arrepentido.

Cruncher se llevó la mano a la frente en el momento en que Sidney Carton y el espía volvían de la habitación contigua.

—¡Adiós, Barsad! —dijo Carton—. Convenido nuestro asunto, no tenéis nada que temer de mí.

Acercó una silla al fuego y se sentó al lado del señor Lorry. Cuando estuvieron solos, el banquero le preguntó qué era lo que había hecho.

—No mucho. He conseguido tener acceso al lugar en que se halla Darnay, en caso de que le vaya mal.

El anciano demostró abatimiento.

—Es lo único que he podido hacer —dijo Carton—. Exigir demasiado sería poner bajo el hacha la cabeza de este hombre; y, como dice él, nada peor podría sucederle si fuera denunciado. Evidentemente, ésa era la parte débil de mi posición con respecto a él. No veo ningún remedio.

—Pero en el caso de que a Darnay le vaya mal ante el Tribunal, el tener acceso a él no lo salvará.

—No he dicho que lo salvaría.

La mirada del señor Lorry se volvió lentamente hacia el fuego. Su cariño a Lucía y la gran decepción de este segundo arresto le debilitaron el ánimo; ya era un anciano abrumado de trabajo y, además, se sentía afligido hasta el punto de dejar correr sus lágrimas.

—Sois un hombre bueno y un fiel amigo —le dijo Sidney con la voz alterada—. Perdonadme si noto vuestra emoción; yo no podría ver llorar a mi padre y permanecer indiferente; y no podría respetar más vuestro dolor si fuerais padre. Pero estáis libre de esta desgracia.

Aunque dijo las últimas palabras con su ligereza habitual, había tan sincero sentimiento y tanto respeto en su tono y en su actitud, que el señor Lorry, que nunca había conocido el lado bueno de Carton, quedó sorprendido. Le tendió la mano, y Sidney Carton se la estrechó suavemente.

—Volviendo al pobre Darnay, no le habléis a "ella"

de esta entrevista ni de este arreglo. Ella no podría ver a su marido, según mi convenio con Barsad; podría creer que fue convenido, en el peor de los casos, para comunicarle anticipadamente la sentencia.

El señor Lorry no había pensado en esto; dirigió una rápida mirada a su visitante para tratar de adivinar si eso era lo que se había propuesto, según le parecía. Cambiaron una mirada, y el señor Lorry creyó haber comprendido.

—Ella podría pensar mil cosas, y cualquiera de ellas aumentaría su dolor —dijo Carton—. No le habléis de mí. Como os dije en el momento de mi llegada, es mejor que yo no la vea. Sin necesidad de eso, puedo tenderle la mano y prestarle alguna pequeña ayuda que esté a mi alcance. ¿Espero que iréis a verla ahora? Debe estar desolada.

—Voy allá, directamente.

—Me alegro de que así sea. ¡Ella os quiere tanto y confía tanto en vos! ¿Cómo está de aspecto?

—Ansiosa y triste, pero muy bella.

—¡Ah!

Fue esta una exclamación triste, prolongada como un suspiro, casi un sollozo, que hizo volver hacia él la mirada del anciano. Carton tenía el rostro vuelto hacia el fuego; una luz, o quizás una sombra, pasó rápidamente por su semblante, a la manera de esos cambios de luz y sombra que suceden sobre las laderas de las colinas en los días de sol y de fugaces nubes. Levantó un pie para empujar una astilla cubierta de pequeñas llamas y que estaba a punto de caer; su distracción era tal, que el señor Lorry tuvo que advertirle que estaba pisando un leño encendido, que comenzaba a quemarle el calzado.

—No había notado —dijo.

El señor Lorry volvió a mirar el rostro naturalmente hermoso, pero alterado por cierto género de vida, y creyó ver en sus rasgos una expresión semejante a la que había visto recientemente en el semblante de los acusados.

Carton tenía puesta la levita blanca de montar y las altas botas que eran la moda de la época; la luz, reflejándose en la blancura del paño, hacía parecer muy pálido el rostro rodeado por largos y desaliñados cabellos castaños.

—¿Terminan ya los deberes que teníais aquí? —preguntó el banquero.

—Sí. Como os estaba diciendo anoche cuando Lucía llegó tan inesperadamente, ya he terminado todo cuanto puedo hacer aquí. Tuve la esperanza de ver en salvo a mis amigos y, después, poder salir de París. Ya tengo mi pasaporte y estoy pronto para partir.

Ambos caballeros guardaron silencio.

—Tenéis una larga vida que mirar en perspectiva, señor —dijo Carton con melancolía.

—Tengo setenta y ocho años.

—Habéis sido útil durante toda vuestra honrada existencia y constantemente ocupado; respetado, consultado e inspirado confianza.

—He sido hombre de negocios desde muy joven. Puedo decir que siendo muchacho todavía, ya era hombre de negocios.

—Ved qué lugar ocupáis a los setenta y ocho años. ¡Cuántas personas os extrañarán cuando dejéis de ocuparlo!

—Soy un solterón solitario —replicó el banquero moviendo la cabeza—. No habrá nadie que me llore.

—¿Cómo podéis decir tal cosa? ¿No os llorará "ella"? ¿Y su hijita?

—Sí, sí, a Dios gracias. No pensé en lo que dije.

—Es algo de agradecerle a Dios, ¿no es así?

—Sí. Ciertamente.

—Si esta noche pudierais deciros a solas, con absoluta sinceridad: "No me he asegurado el amor o el afecto, o la gratitud o el respeto de ningún ser humano; no he conquistado un puesto en la estimación de nadie; no he hecho nada útil; no he prestado ningún servicio para que se me recuerde", vuestros setenta y ocho años serían otras tantas maldiciones, ¿no es así?

—Es verdad, señor Carton. Creed que sería como decís.

Sidney volvió a mirar el fuego y, al cabo de un momento de silencio, dijo:

—Deseo preguntaros si vuestra niñez os parece muy lejana; si los días en que os sentabais sobre las rodillas de vuestra madre os parecen muy remotos.

El señor Lorry, reconociendo el cambio operado en Carton, le contestó en tono igualmente suave:

—Hace veinte años, sí, me parecía un tiempo muy lejano. Pero a medida que me acerco al fin, voy como viajando en círculo y me aproximo más y más al comienzo. Me parece que es una de las bondadosas maneras de prepararnos, allanándonos el camino. Me vienen recuerdos que me tocan el corazón y que han estado como dormidos durante mucho tiempo. Pienso en mi madre, joven y bella; ¡yo, que soy tan viejo! Evoco muchas cosas de los días en que tenía poca realidad para mí lo que llamamos el mundo, y cuando mis errores no estaban arraigados.

—Comprendo todo eso —dijo Carton, y sus mejillas se colorearon—. Decidme, ¿os hace sentiros mejor?

—Espero que sea así.

Carton puso fin a la conversación levantándose para ayudar al señor Lorry a ponerse el abrigo.

—Pero vos sois joven —dijo el anciano volviendo al tema.

—Sí, soy joven. Pero no tomé el camino que conduce a la vejez. No hablemos más de mí.

—Ni de mí. ¿Vais a salir? —preguntó el banquero.

—Os acompañaré hasta la puerta de la casa de "ella". Conocéis mis costumbres inquietas y vagabundas. Si ando rondando por las calles durante largo rato, no os preocupéis. Reapareceré por la mañana. ¿Iréis al Tribunal mañana?

—Sí, desgraciadamente.

—Yo estaré allí, pero entre la multitud. Mi espía me conseguirá un sitio. Apoyaos en mi brazo, señor.

El señor Lorry aceptó, y así bajaron la escalera y salieron a la calle. En pocos minutos llegaron, y Carton se despidió del señor Lorry, pero se detuvo a corta distancia y volvió cuando la puerta fue cerrada. Había sabido que "ella" iba todos los días a la prisión.

—Por aquí salía —se dijo mirando en torno—, se volvía hacia este lado y habrá pisado con frecuencia estas piedras; voy a seguir sus pasos.

Eran las diez de la noche cuando se detuvo delante de la prisión de La Force, en el sitio donde "ella" se había detenido centenares de veces. Un esmirriado leñador que había cerrado su tienda, estaba en la puerta de su casa, fumando una pipa.

—Buenas noches, ciudadano —le dijo Carton, al ver que el leñador lo miraba con curiosidad.

—Buenas noches, ciudadano.

—¿Cómo va la República?

—¿Queréis decir la guillotina? No va mal. Sesenta y tres hoy. Pronto llegaremos a cien. Sansón y sus ayudantes se quejan algunas veces diciendo que están agotados. ¡Ah, ah, ah! ¡Es tan cómico ese Sansón! ¡Qué barbero es!

—¿Vais a menudo a verlo?. . .

—¿A verlo afeitar? Voy siempre. Todos los días. ¡Qué barbero! ¿Lo habéis visto trabajar?

—No. Nunca.

—Id a verlo cuando tiene una buena jornada. Figuraos, ciudadano, que hoy afeitó a los sesenta y tres en menos tiempo que el que empleé yo en fumar dos pipas. ¡Menos de dos pipas! ¡Palabra de honor!

Mientras el risueño hombrecito tendía la pipa que estaba fumando, para explicar de qué manera medía el tiempo el verdugo, Carton sintió un creciente deseo de matarlo, y se apartó de él.

—¿Pero vos no sois inglés —dijo el leñador—, aunque lleváis traje inglés?

—Sí —respondió Carton deteniéndose y mirándolo por encima del hombro.

—Habláis como un francés.

—Soy un antiguo estudiante en Francia.

—¡Ah! ¡Un perfecto francés! ¡Buenas noches, inglés!

—Buenas noches, ciudadano.

—No dejéis de ir a ver a ese perro tan cómico. Y llevad una pipa —insistió el leñador viendo alejarse al paseante.

Sidney no se había alejado más que lo bastante para no ser visto por el ciudadano; se detuvo debajo de una lámpara y escribió algo con lápiz en una tira de papel. Cruzó con el paso resuelto de quien recuerda bien el camino varias calles oscuras y sucias, mucho más sucias que de costumbre, pues en aquellos tiempos del Terror ni aun las calles principales eran barridas. Se detuvo ante una farmacia, cuyo dueño estaba cerrando la puerta. Era un establecimiento pequeño, oscuro, destartalado, situado en una calle tortuosa, ascendente; el dueño era también pequeño y jorobado.

Acercándose al mostrador dio las buenas noches al ciudadano y puso delante de él la tira de papel.

El farmacéutico leyó, silbó suavemente y exclamó:

—¡Oh, oh, oh!

Carton se mostró indiferente.

—¿Es para vos, ciudadano?

—Para mí.

—¿Tendréis cuidado de conservarlos separados, ciudadano? ¿Conocéis las consecuencias, si se mezclan?

—Perfectamente.

El farmacéutico preparó ciertos pequeños paquetes y se los entregó. Carton los guardó uno por uno en el bolsillo inferior de su chaleco, pagó el importe y salió tranquilamente a la calle.

—No hay nada más que hacer hasta mañana —se dijo—. Me será imposible dormir.

No era con despreocupación que decía en voz alta estas palabras, mirando las nubes que pasaban velozmente, ni ellas expresaban negligencia o irritación. Era la manera de expresarse de un hombre fatigado, que ha vagado, que ha luchado y se ha perdido, pero que, finalmente, ha hallado el camino y ve el fin.

Mucho tiempo hacía, cuando él era famoso entre sus primeros competidores como muchacho de gran porvenir, había seguido el séquito fúnebre de su padre. Su madre había muerto algunos años antes. Recorriendo las calles oscuras, entre las demás sombras que producían las nubes al pasar velozmente sobre la faz de la luna, Carton se repetía lo que oyó junto al sepulcro de su padre: "Yo soy la resurrección y la vida, dice el Señor; el que creyere en mí, aunque esté muerto, vivirá; y quienquiera que esté vivo y creyere en mí, nunca morirá".

En una ciudad dominada por el hacha del verdugo, solo durante la noche, sintiéndose entristecido por el recuerdo de las sesenta y tres víctimas sacrificadas ese día y por las víctimas del día siguiente, que estarían aguardando en las prisiones esa noche el destino que les estaba deparado, fueron uniéndose los eslabones de la cadena de asociaciones de ideas que trajo a su mente aquel recuerdo surgido del pasado como sube del fondo del mar el ancla de un antiguo barco. Se repetía aquellas palabras, y seguía caminando.

Sentía vivo interés por las ventanas iluminadas de las casas donde había gente entregada al descanso, olvidada, durante algunas horas tranquilas, de los horrores que la rodeaban; por las torres de las iglesias donde no se oraba, pues la reacción popular había llegado a ese grado de olvido después de muchos años de abusos de toda clase; por los distantes cementerios reservados para el Sueño Eterno, según decía la inscripción grabada en la puerta; por las numerosas prisiones; por las calles que recorrían los que iban a la muerte; y la muerte había llegado a ser tan común y vulgar, que entre el pueblo no se oía ninguna triste historia de almas en pena de entre todas las víctimas de la guillotina. Carton sentía solemne interés por toda la vida y la muerte de la ciudad que se entregaba a una breve pausa nocturna de su diario furor. Cruzó el Sena para ir a las calles más iluminadas.

Circulaban pocos carruajes, pues quienes los utilizaban se hacían sospechosos, y la gente de clase alta ocultaba la cabeza bajo gorras encarnadas, usaba calzado tosco y andaba a pie. Pero los teatros estaban llenos y Carton vio al pasar que de ellos salía público numeroso que se retiraba charlando. A la puerta de uno de los teatros vio a una madre con su hijita que parecía mirar la calzada buscando algún modo de cruzarla por entre el lodo. Carton llevó en brazos a la niña hasta la acera opuesta, y antes que el pequeño brazo se soltara de su cuello, pidió un beso a la niñita.

"Yo soy la resurrección y la vida, dice el Señor; quien creyere en mí, aunque estuviera muerto, vivirá; y quienquiera que esté vivo y creyere en mí, nunca morirá".

Ahora, de noche avanzada, en las calles silenciosas, las palabras resonaban con el eco de sus pisadas y flotaban en el aire. Perfectamente tranquilo y despejado, Carton se las repetía de vez en cuando mientras caminaba; pero las oía siempre.

Pasó la noche. De pie sobre el puente, oyendo el rumor del agua que chocaba contra los malecones de la isla de París, donde la confusión pintoresca de las casas y la catedral brillaban a la luz de la luna, Carton vio el primer anuncio del día, pálido y frío como la cara de un muerto. La noche, como la luna y las estrellas, parecieron palidecer y morir, como si toda la Creación fuera entregada a la Muerte dominadora.

Pero la salida gloriosa del sol pareció hacer penetrar en su corazón aquellas palabras que habían sido como un estribillo de la noche y a las que prestaban calor los rayos de luz. Mirando aquellos rayos le pareció ver tendido un puente luminoso entre el cielo y él, y que bajo ese puente resplandecía el río.

La corriente, fuerte y rápida, parecía serle en cierto modo amistosa en el silencio de la mañana. Siguió caminando por la ribera, lejos de las casas, y se tendió a dormir sobre el césped, a la luz tibia del sol. Cuando se despertó se puso en pie y quedó mirando un remolino en que el agua giraba y giraba sin objeto, hasta que la corriente lo absorbió y lo llevó el mar.

—Como yo —se dijo.

Apareció a su vista un pequeño barco mercante con su vela del color suave de las hojas secas, se deslizó delante de él, pasó y se perdió de vista. Miró borrarse la estela que había dejado, rogó mentalmente para que también se borrasen misericordiosamente todos sus tristes errores y su ceguera, terminando con las palabras: "Yo soy la resurrección y la vida. . ."

El señor Lorry ya había salido cuando él regresó; era fácil presumir adónde había ido el bondadoso anciano. Sidney Carton bebió un poco de café, comió un pedazo de pan, se lavó, se cambió de ropa para refrescarse y salió para ir al Tribunal.

En la sala reinaban gran rumor y movimiento en el momento en que el carnero negro, de quien muchos se apartaban con temor, lo situó en un rincón oscuro, perdido entre la multitud. Allí estaban el señor Lorry, el doctor Manette y "ella", sentada junto a su padre.

Cuando fue traído Carlos, Lucía le dirigió una mirada llena de compasiva ternura, de amor fiel, estimulándolo a tener serenidad; y se vio que un sano color subía a las mejillas del acusado, que sus ojos brillaban, y fue evidente que sentía fortalecido su corazón. Nadie pudo notarlo, pero fue exactamente igual la influencia que ejerció sobre Sidney Carton aquella noble actitud tan femenina y valerosa.

En los procedimientos de aquel injusto Tribunal, casi no había orden que asegurase a los acusados la posibilidad de una defensa o un descargo razonables. No se habría producido aquella revolución si previamente no se hubieran violado y tergiversado de manera monstruosa todas las leyes, las fórmulas y las ceremonias que ahora eran esparcidas a todos los vientos.

Todas las miradas se volvían hacia el jurado. Los mismos resueltos patriotas y buenos republicanos de ayer, de anteayer, de mañana y de los días siguientes, eran los que lo constituían. Se destacaba entre ellos un hombre de expresión anhelante, cuyos dedos se movían constantemente en torno de los labios y cuyo aspecto producía gran satisfacción entre los espectadores. Era Jacques Tres, sanguinario, vengativo, ávido de vidas ajenas. Todo el jurado se asemejaba a una jauría de perros convocados para enjuiciar al ciervo.

Todas las miradas se volvieron hacia los cinco jueces y al fiscal; hoy no había allí ninguna tendencia favorable, sino un proposito cruel, inflexible, asesino. Todas las miradas se buscaban unas a otras entre el gentío, todos se hacían señas y ademanes antes de prestar absorbente atención a lo que iba a ocurrir.

Carlos Evrémonde, llamado Darnay. Libertado ayer. Nuevamente acusado y arrestado ayer. La situación le fue entregada anoche. Se sospecha de él y se le denuncia como enemigo de la República. Aristócrata, miembro de una familia de tiranos, de una raza proscrita que usó sus hoy abolidos privilegios para ejercer infame opresión sobre el pueblo. A causa de esa proscripción, Carlos Evrémonde, llamado Darnay, es condenado a muerte según la ley.

En estas pocas palabras, quizá menos aún, planteó la acusación y pidió castigo el fiscal.

El presidente preguntó si el acusado había sido secreta o abiertamente denunciado.

—Abiertamente, presidente.

—¿Por quién?

—Por tres voces: Ernesto Defarge, vendedor de vinos en Saint-Antoine.

—Bien.

—Por Teresa Defarge, su esposa.

—Bien.

—Por Alejandro Manette, médico.

Una gritería tumultuosa se levantó en la sala y se vio al doctor Manette, pálido y trémulo, de pie al lado de su silla.

—Presidente, ante vos protesto indignado por esta falsificación y esta mentira. Sabéis que el acusado es el marido de mi hija. Ella y los que ella ama, son para mí más queridos que mi propia vida. ¿Quién es y dónde está el falso intrigante que afirma que yo he denunciado al marido de mi hija?

—Ciudadano Manette, calmaos. Si no os sometéis a la autoridad del Tribunal os pondréis fuera de la ley. En cuanto a lo que vos amáis más que la vida, nada puede ser más querido para un buen ciudadano que la República.

Esta amonestación fue celebrada con grandes aclamaciones. El presidente hizo sonar la campanilla, y prosiguió con calor:

—Si la República os pidiera el sacrificio de vuestra hija, vuestro deber sería sacrificarla. Escuchad lo que va a seguir. Entretanto, guardad silencio.

Se repitieron las frenéticas aclamaciones. El doctor Manette se sentó. Sus miradas recorrían la sala y sus labios temblaban. Lucía se aproximó más a él. Jacques Tres se frotó las manos y luego se llevó la diestra a la boca con su gesto habitual.

Defarge se presentó; cuando el público se hubo calmado lo bastante para que se le pudiera oír, refirió rápidamente la historia del apresamiento del doctor Manette, habiendo estado él al servicio del médico y siendo apenas un muchacho. Habló de la liberación del doctor y del estado en que estaba cuando le fue entregado a él. Como el Tribunal funcionaba rápidamente, siguió este breve interrogatorio:

—¿Prestasteis buen servicio en la toma de la Bastilla, ciudadano?

—Creo que sí.

Una mujer exaltada gritó de entre la multitud:

—Fuisteis uno de los mejores patriotas que se

hallaron allá. ¿Por qué no lo decís? Fuisteis artillero ese día y uno de los primeros en entrar en cuanto cayó la maldita fortaleza. ¡Patriotas, digo la verdad!

Era La Venganza, quien en medio de los entusiastas elogios del auditorio ayudaba de este modo al Tribunal. El presidente agitó la campanilla, pero La Venganza, alentada por los elogios, vociferó:

—¡Desafío a esa campanilla!

Lo cual le valió nuevos elogios.

—Informad al Tribunal de lo que hicisteis ese día en la Bastilla, ciudadano.

Defarge miró a su mujer, que estaba al pie de las gradas que él acababa de subir y que lo miraba fijamente. Después dijo:

—Yo supe que este preso de quien hablo había estado encerrado en un calabozo conocido por "Ciento Cinco, Torre del Norte". Lo supe cuando hacía zapatos, estando a mi cuidado, en mi casa. Resolví, mientras servía mi cañón ese día, examinar ese calabozo en cuanto cayera la plaza. Cayó la plaza y fui al calabozo en compañía de un ciudadano que forma parte de este jurado, guiados por un carcelero. Examiné minuciosamente la prisión; en un hueco de la chimenea, donde había sido quitada una piedra y repuesta después, hallé unos papeles escritos. Son estos. He tenido la precaución de examinar algunos ejemplares de la letra del doctor Manette y coinciden en todo con ésta. Confío estos papeles, escritos por el doctor Manette, en manos del presidente.

—Que sean leídos.

Reinó un silencio mortal. El acusado miraba cariñosamente a su esposa y ella no apartaba de él los ojos sino para mirar con solicitud a su padre. El doctor Manette miraba al lector; la Defarge miraba al acusado, y éste miraba a su mujer, que tenía aire de triunfo. Casi todos los presentes miraban fijamente al doctor, y él parecía no ver a nadie.

El documento leído decía así:

10

LA REALIDAD DE LA SOMBRA

"Yo, Alejandro Manette, desgraciado médico, nacido en Beauvais y residiendo después en París, escribo este triste papel en mi lóbrego calabozo en la Bastilla, durante el último mes del año 1767. Escribo a ratos robados, en medio de toda clase de dificultades. Intento guardarlo en la pared de la chimenea, donde he practicado lenta y trabajosamente un escondite donde colocarlo. Alguna mano compasiva tal vez lo descubra allí cuando yo y mis dolores seamos polvo.

Escribo con dificultad estas palabras, trazándolas con una punta de hierro oxidado y con raspaduras de hollín y carbón mezclado con sangre, en el último mes del décimo año de mi cautiverio. He perdido toda esperanza. Por terribles advertencias que he notado en mí, sé que mi razón flaqueará antes de mucho tiempo, pero declaro solemnemente que ahora estoy en plena posesión de mis facultades mentales, que mi memoria es exacta en cada detalle y que digo la verdad en ésta mi última narración, de la que daré cuenta en el día del Juicio Final, sean o no leídas alguna vez.

Durante una noche de luna seminublada, en la tercera semana de diciembre, creo que el veintidós, de 1757, me paseaba por un sitio apartado, junto al puente del Sena, para refrescarme con el aire frío, a una hora de marcha de mi casa, situada en la calle de la Escuela de Medicina, cuando oí detrás de mí a un carruaje que avanzaba con gran rapidez. Me aparté para evitar que me atropellara al pasar, y vi que una cabeza se asomaba por la ventanilla y oí que una voz ordenaba al cochero que se detuviera.

La carroza se detuvo tan pronto como el cochero pudo frenar los caballos, y la misma voz me llamó por mi nombre. Yo contesté. El carruaje había avanzado tanto que dos caballeros tuvieron tiempo de abrir la portezuela y bajar antes que yo pudiera acercarme. Noté que ambos estaban embozados en capas y que parecían ocultar sus caras. Al verlos parados uno junto al otro ante la puerta del coche, observé que parecían ser de mi edad, quizás algo más jóvenes, y que se asemejaban en estatura, en el modo, en la voz y también en lo que pude ver de sus caras.

—¿Sois el doctor Manette? —preguntó uno de ellos.

—Sí.

—¿El doctor Manette, antiguamente de Beauvais? ¿El joven médico que es tan experto cirujano y que desde hace unos dos años se está haciendo de gran fama en París? —dijo el otro.

—Caballeros, soy el doctor Manette de quien habláis con tanta amabilidad —contesté.

—Hemos ido a vuestra residencia —dijo el primero—, y no habiendo tenido la suerte de encontraros, supimos que probablemente estaríais paseando en esta dirección y hemos venido con la esperanza de alcanzaros. ¿Tendréis la bondad de subir al carruaje?

El modo de ambos era imperioso, y al hablar se situaron dejándome entre ellos y la puerta del vehículo. Ellos estaban armados y yo no.

—Caballeros —les dije—, disculpadme, pero yo

pregunto generalmente quién me hace el honor de buscar mi asistencia y la naturaleza del caso para el cual se me llama.

—Doctor, vuestros clientes son personas de calidad —replicó el segundo—. En cuanto a la naturaleza del caso, nuestra confianza en vuestra ciencia nos asegura que vos lo descubriréis mejor que si nosotros os lo describiéramos. Basta. ¿Tendréis la bondad de entrar en el carruaje?

No podía hacer otra cosa que obedecer, y entré en silencio al coche. Ambos subieron después que yo, y el último levantó los peldaños. El cochero hizo dar vuelta al coche y lo condujo con la rapidez con que había venido.

Repito esta conversación exactamente como ocurrió. No dudo de que la repito textualmente. Lo describo todo con exactitud, obligando a mi mente a no desviarse de esa tarea. Cuando pongo las señales que siguen, es porque tengo que interrumpir por el momento y poner el papel en el escondite.

La carroza dejó atrás las calles, pasó la barrera del norte y salió a un camino rural. A unos dos tercios de legua de la barrera, salió del camino real y poco después se detuvo ante una casa aislada. En ese momento no pude apreciar la distancia, pero lo hice cuando lo recorrí otra vez. Bajamos los tres y marchamos por el sendero húmedo y de suelo blando de un jardín en que había una fuente que desbordaba. Llegamos a la puerta de la casa, que no fue abierta inmediatamente después de sonar la campanilla. Uno de mis dos compañeros golpeó con su pesado guante de montar el rostro del hombre, que, por fin, abrió la puerta.

En esta acción no había nada que llamara particularmente mi atención, pues yo había visto que a la gente del pueblo se la golpeaba más que a los perros. Pero el otro, que también estaba irritado, golpeó al hombre con el brazo. El aspecto y la conducta de ambos eran otros rasgos tan claros de semejanza, que entonces advertí de que eran hermanos gemelos.

Desde que bajamos ante el portón —que encontramos cerrado con llave y que uno de los hermanos abrió para darnos paso, y después volvió a cerrar con llave—, yo había oído unos gritos que venían de una habitación del piso alto. Fui conducido directamente a esa habitación; los gritos se oían con más nitidez a medida que subíamos la escalera. En una cama había una persona atacada de alta fiebre cerebral.

Era una mujer joven, muy bella. Tendría poco más de veinte años. Tenía los cabellos arrancados y en desorden, y sus brazos estaban asegurados a sus costados por medio de fajas y pañuelos. Noté que estas ligaduras formaban parte del traje de un caballero; en una de ellas, que debió ser un cinturón o faja de un traje de ceremonia, había bordado en un extremo un signo heráldico de algún noble y la letra *E*.

Vi todo esto en el minuto en que miré la enferma, que en sus incesantes movimientos había vuelto la cara hacia el borde de la cama, y el extremo de la faja le cubría la boca poniéndola en peligro de asfixiarse.

Mi primer acto fue extender la mano para darle libertad de respirar; al retirar la banda, cayó bajo mi mirada el ángulo bordado.

Acomodé suavemente a la enferma, le puse la mano sobre el pecho para calmarla y sujetarla, y le miré la cara. Tenía los ojos dilatados y la mirada alocada; sin cesar, lanzaba gritos penetrantes, repitiendo estas palabras: "¡Mi marido, mi padre y mi hermano!", y después contaba hasta doce, terminando con esta palabra: "¡Silencio!" Durante un instante hacía una pausa como para escuchar, y después volvía a comenzar los gritos. No había variación en el orden ni en el modo con que repetía las palabras, y solamente ponía la breve pausa para escuchar, antes de comenzar de nuevo.

—¿Cuánto tiempo ha durado esto? —pregunté.

Para distinguir a los dos hermanos diré "el mayor" y "el menor"; por "el mayor", entiendo al que ejercía más autoridad. El fue quien contestó:

—Desde anoche, más o menos a esta misma hora.

—¿Tiene marido, padre, hermano?

—Un hermano.

—¿No me dirijo a ese hermano?

Con gran desprecio contestó:

—No.

—¿Ha tenido alguna asociación reciente con el número doce?

El hermano menor contestó con impaciencia:

—Con la hora doce.

—Ved, caballeros —dije, conservando mi mano sobre el pecho de la joven—, que soy inútil tal como me habéis traído. Si yo hubiera sabido de qué se trataba, me habría provisto de lo necesario. Ahora habrá que perder tiempo. No es posible conseguir medicinas en este lugar solitario.

El hermano mayor miró al menor, quien dijo con altanería:

—Hay aquí una caja con remedios.

La sacó de entre un armario y la colocó sobre la mesa. Abrí algunas de las botellas, les tomé el olor y probé con los labios lo que había en cada tapa. Si yo hubiera querido aplicar algo que no fueran narcóticos nocivos, no habría administrado ninguno de éstos.

—¿Dudáis de ellos? —preguntó el hermano menor.

—Ya veis, señor, que voy a emplearlos —fue lo único que dije.

Con gran dificultad, después de muchos esfuerzos, conseguí que la enferma tragara la dosis que yo quería darle. Como me proponía repetir la dosis al cabo de un rato, y era necesario observar el efecto que producía, me senté al lado de la cama. Una mujer tímida y callada, esposa del hombre que abrió la puerta, estaba de servicio y se había retirado a un rincón. La casa era húmeda y deteriorada, mal amueblada, y, evidentemente, había sido ocupada hacía poco tiempo y transitoriamente. Algunos viejos y espesos cortinados habían sido clavados en las ventanas para amortiguar los gritos, que continuaban en el mismo orden y con metódica sucesión. El frenesí de la enferma era de tal violencia que mantuve las ligaduras, pero cuidando de que no le produjeran dolor. La única mejora obtenida era que el contacto de mi mano sobre su pecho calmaba su agitación durante varios minutos. No tenía ningún efecto sobre los gritos que se sucedían con la regularidad de un péndulo.

A causa de que dejaba de debatirse cuando mi mano se apoyaba en su pecho, permanecí sentado junto a la cama durante una media hora, mientras los dos hermanos nos miraban.

—Hay otro enfermo —dijo el mayor.

Me estremecí y pregunté:

—¿Es un caso urgente?

—Será mejor que lo veáis —contestó, indiferente, y levantó una bujía.

El otro enfermo se hallaba en una habitación interior, a la que se llegaba subiendo otra escalera; era una especie de granero y quedaba encima de un establo. Una parte del techo bajo estaba enyesada, y la otra parte permitía ver las vigas que sostenían el techo de tejas. Allí había heno y paja amontonados, haces de leña para el fuego y un montón de manzanas colocadas entre arena. Mi memoria es clara y minuciosa; yo la pongo a prueba con estos detalles y los vuelvo a ver en ésta mi celda en la Bastilla, a los diez años de mi cautiverio, tal como los vi aquella noche. Tuve que atravesar aquella parte que servía de depósito hasta llegar al sitio cubierto por el cielo raso.

En el suelo, sobre un montón de heno, con una almohada bajo la cabeza, yacía un hermoso muchacho aldeano, de unos diecisiete años a lo sumo. Estaba de espaldas; tenía los dientes apretados y la mirada iracunda, fija en el techo. Hincando una rodilla en el suelo miré en vano en busca de la herida, aunque comprendí que el muchacho se estaba muriendo a causa de ella.

—Soy el médico —le dije—. Déjame que te examine, pobre joven.

—No quiero que me examine —replicó—. Dejadme estar.

Lo calmé, y me dejó apartar su mano, que cubría el hondo tajo abierto por una espada, unas veinte o veinticuatro horas antes; ni aun siendo atendida inmediatamente aquella profunda herida, hubiera sido posible salvar la vida del muchacho, que se moría rápidamente. Cuando volví los ojos hacia el hermano mayor, vi que estaba mirando al aldeano como si fuera un pájaro herido, una liebre o un conejo, no como si fuera un semejante.

—¿Cómo ha sido esto, señor? —pregunté.

—¡Un vulgar cachorro enloquecido! ¡Un siervo! Obligó a mi hermano a defenderse y ha caído bajo la espada de éste, como si fuera un caballero.

En esta respuesta no había una nota de piedad, de pena ni de humanidad. El que hablaba parecía reconocer que era molesto que muriera allí un ser de clase inferior, y que hubiera sido mejor que muriera de la oscura manera rutinaria que correspondía a semejante alimaña. Era completamente incapaz de un sentimiento de compasión hacia el muchacho y su triste suerte.

Los ojos del herido se habían dirigido lentamente hacia el que hablaba, y después los volvió hacia mí, y me dijo:

—Doctor, estos nobles son muy orgullosos, pero nosotros los vulgares perros también somos orgullosos algunas veces. Nos explotan, nos insultan, nos golpean, nos matan, pero todavía nos queda algún orgullo a veces. Ella. . . ¿la habéis visto, doctor?

Los gritos y las voces llegaban hasta allí, aunque atenuados por la distancia. El joven se refería a ella como si estuviera tendida allí, entre nosotros.

—La he visto —contesté.

—Es mi hermana, doctor. Estos nobles han ejercido

sus vergonzosos derechos, durante muchos años, sin respetar la modestia ni la virtud de nuestras hermanas; pero hemos tenido entre nosotros muchachas muy buenas. Yo lo sé, porque lo he oído decir a mi padre. Mi hermana era muy buena; era novia de un buen muchacho, arrendatario de ése. Todos éramos arrendatarios de ese hombre que está allí de pie. El otro es su hermano, el peor vástago de una raza malvada.

Con gran dificultad reunía el moribundo fuerzas para hablar; pero su espíritu hablaba con terrible énfasis.

—Nos ha robado tanto ese hombre que está allí como nos roban esos seres superiores a nosotros, los vulgares perros; somos expoliados sin piedad; ése nos obliga a trabajar para él, sin salario; nos obliga a moler nuestro trigo en su molino, a alimentar a veintenas de sus pájaros domesticados, con nuestras míseras cosechas; y bajo pena de la vida, nos prohibe tener en nuestro poder ni un solo pájaro domesticado; nos saquea y nos explota a tal grado que si tenemos por casualidad un pedazo de carne, lo comemos con miedo, con los cerrojos corridos en la puerta y con las ventanas cerradas para que su gente no lo vea y nos lo quite. Estamos tan explotados, perseguidos y empobrecidos, que nuestro padre nos dijo que era una cosa terrible traer un hijo al mundo, y que lo que más debíamos pedir a Dios era que nuestras mujeres fueran estériles y que se extinguiera nuestra miserable raza.

Nunca había visto yo que el sentimiento de opresión se manifestara así, como en llamaradas. Yo había supuesto que debía estar latente en el pueblo, en alguna parte; pero jamás lo había visto estallar, así, en labios de este jovencito moribundo.

—Y, sin embargo, doctor, mi hermana se casó —continuó diciendo—. El pobre joven estaba enfermo y ella se casó con él, que la amaba, para cuidarlo y consolarlo en nuestra cabaña, en nuestra perrera, como diría ese hombre. No hacía semanas que se habían casado cuando el hermano de ese hombre la vio y le gustó; le pidió a ése que se la presentara, porque nada importan los esposos entre la gente como nosotros. El consintió, pero mi hermana era buena y virtuosa y odiaba al hermano de ése tanto como lo odio yo. ¿Qué hicieron esos dos para persuadir al marido de que debía emplear su influencia con ella a fin de que accediera?

Los labios del herido, que habían estado fijos en los míos, se volvieron lentamente hacia los dos hermanos, y yo vi en sus semblantes que todo lo que el muchacho decía era verdad. Aquí, en la Bastilla, todavía creo ver aquellas dos clases de orgullo frente a frente: el de los caballeros se manifestaba con una negligente indiferencia; la del aldeano oprimido, en un sentimiento de reacción apasionada y vengativa.

—Sabéis, doctor, que entre los derechos de estos nobles está el de uncirnos a sus carros para tirar de ellos, como vulgares bestias que somos. Uncieron al enfermo y le hicieron tirar del carro. También cuentan entre sus derechos el de hacerlos pasar la noche en sus parques acallando a los sapos y a las ranas a fin de que no molesten el noble sueño de esos señores. Así, durante la noche hacían permanecer a mi cuñado entre la malsana humedad, y de día lo hacían uncir al carro. No consiguieron persuadirlo. ¡No! Un día lo desataron del carro para que comiera, si es que tenía algo que comer; él sollozó doce veces, cuando la campana daba las doce del día, y quedó muerto en los brazos de mi hermana.

Ninguna ayuda humana podía haber mantenido la vida en este muchacho sino su propósito de referir todo el mal que se le había hecho. Rechazando las sombras de la muerte y obligando a su puño a permanecer apretado cubriendo la herida, continuó:

—Entonces, con el permiso y aun con la ayuda de ese hombre, su hermano "la llevó", a pesar de lo que ella le había dicho y que pronto sabréis vos, doctor, si es que no lo sabéis todavía; la llevó para satisfacer su capricho y divertirse durante un tiempo. La vi pasar a mi lado en el camino. Cuando llevé a mi casa la noticia estalló el corazón de nuestro padre, sin que pudiera decir ni una sola de las palabras que debió decir. Yo llevé a mi hermana menor, porque tengo otra hermana, a un lugar que está fuera del alcance de ese hombre y donde, por lo menos, ella no será uno de sus vasallos. Después seguí el rastro del canalla hasta aquí; anoche trepé hasta este sitio armado con un sable, yo que soy un vulgar perro. ¿Dónde está la ventana de este desván? Estaba aquí, en alguna parte.

La habitación se oscurecía ante su vista nublada y su mundo se reducía. Miré en torno mío y vi que el heno y la paja estaban pisoteados, como si allí se hubiera sostenido una lucha.

—Ella me oyó y entró aquí corriendo. Le dije que no se acercara hasta que él muriera. El entró y me arrojó algunas monedas y después me pegó con un látigo. Pero yo, vulgar perro, lo ataqué, obligándolo a sacar su espada; que rompa en tantos pedazos como quiera la espada que manchó con mi sangre ordinaria; la desenvainó para defenderse, y con la destreza que posee, para salvar su vida la hundió en mi pecho.

Momentos antes mis miradas se habían detenido en los fragmentos de una espada esparcidos sobre el heno. Esa arma era la de un caballero. En otro sitio estaba tirado un viejo sable que parecía haber pertenecido a algún soldado.

—Ahora levantadme, doctor; levantadme. ¿Dónde está?

—No está aquí —contesté sosteniendo al muchacho y creyendo que se refería al hermano.

—¡Ah! Orgullosos como son estos nobles, él tiene miedo de verme. ¿Dónde está el hombre que estaba aquí? Volved mi cara hacia él.

Hice lo que me pedía, levantando su cabeza sobre mi rodilla. Pero él se incorporó, dotado momentáneamente de extraordinaria fuerza y obligándome a levantarme para poder sostenerlo.

—Marqués —dijo el muchacho volviendo hacia el

hermano mayor sus ojos muy abiertos y levantando la mano derecha—: el día que haya que dar cuenta de todas estas cosas, os emplazo a vos y a los vuestros hasta el último de vuestra malvada raza para que respondáis de todas ellas. Marco sobre vos esta cruz de sangre como señal de que os emplazo. En esos días que vendrán, emplazo también a vuestro hermano, el peor de una raza de malvados, para que responda separadamente de estos hechos. Y marco sobre él esta cruz de sangre, en prueba de que lo emplazo.

Dos veces se llevó la mano a la herida y con el índice trazó una cruz en el aire. Permaneció durante un instante con el índice levantado, y cuando el dedo cayó, él quedó muerto. Lo tendí sobre el heno.

Cuando volví junto a la enferma la encontré delirando del mismo modo regular, en el mismo orden. Comprendí que esto podría durar muchas horas y que probablemente acabaría en el silencio de la muerte.

Repetí las medicinas que le había administrado y me instalé al lado de su cama hasta que la noche estuvo muy avanzada. No disminuía la intensidad de sus gritos ni se equivocaba en el orden ni en la claridad de sus palabras: "¡Mi marido, mi padre, mi hermano! Uno, dos, tres, cuatro, cinco, seis, siete, ocho, nueve, diez, once, doce. ¡Silencio!"

Esto duró veintiséis horas desde el momento en que la vi por primera vez. Yo había partido y había vuelto dos veces, y me hallaba nuevamente sentado junto a su cama, cuando noté que comenzaba a vacilar. Hice lo poco que pude para mantener esa calma y poco a poco la enferma cayó en un letargo, quedando como muerta.

Era como si el viento y la lluvia amainara por fin, después de una espantosa tormenta. Desaté sus brazos y llamé a la mujer que estaba allí para que me ayudara a arreglarla y a aliñar sus ropas arrancadas. Fue entonces que conocí que presentaba los primeros síntomas de una futura maternidad; y fue entonces también que perdí toda esperanza de salvarla.

—¿Ha muerto? —preguntó el marqués, al que sigo llamando "el hermano mayor", que acababa de desmontar y entraba con botas a la habitación.

—No, pero parece que va a morir —contesté.

—¡Cuánta energía hay en estos cuerpos ordinarios! —exclamó mirando a la enferma con cierta curiosidad.

—Hay una energía prodigiosa en la angustia y en la desesperación —repliqué.

El se rió de mis palabras y luego frunció el ceño. Con el pie apartó una silla y la acercó a la mía; despidió a la mujer y me dijo en voz baja:

—Doctor, viendo a mi hermano en esta dificultad con estos palurdos, le recomendé que solicitara vuestra ayuda. Gozáis de excelente reputación, y como todavía tenéis que hacer fortuna, es probable que tengáis en cuenta vuestros intereses. Las cosas que veis aquí son de las que se ven y de las que no se habla.

Yo escuchaba la respiración de la enferma y evité contestar.

—¿Me honráis con vuestra atención, doctor?

—Señor —contesté—, en mi profesión, las comunicaciones de los pacientes se reciben siempre en estricta confianza.

Contesté con prudencia, porque me preocupaba lo que había visto y oído.

La respiración de la enferma era tan imperceptible que le tomé el pulso y le ausculté el corazón. Apenas quedaba un soplo de vida. Volviéndome para sentarme de nuevo, vi que los dos hermanos me observaban atentamente.

Escribo con tanta dificultad, el frío es tan intenso y tengo tanto temor de ser sorprendido y confinado a un calabozo subterráneo donde la oscuridad es completa, que debo abreviar esta narración. No hay confusión ni falla en mi memoria; puedo recordar cada detalle y repetir cada una de las palabras que cambié con aquellos hermanos.

La vida de la enferma se prolongó durante una

semana. Hacia el final, aplicando el oído a sus labios acerté a comprender algunas palabras que me decía. Me preguntó dónde estaba y yo se lo dije. Me preguntó quién era yo y se lo dije. En vano le pregunté cuál era su apellido. Movió débilmente la cabeza sobre la almohada y guardó su secreto, como había hecho el muchacho.

No tuve oportunidad de hacerle ninguna otra pregunta hasta que hube comunicado a los marqueses que la enferma decaía rápidamente y que no viviría ni un día más. Hasta ese momento, alguno de ellos permanecía sentado detrás de la cortina, a la cabecera de la cama, ejerciendo celosa vigilancia mientras yo me hallaba al lado de la moribunda, que no podía ver a nadie más que a mí y a la mujer de servicio. Pero cuando se aproximaba el fin, parecieron despreocuparse de lo que ella pudiera comunicarme, como si yo también me estuviera muriendo; por lo menos esta idea cruzó por mi mente.

Yo había notado que el orgullo de ambos sufría cruelmente porque el hermano menor había cruzado su espada con la de un aldeano, siendo éste, además, un muchacho. Lo único que parecía afectarlos era este hecho, que consideraban degradante para la familia, y también ridículo. Cada vez que mi mirada encontraba la del hermano menor, su expresión me revelaba que yo le era profundamente antipático a causa de lo que sabía por las revelaciones del muchacho. Me trataba con más suavidad y cortesía que su hermano, pero yo percibía su aversión. También vi que yo era un estorbo para el mayor.

La enferma murió dos horas antes de la medianoche, según mi reloj, casi exactamente a la misma hora en que la vi por primera vez. Me hallaba solo con ella cuando su pobre cabeza juvenil se inclinó suavemente hacia un lado y terminaron todos sus dolores y sus agravios.

Los dos hermanos aguardaban en una habitación del piso bajo, impacientes por partir. Estando solo junto al lecho de muerte, yo los oía caminar de un lado a otro y golpearse las botas con sus fustas.

—¿Ha muerto, por fin? —preguntó el mayor al verme entrar.

—Ha muerto —contesté.

—Te felicito, hermano —dijo volviéndose hacia el otro.

Antes de esto me había ofrecido dinero, que no acepté. En ese momento me dio un bolso de monedas de oro. Yo lo tomé de su mano y lo coloqué sobre la mesa. Después de meditar sobre este asunto, había decidido no aceptar nada.

—Disculpadme —le dije—, pero dadas las circunstancias, no acepto.

Cambiaron una mirada, me hicieron una inclinación de cabeza; contesté con otra reverencia y nos separamos sin cambiar ni una palabra más.

Me siento cansado, muy cansado; abrumado de tristeza; no puedo leer lo que ha escrito mi mano enflaquecida.

En la mañana siguiente, muy temprano, el bolso de monedas de oro, guardado dentro de una cajita sobre la que estaba escrito mi nombre, fue dejado a la puerta de mi casa. Desde el principio yo había meditado con ansiedad en lo que debía hacer. Ese día decidí escribirle privadamente al ministro, relatando los dos casos para que fui llamado a asistir e indicando el sitio adonde fui llevado, narrando todas las circunstancias de lo ocurrido. Yo sabía cuánto valían en la corte las influencias y lo que eran las inmunidades de los nobles, y no esperaba que este relato fuera tenido en cuenta; pero yo deseaba aliviar mi espíritu. Había mantenido el asunto en profundo secreto; ni aun a mi esposa le hablé de ello, y decidí decir esto también en mi carta. Yo no creía correr ningún peligro, pero comprendí que podría haber peligro para otros si éstos supieran lo que sabía yo.

Estuve muy ocupado durante ese día y no pude

terminar mi carta esa noche. A la mañana siguiente me levanté más temprano que de costumbre para terminarla. Era el último día del año. Tenía ante mí la carta recién terminada, cuando me avisaron que estaba esperando una señora que deseaba verme.

Me siento cada vez más incapaz de llevar a término la tarea que me he impuesto. Hace tanto frío, reina tal oscuridad, me siento tan entumecido que toda la sombra que me rodea me parece terrible.

La dama era joven, hermosa y simpática, pero se veía que no tendría larga vida. Se mostró muy agitada y se presentó a sí misma diciendo que era la esposa del marqués de Saint-Evrémonde. Relacioné el título con el que el muchacho había designado al hermano mayor y la *E* bordada en la banda, y no tuve dificultad en llegar a la conclusión de haber visto muy recientemente a ese noble.

Mi memoria es fiel todavía, pero no puedo reproducir las palabras de nuestra conversación. Sospecho que se me vigila más estrechamente que antes, pero no sé a qué horas. La dama había en parte sospechado y en parte descubierto los hechos principales de la cruel historia, la participación que en ella había tenido su marido y que se había recurrido a mí. Ignoraba que la joven hubiera muerto, y dijo muy afligida que tenía la esperanza de demostrarle en secreto su compasión y su simpatía de mujer. Había abrigado la esperanza de apartar la ira de Dios de una casa que desde hacía mucho tiempo se había hecho odiosa a numerosos desgraciados.

Tenía motivos para creer que había una hermana menor de la víctima, y su mayor deseo era ser útil a esa joven. Lo único que pude decirle fue que conocía la existencia de esa hermana, no sabiendo nada más. La dama había venido a verme confidencialmente, esperando que yo pudiera decirle el nombre y el lugar donde vivía esa joven. Hasta este triste momento ignoro ambas cosas.

Me faltan estas hojas de papel. Ayer me quitaron una y se me hizo una advertencia. Debo terminar hoy mi relato.

La dama era bondadosa y compasiva y no era feliz en su matrimonio. ¿Cómo podría serlo? El hermano del marqués desconfiaba de ella y le tenía antipatía; empleaba toda su influencia en su contra y ella le temía tanto como temía a su marido. Cuando la acompañé hasta la puerta vi en el coche a un lindo niño de unos dos o tres años.

—Por él, doctor —me dijo llorando y señalando al niño—, yo haría todo lo posible para reparar, en lo poco que de mí depende, el mal que se ha hecho. De otra manera su herencia no le traerá felicidad. Tengo el presentimiento de que si no se hace una reparación por este hecho, algún día tendrá él que responder por ello. Lo poco verdaderamente mío que me queda es sólo algo más que el valor de algunas joyas; pero yo le recomendaré a mi hijo que sea su primer deber entregárselo a esa familia agraviada, si se puede encontrar a la hermana; y que junto con el legado, le exprese la compasión y la pena que sintió su madre hasta su muerte.

Besó al niño y le dijo acariciándolo:

—Es por ti, queridito. ¿Cumplirás fielmente, mi pequeño Carlos?

—Sí —contestó el niño resueltamente.

Yo besé la mano de la dama; ella tomó al niño en sus brazos y partió acariciándolo. Nunca más he vuelto a verla.

Como ella me había dicho el nombre de su marido en la creencia de que yo lo sabía, no lo mencioné en mi carta. Sellé la carta, y no queriendo confiarla a nadie, la entregué yo mismo ese día.

Esa noche, la última del año, a eso de las nueve, un hombre vestido de negro llamó a la puerta de mi casa, pidió verme y solapadamente subió la escalera detrás de mi sirviente, que era un jovencito llamado Ernesto

Defarge. Cuando Ernesto entró a la habitación donde yo me encontraba con mi esposa —¡oh, mi esposa amada! ¡Mi bella y joven esposa inglesa!— vimos que el hombre que debía estar abajo, esperando, se hallaba detrás del muchacho.

—Un caso urgente en la calle Saint-Honoré —me dijo.

Tenía un coche en la puerta y no se me retendría mucho.

Me trajo aquí, a este sepulcro. Cuando nos alejamos de la casa, por detrás me amordazó fuertemente con un trapo negro y se me ataron los brazos. Los dos hermanos cruzaron por el camino, saliendo de un rincón oscuro, y me identificaron haciendo un simple gesto. El marqués sacó de su bolsillo la carta que yo había escrito, me la mostró y la quemó en la llama de una linterna que estaba pronta, pisoteando después las cenizas. No se habló ni una sola palabra. Yo fui traído aquí, a este sepulcro de vivos.

Si Dios hubiera puesto en el duro corazón de alguno de esos dos hermanos el impulso de darme, durante estos años espantosos, alguna noticia de mi querida esposa, alguna palabra para que yo supiera si estaba viva o muerta, yo pensaría que El no nos había abandonado por completo. Pero ahora creo que la señal de la cruz de sangre les ha sido fatal y que están excluidos de la misericordia de Dios. Yo, Alejandro Manette, desgraciado prisionero, en esta última noche del año 1767, en mi intolerable dolor, acuso a ellos y a sus descendientes, hasta el último de su raza, y los emplazo para que respondan por todo esto en los tiempos que vendrán. Los acuso ante el cielo y la tierra".

Al terminar la lectura de este documento, resonó un terrible clamor. Un sonido inarticulado que expresaba vehemente exigencia, que pedía sangre. La narración provocó las más vengativas pasiones de la época, y no habría en toda la nación una cabeza que no cayera ante semejante rencor.

En presencia de aquel Tribunal y de aquel auditorio, era necesario mostrar por qué los Defarge no habían hecho público aquel papel cuando todos los otros documentos hallados en la Bastilla fueron llevados en procesión. Lo habían guardado en espera del momento propicio. No era necesario demostrar que el nombre de esta odiada familia había sido anatematizado desde hacía largo tiempo por Saint-Antoine. No pisó la tierra hombre alguno cuyas virtudes y servicios hubieran podido auxiliar al acusado, en aquel sitio y en aquel día, contra semejantes acusaciones.

Y para agravar la situación del reo, el acusador era un ciudadano bien conocido, adicto amigo suyo y padre de su esposa. Una de las frenéticas aspiraciones del populacho consistía en imitar las discutibles virtudes públicas de la antigüedad, los sacrificios y las inmolaciones de sí mismos en el altar del pueblo. Así fue que cuando el presidente dijo, a fin de que su propia cabeza no vacilara sobre sus hombros, que el buen médico de la República merecería aun más de ésta por desarraigar una culpable familia de aristócratas, y que, sin duda, sentiría una sagrada exaltación y júbilo al hacer que su hija quedara viuda con su hijita huérfana, se produjo una loca agitación, un patriótico fervor, sin una nota de piedad.

—¿Tiene mucha influencia alrededor suyo ese doctor? —murmuró la señora—. ¡Salvadlo ahora, mi doctor, salvadlo!

Al voto que emitía cada uno de los jurados sucedían gritos tumultuosos. Otro y otro voto. Otro y otro grito.

La votación fue unánime. Por su origen y sus sentimientos era un aristócrata, enemigo de la República, notorio opresor del pueblo. ¡Vuelta a la Conserjería y la muerte dentro de veinticuatro horas!

Capítulo 11

CREPUSCULO

La infortunada esposa del hombre inocente sentenciado a muerte, al oír la sentencia se desplomó como si hubiera recibido un golpe mortal, sin exhalar ni un suspiro. Pero era de tal fuerza la voz interior que le decía que ella era quien debía sostenerlo en este trance y no aumentar su pena, que reaccionó inmediatamente de semejante debilidad.

Teniendo los jueces que tomar parte en una demostración pública fuera del recinto, el tribunal levantó la sesión. No había cesado el ruido y la agitación producida al vaciarse rápidamente el salón por diversos pasajes, cuando Lucía se puso en pie y tendió los brazos hacia su marido. Su semblante expresaba amor y consuelo.

—¡Si yo pudiera tocarlo! ¡Si pudiera abrazarlo una vez! ¡Oh, buenos ciudadanos, si tuvierais un poco de compasión de nosotros!

No quedaba más que un carcelero, con dos de los cuatro hombres que lo habían arrestado la noche anterior y con Barsad. Todo el público había salido para presenciar el espectáculo que se iba a ver en las calles. Barsad propuso a sus compañeros:

—Dejadle que lo abrace. No será más que un momento.

Los patriotas accedieron en silencio y pasaron a Lucía por los asientos que había en la sala hasta una plataforma desde donde Carlos, inclinándose sobre la baranda, podía estrecharla en sus brazos.

—¡Adiós, querida de mi alma! Me despido bendiciéndote, amor mío. Nos volveremos a encontrar allá donde los fatigados hallan descanso.

Así le habló él mientras la estrechaba contra su pecho.

—Yo puedo sobrellevar esto, querido Carlos. Me siento sostenida desde el cielo. No sufras por mí. Mándale una bendición a nuestra hija.

—Se la envío por intermedio tuyo. Bésala por mí y transmítele mi despedida.

—¡No, Carlos! ¡Un momento! —exclamó cuando él se apartaba de ella—. No estaremos separados mucho tiempo. Sé que esto me partirá el corazón, pero cumpliré con mi deber mientras pueda. Cuando yo deje a nuestra hija, Dios le proporcionará amigos como me los proporcionó a mí.

Manette la había seguido y se hubiera arrodillado ante ellos si Darnay no hubiera extendido la mano para impedirlo, diciéndole:

—¡No, no! ¿Qué habéis hecho para que os arrodilléis ante nosotros? Ahora sabemos qué lucha sostuvisteis; sabemos lo que habréis sufrido cuando sospechasteis mi origen y cuando lo supisteis con certeza. Sabemos cómo combatisteis y vencisteis la natural antipatía hacia mí, por vuestro amor a ella. Os agradecemos de todo corazón y os reiteramos todo nuestro cariño y nuestro respeto.

La única respuesta del anciano fue llevarse las manos a la cabeza y mesarse los cabellos, exhalando un grito de angustia.

—No podía ser de otro modo —dijo Carlos—; todas las cosas se han preparado para este fin. Lo que primero me llevó a vuestra presencia fue la siempre vana tentativa que hice para cumplir el pedido de mi pobre madre. De tanto mal no podía resultar ningún bien; no estaba en la naturaleza de las cosas que tuvieran feliz término tan malvados comienzos. Consolaos y perdonadme. ¡Que Dios os bendiga!

Cuando lo apartaron, Lucía lo miró alejarse juntando las manos en actitud de orar y con una expresión radiante, casi sonriendo, para alentar al sentenciado. Cuando él traspuso la puerta destinada a los presos, Lucía se volvió, apoyó amorosamente la cabeza sobre el pecho de su padre y cayó a sus pies.

De un rincón oscuro de donde no se había movido, salió Sidney Carton y fue a levantarla. Solamente su padre y el señor Lorry estaban con ella. El brazo de Carton tembló al levantar a Lucía y al sostenerle la cabeza. Pero no solamente piedad expresaba su semblante, sino también orgullo.

—¿La llevaré hasta el coche? —preguntó—. No pesa.

La llevó hasta la salida y la colocó cuidadosamente en un carruaje. Manette y su viejo amigo se instalaron en el otro asiento y Carton se sentó al lado del cochero.

Cuando llegaron a la puerta donde él se había detenido en la oscuridad de la noche hacía pocas horas, para imaginarse sobre cuál de las toscas piedras habría pisado Lucía, la levantó de nuevo y la llevó por la escalera hasta las habitaciones. La depositó en un sofá, y la señorita Pross y la niña se inclinaron llorando sobre ella.

—No la hagáis volver en sí —le recomendó en voz baja a la señorita Pross—. Está mejor así. Mientras esté desmayada solamente, no conviene reanimarla.

—¡Oh, Carton, Carton! ¡Querido Carton! —exclamó la niña saltándole al cuello y llorando desconsoladamente—. Ahora que estás aquí creo que harás algo para ayudar a mamá, algo para salvar a papá. ¡Mírala, querido Carton! ¿Cómo podéis verla así, vosotros todos los que tanto la queréis?

Carton se inclinó y apoyó contra su cara una rosada mejilla de la niña; después la bajó suavemente y quedó mirando a la inanimada Lucía.

—¿Puedo besarla antes de irme? —preguntó lentamente.

Después los presentes recordaron que al inclinarse y rozar el rostro de Lucía con sus labios murmuró algunas palabras. La niña, que estaba más próxima a él, dijo más tarde, y llegó a decirles a sus nietos cuando era una venerable anciana, que ella le oyó decir:

—Una vida que vos amáis.

Se retiró a la habitación contigua con el señor Lorry y el doctor Manette, y volviéndose bruscamente hacia éste le dijo:

—Hasta ayer teníais gran influencia, doctor. Ponedla a prueba. Estos jueces, y todos los hombres que están en el poder son amigos vuestros y reconocen vuestros servicios, ¿no es así?

—No se me oculta nada que tuviera relación con Carlos. Recibí las mayores seguridades de que lo salvaría, y lo hice.

Dijo estas palabras con gran turbación y con mucha lentitud.

—Intentadlo otra vez. Pocas y breves son las horas desde ahora hasta mañana por la tarde. Haced una tentativa.

—Es lo que me propongo hacer. No descansaré ni un momento.

—Está bien. Más de una vez he visto que una energía como la vuestra ha realizado grandes cosas; aunque nunca —añadió sonriendo y suspirando a la vez—, cosas tan grandes como ésta. ¡Intentadlo! Poco como vale la vida si no la empleamos bien, merece ese esfuerzo. Nada costaría darla si no fuera así.

—Iré directamente a ver al fiscal y al presidente —dijo el doctor—. También veré a otros a quienes es mejor no nombrar. También escribiré. Y. . . ¡Aguardad! Hay una celebración en las calles y a nadie se podrá ver antes de que anochezca.

—Es verdad. ¡Y bien! Es una remota esperanza en el mejor de los casos, y no mucho más remota por tener que aguardar la noche. Yo desearía saber cómo os va, aunque no tengo esperanza. Tenedlo presente. ¿Cuándo esperais poder ver a esas terribles autoridades, doctor Manette?

—Inmediatamente después que oscurezca, según espero. Dentro de una o dos horas.

—Poco después de las cuatro comenzará a anochecer. Alarguemos el plazo en una o dos horas más. Si voy a las nueve a la casa del señor Lorry, ¿sabré lo que habéis realizado, ya de labios de nuestro amigo o de los vuestros?

—Sí.

—¡Que tengáis éxito!

El señor Lorry siguió a Sidney hasta la puerta exterior, y tocándole un hombro cuando iba a partir, lo hizo volver, murmurando con tristeza, en voz baja:

—No tengo esperanza.

—Yo tampoco.

—Si alguno de estos hombres, o todos ellos, estuvieran dispuestos a indultarlo —lo cual es mucho suponer, pues, ¿qué les importa a ellos la vida de Darnay, ni la de ningún hombre?—, dudo de que osaran indultarlo después de la demostración que hemos presenciado en el Tribunal.

—Pienso lo mismo que vos. Oí el golpe del hacha en ese tumulto.

El señor Lorry apoyó un brazo contra el marco de la puerta y bajó la cabeza sobre ese brazo.

—No os dejéis abatir —le dijo Carton con bondad—. No os aflijáis. Estimulé al doctor Manette a hacer una tentativa porque pensé que eso algún día le daría a ella algún consuelo. De otro modo podría pensar que la vida de su marido fue arrebatada con ligereza, desperdiciada, y eso la haría sufrir.

—Sí, sí, sí —replicó el señor Lorry secándose los ojos—; tenéis razón. Pero Carlos perecerá. No hay verdadera esperanza.

—Sí; perecerá. No hay verdadera esperanza —repitió Carton como un eco; echó a andar y bajó la escalera con paso firme.

Capítulo 12

TINIEBLAS

Sidney Carton se detuvo en la calle, sin decir a qué sitio debía ir.

—En el banco Tellson, a las nueve —se dijo con aire pensativo—; entretanto, ¿sería conveniente que me haga ver? Creo que sí; es mejor que esta gente sepa que anda por aquí un hombre tal como soy yo; es una buena precaución, y puede muy bien ser una preparación necesaria. ¡Pero cuidado, cuidado, cuidado! Voy a pensarlo.

Había comenzado a andar en cierta dirección, pero se detuvo; después recorrió una o dos veces un trecho de la calle que comenzaba a ponerse oscura y pensó en las posibles consecuencias del plan que se había trazado. Se confirmó en su primera impresión.

—Es mejor que esta gente sepa que anda por ahí un hombre tal como soy yo —se dijo encaminándose hacia el suburbio de Saint-Antoine.

Defarge había dicho ese día que era propietario de una tienda de vinos en ese suburbio. Para quien conociera bien la ciudad, no era difícil hallar esa taberna sin necesidad de hacer preguntas. Habiéndose asegurado de la ubicación de lo que buscaba, Carton volvió a salir de las calles más próximas, cenó en una casa de comida y después se quedó profundamente dormido. Por primera vez en su vida se abstuvo de tomar ninguna bebida fuerte. Desde la noche anterior no había bebido más que un poco de vino flojo, y esa noche había volcado lentamente el coñac en la chimenea del señor Lorry, como quien lo descarta para siempre.

Eran las siete cuando se despertó, y ya despejado, volvió a salir a la calle. En el camino hacia Saint-Antoine se detuvo ante una vidriera en la que había un espejo y arregló el desorden de sus cabellos, de su corbata y del cuello de su levita. Hecho esto se encaminó directamente hacia la casa de Defarge; llegó y entró en la taberna.

En ese momento no había otro parroquiano que Jacques Tres, el de los dedos inquietos y la voz ronca. Este hombre, a quien Carton había visto formando parte del jurado, estaba bebiendo frente al pequeño mostrador y conversando con los esposos Defarge. La Venganza intervenía en la conversación como miembro regular del establecimiento.

Carton entró, tomó asiento y pidió, en un mal francés, una pequeña cantidad de vino. La señora Defarge le dirigió una mirada distraída, luego una y otra mirada de atención, y por último se le acercó y le preguntó qué era lo que había pedido.

Carton repitió lo que acababa de decir.

—¿Inglés? —preguntó la Defarge levantando las cejas y con tono investigador.

Después de mirarla como si tardara en comprender bien el sentido de aquella única palabra dicha en francés, contestó con su acento exótico:

—Sí, señora. Soy inglés.

La señora Defarge volvió al mostrador en busca de vino y él levantó su diario jacobino fingiendo descifrarlo para saber lo que decía. Oyó que ella decía:

—Os lo juro, se parece a Evrémonde.

Defarge le llevó el vino y le dio las buenas tardes.

—¿Cómo?

—Buenas tardes.

—¡Oh! Buenas tardes, ciudadano —dijo llenando su vaso—. ¡Ah! y buen vino. Bebo por la República.

Defarge volvió al mostrador y dijo:

—Ciertamente, se le parece un poco.

La mujer replicó ásperamente:

—Se le parece mucho.

Jacques Tres intervino pacíficamente:

—¡Lo tenéis tan presente, señora!

La amable Venganza añadió, riéndose:

—¡Sí, a fe mía! ¡Y esperáis con tanto placer verlo mañana una vez más!

Carton seguía lentamente con el índice las líneas y las palabras del diario, y su rostro expresaba una absorbente atención. Los otros apoyaban los brazos sobre el mostrador y hablaban en voz baja. Después de unos momentos de silencio, durante los cuales los cuatro miraban hacia él sin que el atento lector distrajera su atención del diario jacobino, reanudaron la conversación.

—Lo que dice madama es cierto —dijo Jacques Tres—. ¿Por qué detenerse? Hay gran fuerza en eso. ¿Por qué detenerse?

—Bien, bien —replicó Defarge—. Es necesario detenerse en alguna parte. Alguna vez hay que poner fin.

—En el exterminio —dijo su mujer.

—¡Magnífico! —exclamó Jacques Tres.

La Venganza también aprobó calurosamente.

—El exterminio es una buena doctrina, mujer —dijo Defarge algo turbado—. En general, no digo nada en contra. Pero este doctor ha sufrido mucho. Lo habéis visto hoy y habéis observado su semblante cuando leí el papel.

—¡He observado su cara! —exclamó la Defarge con acento airado y desdeñoso—. He observado que su cara no es la de un verdadero amigo de la República. ¡Que cuide de su cara!

—Y habéis observado la angustia de su hija, lo que debió producirle a él una terrible pena—, dijo Defarge con tono de súplica.

—Sí, y he observado a la hija hoy y otras veces. La he visto en el Tribunal y también en la calle próxima a la cárcel. ¡Con que yo levantara un dedo!

Pareció levantarlo y dejarlo caer con fuerza sobre el mostrador, como si hubiera dejado caer el hacha. El lector escuchaba, sin apartar del diario la mirada.

—¡La ciudadana es soberbia! —graznó el jurado.

—¡Es un ángel! —exclamó La Venganza besándola.

—En cuanto a ti —prosiguió implacablemente la Defarge dirigiéndose a su marido—, si dependiera de ti, y felizmente no es ése el caso, tú rescatarías a ese hombre aun ahora.

—¡No! —protestó Defarge—. ¡Ni aun cuando sólo tuviera que levantar este vaso para conseguirlo! Pero dejaría las cosas allí. ¡Yo digo, detenerse allí!

—Ya veis, pues, Jacques —dijo con ira la mujer—; y mira tú también, mi pequeña Venganza. Mirad los dos, escuchad: por otros crímenes, como tiranos y opresores, he tenido en mi lista hace largo tiempo a esa familia, destinados al exterminio y a la destrucción. Preguntadle a mi marido si es así.

—Así es —asintió Defarge sin que se lo preguntaran.

—En el comienzo de los grandes días, cuando cayó la Bastilla, encontró ese papel de hoy, lo trajo a casa, y en medio de la noche, cuando esta sala estaba vacía y cerrada, lo leímos, en este mismo sitio, a la luz de esta lámpara. Preguntadle si no fue así.

—Fue así —contestó Defarge.

—Esa noche, cuando el papel fue leído, la lámpara se apagaba y la luz del día comenzaba a penetrar por encima de esos postigos y de esas rejas, le dije a mi marido que tenía un secreto que comunicarle. Preguntadle si fue así.

—Fue así —repitió Defarge.

—Le comuniqué ese secreto. Golpeándome el pecho con las manos, como hago ahora, le dije: "Defarge, yo fui criada entre los pescadores de la costa del mar, y esa familia, aldeana tan agraviada por los dos hermanos Evrèmonde de la manera que revela ese papel, es mi familia. Defarge, esa hermana del muchacho que yacía en el suelo, mortalmente herido, era mi hermana; el marido aquél era el marido de mi hermana; ese niño que no nació era el hijo de ellos; ese muchacho era mi hermano; ese padre era mi padre; esos muertos son mis muertos, y esa conminación para que se responda de esos hechos me corresponde a mí hacerla. Preguntadle si es así.

—Es así —repitió Defarge.

—Decid al viento y al fuego dónde deben detenerse, pero no me lo digáis a mí —dijo la mujer.

Sus dos oyentes sintieron horrible júbilo al conocer la índole de su implacable cólera y la ensalzaron con fervor. El lector escuchaba y adivinaba que ella estaría lívida de cólera; no necesitaba verla para saberlo. Defarge, en débil minoría, interpuso unas pocas palabras en memoria de la compasiva esposa del marqués, pero no obtuvo de su mujer más que una repetición de sus últimas palabras:

—Decid al viento y al fuego dónde deben detenerse, pero no me lo digáis a mí.

Entraron algunos parroquianos, y el grupo se disolvió. El parroquiano inglés pagó lo que había consumido, contó con dificultad el dinero y preguntó, como extranjero que era, cuál era la dirección del Palacio Nacional. La señora Defarge lo acompañó hasta la puerta, y colocando su mano sobre el brazo de él, le señaló el camino. El inglés pensó que sería una buena acción asir ese brazo, levantarlo y asestar debajo de él una certera y profunda puñalada.

Pero se marchó y no tardó en desaparecer en la sombra del muro de la cárcel. A la hora fijada salió de entre esa sombra para ir a presentarse en la habitación del señor Lorry. Halló al anciano paseándose de un lado a otro con ansiosa inquietud. Dijo que había estado con Lucía hasta pocos momentos antes y la había dejado nada más que para acudir a la cita. Al doctor no se le había visto desde que salió del banco a las cuatro. Lucía tenía una débil esperanza de que su mediación pudiera salvar a Carlos, pero esa esperanza era muy remota.

Hacía más de cinco horas que el doctor Manette había partido. ¿Dónde podía estar?

El señor Lorry aguardó hasta las diez; pero como el doctor Manette no aparecía, y no queriendo dejar por más tiempo sola a Lucía se convino en que volvería al lado de ella y regresaría al banco a media noche. Entretanto, Carton, sentado junto al fuego, aguardaría solo al doctor.

Esperó y esperó. El reloj dio las doce sin que el doctor hubiera regresado. El señor Lorry volvió sin haber tenido noticias de él. ¿Dónde podía estar?

Hablaban de esto y comenzaban a alimentar alguna vaga esperanza a causa de su prolongada ausencia, cuando oyeron sus pasos en la escalera. En el instante en que entró en la habitación se hizo evidente que todo estaba perdido.

Si verdaderamente había ido a ver a alguien, o si durante todo ese tiempo había andado vagando por las calles, fue cosa que nunca se supo. Cuando se detuvo y miró a sus dos amigos, su semblante lo dijo todo.

—No lo puedo encontrar —dijo—, y lo necesito. ¿Dónde está?

Tenía la cabeza y el cuello descubiertos y hablaba mirando alrededor con aire de extravío y de desvalimiento. Se quitó la levita y la dejó caer al suelo.

—¿Dónde está mi banco? Lo he buscado en todas partes y no lo puedo hallar. ¿Qué han hecho con mi trabajo? El tiempo apremia; tengo que terminar esos zapatos.

Se miraron uno a otro y sintieron que sus corazones se oprimían.

—¡Vamos, vamos! —dijo con voz compungida y quejumbrosa—; dejadme trabajar; dadme mi trabajo.

Como no recibiera contestación, se mesó los cabellos y golpeó el suelo con los pies, como un niño impacientado.

—¡No torturéis a un desgraciado! —les suplicó en un terrible grito—. ¡Dadme mi trabajo! ¿Qué será de nosotros si esos zapatos no están terminados esta noche?

—¡Perdido! ¡Perdido! ¡Completamente perdido!

Era tan evidente su locura que no había esperanzas de razonar con él, ni de intentar que se recobrase, que los dos amigos, en un impulso simultáneo, le pusieron cada uno una mano sobre un hombro, lo calmaron para hacerlo sentar junto al fuego y le prometieron que pronto se le daría su trabajo. Se dejó caer en la silla, miró las brasas y vertió lágrimas. Como si todo lo ocurrido desde su salida del desván hubiera sido un sueño o una ilusión, el señor Lorry lo vio adoptar la misma actitud abatida que tenía cuando estuvo al cuidado de Defarge.

Afectados, aterrados por este espectáculo como estaban los dos caballeros comprendieron que éste no era el momento para ceder a tales emociones. Lucía, sola, despojada de su última esperanza y de su único apoyo, era en quien ambos pensaban. Se miraron con igual expresión en sus semblantes. Carton fue el primero en hablar.

—Se ha perdido la última probabilidad; en realidad, prometía muy poco. Sí, es mejor llevarlo con ella. Pero antes de partir, ¿queréis escucharme con atención durante un momento? No me preguntéis por qué hago las estipulaciones que vais a oír, y por qué os exijo la promesa que voy a exigiros. Tengo una razón, una razón excelente.

—No lo dudo —replicó el señor Lorry—. Hablad.

Durante todo ese tiempo, la figura sentada en la silla entre ellos se balanceaba y gemía de manera monótona. Ellos hablaban en el tono con que se habla junto al lecho de un enfermo, durante la noche.

Carton se inclinó para recoger la levita que estaba casi a sus pies; al levantarla cayó al suelo una pequeña cartera en la que el doctor acostumbraba a llevar la lista de las obligaciones del día. Carton la recogió y vio que contenía un papel doblado.

—¿Veremos lo que es esto? —preguntó.

El señor Lorry hizo un gesto de asentimiento. Carton desdobló el papel, y exclamó:

—¡Gracias a Dios!

—¿Qué es? —preguntó vivamente el señor Lorry.

—¡Un momento! Os lo diré a su hora. Primero —dijo Carton sacando de su bolsillo otro papel—, éste es el certificado que me permite salir de esta ciudad. Miradlo: Sidney Carton, inglés.

El señor Lorry tenía en la mano el papel desdoblado y miraba con atención a su amigo.

—Guardádmelo hasta mañana. Acordaos de que tengo que ver a Carlos, mañana, y es mejor que no lleve a la prisión este papel.

—¿Por qué no?

—No lo sé; pero prefiero no llevarlo. Ahora, tomad este papel que el doctor Manette llevaba en su cartera. Es un certificado igual que permite que él, su hija y la niña de su hija pasen la barrera y crucen la frontera. ¿Veis?

—Sí.

—Quizás él lo obtuvo ayer como última y extrema precaución para algún mal trance. ¿Qué fecha tiene? Pero eso no importa; no os demoréis buscándola. Ponedlo cuidadosamente aparte junto con el vuestro y el mío. ¡Notad, ahora! Nunca dudé, hasta hace una o dos horas, que él tuviera o pudiera tener semejante papel. Sirve hasta que sea revocado, cancelado; lo cual puede suceder y, según tengo motivos para creer, lo será.

—¿No están en peligro?

—Están en gran peligro. Están en peligro de ser denunciados por la señora Defarge. Lo oí de sus propios labios. Esta noche he oído lo que decía esa mujer, y deduzco que el peligro es gravísimo. No he perdido tiempo y he ido a ver al espía; él ha confirmado mis temores, sabiendo que cierto leñador que vive frente a la pared de la prisión y que está sometido a los Defarge, ha sido preparado por esa mujer para que declare haberla visto a "ella" (Carton nunca nombraba a Lucía), haciéndoles señales a los prisioneros. Es fácil prever que el pretexto hallado será, como siempre, un complot en la prisión, y que esa acusación le costará la vida; quizá también costará la vida a su hija y a su padre, pues la niña y el doctor han sido vistos con ella en ese sitio. No os mostréis así horrorizado. Los salvaréis a todos.

—¡Que Dios lo quiera, Carton! Pero decidme cómo.

—Voy a decíroslo. Todo dependerá de vos, y la salvación de ellos no puede estar en mejores manos. Esta nueva acusación no tendrá lugar hasta pasado mañana, con certeza. Probablemente hasta pasados dos o tres días; más probablemente aún, hasta dentro de una semana. Sabéis que es un delito capital enlutarse, llorar o compadecer a una víctima de la guillotina. Ella y su padre serán culpados de ese crimen, fuera de toda duda, y esa mujer Defarge, cuya tenacidad de propósitos es indescriptible, aguardará para añadirle esa agravante a su caso y asegurar su éxito. ¿Seguís mi razonamiento?

—Con tanta atención y tanta confianza en lo que decís, que por el momento pierdo de vista hasta esta desgracia —dijo el señor Lorry, tocando el respaldo de la silla del doctor.

—Tenéis dinero y podéis comprar los medios de viajar hasta la costa con tanta rapidez como sea posible hacer esa jornada. Hace algunos días que habéis completado los preparativos para regresar a Inglaterra. Mañana temprano tened preparados los caballos de manera que estén prontos para partir a las dos de la tarde.

—Así se hará.

Carton hablaba con tan contagiosa vehemencia y seguridad, que el señor Lorry se sentía activo como un joven.

—Tenéis un noble corazón. ¿He dicho que no podíamos contar con un hombre mejor que vos? Decidle esta noche lo que sabéis del peligro que corren su hija, "ella" y su padre; insistid en eso, porque "ella" pondría gustosa su linda cabeza al lado de la de su marido.

Aquí vaciló un poco, y luego prosiguió:

—Insistid en que es necesario salir de París para salvar a su hija y a su padre, con vos y con ellos, a esa hora. Decidle que fue la última disposición de su marido y que de esa partida dependen muchas más cosas que las que "ella" osaría creer o esperar. ¿Creéis que su padre, aun en este triste estado, se sometería a "ella"?

—Estoy seguro.

—Yo creo lo mismo. Con calma, en silencio y sin pérdida de tiempo, haced que todo esté pronto aquí en el patio; todo, hasta el sitio que hemos de ocupar en el carruaje. En el instante en que yo llegue, ponedme en el coche y partid.

—Entiendo que debo esperaros, en todos los casos.

—Tenéis mi pasaporte junto con los otros. No lo olvidéis y reservadme un sitio en el coche. No esperéis nada más tan pronto como yo ocupe mi sitio, y después, ¡a Inglaterra!

—Es decir —dijo el señor Lorry estrechando su mano firme—, que todo no dependerá de un anciano, sino que tendré a mi lado a un hombre joven y enérgico.

—Así será, Dios mediante. Prometedme solemnemente que nada influirá para haceros alterar el programa que ambos prometemos ahora cumplir.

—Nada, Carton.

—Acordaos mañana de estas palabras: cambiar el

programa o demorarlo por cualquier razón que sea, y no se podrá salvar ninguna vida, y muchas vidas serán inevitablemente sacrificadas.

—Las recordaré. Espero cumplir fielmente mi parte.

—Y yo espero cumplir la mía. Ahora, ¡adiós!

Acompañó estas palabras con una sonrisa de honda expresión y llevó a sus labios la mano del señor Lorry, pero no se separó de él en ese momento. Lo ayudó a reanimar al anciano que se balanceaba frente a las brasas mortecinas, a ponerle el abrigo y el sombrero, y a hacerlo andar, prometiéndole llevarlo adonde estaba oculto el banco en que trabajaría y que seguía pidiendo con tono plañidero. Carton se colocó a un lado para protegerlo y acompañarlo hasta el patio de la casa donde velaba un corazón afligido, que había sido tan feliz en el día memorable en que él le reveló el estado de su corazón desolado. Entró al patio y permaneció allí un momento, solo, mirando la luz de la ventana de la habitación de "ella". Antes de partir le envió una bendición y un adiós.

Capítulo 13

CINCUENTA Y DOS

En la lóbrega prisión de la Conserjería aguardaban su destino los condenados de aquel día. Su número era el de las semanas del año. Cincuenta y dos condenados debían ser llevados por la corriente de la ciudad esa tarde, hacia el mar eterno y sin límites. Antes que ellos hubieran desocupado sus calabozos, ya estaban señalados los que debían reemplazarlos. Antes que su sangre corriera a mezclarse con la sangre vertida el día anterior, ya estaba apartada la que al día siguiente iría a mezclarse con la de ellos.

Cincuenta y dos nombres fueron anunciados. Desde el arrendatario general de setenta años, cuyas riquezas no pudieron comprarle la vida, hasta la costuera de veinte años cuya pobreza y oscuridad no pudieron salvarla. Las enfermedades físicas causadas por los vicios o la negligencia atacan a las personas de todas las clases sociales; la espantosa enfermedad moral producida por indecibles sufrimientos, por intolerable opresión y por despiadada indiferencia, también atacaba sin hacer distinción de clases.

Carlos Darnay, solo en su calabozo, no se había

sostenido moralmente con ninguna halagüeña ilusión desde que había vuelto del Tribunal. En cada línea de la narración leída, él había oído su sentencia. Comprendió que ninguna influencia personal podía salvarlo y que estaba virtualmente condenado por millones de seres, sin que pudieran valerle las unidades.

Sin embargo, teniendo ante sí la imagen tan reciente de su amada esposa, no le era fácil serenar su espíritu para aguardar la muerte. Era fuerte su apego a la vida y le costaba mucho desprenderse de ella; por medio de esfuerzos graduales conseguía aflojar algo de ese apego, pero se ajustaba aún más con alguna otra idea; cuando ponía todo su empeño en desligarse de algo y creía haberlo logrado, sentía toda la fuerza de ese vínculo. La precipitación de sus pensamientos y el turbulento y agitado funcionamiento de su corazón, luchaban contra toda idea de conformidad. Si por un momento se sentía resignado, le parecía que protestaban y lo consideraban egoísmo la esposa y la hija que iban a sobrevivirle.

Todo esto fue al principio. Antes de mucho tiempo vino a estimularlo la idea de que no había deshonor en el destino que le aguardaba y que otros muchos seguían el mismo camino con igual injusticia, y que diariamente lo recorrían con paso firme. Después pensó que gran parte de la futura paz de espíritu de sus seres queridos dependía de que él mostrara fortaleza y serenidad. Así llegó gradualmente a un estado de espíritu más tranquilo y pudo elevar sus pensamientos y hallar consuelo.

Antes de que llegara la noche del día en que fue sentenciado, había recorrido todo ese camino hacia su fin. Se le permitió comprar luz y útiles de escribir; se sentó a escribir hasta la hora en que fueran apagadas las luces de la cárcel.

Redactó una larga carta a Lucía, diciéndole que él había ignorado la prisión de su padre hasta que ella se lo dijo, y que también había ignorado la responsabilidad de su propio padre y de su tío en aquella desgracia que oyó leer en el papel ante el Tribunal. Ya le había explicado que le ocultó a ella el nombre al que había renunciado porque fue la única condición que el padre de ella le impuso, y ahora comprendía por qué, para que se comprometiera con ella; también fue esa la única promesa que le exigió en la mañana de su casamiento. Le rogaba, en bien de su padre, que nunca tratara de saber si él había olvidado la existencia de ese papel, o si lo había recordado al oír aquella historia de la Torre de Londres, una tarde de domingo, al pie del querido plátano del jardín. Si hubiera conservado algún recuerdo preciso, no se puede dudar que habría supuesto que fue destruido con la Bastilla, dado que no se hizo ninguna mención del papel cuando el populacho se apoderó de todas las reliquias de la fortaleza y las hizo conocer a todo el mundo. Le rogaba, aunque sabía que esto era innecesario, que consolara a su padre asegurándole por todos los medios que su ternura le inspirase, que no había hecho nada que pudiera reprocharse con justicia, sino que siempre se había olvidado de sí mismo en beneficio de ellos dos. Después de asegurar a Lucía que le conservaba su amor y su gratitud, la exhortaba a sobreponerse a su dolor, a consagrarse a su hija y a consolar a su padre. Confiaba en que se reunirían en el cielo.

Al doctor Manette le escribió en el mismo sentido, añadiendo expresamente que a él le confiaba a Lucía y a su hijita. Insistía en esto con la esperanza de reanimarlo si mostraba tendencia al abatimiento o a alguna posible recaída en su estado anterior.

Al señor Lorry le recomendó sus tres seres queridos y le enteró del estado de sus asuntos financieros. Hecho esto, con muchas expresiones de amistad, de gratitud y de afecto, terminó sus cartas.

No pensó en Carton. Los otros ocupaban toda su atención y ni por un momento se acordó de él.

Había tenido tiempo de terminar sus cartas antes de que fueran apagadas las luces. Se tendió en su jergón de paja, y pensó que había concluido con las cosas de este mundo.

Pero el mundo volvió a llamarlo durante el sueño y se le presentó bajo formas brillantes. Libre y feliz, volvía a hallarse en la antigua casa de Soho, que en su sueño nada tenía de la verdadera casa, inexplicablemente contento y despreocupado; estaba otra vez con Lucía y ella le decía que todo había sido un mal sueño, que él nunca había partido. Una pausa de olvido, y después él había sufrido y volvía a ella, muerto y en paz, sin que descubriera en sí ni la menor diferencia. Otra pausa de olvido, y se despertó en la mañana gris, ignorando dónde se hallaba o qué había sucedido, hasta que se hizo una luz en su mente: "¡Este es el día de mi muerte!"

Así vivió durante aquellas horas, y por último llegó el día en que debían caer las cincuenta y dos cabezas. Sintiéndose tranquilo y con la esperanza de recibir la muerte con sereno heroísmo, sus pensamientos tomaron un giro que le fue muy difícil cambiar.

Nunca había visto el instrumento que debía tronchar su vida. Se preguntaba a qué altura del suelo estaba, cuántas gradas tenía, dónde debía levantarse, cómo lo tocarían, si las manos que lo tocaran estarían ensangrentadas, de qué lado debía volver la cara, si él sería el primero o el último; estas preguntas y otras semejantes se hacía reiteradas veces contra su voluntad. Tampoco estaban relacionadas con el miedo; no sentía miedo. Más bien provenían de un extraño e insistente deseo de saber qué hacer cuando llegara el momento; deseo enormemente desproporcionado con los pocos y fugaces instantes a los que se refería; una curiosidad que más bien parecía de otro espíritu enclavado dentro del suyo, pero que no le pertenecía.

Las horas transcurrían mientras él se paseaba de un lado a otro y el reloj daba las horas que nunca volvería a oír. Las nueve, las diez, las once, pasaron para no volver; pronto llegarían y pasarían las doce. Tras una ardua lucha con el extraño giro de sus pensamientos, que le habían causado perplejidad, consiguió librarse de ellos. Se paseaba murmurando los nombres de los seres queridos. Lo peor de la lucha había pasado. Podía pasearse, libre de visiones perturbadoras, rezando por sí y por ellos.

Las doce. Sería la última vez que oyera esa hora.

Se le había comunicado que la hora final sería las tres, y él sabía que sería llamado algo más temprano, pues las carretas se balanceaban lentamente por las calles. Por esta causa resolvió tener presente las dos como su hora final, a fin de fortalecerse en el intervalo y después de esa hora poder fortalecer a otros.

Caminaba con regularidad, teniendo los brazos cruzados sobre el pecho; se sentía muy diferente del prisionero que había paseado de un lado a otro de su calabozo en La Force. Oyó dar la una, lejos de él, y no se sorprendió. Aquella hora tenía la misma medida del tiempo que las otras. Profundamente agradecido a Dios por haber podido recobrar el dominio de sí mismo, se dijo:

—Ahora no falta más que una hora —y se volvió para seguir caminando.

Se oyeron pasos en el corredor de piedra, cerca de la puerta. Carlos se detuvo.

La llave fue introducida en la cerradura y se la oyó girar. Antes que se abriera la puerta, o en el momento de abrirla, un hombre dijo en inglés, en voz baja:

—Nunca me ha visto aquí; me he mantenido fuera de su vista. Entrad vos solo; yo esperaré aquí. ¡No perdáis tiempo!

La puerta fue abierta y vuelta a cerrar rápidamente, y Sidney Carton se presentó ante el sentenciado, tranquilo, con la luz de una sonrisa en el semblante y un dedo en los labios conminando silencio y prudencia.

Había una expresión tan clara y notable en su fisonomía, que en el primer momento Carlos creyó que esta aparición era producto de su fantasía. Pero el visitante habló, y se oyó su voz; tomó la mano de Carlos y se la estrechó.

—¿La última persona en el mundo a quien esperabais ver soy yo? —preguntó.

—No podía creer que fueseis vos. Apenas puedo creerlo ahora mismo. ¿No estáis preso? —preguntó, sintiendo súbitamente el temor de que así fuera.

—No. Accidentalmente poseo el medio de hacerme obedecer de uno de los carceleros, y en virtud de eso estoy aquí ante vos. Vengo de parte de "ella", de vuestra esposa, querido Darnay.

El prisionero le estrechó con fuerza la mano.

—Os traigo un pedido suyo.

—¿Qué me pide?

—Es un pedido vehemente, apremiante, insistente, dirigido a vos en el tono más patético de la voz que os es tan amada y que recordáis bien.

Carlos desvió un poco el rostro.

—No tenéis tiempo para preguntarme por qué os lo remito o lo que significa; y yo no tengo tiempo para decíroslo. Debéis complacerla. Quitaos las botas y calzaos las mías.

Había una silla contra la pared, detrás del preso. Carton, empujándolo con la celeridad del relámpago, lo obligó a sentarse en ella y quedó de pie delante de él, descalzo.

—Poneos estas botas mías. Tirad, haced fuerza. ¡Pronto!

—Carton, no hay medio de huir de este lugar. Es imposible. No conseguiréis sino morir conmigo. Es una locura.

—Sería locura si yo os pidiera que huyerais. ¿Lo hago acaso? Cuando os pida que salgáis por esa puerta, decidme que es una locura y quedaos aquí. Trocad esa corbata por la mía, esa levita por esta mía; mientras lo hacéis, yo voy a quitar esta cinta de vuestros cabellos y a sacudirlos para que estén como los míos.

Con asombrosa rapidez y con tan gran energía y fuerza de voluntad que parecían sobrenaturales, obligó a Carlos a efectuar estos cambios; el prisionero era como un niño en sus manos.

—¡Carton! ¡Querido amigo! Es una locura. No puede llevarse esto a cabo. Es imposible; se ha intentado y ha fracasado siempre. Os ruego que no agreguéis vuestra muerte a la amargura de la mía.

—¿Os pido que salgáis por esa puerta, mi estimado Darnay? Cuando os lo pida, rehusad. Hay pluma, papel y tinta sobre esa mesa. ¿Está bastante firme vuestra mano para escribir?

—Estaba, cuando entrasteis.

—Afirmadla de nuevo y escribid lo que voy a dictaros. ¡Pronto, amigo mío, pronto!

Darnay, aturdido, apretándose la cabeza con una mano, se sentó ante la mesa. Carton, con la mano derecha en el pecho, estaba de pie a su lado, muy cerca, inclinado sobre él.

—Escribid exactamente lo que os digo.

—¿A quién debo dirigir. . .?

—A nadie.

Y Carton seguía teniendo la mano en el pecho.

—¿Le pongo fecha?

—No.

El preso levantaba la mirada a cada una de las preguntas. Carton, sin cambiar de actitud, lo miraba.

—"Si recordáis —dictó Carton— las palabras que hubo entre nosotros hace muchos años, todo lo comprenderéis fácilmente cuando veáis esto. Sé que las recordáis. No está en vuestra índole olvidar tales cosas".

Estaba retirando la mano que tenía al pecho, en el momento en que Darnay levantó vivamente la mirada, asombrado de lo que escribía. La mano se detuvo, apretando algo.

—¿Habéis escrito "olvidar tales cosas"? —preguntó Carton.

—Sí. ¿Es un arma lo que tenéis en la mano?

—No. No estoy armado.

—¿Qué tenéis en la mano?

—Pronto lo sabréis. Seguid escribiendo. Son unas pocas palabras más —y siguió dictando—. "Me siento agradecido porque ha llegado la bora en que puedo probarlas. El que yo ejecute lo prometido no es de lamentar ni es motivo de pesadumbre".

Al decir estas palabras, con los ojos fijos en Darnay, su mano se movió cautelosa y suavemente hasta acercarse a la cara inclinada sobre el papel.

La pluma cayó de entre los dedos del prisionero y miró con expresión de ausencia.

—¿Qué fluido es ése?

—¿Fluido?

—Algo que ha pasado delante de mí.

—No he notado nada; nada puede haber aquí. Tomad la pluma y terminad. ¡Apresuraos! ¡Apresuraos!

Como si le fallara la memoria o como si sus facultades no estuvieran en estado normal, el preso hizo un esfuerzo para fijar su atención. Miró a Carton con ojos nublados; tenía la respiración alterada, y Carton, mirándolo fijamente, se volvió a llevar la mano al pecho, y le insistió:

—¡Apresuraos!

Darnay se inclinó una vez más sobre el papel.

—"Si hubiera sido de otro modo —dictó Carton, mientras su mano se movía sigilosamente—, yo nunca habría esperado ni la más lejana oportunidad —y su mano se acercó a la cara de Darnay—; hubiera tenido muchas más cosas de que dar cuenta. Si fuera de otro modo. . ."

Carton miró la pluma y vio que se deslizaba trazando signos ininteligibles.

Su mano no volvió al pecho. El preso se puso en pie de un salto y su mirada tenía una expresión de reproche. Carton extendió su mano derecha, firme y segura, y la apretó contra la nariz de Darnay, mientras con el brazo izquierdo lo sujetaba por la cintura. Durante unos pocos segundos Darnay luchó débilmente con el hombre que venía a sacrificar su propia vida para salvar la suya. Al cabo de un minuto, más o menos, quedó tendido en el suelo, sin sentido.

Rápidamente, con manos tan firmes como era la entereza de su alma, Carton se puso las ropas de que se había despojado el preso, peinó hacia atrás sus cabellos y los ató con la cinta que Darnay había usado. Después llamó en voz baja:

—¡Entrad! ¡Venid!

Y el espía se presentó.

—¿Veis? —le dijo Carton, que estaba apoyado sobre una rodilla, junto al preso inanimado, guardándole el papel—. ¿Es muy grande vuestro riesgo?

—Señor Carton —contestó el espía haciendo tímidamente un gesto con los dedos—; mi riesgo no es ni tanto así, en medio de la tarea que hay, si sois fiel a vuestro compromiso.

—No temáis nada de mí. Seré fiel hasta la muerte.

—Tendréis que serlo, señor Carton, si es exacta la cuenta de cincuenta y dos. Si completáis el número, vestido como estáis, no tendré nada que temer.

—No temáis. Pronto estaré en estado de no poder haceros ningún daño; y los otros pronto estarán lejos de aquí, ¡si Dios lo permite! Ahora buscad ayuda y llevadme al coche.

—¿A vos? —preguntó el espía con nerviosidad.

—¡A él, hombre! A él, en quien me he transformado. ¿Saldréis por la misma puerta por donde me hicisteis entrar?

—Naturalmente.

—Yo estaba débil y abatido cuando me trajisteis, y ahora que me sacáis, estoy todavía más débil y postrado. La entrevista de despedida me ha agobiado. Es cosa que ha sucedido aquí con mucha, hasta con demasiada frecuencia. Vuestra vida está en vuestras manos. ¡Pronto! ¡Buscad ayuda!

—¿Juráis no traicionarme? —dijo temblando el espía y deteniéndose por un instante.

—¡Pero, hombre! —replicó Carton golpeando el suelo con el pie—; ¿no he jurado solemnemente cumplir esto hasta el fin? ¡Estáis perdiendo momentos preciosos! Llevadlo vos mismo mo hasta el patio que conocéis; colocadlo vos mismo en el carruaje, mostradlo vos al señor Lorry y decidle que no le dé nada más que aire para hacerlo volver en sí; que recuerde mis palabras de anoche y de su promesa, y que parta inmediatamente.

El espía salió, y Carton se sentó ante la mesa, apoyando la cara en las manos. El espía volvió en seguida con dos hombres.

—¿Cómo? ¿Está tan afligido al ver que su amigo ha sacado un premio en la lotería de la Santa Guillotina? —dijo uno de ellos contemplando al que estaba tendido en el suelo.

—Un buen patriota no se habría afligido más si un aristócrata no hubiera sacado premio —dijo el otro.

Levantaron al hombre que estaba sin sentido, lo colocaron en una camilla que habían traído y se inclinaron para levantarlo y llevarlo.

—El tiempo es corto, Evrémonde —dijo el espía con tono de advertencia.

—Lo sé bien —repuso Carton—. Os ruego que cuidéis de mi amigo y que me dejéis.

—Entonces, ¡vamos, hijos míos! —dijo Barsad—. Levantadlo, y vamos.

La puerta se cerró y Carton quedó solo. Aguzando el oído cuanto era posible, trataba de percibir algún ruido que denotara sospecha o alarma. No oyó nada de eso. Giraron llaves, se golpearon puertas, sonaron pisadas en los corredores lejanos, pero no se levantó ni un grito, no hubo precipitación que pareciera algo fuera de lo usual. Respirando con más libertad, se sentó de nuevo ante la mesa y se puso a escuchar hasta que el reloj dio las dos.

Los ruidos que comenzaba a percibir no le infundían temor, a pesar de conocer lo que significaban. Varias puertas fueron abiertas sucesivamente y, por fin, la de su celda. Un carcelero con una lista en la mano, miró al interior, y dijo solamente:

—Seguidme, Evrémonde.

Y él lo siguió a cierta distancia hasta una espaciosa y lóbrega sala. Era un día gris de invierno, y entre las sombras de adentro y de afuera, el preso apenas distinguía a los que eran conducidos allí para que les ataran los brazos. Algunos estaban de pie, otros, sentados; algunos se lamentaban moviéndose sin cesar, pero éstos eran pocos. La gran mayoría permanecía silenciosa y tranquila, mirando fijamente al suelo.

De pie, en un ángulo oscuro, mientras algunos de los cincuenta y dos eran traídos después que él, estaba Carton, cuando un hombre se detuvo ante él, al pasar, y lo abrazó como si lo conociera. Lo asaltó un gran temor de ser descubierto, pero el hombre siguió adelante. Muy poco después, una joven de esbelta y juvenil figura y de rostro suave y menudo en el que no había ni vestigios de color, con grandes ojos muy abiertos, de expresión paciente, se levantó del sitio donde él la había visto sentada y vino a hablarle.

—Ciudadano Evrémonde —le dijo tocándolo con su mano fría—, yo soy una pobre costurerita que estuve con vos en La Force.

—Es cierto —murmuró él—. No recuerdo de qué estabais acusada.

—De complot. Aunque el justo Dios sabe que soy inocente. ¿Era posible tal cosa? ¿Quién pensaría en urdir complots con una pobre y débil criatura como yo?

La triste sonrisa con que acompañó estas palabras lo conmovieron tanto que asomaron lágrimas a los ojos de Carton.

—No tengo miedo de morir, ciudadano Evrémonde; pero yo no he hecho nada. No me resisto a morir si la República, que va a hacer tanto bien a nosotros los pobres, se ha de beneficiar con mi muerte; pero yo no sé cómo puede ser eso, ciudadano Evrémonde. ¡Una criatura tan pobre y débil como yo!

Siendo este el último sentimiento que tocaría su corazón y lo suavizaría, Carton sintió una dulce simpatía hacia esa patética víctima.

—Oí decir que habíais sido libertado, ciudadano Evrémonde, y abrigué la esperanza de que fuera verdad.

—Lo fue. Pero volvieron a apresarme y me condenaron.

—Si puedo ir en la misma carreta que vos, ciudadano Evrémonde, ¿queréis permitirme tomar vuestra mano? No tengo miedo, pero soy pequeña y débil y eso me dará más valor.

Los ojos de expresión paciente se levantaron hasta el rostro de Carton y él vio en ellos una gran duda repentina y un gran asombro después. El estrechó los frágiles dedos enflaquecidos por el hambre y estropeados por el trabajo, y se llevó uno de los suyos a los labios, indicando silencio.

—¿Vais a morir por él? —murmuró la joven.

—Y por su esposa y su hija.

—¡Oh! Dejadme tener en la mía vuestra mano valerosa.

—¡Silencio! Sí, pobre hermana mía; hasta el fin.

Las mismas sombras que caían sobre la prisión caían también, a la misma hora de la tarde, sobre la barrera y sobre la multitud que la rodeaba, cuando un coche, salido de París, se detuvo para prestarse a la revisión.

—¿Quién va allí? ¿A quiénes tenemos ahí dentro? ¡Los papeles!

Los papeles fueron entregados y leídos.

—Alejandro Manette, médico, francés. ¿Cuál es?

—Este es; este anciano de mente extraviada, desvalido, que murmura palabras apenas articuladas.

—Aparentemente el ciudadano doctor no está en su cabal juicio. ¿Lo ha trastornado la fiebre de la Revolución?

—Sin duda. Lo ha abrumado, por lo menos.

—¡Bah! Muchos sufren de igual cosa. Lucía, su hija, francesa. ¿Cuál es?

—Es ésta.

—Parece que debe ser ella. Lucía, la esposa de Evrémonde, ¿no es eso?

—Sí; es así.

—¡Bah! Evrémonde tiene una cita en otra parte. Lucía, su hija, inglesa. ¿Es ésta?

—Es ésa y no otra.

—Bésame, hija de Evrémonde. Ahora has besado a un buen republicano; es algo nuevo en tu familia. ¡Recuérdalo! Sidney Carton. Abogado. Inglés. ¿Cuál es él?

—Está allí, tendido en el interior del carruaje —y se le señala.

—Parece que el abogado inglés está desmayado.

—Se espera que volverá en sí al respirar aire puro. Es de mala salud y se ha despedido de un amigo de quien la República está descontenta.

—¿Nada más? Eso no es gran cosa. Hay muchos de quienes está descontenta la República y que tienen que asomarse a la ventanilla. Jarvis Lorry, banquero. Inglés. ¿Cuál es?

—Yo soy. Necesariamente, siendo el último.

Es Jarvis Lorry quien ha contestado a todas las preguntas precedentes. Es Jarvis Lorry quien se ha apeado del coche y está de pie, con la mano en la portezuela, contestando a un grupo de funcionarios; éstos caminan lentamente en torno del vehículo y suben al pescante para examinar el escaso equipaje colocado sobre el techo. Los campesinos que vagan en las cercanías de la barrera se aglomeran frente a las ventanillas y miran ávidamente al interior del carruaje; una criatura que está en brazos de la madre, extiende su corto brazo para poder tocar a la esposa de un aristócrata muerto en la guillotina. La madre le ha hecho hacer ese gesto.

—He aquí vuestros papeles, Jarvis Lorry. Están firmados.

—¿Podemos partir, ciudadano?

—Sí, podéis partir. ¡Adelante, postillones! ¡Buen viaje!

—Os saludo, ciudadanos.

"¡Ha pasado el primer peligro!"

Estas son las palabras de Jarvis Lorry, que junta las manos y mira hacia arriba. En el coche reina el terror y el llanto, y se oye la respiración pesada del viajero inanimado.

—¿No vais demasiado despacio? ¿No se les podría inducir a marchar con mayor rapidez? —pregunta Lucía, aferrándose al anciano.

—Tendría el aire de una fuga, querida mía. No debemos apremiarlos mucho porque eso podría despertar sospechas.

—¡Mirad, mirad hacia atrás y ved si nos persiguen!

—La carretera está desierta, hija mía. Hasta ahora no se nos persigue.

"Pasamos por delante de grupos de dos y de tres casas, granjas solitarias, edificios ruinosos, tintorerías, saladeros, comarcas desiertas, avenidas de árboles sin hojas. Rodamos sobre un pavimento duro y desigual flanqueado por profundos lodazales. Algunas veces caemos en el lodo para evitar las piedras que nos sacuden y nos hacen saltar; otras veces caemos en zanjas pantanosas. La angustia de nuestra impaciencia es tan grande, que en nuestra alarma y prisa estamos dispuestos a bajar y a correr, ocultándonos; a hacer cualquier cosa menos detenernos.

"Salimos otra vez a campo abierto, entre granjas solitarias, edificios ruinosos, tintorerías, saladeros, grupos de dos y tres cabañas, avenidas de árboles sin hojas. ¿Nos han engañado estos hombres y nos hacen volver por el mismo camino? ¿No es éste el mismo sitio, visto por segunda vez? No, gracias a Dios. Aquí hay una aldea. Mirad hacia atrás para ver si nos persiguen. ¡Silencio! La casa de postas.

"Lentamente son desenganchados nuestros caballos, y el coche, sin ellos, queda estacionado en la callejuela, sin esperanzas de que vuelva a moverse jamás; lentamente aparecen otros caballos, uno por uno; con igual lentitud los siguen los postillones, mordiendo el mango de sus látigos o trenzando las correas; los que nos trajeron cuentan con calma su dinero, se equivocan en las sumas y no llegan a resultados satisfactorios. Durante todo este tiempo nuestros corazones palpitan con tal violencia, que ganarían en velocidad a los más ligeros caballos lanzados al más desenfrenado galope.

"Por último, los mozos montan y dejan atrás a los que nos trajeron. Cruzamos la aldea, subimos una colina, bajamos la opuesta ladera y nos hallamos en los terrenos bajos y pantanosos. De pronto los postillones cambian frases y gesticulan animadamente, después de frenar a los caballos casi hasta hacerlos caer sobre las patas traseras. ¡Somos perseguidos!"

—¡Eh! ¡Los que van dentro del coche! ¡Hablad!

—¿Qué hay? —pregunta el señor Lorry asomándose a la ventanilla.

—¿Cuántos decían que eran?

—No os comprendo.

—Lo que se dijo en la última posta. ¿Cuántos fueron hoy a la guillotina?

—Cincuenta y dos.

—¡Fue lo que yo dije! ¡Valiente número! Este mi conciudadano insistía en que eran cuarenta y dos. La guillotina va muy bien. Yo la adoro. ¡Adelante! ¡Hup!

"Se acerca la noche oscura. El hombre desvanecido se mueve; comienza a reanimarse y a hablar de modo ininteligible; cree que está junto con Carton todavía en el calabozo y le pregunta qué es lo que tiene en la mano. ¡Dios bondadoso, tened piedad de nosotros! ¡Mirad, mirad hacia atrás para ver si nos persiguen!

"El viento se precipita, siguiéndonos; las nubes vuelan detrás de nosotros; la luna se arroja en persecución del carruaje. Toda la noche tormentosa nos corre velozmente, pero hasta ahora, nada más que eso nos persigue".

Capítulo

SE TERMINA EL TEJIDO

En el momento mismo en que los cincuenta y dos aguardaban su destino, la señora Defarge mantenía un coloquio tenebroso y amenazador con La Venganza y con Jacques Tres, del jurado revolucionario. No conferenciaban en la tienda de vinos sino en el cobertizo del leñador que había sido peón caminero. El leñador no participaba de las conferencias; se mantenía a poca distancia, como un satélite que no debía hacerse presente sino cuando se le mandaba hablar, y que debía emitir opinión únicamente cuando se le invitara a darla.

—Pero nuestro Defarge es un buen republicano, sin duda alguna, ¿eh? —dijo Jacques Tres.

—No hay en Francia mejor republicano que él —protestó La Venganza con su voz chillona.

—Paz, pequeña Venganza —dijo la Defarge frunciendo levemente el ceño y poniendo la mano sobre los labios de su lugarteniente—; oídme. Mi marido, conciudadano, es un buen republicano y un hombre audaz; ha merecido bien de la República y posee su confianza. Pero mi marido tiene sus debilidades, y es tan débil que se compadece de ese doctor.

—Es una gran lástima —dijo Jacques Tres con su voz ronca, moviendo la cabeza con aire dudoso y llevándose los inquietos dedos hacia la boca—. No es exactamente lo que corresponde a un buen ciudadano; es algo que hay que lamentar.

—Mirad —dijo la señora—; a mí no me importa nada de ese doctor; puede conservar o perder su cabeza, por lo que a mí me interesa. Me es igual. Pero la gente de Evrémonde tiene que ser exterminada; la mujer y la hija tienen que seguir al marido y al padre.

—Ella tiene una buena cabeza para ese objeto —graznó Jacques Tres—. He visto allá ojos azules y cabellos dorados y parecían encantadores cuando Sansón levantaba las cabezas en alto.

Aquel ogro hablaba como un epicúreo.

La señora Defarge bajó los ojos y reflexionó.

—La criatura también —dijo Jacques Tres, saboreando con placer sus palabras—; tiene ojos azules y cabellos dorados. Rara vez hemos visto criaturas allí. Será un bonito espectáculo.

—En una palabra —dijo la Defarge saliendo de su breve abstracción—: En este asunto no puedo confiar en mi marido. No solamente he pensado desde anoche que no me animaré a confiarle los detalles de mi proyecto, sino que temo que si demoro en ejecutar mi plan, hay peligro de que él les dé aviso, y en ese caso podrían escaparse.

—¡Eso nunca debe suceder! —exclamó Jacques Tres—. ¡Ninguno debe escapar! Tal como están las cosas no tenemos ni la mitad de los que debemos tener. Deberíamos tener sesenta cada día.

—En una palabra —prosiguió la Defarge—: mi marido no tiene las razones que yo tengo para perseguir a esta familia hasta aniquilarla y yo no tengo las razones que tiene él para mirar a ese doctor con sensibilidad. Así pues, debo proceder por mí misma. Ven acá, pequeño ciudadano.

El leñador, que le profesaba todo el respeto inspirado

por el miedo y que le mostraba sumisión por la misma causa, avanzó, llevándose la mano al gorro encarnado.

—Tocante a aquellas señas, pequeño ciudadano —dijo la señora Defarge con tono severo—, que ella les hacía a los prisioneros, ¿estás dispuesto a dar testimonio de ellas este mismo día?

—Sí, sí. ¿Por qué no? —exclamó el leñador—. Todos los días, con bueno o mal tiempo, desde las dos hasta las cuatro, algunas veces con la niña, otras veces sin ella. Yo sé lo que sé. Lo he visto con mis ojos.

Mientras hablaba hacía toda clase de gestos, como si imitara algunas pocas de la gran diversidad de señas que había visto.

—Complots, claramente —dijo Jacques Tres—. ¡Es transparente!

—¿No se puede dudar del jurado? —preguntó la Defarge volviendo los ojos hacia él y sonriendo con expresión siniestra.

—Contad con el patriótico jurado, querida, querida ciudadana. Yo respondo de mis colegas.

—Veamos ahora —dijo la señora meditando nuevamente—. ¡Veamos una vez más! ¿Podré darle a mi marido el indulto de este doctor? A mí me es indiferente. ¿Podré salvarlo?

—Sería una cabeza —dijo Jacques Tres en voz baja—. Verdaderamente, no tenemos bastantes cabezas. Sería una lástima, me parece.

—Estaba haciendo señas con ella cuando lo vi —objetó la señora—. No puedo hablar de la una sin hablar del otro, y no debo callar, confiándole todo el caso a este pequeño ciudadano. Yo no soy mal testigo.

La Venganza y Jacques Tres competían en sus fervorosas protestas, asegurando que ella era la más admirable y maravillosa de todos los testigos. El leñador, para no dejarse sobrepasar en elogios, declaró que ella era un testigo celestial.

—Que el doctor corra el riesgo —dijo la Defarge—.

No, no puedo salvarlo. Estaréis ocupados hoy a las tres; iréis a ver ejecutar al grupo de hoy. ¿Y tú?

Esta interpelación fue dirigida al leñador, quien se apresuró a contestar afirmativamente, aprovechando la ocasión de declarar que era el más ardiente de los republicanos y que se sentiría como el más desolado de éstos si algo le privara del placer de fumar su pipa esa tarde contemplando al cómico barbero nacional. Estuvo tan demostrativo que pudo haberse hecho sospechoso, y quizá lo era a los sombríos ojos de la señora Defarge, que lo miraba con desprecio, de que tenía en todo momento sus pequeños temores con respecto a su seguridad personal.

—Yo estaré ocupada en el mismo sitio —dijo la Defarge—; y cuando todo esté terminado, digamos a las ocho de esta noche, venid a buscarme a Saint-Antoine y presentaremos en mi sección la acusación contra esa gente.

El leñador dijo que se sentiría lisonjeado y orgulloso de acompañar a la ciudadana. Como la ciudadana lo mirase, él se sintió cohibido, eludió su mirada como lo hubiera hecho un perrito y se retiró entre sus maderas, ocultando su confusión, inclinado sobre el mango de su serrucho.

La Defarge se acercó a la puerta y llamó al Jurado y a La Venganza para exponerles sus puntos de vista ulteriores del modo siguiente:

—Ella estará ahora en su casa, aguardando el momento de la muerte de él. Estará llorando y lamentándose; estará en el estado de ánimo de culpar a la República y de sentir profunda simpatía hacia sus enemigos. Voy a verla.

—¡Qué admirable, qué adorable mujer! —exclamó Jacques Tres, arrebatado de entusiasmo.

—¡Ah, querida mía! —exclamó La Venganza besándola.

—Lleva mi tejido —dijo la Defarge poniéndolo en manos de su lugarteniente—, y ténmelo pronto en mi sitio de costumbre. Vete allá directamente, pues es probable que hoy haya público más numeroso.

—De buena gana obedezco las órdenes de mi jefe —dijo La Venganza con vivacidad y besándola en la mejilla—. ¿No llegarás tarde?

—Estaré allá antes que comience.

—Y antes de que lleguen las carretas. No faltes, alma mía —le gritó La Venganza, pues la Defarge ya había salido a la calle—. ¡Antes de que lleguen las carretas!

La Defarge hizo con la mano un ademán para indicar que había oído y que se podía contar con seguridad con que estaría a tiempo. Pasó por entre el lodo y rodeó la esquina del muro de la prisión. La Venganza y el Jurado la miraron mientras se alejaba, apreciando en lo que valía su hermosa figura y sus soberbias dotes morales.

En aquella época había mujeres a quienes el tiempo había desfigurado de manera terrible; pero no había entre ellas ninguna más temida que esta mujer que recorría ahora las calles. De carácter enérgico e intrépido, sagaz y activa, resuelta y con esa clase de belleza que no sólo parece dar a su persona un sello de firmeza y animosidad, sino que lleva a quienes la miran la convicción instintiva de poseer esas cualidades. En aquellos tiempos de agitación, la Defarge hubiera surgido a la notoriedad en cualesquiera circunstancias. Pero imbuída desde la infancia con la rencorosa idea de sus agravios y con el odio inveterado hacia una clase social, la oportunidad la convirtió en una fiera, en una tigre. Era absolutamente despiadada. Si alguna vez tuvo la virtud de la piedad, la había perdido por completo.

Le era indiferente que un hombre inocente debiera morir por las culpas de sus antepasados; no lo veía a él, sino a ellos. Le era indiferente que la esposa de ese hombre quedara viuda y su hija huérfana; ése no era castigo suficiente, porque ellas eran sus enemigas naturales, su presa, y como tales no tenían derecho a la vida. Apelar a ella era inútil, pues no tenía sentimiento de piedad ni aun tratándose de sí misma. Si hubiera caído en las calles, en uno de los muchos encuentros en que tomó parte, no se habría compadecido a sí misma. Si mañana se la enviara a morir bajo el filo del hacha, hubiera ido sin llevar un sentimiento más suave que el feroz deseo de cambiar de lugar con el hombre que la enviara a la guillotina.

Tal era el corazón que la señora Defarge llevaba bajo su burda túnica. Aun negligentemente llevada, aquella túnica era de buen aspecto, en cierto modo airosa; y los cabellos oscuros parecían hermosos bajo el ordinario gorro encarnado. Llevaba oculta en el pecho una pistola cargada, y en la cintura ocultaba un puñal afilado. Así armada y marchando con la desenvoltura que correspondía a su tipo y con el donaire de quien durante su primera juventud andaba libremente y descalza por las arenas pardas de la costa del mar, la señora Defarge recorría las calles.

La noche anterior quedó trazado el plan del viaje, y el carruaje estaba en este momento en el patio esperando que se completara su carga. La dificultad de llevar a la señorita Pross había preocupado mucho al señor Lorry; no se trataba solamente de no recargar demasiado el vehículo, sino que también era de suma importancia evitar la pérdida de tiempo empleado en examinar los pasaportes, cuando el éxito de la fuga podía depender de algunos segundos ganados acá y allá. Finalmente, después de meditarlo bien, propuso que la señorita Pross y Jerry, que estaban en libertad de salir de la ciudad, partieran a las tres, en el más liviano de los vehículos conocidos en aquellos días. No teniendo la molestia de los equipajes, ellos no tardarían en alcanzar al coche de viaje, de manera que, dejándolo atrás, podían adelantarse en las postas y tener prontos los caballos de repuesto, lo cual facilitaría notablemente la huida durante las preciosas horas de la noche, que era cuando la demora era más temible.

Viendo en este arreglo la posibilidad de prestar un gran servicio en situación tan apremiante, la señorita

Pross lo aprobó con júbilo. Ella y Jerry habían visto partir el carruaje, sabiendo quién era la persona traída por Salomón; habían pasado angustiosos momentos de ansiedad y estaban terminando sus propios preparativos para seguir a los fugitivos. Entretanto la señora Defarge, atravesando calles, se aproximaba más y más a la casa donde ellos estaban consultando algunos detalles y que estaba ya casi desierta.

—¿Qué os parece, señor Cruncher —dijo la señorita, cuya agitación era tan grande que apenas podía hablar ni estar en pie—, que no salgamos de este patio? Como ya ha salido hoy de aquí otro coche, el segundo podría despertar sospechas.

—Opino que tenéis razón, señorita —replicó el señor Cruncher—. En todo caso, yo estaré con vos, para bien o para mal.

—Estoy medio loca de miedo y de esperanza por nuestra querida gente —dijo la señorita Pross, llorando amargamente—, y me siento incapaz de trazar ningún plan. ¿Sois capaz de proyectar alguno, mi buen amigo?

—Con respecto al porvenir, creo que sí. Pero para el presente, me parece que no sirve esta mi bendita vieja cabeza. ¿Queréis hacerme el favor, señorita, de oír dos votos y promesas que deseo hacer en este momento de crisis?

—¡Oh, por Dios! ¡Decidlo en seguida y terminemos, buen hombre! —exclamó la señorita sin dejar de llorar.

—Primero es —dijo Cruncher, temblando y con el rostro cubierto de una palidez cenicienta—: que esa pobre gente salga bien de este peligro, y nunca, nunca más, yo volveré a "hacerlo".

—Estoy segura de ello; segura de que no lo haréis nunca más, sea lo que eso fuere; y os ruego que no consideréis necesario decirme qué es ello.

—No, señorita; no os lo diré. Segundo: si esa pobre gente sale bien de este peligro, nunca, nunca más me opondré a que la señora Cruncher se eche de rodillas.

—Cualquiera que sea ese arreglo doméstico a que os

referís, debe ser mejor que sea ella la que se ocupe exclusivamente de eso. ¡Mis pobrecitas queridas! —exclamó la señorita Pross secándose los ojos y tratando de serenarse.

—Además, señorita, voy a añadir —prosiguió Cruncher con una alarmante tendencia a perorar como desde una cátedra—, que mis palabras pueden y deben ser transmitidas a la señora Cruncher, que mis opiniones respecto a echarse de rodillas han cambiado y que solamente espero de todo corazón que ella esté en este momento echándose de rodillas.

—¡Bueno, bueno, bueno! Yo lo espero también y que todo sea según ella lo desee, mi buen amigo —replicó casi enloquecida la señorita Pross.

—¡Que nada de lo que yo jamás haya dicho o hecho anule mis vehementes deseos de que esa pobre gente salga bien de este peligro! —exclamó Cruncher, añadiendo solemnidad, lentitud y énfasis oratorio a sus palabras—. ¡Aunque todos nos echáramos de rodillas, si no fuera conveniente, yo no le opondría objeción, para esperar conjurar este horrible peligro!

Cruncher hallaba algunas lagunas en sus ideas, pero salió del paso de la mejor manera que le fue posible.

Y la señora Defarge, caminando por una y otra calle, se aproximaba cada vez más.

—Si alguna vez llegamos a nuestra tierra nativa, estad seguro de que diré a la señora Cruncher todo lo que pueda recordar y comprender de lo que me habéis dicho de manera tan impresionante; y en todo caso, daré testimonio de que hablasteis con toda sinceridad en este momento tan espantoso. Y ahora, señor Cruncher, pensemos. Pensemos.

Y la señora Defarge se acercaba.

—Si os adelantarais para impedir que vuestro coche venga hasta aquí, y me esperarais en alguna parte, ¿no sería eso lo mejor?

Cruncher pensó que sería lo mejor.

—¿Dónde podríais esperarme? —preguntó la señorita Pross.

Cruncher estaba tan aturdido que no podía pensar en otro sitio que Temple-Bar. ¡Ay! Temple-Bar estaba a varios centenares de millas de distancia, y la señora Defarge venía acercándose.

—Al lado de la entrada de la catedral —dijo la señorita Pross—, ¿sería ese un sitio demasiado apartado para ir a recogerme? La gran puerta de la catedral, entre las dos torres, ¿estará demasiado fuera del camino?

—No, señorita.

—Entonces, mi buen amigo, id directamente a la casa de postas y efectuad el cambio.

—No me decido a dejaros sola. No sabemos lo que puede ocurrir —dijo Cruncher titubeando.

—¡Dios sabe lo que puede ocurrir! Pero no temáis por mí. Recogedme a la puerta de la catedral, a las tres, o lo más cerca posible de esa hora. Será mucho mejor que partir de aquí. De eso estoy segura, ¡bendito seáis, señor Cruncher! No penséis en mí, sino en las vidas que dependen de nosotros.

Este exordio, y las dos manos suplicantes que estrechaban las suyas, decidieron a Cruncher. Este hizo un ademán tranquilizador y partió inmediatamente para hacer el cambio convenido, dejándola para que ella fuera al punto de cita elegido.

La señorita Pross sintió un gran alivio al ver que ya estaba en vías de ejecutarse la precaución proyectada. También era un alivio para sus nervios la necesidad de componer su aspecto a fin de no llamar la atención en la calle. Miró su reloj. Eran las dos y veinte. No tenía tiempo que perder; era menester prepararse cuanto antes.

En medio de su excesiva perturbación, temía la soledad de las habitaciones desiertas y le parecía ver rostros de personas detrás de las puertas al abrirlas. Trajo una palangana con agua fría y comenzó a lavarse los ojos hinchados y enrojecidos. Acosada por sus febriles temores, no quería tener la vista enturbiada por las gotas de agua, y de tanto en tanto, se detenía en su tarea y miraba en torno para cerciorarse de que nadie la observaba. Durante una de esas pausas se encogió y dio un grito, pues vio una figura humana erguida en la puerta.

La palangana cayó al suelo y se rompió. El agua corrió hasta los pies de la señora Defarge. Por extraños modos y después de haber pisado mucha sangre, aquellos pies habían venido a tocar esta agua. La Defarge miró fríamente a la señorita Pross, y le dijo:

—La mujer de Evrémonde, ¿dónde está?

De una ojeada vio la señorita Pross que todas las puertas estaban abiertas y que esto era un indicio de la fuga. Fue a cerrarlas y se instaló ante la que correspondía a la habitación que había ocupado Lucía.

Los ojos sombríos de la Defarge siguieron sus rápidos movimientos y se clavaron en ella cuando hubo terminado. La señorita Pross no tenía nada de hermosa; los años no habían atenuado ni suavizado la aspereza de su aspecto; pero también ella era una mujer enérgica, de una energía diferente a la intrusa, y a su vez miró de pies a cabeza a la señora Defarge.

—Por vuestra apariencia, bien podríais ser la esposa de Lucifer —pensó la señorita Pross—: Sin embargo, no lograréis intimidarme. Yo soy inglesa.

La Defarge la miró con desprecio, pero percibiendo también que ambas se consideraban como de potencia a potencia. Veía ante sí una mujer delgada, seca, musculosa, de mano fuerte, tal como la vio el señor Lorry muchos años antes. La Defarge sabía muy bien que la señorita Pross era la adicta amiga de la familia. Y la señorita Pross sabía igualmente que la señora Defarge era la malvada enemiga de la familia.

—En camino hacia allá —dijo la Defarge señalando con la mano la dirección del sitio fatal—, donde me reservan mi silla y mi tejido, he venido a saludarla, al pasar. Deseo verla.

—Sé que vuestras intenciones son malas y podéis estar segura de que me defenderé de ellas.

Cada una hablaba en su propio idioma, sin comprender lo que decía la otra; pero ambas se vigilaban con atención, y de las miradas y actitudes deducían el sentido de las palabras que no entendían.

—No le hará ningún bien ocultarse de mí en este momento —dijo la Defarge—. Los buenos patriotas sabrán lo que eso significa. Id a decirle que deseo verla. ¿Oís?

—Si esos vuestros ojos fueran tornillo de cama y yo fuera una cama inglesa de cuatro columnas, esos tornillos no aflojarían en mí ni una astilla. ¡No, malvada extranjera! Soy de igual fuerza que vos.

No era probable que la Defarge conociera en detalle estas observaciones idiomáticas; pero comprendió lo bastante para saber que no se le temía.

—¡Mujer imbécil como un cerdo! —exclamó frunciendo el ceño—. No acepto tu respuesta y exijo verla. ¡Dile que yo exijo verla o apártate de esa puerta y déjame entrar!

Con un ademán colérico de su brazo creyó hacer más explícitas sus palabras.

—Nunca pensé que alguna vez querría yo comprender vuestro tonto idioma —dijo la señorita Pross—; pero daría todo lo que tengo, menos la ropa que llevo puesta, por saber si sospecháis la verdad o parte de ella.

Ninguna apartaba los ojos de la otra ni por un solo instante. La Defarge no se había movido del sitio donde la vio aparecer la señorita Pross, pero ahora dio un paso adelante.

—Soy británica y estoy desesperada —dijo la señorita—. No me importa de mí ni un penique inglés. Y sé que cuanto más tiempo os retenga aquí, hay mayor esperanza de que se salve mi palomita. No dejaré en vuestra cabeza ni un puñado de ese pelo oscuro si ponéis un dedo sobre mí.

Decía esto acentuando con un enérgico movimiento de cabeza, y, una mirada centelleaba en sus ojos a cada una de sus rápidas frases, que profería sin tomar aliento. Y ella, que así amenazaba, no había dado un golpe a nadie en toda su vida.

Pero su coraje era de esa índole emotiva que trajo incontenibles lágrimas a sus ojos. Tampoco lo comprendió la Defarge, que creyó ver en el llanto una prueba de debilidad.

—¡Ah, ah! ¡Pobre infeliz! —y levantando la voz llamó—: ¡Ciudadano doctor! ¡Mujer de Evrémonde! ¡Hija de Evrémonde! ¡Cualquier persona menos esta desgraciada imbécil, conteste a la ciudadana Defarge!

Quizás el silencio que siguió a esta interpelación, o algo en el semblante de la señorita Pross, o una súbita sospecha independiente de estas dos causas, indicó a la Defarge que habían partido. Abrió rápidamente tres de las puertas y miró en las habitaciones.

—Estos cuartos están en desorden; se han hecho apresurados preparativos y hay objetos varios tirados por el suelo. ¿No hay nadie en ese cuarto que está detrás de ti? ¡Déjame ver!

—¡Jamás! —contestó la señorita Pross, comprendiendo tan bien el pedido como comprendió la Defarge la respuesta.

—Si no están en ese cuarto, han partido; se les puede seguir y volver a traer —se dijo la ciudadana.

—Mientras no sepáis si están en ese cuarto o no, no estaréis segura de lo que haréis —le dijo la señorita Pross—, y no lo sabréis mientras yo pueda impedir que lo sepáis. Y que lo sepáis o no, no saldréis de aquí mientras yo pueda reteneros.

—He estado en las calles desde el principio y nada me ha detenido. Te haré pedazos, pero te apartaré de esa puerta.

—Estamos solas en el último piso de una casa alta que está en un patio solitario, y no es probable que alguien nos oiga; pido a Dios que me dé la fuerza física necesaria para reteneros aquí mientras cada minuto de estos vale cien mil guineas para mi queridísima —dijo la señorita Pross.

La Defarge se dirigió hacia la puerta, y su adversaria, en un impulso instintivo, la asió por la cintura con ambos brazos y la sujetó fuertemente. En vano la ciudadana se debatía y golpeaba. La señorita Pross, con la vigorosa tenacidad del amor, siempre mucho más fuerte que el odio, la estrechaba con fuerza, y durante la lucha que sostenía hasta llegó a levantarla del suelo. Las dos manos de la señora Defarge la golpeaban y le arañaban la cara; pero la inglesa, bajando la cabeza, se aferraba a su cintura con la fuerza del que se está ahogando.

Pronto dejaron de golpear las manos de la señora y buscaron algo en su cintura.

—Está aquí, debajo de mi brazo y no lo sacaréis. ¡Soy más fuerte que vos! ¡A Dios gracias! Os retendré aquí hasta que una de las dos se desmaye o se muera.

La Defarge se llevó las manos al pecho. La señorita Pross miró, vio lo que era y le dio un golpe. Al golpe brilló un fogonazo y sonó una detonación. Ella quedó sola, cegada por el humo.

Todo esto ocurrió en un segundo. Cuando el humo se disipó en medio de un terrible silencio, pasó por el aire algo como el alma de la furiosa mujer cuyo cuerpo yacía sin vida, en el suelo.

En el primer momento de espanto y de horror, la señorita Pross pasó lo más lejos posible del cadáver y corrió hacia la escalera para pedir un auxilio innecesario. Felizmente pensó en las consecuencias de lo que hacía, se contuvo y volvió a entrar de nuevo por la puerta, pero entró pasando junto al cadáver para buscar el sombrero y las prendas que debía llevar. Se las puso y salió al rellano, cerrando la puerta con llave y guardándosela. Después se sentó en la escalera para tomar aliento y para llorar; luego se levantó y partió precipitadamente.

Por fortuna su sombrero tenía velo, sin lo cual difícilmente hubiera pasado por las calles sin ser detenida. Por fortuna, también, era naturalmente tan extraordinario su aspecto que no demostraba rastros de la lucha, como hubiera sucedido con cualquier otra mujer. Le eran necesarias estas dos ventajas, pues eran evidentes las señales dejadas en su rostro por los dedos de la ciudadana; tenía los cabellos desgreñados y su vestido estaba arrugado y raído, aunque lo había arreglado un poco, apresuradamente, y con manos vacilantes.

Al cruzar el puente dejó caer en el río la llave de la puerta. Llegó a la catedral unos minutos antes que Cruncher, y mientras esperaba se preguntó qué ocurriría si la llave fuera pescada en una red y fuera identificada; en ese caso, la puerta sería abierta, descubierto el cadáver, y ella sería detenida en la barrera, enviada a prisión y acusada de asesinato. En medio de estos agitados pensamientos apareció Cruncher, la hizo subir al coche y se la llevó.

—¿Hay algún ruido en las calles?

—Los ruidos de costumbre —contestó Cruncher, sorprendido por la pregunta y por el aspecto de su compañera.

—No os oigo. ¿Qué decís?

En vano repitió Cruncher lo que había dicho. Ella no le oía.

—Le haré seña con la cabeza; si no oye, por lo menos verá eso.

Un poco más tarde volvió a preguntar si ahora habría ruido en las calles.

Su pregunta fue contestada como la anterior.

—No oigo el ruido.

—¡Se ha puesto sorda en una hora! —dijo Cruncher muy perturbado—. ¿Qué le pasa?

—Me parece haber visto un fogonazo y una detonación, y esa detonación es lo último que habré oído mientras viva.

—¡Bendito sea yo si no está en un estado muy raro! —pensó Cruncher, cada vez más preocupado—. ¿Qué puede haber tomado para sostener su valor? ¡Atención! Es el rodar de los espantosos carros. ¿Oís eso, señorita?

—No oigo nada —contestó la señorita Pross al ver que él le hablaba—. ¡Oh, mi buen amigo! Primero, hubo una fuerte detonación y, después un gran silencio. Ese silencio parece fijo, inmutable, y no será interrumpido mientras dure mi vida.

—Si no oye el rodar de esas terribles carretas, que ya están muy cerca del fin de su viaje —dijo Cruncher mirando por encima del hombro—, mi opinión es que nunca oirá ninguna otra cosa en este mundo.

Y así fue efectivamente.

Capítulo 15

EL RUMOR DE PASOS DESAPARECE PARA SIEMPRE

A lo largo de las calles de París retumbaban las fatales carretas con ruido áspero y profundo. Seis carretas llevan el vino del día para la guillotina. Todos los monstruos devoradores e insaciados creados por la imaginación desde que ésta existe, se han fundido en una realidad: la guillotina. Y, sin embargo, no hay en Francia, en su gran variedad de suelo y de clima, una hoja, una brizna, una raíz, un tallo, un grano de pimienta que llegue a madurar con más certeza que las circunstancias que llegaron a producir este horror. Aplástese y defórmese a la humanidad una vez más, empleando martillo semejante y ella volverá a tomar las mismas formas torturadas. Siémbrese la misma semilla de rapacidad, licencia y opresión, y esa siembra volverá a dar, con seguridad, los mismos frutos, de acuerdo con su clase respectiva.

Seis carretas ruedan a lo largo de las calles. Tú, poderoso mago llamado tiempo, cámbialas, y se verá que son las carrozas de los monarcas absolutos, los equipajes de los señores feudales, los adornos de las brillantes Jezabeles, las casas de mi padre convertidas en guaridas de ladrones, las chozas de millones de famélicos campesinos. No. El gran mago que ejecuta majestuosamente lo que ha ordenado el Creador, nunca invierte sus transformaciones. "Si tú has sido convertido en esta forma por la voluntad de Dios —le dice el mago al hechizado en los sabios cuentos árabes—, quédate tal cual eres. Pero si tienes esta forma merced a un simple y pasajero conjuro, vuelve a asumir tu aspecto anterior". Sin embargo, y sin esperanza, siguen rodando las carretas.

A medida que giran las oscuras ruedas parecen ir abriendo un largo y tortuoso surco entre el populacho que llena las calles. Al avanzar aquellos arados parecen arrojar a uno y otro lado los rostros de los espectadores. Tan habituados al espectáculo están los moradores de las casas, que en algunas ventanas no hay nadie que mire; en muchas casas nadie interrumpe sus ocupaciones, mientras los ojos observan los rostros de los que van en las carretas. Acá y allá los habitantes tienen visitas que han venido a ver el espectáculo, y el dueño de casa señala con el dedo, mostrando la complacencia de los guías al indicar esta carreta y la otra, y hasta parece decir quién había ocupado tal asiento ayer y quién anteayer.

Algunos de los que iban en las carretas miraban impasibles todo esto y todo lo que había en este último camino que recorrían; otros, mostraban un resto de interés en las cosas de los hombres y en la vida. Muchos permanecían sentados, agobiados, sumidos en silenciosa desesperación. No faltaban los que se preocupaban tanto de su apariencia, que dirigían a la multitud miradas como las que habían visto en el teatro o en los cuadros. Algunos pocos cerraban los ojos y meditaban, tratando de reunir sus pensamientos dispersos. Solamente un desgraciado que parecía ser demente, estaba tan trastornado y enloquecido de horror, que hasta cantaba y trataba de bailar. Ninguno de ellos apelaba, con miradas o con gestos, a la piedad del pueblo.

Una guardia de numerosos jinetes cabalgaba al costado de las carretas; algunos rostros se volvían con frecuencia hacia ellos y les dirigían preguntas. Parecía que esas preguntas eran siempre una misma, pues la multitud, después de cada respuesta, se apiñaba hacia la tercera carreta. Los jinetes que la escoltaban señalaron repetidas veces con la espada a un hombre que iba en ella. La principal curiosidad era saber cuál era; el hombre va de pie en la parte posterior del vehículo; inclinada la cabeza, va conversando con una joven que está sentada y que no le suelta la mano. El no tiene ninguna curiosidad ni interés por lo que le rodea y siempre le habla a la joven. Acá y allá en la larga calle de Saint-Honoré, se levantan gritos contra él. Si alguna emoción le producen, la manifiesta en una tranquila sonrisa y en un movimiento de la cabeza, que hace que sus largos cabellos sueltos caigan más sobre su rostro. No puede fácilmente llevarse las manos a la cara por tener atados los brazos.

En las gradas de la iglesia está el espía y carnero de las prisiones, aguardando el paso de las carretas. Mira a la primera: no está allí. La segunda. Tampoco. Ya se está preguntando:

—¿Me habrá sacrificado?

Su semblante se tranquiliza al mirar a la tercera carreta.

—¿Cuál es Evrémonde? —le pregunta un hombre que está de pie a su espalda.

—Ese. Allá atrás.

—¿Con la mano en la de la muchacha?

—Sí.

El hombre grita:

—¡Abajo Evrémonde! ¡A la guillotina todos los aristócratas! ¡Abajo Evrémonde!

—¡Silencio! ¡Silencio! —le suplica tímidamente el espía.

—¿Y por qué no, ciudadano?

—Ya van a pagarlo todo dentro de cinco minutos. ¡Déjalo en paz!

El hombre continúa gritando: "¡Abajo Evrémonde!", y el rostro de Evrémonde se vuelve por un instante hacia él. En ese momento ve al espía, lo mira con atención y sigue adelante.

Los relojes están a punto de dar las tres, y el surco abierto entre el populacho traza una vuelta para llegar al sitio de la ejecución, que es su término. Los rostros apartados a uno y a otro lado se agrupan detrás del último arado cuando éste pasa, pues todos van hacia la guillotina. Enfrente de ella, sentadas en sillas como en un jardín de recreo público, hay numerosas mujeres, tejiendo afanosamente. Sobre una de las sillas de primera fila está erguida La Venganza, mirando en todas direcciones en busca de su amiga.

—¡Teresa! —grita con su voz chillona—. ¿Quién la ha visto? ¡Teresa Defarge!

—Nunca ha faltado —dice una de las tejedoras de la hermandad.

—No. Ni faltará ahora tampoco —grita La Venganza, con altanería.

—Más fuerte —recomienda la tejedora.

¡Sí, Venganza! Más, mucho más fuerte, pero ella no te oirá. Más fuerte, Venganza, y hasta con alguna imprecación; pero no vendrá. Envía otras mujeres a buscarla en uno u otro lado, donde quizás se haya detenido. Y, sin embargo, aunque tus mensajeras han cometido actos terribles, es dudoso que vayan voluntariamente a buscarla al sitio donde está.

—¡Mala suerte! —exclamó La Venganza golpeando con el pie el asiento de la silla—. ¡Y aquí están las carretas! ¡Evrémonde será despachado en un abrir y cerrar de ojos, y ella no está aquí! Mira, tengo aquí en la mano su tejido; y su silla ocupada espera. ¡Lloro de rabia y de contrariedad!

Mientras La Venganza baja de su alto sitial para

hacer lo que dice, las carretas comienzan a dejar su carga. Los ministros de la Santa Guillotina están prontos y han endosado sus túnicas. ¡Un golpe! Una cabeza es levantada en alto, y las tejedoras que apenas han levantado los ojos para verla un momento antes, cuando podía pensar y mirar, cuentan: ¡Una!

La segunda carreta se vacía, y sigue delante. Se aproxima la tercera. ¡Otro golpe! Las tejedoras sin vacilar y sin dejar de tejer, cuentan: ¡Dos!

Desciende el supuesto Evrémonde, y en seguida, es bajada la costurera. El no le ha soltado la mano al bajar, sino que la retiene, según lo prometido. Suavemente la coloca dando la espalda al ruidoso aparato que sube zumbando y vuelve a caer; ella lo mira y le da las gracias.

—A no ser por vos, querido amigo, yo no estaría tan tranquila, porque soy naturalmente una pobre criatura de alma pusilánime. Tampoco hubiera podido levantar mis pensamientos a Aquél que murió para que hoy tuviéramos esperanza y consuelo. Yo creo que me fuisteis enviado por Dios.

—O vos a mí —replicó Sidney Carton—. Mantened vuestros ojos fijos en mí y no os preocupéis de nada.

—Nada me preocupa, mientras tengo vuestra mano; y nada me preocupará cuando la suelte, si. . . es rápido.

—Sí. Es rápido. No temáis.

Ambos están entre el grupo de víctimas, pero hablan como si estuvieran solos, y el grupo disminuye rápidamente. Mirándose a los ojos, hablándose en voz baja, tomados de las manos y con los corazones presa de una misma emoción, estos dos hijos de la madre universal, tan apartados y diferentes durante la vida, han llegado juntos al tenebroso camino para volver al seno de la madre tierra y descansar en él.

—Valiente y generoso amigo, ¿me permitís que os haga una última pregunta? Soy una ignorante y hay algo que todavía me inquieta un poco.

—Decidme lo que es.

—Yo tengo una prima, huérfana como yo; es mi única pariente y la quiero mucho. Es cinco años menor que yo y vive en una granja en el sur. La pobreza nos separó y ella nada sabe de mí, porque yo no sé escribir. Y si supiera, ¿cómo podría descírselo? Es mejor así.

—Sí, sí; es mejor así.

—Lo que yo pensaba cuando veníamos y sigo pensando al mirar vuestro rostro tan enérgico y bondadoso, y que me anima tanto, es esto: si es verdad que la República hace bien a los pobres, y éstos no tendrán ya tanta hambre, y de todos modos sufrirán menos, quizás ella viva mucho tiempo, hasta llegar a ser vieja.

—¿Y qué, dulce hermana mía?

—¿Creéis que el tiempo me parecerá muy largo esperándola en ese mundo mejor, donde espero que vos y yo hallaremos refugio? —dijo la joven levantando sus ojos, en los que no se leía una queja y sí una paciente resistencia.

Esos ojos se llenaron de lágrimas, y los labios temblaron.

—No puede suceder eso, hija mía; allá el tiempo no cuenta y no hay penas.

—¡Me consoláis tanto! ¡Soy tan ignorante! ¿Puedo besaros ahora? ¿Ha llegado el momento?

—Sí.

Se besan en los labios y se bendicen uno a otro solemnemente. La mano enflaquecida no tiembla cuando él la suelta; no expresa el dulce rostro otra emoción que paciencia y esperanza. Ella parte antes que él; las tejedoras cuentan: Veintidós.

"Yo soy la resurrección y la Vida, dice el Señor; el que creyere en mí, aunque estuviera muerto, vivirá; y quienquiera que estando vivo creyere en mí, nunca morirá".

Se oye el murmullo de muchas voces; muchos rostros se vuelven hacia arriba, y se apretujan los que están en el borde de la multitud, de manera que todos avanzan como un gran oleaje; algo relampaguea y baja.

—Veintitrés.

Esa noche se decía en la ciudad, hablando de él, que era el más sereno rostro de hombre que se hubiera visto en aquel sitio. Muchos añadieron que parecía sublime y profético.

Una de las notables víctimas de la guillotina fue una mujer que pidió, estando al pie de ese cadalso, no mucho tiempo antes, que se le permitiera escribir los pensamientos que acudían a su mente. Si Sidney Carton hubiera tenido pensamientos proféticos y los hubiera expresado, habrían sido éstas sus profecías:

"Veo a Barsad, Cly, Defarge, La Venganza, el Jurado, el Juez y las largas filas de los nuevos opresores que han surgido después de la destrucción de los antiguos, pereciendo bajo el mismo instrumento, antes de que éste cese en su aplicación actual. Veo una hermosa ciudad y un pueblo brillante surgiendo de este abismo; en sus luchas para llegar a ser verdaderamente libre, en sus triunfos y sus derrotas a través de largos años venideros, veo los males de esta época y de la precedente, que dio origen a éstos, extinguiéndose después de los años de la expiación.

"Veo las vidas por las cuales sacrifiqué la mía, desarrollándose pacíficas, útiles, prósperas y felices, en esa Inglaterra que no veré más. La veo a ella teniendo en brazos a un niño que lleva mi nombre. Veo a su padre agobiado por los años, con su inteligencia recobrada, generoso para todos con su profesión, y en paz. Veo al buen anciano, su antiguo amigo, que al cabo de diez años los enriquece con toda su fortuna, yendo tranquilamente a recibir su recompensa.

"Veo que tengo un santuario en sus corazones y en los corazones de sus descendientes, durante generaciones. La veo a "ella", ya anciana, llorando por mí en el aniversario de este día. La veo a "ella" y veo a su esposo, terminadas sus vidas, yaciendo el uno junto a la otra en su última morada. Y yo sé que así como ellos se honraban mutuamente, también me honraron a mí.

"Veo a ese niño que ella tenía en sus brazos y que lleva mi nombre, convertido en un hombre que avanza en la profesión que yo ejercí. Tan bien ha labrado su camino que mi nombre se ha hecho ilustre gracias a él: veo que las manchas que yo anojé sobre mi nombre se han borrado. Lo veo, siendo el primero entre los jueces justos y los hombres respetados, trayendo a este sitio a un niño que lleva mi nombre, que tiene cabellos dorados y una frente que me es conocida. Este lugar es grato a la vista y no conserva ni vestigios del horror de este día. Oigo que el juez le refiere al niño mi historia con voz insegura y enternecida.

"Lo que hago es muchísimo mejor que todo lo que he hecho hasta ahora; y voy hacia un descanso que es el que mejor he conocido".

LECTURAS AFINES

Una breve "historia" de la Revolución Francesa

Pasajes de . . .

Una breve "historia" de la Revolución Francesa

Sobre el trasfondo de la Revolución Francesa, Historia de dos ciudades *presenta personajes imaginarios arrastrados por las corrientes de la historia. Las imágenes de revolución, cárcel y terror que pinta la novela conforman un cuadro aterrador de este período histórico. La historia habla por sí misma en las siguientes fuentes primarias, que te darán información directa de la Revolución Francesa.*

Declaración de los Derechos del Hombre y del Ciudadano, 27 de agosto de 1789

Poco después de la toma de la Bastilla, que fue la señal del comienzo de la Revolución Francesa, los rebeldes formaron un gobierno revolucionario y proclamaron el siguiente documento, declarando que todos los ciudadanos tenían los mismos derechos elementales.

Los representantes del pueblo francés, constituidos en Asamblea Nacional, considerando que la ignorancia, el olvido o el menosprecio de los derechos del hombre son las únicas causas de los males públicos y de la corrupción de los gobiernos, han resuelto exponer en la declaración solemne de los derechos naturales, inalienables y sagrados del hombre, a fin de que esta declaración, siempre presente para todos los miembros del cuerpo social, les recuerde sin cesar sus derechos y deberes; a fin de que los actos del Poder Legislativo y los del Ejecutivo puedan ser comparados a cada instante con el objeto de toda institución política y sean más respetados; y a fin de que las reclamaciones de los ciudadanos, fundados desde ahora en principios sencillos e indiscutibles, tiendan siempre al mantenimiento de la Constitución y a la felicidad de todos. En consecuencia, la Asamblea Nacional reconoce y declara, en presencia y bajo los auspicios del Ser Supremo, los derechos siguientes del hombre y del ciudadano.

Artículo 1°.— Los hombres nacen y viven libres e iguales en derechos. Las distinciones sociales sólo pueden ser fundadas en la utilidad común.

Artículo 2°.— El fin de toda asociación política es la conservación de los derechos naturales e imprescriptibles del hombre. Estos derechos son: la libertad, la propiedad, la seguridad y la resistencia a la opresión.

Artículo 3°.— El principio de toda la soberanía reside esencialmente en la Nación. Ningún cuerpo ni individuo puede ejercer autoridad que no emane expresamente de aquélla.

Artículo 4°.— La libertad consiste en poder hacer todo lo que no daña a otro. Así, el ejercicio de los derechos naturales de cada hombre, no tiene más límites que aquéllos que aseguran a los demás miembros de la sociedad el goce de los mismos derechos. Estos límites no pueden ser determinados sino por la ley.

Artículo 5º.— La ley no tiene el derecho de prohibir más acciones que las nocivas a la sociedad. Todo lo que no está prohibido por la ley no puede ser impedido y nadie puede ser constreñido a hacer lo que ella no ordena.

Artículo 6º.— La ley es la expresión de la voluntad general. Todos los ciudadanos tienen derecho a concurrir personalmente o por medio de sus representantes a su formación. Debe ser la misma para todos, sea que proteja o que castigue. Todos los ciudadanos sean iguales a sus ojos, sean igualmente admisibles a todas las dignidades, cargos y empleos públicos, según su capacidad y sin otras distinciones que las de sus virtudes y talentos.

Artículo 7º.— Ningún hombre puede ser acusado, arrestado ni detenido sino en los casos determinados por la ley y según las formas que ella prescribe. Los que soliciten, expidan, ejecuten o hagan ejecutar órdenes arbitrarias deben ser castigados, pero todo ciudadano llamado o apresado en virtud de la ley debe de obedecer al instante. Se hace culpable si resiste.

Artículo 8º.— La ley no debe establecer más penas que las estrictas y evidentemente necesarias, y nadie debe ser penado sino en virtud de una ley establecida y promulgada al delito, y legalmente aplicada.

Artículo 9º.— Todo hombre se presume inocente hasta que ha sido declarado culpable, y si se juzga indispensable arrestarlo, todo rigor que no sea necesario para asegurar su persona debe ser severamente reprimido por la ley.

Artículo 10°.— Nadie debe ser molestado por sus opiniones, aun las religiosas, con tal de que su manifestación no perturbe el orden público establecido por la ley.

Artículo 11°.— La libre expresión de los pensamientos y de las opiniones es uno de los derechos más preciosos del hombre; todo ciudadano puede, en consecuencia, hablar, escribir e imprimir libremente, salvo la responsabilidad por el abuso de esta libertad en los casos determinados por la ley. . . .

Artículo 16°.— Toda sociedad en la cual la garantía de los derechos no esté asegurada, ni determinada la separación de los poderes, carece de Constitución.

Artículo 17°.— Siendo las propiedades un derecho inviolable y sagrado, nadie puede ser privado de ellas, sino cuando la necesidad pública, legalmente comprobada, lo exija evidentemente y bajo la condición de una justa y previa indemnización.

Declaración de los Derechos de la Mujer

Olympe de Gouges

En 1791, Olympe de Gouges, escritora y revolucionaria francesa, redactó el siguiente documento en respuesta a la "Declaración de los Derechos del Hombre", plenamente convencida de que los ideales de la Revolución Francesa deberían incluir los derechos de la mujer. ¿Cómo reflejan Madame Defarge y otros personajes de Historia de dos ciudades *la visión política de de Gouges?*

Hombre, ¿eres capaz de ser justo? Es una mujer quien te pregunta y, al menos, no la privarás de este derecho. Dime, ¿qué te ha otorgado el poder soberano para oprimir a mi sexo?. . . Grotesco, obcecado, engreído con la ciencia y, en un siglo de luz y sabiduría, sumido en la más crasa ignorancia, quieres ejercer el poder como un déspota sobre un sexo en plena posesión de sus facultades intelectuales; pretendes disfrutar de la revolución y reclamar sus derechos de igualdad para después no volver a hablar sobre el tema.

1. La mujer nació libre y es tan libre como el hombre para ejercer sus derechos. Las diferencias sociales sólo se pueden basar en el bien común.

2. El propósito de cualquier asociación política es la conservación de los derechos naturales e inalienables de la mujer y del hombre: libertad, propiedad, seguridad y, ante todo, oposición a la tiranía.

4. La libertad y la justicia radican en restituir a los otros lo que les pertenece. Por ello, el único obstáculo al ejercicio de los derechos naturales de la mujer es la continua opresión masculina; obstáculo que será derribado por las leyes de la naturaleza y la razón. . . .

10. Nadie deberá ser perseguido por sus convicciones; si la mujer tiene el derecho de subir al patíbulo debe tener igual derecho de subir a la tribuna. . . .

Última carta desde la prisión

Olympe de Gouges

*Resulta irónico que Olympe de Gouges,
autora de "Los Derechos de la Mujer",
fuera encarcelada y condenada a morir en
la guillotina por ser considerada enemiga
de la Revolución. Su ejecución, prevista
para el 2 de noviembre de 1793, fue
aplazada veinticuatro horas para permitirle
escribir una carta despidiéndose de su hijo.*
Historia de dos ciudades *termina con la
despedida que Sidney Carton habría
escrito si hubiera podido manifestar su
sentir antes de ser ejecutado.*

Al ciudadano de Gouges, oficial general del ejército del Rhin.

Muero, querido hijo, víctima de mi idolatría por la
patria y el pueblo. Tras la engañosa máscara de la
república, sus enemigos me han conducido
inmisericordemente al patíbulo.

Después de seis meses de cautiverio me trasladaron a
una *maison de santé* (casa de reposo) donde tuve la
misma libertad que en casa. Pude haber escapado,
como bien sabían mis enemigos y verdugos, pero,
convencida de que toda la malevolencia encaminada a
engañarme no me haría dar un paso en contra de la
revolución, yo misma pedí ser llevada ante un tribunal.
Jamás imaginé que tigres sin mordaza se erigirían en
jueces para contravenir las leyes, incluso en contra del
pueblo reunido que en breve les reprochará mi muerte.

Se me hizo saber el auto de acusación tres días antes
de mi muerte. Desde que se firmó el documento, la ley
me otorgó el derecho de hablar con mis defensores y
con quienes apoyaran mi causa, mas se les prohibió

verme. Me mantuvieron aislada, sin poder hablar siquiera con el celador. La ley me otorgó también el derecho de elegir a mi jurado. Se me dio la lista a medianoche y, al día siguiente, a las siete de la mañana, fui llevada ante el tribunal, débil y enferma, y sin el don de expresarme en público. Al igual que Jean-Jacques, y gracias a sus virtudes, fui consciente de mis limitaciones. Pedí hablar con el defensor de oficio que había elegido y se me dijo que no existía o que no deseaba encargarse de mi caso. Solicité que alguien más tomara su lugar y la respuesta fue que yo tenía la inteligencia suficiente para defenderme.

Sí, sin duda más que suficiente para defender mi inocencia, evidente a los ojos de los presentes. No niego que un defensor de oficio hubiera logrado más en mi favor al señalar la asistencia y el apoyo que le presté al pueblo.

Veinte veces hice palidecer a mis verdugos y, sin saber cómo responder a cada frase que evidenciaba mi inocencia y su mala fe, me sentenciaron a muerte para evitar que el pueblo considerara mi destino como el mayor ejemplo de injusticia jamás visto en el mundo.

Adiós, hijo mío, no existiré más cuando recibas esta carta. Deja tu puesto: la injusticia y el crimen cometidos contra tu madre son razón de más para ello.

Muero, hijo, querido hijo, muero inocente. Se han violado todas las leyes en contra de la más virtuosa de las mujeres de su siglo, [. . .] la ley, nunca olvides los sabios consejos que te he dado.

Dejo el reloj de tu esposa y el recibo de sus joyas en la casa de empeño, la jarra y las llaves del baúl que envié a Tours.

De Gouges.

En defensa del Terror

Maximilien Robespierre

*"¡Libertad, igualdad, fraternidad o
muerte!" El Reino de Terror que se
describe en* Historia de dos ciudades,
*cobró miles de víctimas. Algunos
historiadores estiman que hubo hasta
40.000 ejecutados. Robespierre, un
poderoso líder, lanzó esta sangrienta etapa
de la Revolución Francesa. El 5 de febrero
de 1794 pronunció el siguiente discurso,
declarando las metas de la Revolución y
justificando los medios para lograrlas.*

Es hora, pues, de determinar con exactitud los
objetivos de la Revolución y el término al que queremos
llegar. Es hora de que nos demos cuenta de los
obstáculos que todavía nos alejan de esta meta y de los
instrumentos que debemos emplear para alcanzarla. . . .

¿Hacia qué objetivo nos dirigimos? Al pacífico goce
de la libertad y de la igualdad; al reino de la justicia
eterna cuyas leyes han sido escritas; no ya sobre
mármol o piedra, sino en el corazón de todos los
hombres. . . .

Queremos un orden de cosas en el que toda pasión
baja y cruel sea encadenada; en el que toda pasión
bienhechora y generosa sea estimulada por las leyes; en
el que la ambición sea el deseo de merecer la gloria y de
servir a la patria; en el que las distinciones no nazcan
más que de la propia igualdad; en el que el ciudadano
sea sometido al magistrado, y el magistrado al pueblo,
y el pueblo a la justicia; en el que la patria asegure el
bienestar de todos los individuos, y en el que todo
individuo goce con orgullo de la prosperidad y de la
gloria de la patria; en el que todos los ánimos se
engrandezcan con la continua comunión de los

sentimientos republicanos, y con la exigencia de merecer la estima de un gran pueblo; en el que las artes sean el adorno de la libertad que las ennoblece, el comercio sea la fuente de la riqueza pública y no la de la opulencia monstruosa de algunas casas.

En nuestro país queremos sustituir el egoísmo por la moral, el honor por la honradez, las costumbres por los principios, las conveniencias por los deberes, la tiranía de la moda por el dominio de la razón, el desprecio de la desgracia por el desprecio del vicio, la insolencia por el orgullo, la vanidad por la grandeza de ánimo, el amor al dinero por el amor a la gloria. . . es decir, todos los vicios y todas las ridiculeces de la Monarquía por todas las virtudes y todos los milagros de la República.

En una palabra, queremos realizar los deseos de la naturaleza, cumplir los destinos de la humanidad, mantener las promesas de la filosofía. . . . Que Francia, en otro tiempo ilustre en medio de países esclavos, eclipsando la gloria de todos los pueblos libres que jamás hayan existido, pueda convertirse en modelo de las naciones. . . . Ésta es nuestra ambición; éste es nuestro objetivo.

¿Qué tipo de gobierno puede realizar estos prodigios? Solamente el gobierno democrático. . . . Pero, para fundar y para consolidar la democracia entre nosotros, para conseguir el pacífico reinado de las leyes constitucionales, es necesario llevar a término la guerra de la libertad contra la tiranía, y atravesar con éxito las tempestades de la Revolución. Tal es el objetivo del sistema revolucionario que habéis regularizado. . . .

Entonces, ¿cuál es el principio fundamental del gobierno democrático o popular, es decir, la fuerza esencial que lo sostiene y lo mueve? Es la virtud. Hablo de aquella virtud pública. . . la virtud que es, en sustancia, el amor a la patria y a sus leyes. . . .

La gran pureza de los fundamentos de la Revolución Francesa, la sublime condición de su objeto, es precisamente lo que constituye nuestra fuerza y nuestra debilidad. Nuestra fuerza, porque nos da la superioridad de la verdad sobre la impostura, y de los derechos del interés público sobre los del interés particular. Nuestra debilidad, porque une contra nosotros a todos los hombres viciosos, a todos los que pretenden despojar al pueblo y a todos los que hubieran querido despojarlo impunemente. . . . Es necesario ahogar a los enemigos internos y externos de la República o perecer con ella. Así, en tal situación, la máxima principal de vuestra política deberá ser la de guiar al pueblo con la razón, y a los enemigos del pueblo con el terror.

Si la fuerza del gobierno popular es, en tiempo de paz, la virtud, la fuerza del gobierno popular en tiempo de revolución es, al mismo tiempo, la virtud y el terror. La virtud, sin la cual el terror es cosa funesta; el terror, sin el cual la virtud es impotente. El terror no es otra cosa que la justicia expeditiva, severa, inflexible; es, pues, una emanación de la virtud.

de Hind Swarj o gobierno hindú

Mohandis K. Gandhi

Madame Defarge y su socia, La Venganza, no le ven fin al uso del terror. Como Madame Defarge señala: "Entonces dile al viento y al fuego dónde detenerse. . . pero no me lo digas a mí". En contraste, Mohandis K. Gandhi no encabezó bandas terroristas o turbas violentas, pero consiguió el apoyo de millones de hindúes en una rebelión no violenta contra el control británico de India. En el siguiente diálogo imaginario, Gandhi plantea la resistencia pasiva como un arma de la gente valerosa, un arma más poderosa y duradera que la violencia.

EDITOR. La resistencia pasiva es un método que sirve para obtener derechos mediante el sufrimiento personal; es lo contrario de la resistencia con armas. Cuando me rehúso a hacer algo que es repugnante para mi conciencia, utilizo la fuerza del alma. Por ejemplo, el gobierno del día ha aprobado una ley que se me aplica. A mí no me gusta. Si utilizando la violencia obligo al gobierno a derogar la ley, estoy empleando lo que se llamaría fuerza del cuerpo. Si no obedezco la ley y acepto el castigo por haberla infringido, utilizo la fuerza del alma. Esto requiere el sacrificio de uno mismo.

Todos admiten que el sacrificio de uno mismo es infinitamente superior a sacrificar a los demás. Además, si este tipo de fuerza se utiliza en una causa que es injusta, sólo la persona que la utiliza sufre. No hace que otros sufran por sus errores. Los hombres han hecho muchas cosas que posteriormente se vio que estaban erradas. Ningún hombre puede afirmar que está absolutamente en lo cierto o que una cosa en particular está mal porque así lo piensa, pero está mal para él mientras sea ése su juicio deliberado. Por lo tanto se concluye que él no debería hacer lo que sabe que está mal, y sufrir las consecuencias, cualesquiera que éstas sean. Ésta es la clave para utilizar la fuerza del alma.

LECTOR. Entonces usted pasaría por alto las leyes; eso es franca deslealtad. Nuestra nación siempre ha sido considerada como observante de la ley. Usted parece ir más allá de los extremistas. Ellos dicen que debemos obedecer las leyes que han sido aprobadas, pero que si las leyes son malas, debemos expulsar a los legisladores, hasta por la fuerza.

EDITOR. Si voy o no voy más allá de ellos no tiene importancia para ninguno de nosotros. Simplemente queremos averiguar qué es lo correcto y actuar de acuerdo con ello. El significado real de que somos una nación observante de la ley es que somos partidarios de la resistencia pasiva. Cuando no nos gustan ciertas leyes, no atacamos a los legisladores sino que sufrimos y no nos sometemos a las leyes. Que debemos obedecer las leyes, sean éstas buenas o malas, es una noción novedosa. No había tal cosa en el pasado. La gente pasaba por alto las leyes que no le gustaban y sufría los castigos por su infracción. Es contrario a nuestra hombría obedecer leyes que son repugnantes a nuestra conciencia. Dicha enseñanza se opone a la religión y significa esclavitud. Si el gobierno nos pidiera que anduviéramos desnudos, ¿deberemos hacerlo? Si fuera partidario de la resistencia pasiva, le diría que no tengo nada que ver con su ley. Pero nos hemos olvidado tanto de nosotros mismos y nos hemos vuelto tan sumisos que no nos impacta ninguna ley degradante. . .

LECTOR. De lo que usted dice deduzco que la

resistencia pasiva es un arma espléndida de los débiles, pero que cuando son fuertes pueden tomar las armas.

EDITOR. Esto demuestra una gran ignorancia. La resistencia pasiva, que es la fuerza del alma, no tiene rival. Es superior a la fuerza de las armas. Entonces, ¿cómo se puede considerar sólo un arma de los débiles? Los hombres de la fuerza física son ajenos al valor que requiere la resistencia pasiva. ¿Cree usted que un cobarde podría alguna vez desobedecer alguna ley que le disgusta? A los extremistas se les considera partidarios de la fuerza bruta. Entonces, ¿por qué hablan de obedecer las leyes? No los culpo. No pueden decir nada más. Cuando expulsen a los ingleses y sean gobernadores, querrán que usted y yo obedezcamos sus leyes. Y eso concuerda con su constitución. Pero un partidario de la resistencia pasiva dirá que no obedecerá ninguna ley que esté en contra de su conciencia, aun cuando se le vuele en pedazos en la boca de un cañón.

¿Qué piensa? ¿Para qué se requiere valor: para volar a los demás en mil pedazos con un cañón o para acercarse con una sonrisa a un cañón y explotar en mil pedazos? ¿Quién es el verdadero guerrero: aquél que trata a la muerte como amigo del alma o el que controla la muerte de los demás? Créame que un hombre desprovisto de valor y hombría jamás puede ser partidario de la resistencia pasiva.

A pesar de esto, admitiré: que aun un hombre débil de cuerpo es capaz de ofrecer esa resistencia.

Después de mucha experiencia me parece que aquéllos que quieren ser parte de la resistencia pasiva al servicio del país, tienen que observar una castidad perfecta, adoptar la pobreza, seguir la verdad y cultivar la valentía.

La castidad es una de las más grandiosas disciplinas, sin la cual la mente no puede alcanzar la firmeza requerida. Un hombre que no es casto pierde vigor, se vuelve emasculado y cobarde. Como su mente se ha enfocado en las pasiones animales, no es capaz de llevar a cabo ningún gran esfuerzo. Esto se puede comprobar con innumerables ejemplos. Entonces, naturalmente, surge la pregunta de qué debe hacer una persona casada; pero no debería. Cuando un esposo y su esposa gratifican las pasiones, no por eso es una indulgencia menos animal. Dicha indulgencia, a excepción de cuando es para perpetuar la raza, está estrictamente prohibida. Pero los partidarios de la resistencia pasiva tienen que evitar incluso esa indulgencia muy limitada porque no deben tener el deseo de progenie. Por lo tanto, un hombre casado puede observar una castidad perfecta.

Al igual que existe una necesidad de castidad, existe una necesidad de pobreza. La ambición pecuniaria y la resistencia pasiva no van juntas. No se espera que aquéllos que poseen dinero se deshagan de él, pero se espera que sean indiferentes a él. Deben estar preparados para perder cada centavo antes que renunciar a la resistencia pasiva.

La resistencia pasiva ha sido descrita en el curso de nuestra discusión como la fuerza de la verdad. Por lo tanto, la verdad debe seguirse a cualquier precio. En este planteamiento surgen dudas académicas, tales como si un hombre ha de mentir o no con el fin de salvar su vida, etc., pero estas dudas sólo se presentan a aquéllos que desean justificar la mentira. Los que desean apegarse a la verdad no tienen dicho dilema; y aun si lo tuvieran, se salvan de una posición falsa.

La resistencia pasiva no puede dar un paso sin valentía. Sólo aquéllos que están libres del temor, ya sea con respecto a sus posesiones, al falso honor, a sus familiares, al gobierno, a los daños físicos o a la muerte, pueden seguir el camino de la resistencia pasiva.

Estas prácticas no se han de abandonar por la creencia de que son difíciles. La naturaleza ha implantado en el corazón humano la capacidad de superar cualquier dificultad o sufrimiento que puede llegar sin motivo al hombre. Es valioso poseer estas cualidades, aun para aquéllos que no desean servir al país. No demos cabida al error: aquéllos que quieren entrenarse en el uso de las armas también deben poseer estas cualidades en mayor o menor medida. Nadie se convierte en un guerrero con simplemente desearlo. Quien desee ser guerrero tendrá que observar castidad y estar satisfecho con la pobreza. No se puede concebir a un guerrero sin valentía. Puede ser que no siempre esté en lo correcto, pero esa cualidad sigue al valor verdadero. Cuando un hombre abandona la verdad, lo hace debido a alguna especie de temor. Entonces, los cuatro atributos anteriormente mencionados no deben atemorizar a nadie. También se debe mencionar aquí que un hombre de fuerza física debe poseer muchas otras cualidades inútiles que un partidario de la resistencia pasiva nunca necesita. Y usted verá que cualquier esfuerzo extra que un soldado con espada necesite se debe a la carencia de valor. Si es una encarnación del valor verdadero, la espada caerá de su mano en ese preciso momento. No necesita de su ayuda. Alguien que está libre de odio no necesita una espada.

de Guillotina: Su leyenda y folklore

Daniel Gerould

El narrador de Historia de dos ciudades *presenta la atroz máquina justiciera de la Revolución Francesa: la "mordaz mujer llamada La guillotina". Aquí está una breve historia del invento de la guillotina y de sus diseñadores.*

DISEÑADORES DE LA GUILLOTINA: DR. GUILLOTIN, DR. LOUIS Y SCHMIDT, FABRICANTE DE CLAVICORDIOS

Una máquina similar a la *mannaia* se utilizaba de vez en cuando en Francia antes de la Revolución, aunque ni el Dr. Guillotin ni el Dr. Louis parecen haber estado enterados del hecho. Enrique II de Montmorency, Mariscal de Francia, fue decapitado en Toulouse en 1632 mediante tal instrumento después de organizar una rebelión en contra de Richelieu, según declaran *Las memorias del señor Jacques de Chastenet* en 1690:

En esa provincia hacen uso de una especie de hacha (*une doloire*), la cual corre entre dos piezas de madera; y cuando la cabeza es colocada sobre el bloque que está debajo, la cuerda es liberada, y el hacha desciende y corta la cabeza separándola del cuerpo. Cuando él hubo colocado su cabeza sobre el bloque, su herida [recibida en el combate en el cual fue tomado preso] le causó dolor, y movió su cabeza, pero dijo: "No hago esto como resultado del temor, sino por el estado dolorido de mi herida". El padre Arnoul estaba cerca de él cuando soltaron la cuerda del hacha: la cabeza fue separada de un golpe del cuerpo. . . .

Un mecanismo similar se describe en un poema francés del siglo 13 titulado *La venganza de Raguidel*. Algunos historiadores de la guillotina se remontan a fechas más antiguas. Gustave Lenotre sugiere que "la decapitación mediante una máquina era un castigo usado en Francia antes de la conquista romana". Su evidencia era el descubrimiento en 1865 de una cuchilla de piedra que pesaba más de doscientas libras, que fue llamada "un corta-cabezas gálico, una guillotina de la edad de piedra".

La leyenda sostiene que una pre-guillotina parecida a la Doncella Escocesa o a la *mannaia* existió en París precisamente antes de la Revolución, en forma de miniatura en el teatro de marionetas. De acuerdo a la historia, el Dr. Guillotin llevó a su esposa a la feria, donde vieron una presentación de títeres de *Los cuatro hijos de Aymon* (obra basada en un famoso romance medieval de caballería), escrita por J.F. Arnould Mussot, en la cual una pequeña máquina degolladora corta una cabeza. Independientemente de que esto esté basado o no en la verdad, lo cierto es que fue Guillotin quien la concibió inicialmente, Louis quien elaboró el diseño, y Tobias Schmidt, fabricante alemán de clavicordios, quien construyó la máquina. Aunque la Doncella Escocesa y la *mannaia* hayan proporcionado precedentes a estos "fundadores de la guillotina", cruciales diferencias conceptuales y de diseño subrayan la originalidad de su nuevo invento. La guillotina se debía aplicar democráticamente a los condenados, independientemente de su rango y fortuna, mientras que todos los antepasados del instrumento habían sido usados exclusivamente para la nobleza. El diseño técnico tenía dos evoluciones esenciales. Las primeras máquinas decapitadoras tenían un cuchillo horizontal, el cual no cortaba, sino que más bien tronchaba, y la mayoría de ellas carecían de un hueco o luneta para la cabeza (literalmente, "pequeña luna" en francés): el collar circular de dos piezas que sostenía el cuello de la víctima en una posición fija.

Con su conocimiento de la anatomía humana, el Dr. Louis pudo introducir mejoras que hicieron de la guillotina una máquina de asombrosa precisión y velocidad. Sus detallados planos para la construcción y operación de dicha máquina requerirían de dos montantes colocados a un pie de distancia el uno del otro, una cuchilla convexa asegurada firmemente en un sostén que se deslizaría hacia abajo por ranuras hechas en los montantes, una soga larga ensartada a través de un anillo, un bloque de madera sobre el cual el cuello de la víctima, boca abajo, debía ser colocado dentro de una media luna de hierro con forma de herradura. De acuerdo a las instrucciones del Dr. Louis: "Si todo se ha dispuesto de manera adecuada, el verdugo ubicado de pie junto a la máquina podrá sostener las dos puntas de la soga que sostienen la cuchilla y, al soltarlas de manera simultánea, el instrumento caerá desde una cierta altura y, mediante su fuerza y la aceleración de la velocidad, separará la cabeza del cuerpo en un abrir y cerrar de ojos".

Estas especificaciones fueron entregadas al carpintero que había construido patíbulos para el Estado, pero cuando presentó un presupuesto excesivamente alto del costo, el proyecto del Dr. Louis fue confiado a Tobias Schmidt, un fabricante de clavicordios originario de Estrasburgo y a veces inventor, quien había elaborado tiempo atrás su propio diseño de una máquina decapitadora. Durante un tiempo el nuevo instrumento fue conocido como pequeño Louison o Louisette, basándose en el nombre de su diseñador, pero pronto recuperó el nombre más popular de guillotina, que importunaría a su tocayo por el resto de su vida y lo sometería a continuo ridículo y oprobio.

La guillotina fue probada por primera vez el 17 de abril de 1792 en el famoso Hospital Bicêtre, en las afueras de París. Para deleite de la concurrencia de dignatarios y funcionarios, el Dr. Louis decapitó un bulto de paja, una oveja y varios cadáveres. Acompañado de sus dos hermanos y de su hijo, el verdugo Sansón supervisó los trámites. Cuando un cadáver de cuello muy grueso no fue decapitado después de tres intentos, el Dr. Louis decidió levantar la altura de los montantes y modificar la forma de la cuchilla. La demostración fue seguida por un banquete y celebración, y se hicieron brindis en honor de la extraordinaria nueva máquina. Los espectadores que habían asistido al notable evento divulgaron la noticia acerca de la "hija" del Dr. Guillotin. Por todas partes se oían comentarios entusiastas de alabanza al nuevo artefacto, calificándolo como "un proyecto muy distinguido en favor de la igualdad".

No se sabe con precisión cuándo fue introducida por primera vez la característica cuchilla inclinada. El modelo original del Dr. Louis requería de un cuchillo convexo, como se puede apreciar en varios grabados y pinturas de ese período. Una historia repetida con frecuencia, sin duda apócrifa, afirma que fue el rey mismo quien propuso el cambio. De acuerdo con esta narración, Luis XVI, muy diestro en cosas mecánicas y cuyo pasatiempo era la cerrajería, escuchó de los experimentos realizados en el Hospital Bicêtre y le pidió al Dr. Louis que le mostrara los planos de la máquina. Alejandro Dumas padre, en su novela histórica *El drama de 1793* (1851), ofrece la versión popular de lo que sucedió entonces: 'El Rey examinó los dibujos cuidadosamente, y cuando su ojo enfocó la cuchilla dijo: 'El error está aquí; la cuchilla no debería de tener forma de media luna sino triangular, y estar biselada como una guadaña'. Y, para ilustrar este punto, Luis XVI tomó una pluma en su mano y dibujó el instrumento como pensaba que debía ser. Nueve meses después, la cabeza del infeliz Luis XVI sería derribada por el mismísimo instrumento que él había dibujado". Esta irónica inversión de roles entusiasmó la imaginación popular y también dio pie a la falsa leyenda de que el Dr. Guillotin, quien de hecho sobrevivió al Terror y murió a la edad de setenta y seis años en 1812, fue decapitado por su propio artefacto.

Ahora la máquina estaba lista para iniciar su sobresaliente carrera, que perduraría casi doscientos años, durante los cuales sólo sufrió pequeñas mejoras y transformaciones. El 25 de abril de 1792, una semana después del exitoso ensayo en el Hospital Bicêtre, la guillotina tuvo su presentación de estreno con un público vivo y una víctima viva. Un ladrón y asesino, Jacques Nicolas Pelletier, quien había estado esperando ser ejecutado durante tres meses, podría ahora ser eliminado de acuerdo con los ideales de la Revolución.

Las sensacionales noticias de la ejecución se esparcieron como un relámpago; los parisinos, siempre ávidos de novedades, salieron en tropel a ver la máquina. Más alta y pesada que la guillotina moderna, el instrumento tomó dos horas en ser montado, ya que todas las piezas tenían que ser alineadas perfectamente y el verdugo y sus asistentes no tenían experiencia en un trabajo de semejante precisión. El general Lafayette estuvo a cargo de la guardia cuya obligación era asegurar que no se le hiciera daño alguno a la máquina. Las multitudes se sintieron decepcionadas en esta primera presentación: la ejecución se llevó a cabo tan rápidamente que parecía que no había sucedido absolutamente nada. Y Sansón, quien en el pasado había jugado un papel tan importante y aterrador, no estaba acostumbrado a su insignificante intervención, que consistía simplemente en soltar una palanca.

En el pasado, las ejecuciones habían obtenido su dramatismo como consecuencia de la prolongada agonía de las víctimas. Ahora la velocidad era lo esencial. Los públicos tuvieron que adaptarse a una clase de espectáculo totalmente nuevo. La institución de los Tribunales Revolucionarios a finales de 1792 y principios de 1793 enseñó a los espectadores cómo observar este nuevo estilo de ejecución. Ya no "un instrumento de justicia, sino el arma mortal de las camarillas políticas", la guillotina pronto proporcionó el teatro más fascinante en toda Europa.

Cinco hombres

Zbigniew Herbert

Las ejecuciones descritas en Historia de
dos ciudades *ocurrieron más de 200 años
atrás. El siguiente poema describe una
ejecución ocurrida en el siglo 20 —esta
vez frente a un pelotón de fusilamiento—
y la reacción del poeta ante tal ejecución.*

1

Los sacaron muy temprano en la mañana
con rumbo al patio de piedra
y los pusieron contra un muro

cinco hombres
dos de ellos muy jóvenes
los otros algo mayores

nada más puede decirse
acerca de ellos

2

cuando los soldados del pelotón
apuntaron con sus armas
todo repentinamente emerge
en la luz superflua
de lo obvio

la pared amarilla
el frío azul
el negro alambre en la pared
en vez del horizonte

ése es el momento
en que los cinco sentidos se rebelan
gustosos huirían
como ratas en un barco que se hunde

antes de que la bala alcance su destino
el ojo percibirá el vuelo del proyectil
el oído grabará un metálico susurro
las fosas nasales se llenarán de un humo
    penetrante
un pétalo de sangre rozará el paladar
el roce se contraerá y al instante ya se habrá
    apagado

ahora yacen sobre el suelo
cubiertos hasta los ojos con sombra
los hombres del pelotón se alejan
los botones de sus correajes
los cascos de acero
están más vivos
que esos cinco que yacen junto al muro

3

no supe esto hoy día
lo supe antes de ayer

entonces por qué he estado escribiendo
vanos poemas sobre flores

de qué hablaron esos cinco
la noche anterior a su fusilamiento

de sueños proféticos
de una escapada a un burdel
de las partes de un automóvil
de un viaje por mar
de que cuando tuvo espadas
no debió mostrar sus cartas
de que el vodka es mejor
pues el vino causa dolor de cabeza
de muchachas
de frutas
de la vida

así uno puede usar en poesía
nombres de pastores griegos
intentar atrapar el color
del cielo en la mañana
escribir sobre el amor
y también
una vez más
de muy buena fe
ofrecer al mundo traicionado
una rosa

El pozo y el péndulo

Edgar Allan Poe

Esta historia de horror de Poe se ubica cronológicamente hacia el final de la Inquisición española (1478–1834). Tal como la época de la Revolución Francesa, la Inquisición fue una era de terror y represión. Cuando el relato comienza, el narrador describe el momento pavoroso en que los inquisidores pronuncian su sentencia de muerte.

Enfermo estaba, enfermo de muerte por aquella larga agonía; y cuando por fin vinieron a desatarme y se me permitió sentarme, sentí que mis sentidos me abandonaban. La sentencia —la terrible sentencia de muerte— fue lo último con acentuación definida que percibieron mis oídos. Después de eso, las voces inquisitoriales me parecieron fundidas en un zumbido indefinido y onírico. Afluyó a mi alma la idea de una *rotación,* acaso debido a una disparatada asociación de ideas con la redonda piedra de un molino. Pero eso fue tan sólo por un breve período; pues dentro de poco no escuché ya nada más. Todavía, durante un tiempo, pude ver; pero, ¡vaya terrible exageración! Lo que vi fueron los labios de los jueces, envueltos en negras túnicas. Sus labios se me aparecían blancos —más blancos que el papel sobre el que trazo ahora estas palabras—, y enjutos hasta lo grotesco; descarnados por la intensidad de aquella firme, inamovible resolución, de aquel severo desprecio hacia el humano sufrimiento. Vi entonces que aquellos labios seguían emitiendo los decretos de lo que habría de ser mi Destino. Los vi contorsionarse con la frase letal. Los vi moldear las sílabas de mi nombre, y me escalofrié porque ningún sonido los seguía. Vi también, durante unos cuantos momentos de horror delirante, la suave y apenas perceptible ondulación de los cortinajes luctuosos que tapizaban las paredes de aquel recinto. Luego mi vista cayó sobre los siete altos cirios que estaban sobre la mesa. Al principio me pareció que tenían un cierto aspecto bondadoso, semejantes a esbeltos ángeles blancos que hubieran venido a salvarme; pero entonces, súbitamente se abatió sobre mi espíritu una náusea mortal y sentí estremecerse cada fibra de mi ser, como si hubiera sido alcanzado por el cable de una pila galvánica, en tanto que las formas angelicales se transformaban en absurdos espectros con cabezas de flama, y vi que de ellos no podría provenir ayuda alguna. Luego, como con una rica nota musical, cautivó mi fantasía la idea de cuán dulce descanso debe haber en la tumba. Tal pensamiento llegó hasta mí suave y furtivamente, y tardó mucho tiempo en forjarse plenamente; pero, justo cuando mi espíritu pudo sopesar en detalle la idea como para sentirla y darle cabida, las figuras de los jueces se desvanecieron como por arte de magia y desaparecieron frente a mí; los altos cirios se hundieron en la nada; sus flamas se extinguieron por completo y sobrevino la negrura de la oscuridad total. Toda sensación había sido aparentemente engullida en una insensata carrera descendente, tal como descienden las almas hacia el Hades. Luego, el silencio. La inmovilidad. Y la noche fue el universo.

Me desvanecí. Pero aun así no diré que había perdido totalmente la conciencia. No intentaré definir lo que de ella me quedaba; ni siquiera describirla; pero no toda estaba perdida. En el más profundo sopor. . . ¡No!, en el delirio. . . ¡No!, en un desmayo. . . ¡No!, en la muerte. . . ¡No!, incluso en la tumba misma, *no todo* está perdido. O de lo contrario para el hombre no existe la inmortalidad. Al despertar del más profundo de los sueños rompemos la sutilísima telaraña de *algún* sueño. Pero en un segundo (así de frágil esa telaraña ha sido) no recordamos lo soñado. En el regreso a la vida, tras el desmayo, hay dos estados: primero, el del sentido mental o espiritual; después, el del sentido físico, el de la existencia misma. Y parece probable que si, habiendo alcanzado el segundo estado pudiéramos revivir las impresiones del primero, podríamos encontrar que esas impresiones están llenas de recuerdos del abismo que se abre más allá. Y ese abismo es. . . ¿qué? ¿Cómo habremos, finalmente, de distinguir sus sombras, de las sombras de la tumba? Pero si aun después de un largo intervalo no podemos revivir a voluntad las impresiones de aquello que he denominado el primer estado, ¿no acuden éstas en forma espontánea, mientras nos maravillamos de dónde han venido? Aquél que nunca se ha desmayado no es un individuo capaz de encontrar extraños palacios y rostros salvajemente familiares brillando en el carbón ardiente. . . no es alguien capaz de contemplar, flotando por los aires, las tristes visiones que los demás no ven. . . no es el que reflexiona acerca del perfume de una flor recién abierta . . . no es, en suma, aquél cuyo cerebro queda perplejo ante el significado de alguna cadencia musical que nunca antes había llamado su atención.

En medio de frecuentes y deliberados esfuerzos por recordar; en medio de serios esfuerzos por recuperar algún indicio respecto del estado de aparente vacío total en el que mi alma había caído, ha habido momentos en los cuales he soñado con éxito. Han sido períodos muy breves, durante los cuales he conjurado los recuerdos que la razón lúcida de épocas posteriores me asegura que podrían haber sido meras referencias de aquella condición de aparente inconsciencia. Estas sombras de la memoria me hablan obscuramente de altas figuras que se levantaron y me condujeron en silencio hacia abajo, abajo y más abajo, hasta que me sobrevino un espantoso vértigo ante la sola idea de lo interminable de tal descenso. Me hablan también de un indefinible horror en el corazón, a causa de esa quietud cardíaca anormal. Luego viene una sensación de repentina inmovilidad en todas las cosas; como si aquéllos que me guiaron (¡vaya cortejo espectral!) hubieran excedido, en su descenso, los confines de lo ilimitado y se hubieran quedado suspensos por el cansancio de su afán. Tras esto, recuerdo un aplanamiento y humedad; y luego todo se vuelve locura: la locura de una memoria que se mantiene ocupada en cosas prohibidas.

De súbito, regresan a mi alma sonido y movimiento: el tumultuoso movimiento del corazón y, en mis oídos, el sonido de su palpitar. Luego, una pausa en la que todo queda en blanco. Después, otra vez el sonido, el movimiento y el tacto: una hormigueante sensación que penetra todo mi ser. Tras ello, la conciencia de la mera existencia, sin ningún pensamiento, situación que se prolonga durante un largo rato. Después, muy repentinamente, ¡*el pensamiento!*, y con él un terror estremecedor, y un denodado afán por comprender mi estado real, seguido por un ardiente deseo de volver a caer en la insensibilidad. Luego un apresurado renacimiento de mi alma, y un exitoso esfuerzo por moverme. Y ahora, el recuerdo pleno del tribunal, de los jueces, de los luctuosos cortinajes; de la sentencia, de la enfermedad y mi desvanecimiento. Le siguió una pérdida de la memoria respecto de todo lo que siguió después; de todo lo que ese día, más tarde y gracias a la intensidad y entrega de mis intentos, me fue permitido vagamente recordar.

Hasta aquel entonces, no había aún abierto los ojos. Sentía que yacía de espaldas, libre de ataduras. Extendí una de mis manos, y ésta cayó pesadamente sobre algo húmedo y duro. Ahí la dejé durante muchos minutos, mientras intentaba imaginar dónde me encontraba, y qué *pudo ser* de mí. Por mucho tiempo todavía no me atreví a emplear la vista. Sentía temor de la primera imagen de los objetos que me rodeaban. Y no era que temiera ver cosas horribles, sino lo que me horrorizaba era que *no hubiera nada* que ver. A la larga, con una salvaje desesperación en el corazón, abrí de golpe los ojos. Y ellos me confirmaron mis peores temores: la negrura de la noche eterna me circundaba. Me esforcé en respirar. Me parecía que la intensidad de aquellas tinieblas me oprimía y me sofocaba. La atmósfera era intolerablemente asfixiante. Permanecí acostado, quieto, esforzándome por ejercitar mi razón. Traje a mi mente el juicio de la Inquisición, para poder, partiendo de ahí, deducir mi condición real. La sentencia había sido dictada, y yo tenía la sensación de que desde entonces había pasado mucho tiempo. Aun así, ni por un momento supuse que ya estaba muerto. A despecho de todo lo que leemos en relatos de ficción, una suposición de esa índole es totalmente incompatible con la existencia real. Pero, ¿dónde y en qué circunstancia me encontraba yo? Según sabía, los condenados a muerte normalmente fallecían durante los autos de fe, y uno de estos rituales había ocurrido precisamente al caer la noche del día en que fui juzgado. ¿Es que había sido yo de nuevo remitido a mi calabozo, a esperar la siguiente ejecución, que no ocurriría sino hasta muchos meses después? Y vi de inmediato que eso no podía ser. Se requerían víctimas de inmediato. Más aún: mi calabozo anterior tenía el piso empedrado, al igual que todas las celdas de los condenados en Toledo, y la luz no estaba completamente bloqueada.

De pronto, una idea atroz hizo afluir un torrente repentino de sangre sobre mi corazón y, durante unos instantes, caí de nuevo en la insensibilidad. Cuando volví en mí, me puse en pie de prisa, aunque me temblaba, por las convulsiones, hasta la última fibra de mi ser. Frenéticamente extendí mis brazos hacia arriba y a mi alrededor, en todas direcciones. Y no sentí nada; no me atreví ni siquiera a dar un solo paso, temiendo toparme con los muros de una tumba; de *mi propia tumba*. El sudor brotaba de cada uno de los poros de mi piel y gruesas gotas frías pelaban mi frente. La agonía de aquella ansiedad se prolongó hasta hacerse intolerable y, con extrema precaución, me moví hacia adelante, con los brazos extendidos y los ojos saliéndoseme de sus órbitas, con la esperanza de percibir algún débil rayo de luz. Procedí entonces a dar varios pasos, pero todo en derredor seguía siendo negrura y vacío. Luego respiré con más libertad. Me pareció evidente que, con todo, el mío no era el peor de los destinos.

Y ahora, al seguir dando cautelosos pasos hacia adelante, se atropellaron en mi mente los mil vagos rumores que corrían sobre los horrores de Toledo. Extrañas historias —que yo siempre consideré fábulas— se narraban en torno a los calabozos, pero extrañas, al fin, y demasiado aterradoras para referirlas si no era con susurros. ¿Acaso fui abandonado en aquel mundo de oscuridad subterránea para perecer de hambre? ¿O qué destino —aún más aterrador— me esperaba? Demasiado bien conocía el carácter de mis jueces como para dudar que el resultado de todo aquello sería mi muerte y, peor aún, una muerte con refinada crueldad. El modo y la hora era todo lo que me preocupaba y ocupaba.

Por fin, mis manos extendidas se toparon con un obstáculo sólido. Se trataba de un muro, aparentemente de piedra. Era terso, y estaba húmedo y frío. Lo fui siguiendo a tientas, palpando el terreno a cada paso, con la precavida desconfianza que me habían inspirado ciertas narraciones antiguas. Este proceso, sin embargo, no me aportó ningún medio confiable de corroborar las dimensiones de mi calabozo, porque avanzaba, pero regresaba en un circuito al punto de donde había partido, sin darme cuenta de ello. Así de uniforme parecía el muro. En virtud de ello, busqué el cuchillo que traía yo en la bolsa cuando me iban a conducir a la sala de la Inquisición, pero ya no estaba; mis ropas me habían sido canjeadas por un sayal de tosca sarga. Se me había ocurrido que si dejaba enterrada la hoja en alguna hendedura de la pared, podría identificar mi punto de partida. Y aunque esta dificultad era más bien trivial, al principio me pareció insuperable, debido al desorden que imperaba en mis ideas. Arranqué entonces una tira de tela del ruedo de mi vestimenta y la coloqué en el suelo, en ángulo recto con respecto al muro. Así, si volvía a recorrer a tientas el mismo camino, forzosamente tendría que encontrar con los pies el pedazo de tela, al completar el circuito. Por lo menos, eso pensé. Pero no contaba con lo extenso del calabozo, ni con mi extrema debilidad. El piso estaba húmedo y resbaladizo. Avancé, vacilante, un tramo, cuando de pronto me tambaleé y caí. Mi excesiva fatiga me indujo a permanecer postrado. Y así, yaciendo, pronto me venció el sueño.

Al despertar estiré un brazo y encontré junto a mí una rebanada de pan y una jarra con agua. Estaba demasiado extenuado como para reflexionar acerca de esta circunstancia, así que comí y bebí con avidez. Poco tiempo después reinicié mi viaje alrededor de mi prisión y, después de un gran esfuerzo, llegué de nuevo hasta el pedazo de tela. Hasta antes del momento de caerme, había yo contado cincuenta y dos pasos y, desde el punto en que reemprendí mi caminata, había contado cuarenta y ocho más, hasta el pedazo de tela. Había pues, en total, cien pasos. Y suponiendo que cada dos pasos hacían una yarda, concluí que el perímetro de mi celda medía cincuenta yardas. Sin embargo, había yo encontrado muchos ángulos en la pared, de tal manera que no tenía forma de saber a ciencia cierta cuál era la forma de aquella bóveda subterránea, porque nada podía evitar que supusiera que se trataba de una bóveda.

Ponía yo muy poco interés —y ciertamente ninguna esperanza— en aquellas pesquisas; pero una indefinible curiosidad me impelía a continuarlas. Despegándome de la pared, decidí atravesar, cruzándola, el área de mi encierro. Al principio procedí con extremada cautela, a causa del piso que, aunque parecía hecho de material sólido, estaba resbaladizo y embarrado. Pronto, sin embargo, cobré valor, y no dudé ya en pisar con firmeza, procurando cruzarlo siguiendo una línea lo más recta posible. Y no había avanzado más de diez o doce pasos de esta forma, cuando mis pies se enredaron con el pedazo de dobladillo que aún colgaba de mi vestimenta y, tropezando en él, caí violentamente de frente. Con la confusión de la caída no me percaté de inmediato de una circunstancia sorprendente, y no fue sino hasta que pasaron algunos segundos, mientras permanecía tirado en el suelo, que llamó mi atención. Y fue esto: mientras que mi barbilla descansaba sobre el piso de la prisión, mi nariz, mis labios y la parte superior de mi cabeza, aun siendo más prominentes que el mentón, no tocaban nada. Al mismo tiempo, me pareció que mi frente estaba siendo bañada por una especie de vapor viscoso, y que hasta mi nariz llegaba una peculiar fetidez a hongos podridos. Adelanté un brazo y me horroricé al descubrir que había caído en el borde de un pozo circular, cuya extensión, por supuesto, no tenía medios de conocer en ese momento. Tanteando las paredes debajo del brocal, logré arrancar un pequeño fragmento de piedra y lo dejé caer al abismo. Durante muchos segundos escuché con atención sus rebotes contra las paredes; en su caída iba golpeando las paredes de aquel pozo. Por último, con un lóbrego zambullido se hundió en el agua del fondo, arrancando algunos ecos estridentes. En ese mismo instante, tras de mí escuché el sonido como de una puerta abriéndose y cerrándose de inmediato, en tanto que un repentino rayo de luz estallaba y se extinguía en un parpadeo.

Vi entonces con claridad el fin que me habían preparado y me felicité por haber sufrido aquella caída providencial gracias a la cual estaba a salvo. Otro paso más, y el mundo no hubiera ya sabido más de mí. Y la muerte que acababa de evitar tenía el mismo carácter de aquéllas que otrora juzgara frívolas y fantasiosas en las historias que circulaban acerca de la Inquisición. Para las víctimas de su tiranía existía la opción de morir con las más crueles agonías físicas o morir con los más abominables horrores morales. A mí se me había asignado esta última. A causa de mis prolongados sufrimientos, mis nervios se encontraban quebrantados, hasta el punto en que temblaba ante el sonido de mi propia voz, y había terminado por ser el sujeto ideal para la diversidad de torturas que me aguardaban.

Temblando de pies a cabeza, retrocedí hasta pegarme a la pared y decidí morir ahí mismo antes que afrontar los horrores de los pozos, que ya para entonces mi imaginación multiplicaba y ubicaba en diversos puntos de mi calabozo. Quizá en otro estado de ánimo hubiera tenido el valor suficiente como para terminar de una vez mis sufrimientos dejándome caer dentro de alguno de aquellos abismos, pero ahora estaba hecho el más perfecto de los cobardes. Y tampoco podía yo olvidar lo que había leído acerca de aquellos pozos: que la súbita, liberadora extinción de la vida *no* formaba parte de sus horripilantes planes.

Tal agitación de mi espíritu me mantuvo despierto por muchas, interminables horas, pero al final me adormecí de nuevo. Al despertar, volví a encontrar, como la vez anterior, algo de comida y una vasija con agua. Me consumía una sed abrasadora y de un trago me bebí el cántaro.

Debe haber contenido alguna droga, pues apenas

acababa de beberla cuando me sentí irresistiblemente adormecido. Un profundo sueño se abatió sobre mí. Un sueño tan espeso como el de la muerte misma. Por supuesto, no tengo idea de cuánto tiempo duró. Pero cuando, una vez más, abrí los ojos, pude distinguir los objetos a mi alrededor. Una especie de azufrosa fosforescencia, cuyo origen no pude determinar, me permitió vislumbrar la extensión y el aspecto de mi prisión.

Respecto de su tamaño, me equivoqué totalmente. El perímetro completo de sus paredes no excedía las veinticinco yardas. Durante algunos minutos ese hecho me produjo un mundo de vanas tribulaciones; ¡estéril y tonta preocupación, en verdad!, ya que, dadas las terribles circunstancias que me rodeaban, ¿qué importancia podían tener las inútiles dimensiones de mi cárcel? Pero en aquellos momentos mi alma ponía un interés salvaje en nimiedades y, por tanto, me apliqué tenazmente a corregir el error de cálculo en que había incurrido al medir la celda. Finalmente, la verdad, relampagueante, me deslumbró. Durante mi primer intento de exploración había yo contado cincuenta y dos pasos, hasta el momento de caer. Debo haber estado entonces a uno o dos pasos de la tira de tela que marcaba el punto de partida. De hecho, casi había completado el recorrido perimetral de la bóveda. Luego, me dormí. Al despertar, debo haber regresado sobre mis pasos, en sentido inverso, y supuse entonces que la circunferencia medía aproximadamente el doble de lo que en realidad medía. La confusión imperante en mi mente me impidió observar que al empezar mi recorrido, tenía el muro a mi izquierda, y al terminarlo, se encontraba a la derecha.

Me había equivocado, también, en la forma del recinto. Al tantear mi camino yo había encontrado muchos ángulos, y de ello deduje la idea de una gran irregularidad: ¡así de poderoso es el efecto de la obscuridad absoluta sobre quien despierta del sueño o de un letargo! Los ángulos no eran más que unas cuantas, ligeras depresiones o nichos, colocados a intervalos irregulares. La forma general de mi prisión era cuadrada. Y lo que yo había tenido por piedra, ahora parecía más bien hierro, o algún otro metal, en placas enormes, cuyas soldaduras o juntas ocasionaban las depresiones. La superficie entera de aquel recinto metálico estaba toscamente pintarrajeada con toda clase de horribles y nauseabundos emblemas originados por la sepulcral superstición de aquellos monjes. Figuras de espíritus protervos con gestos ominosos y forma de esqueletos, así como otras imágenes de un horror más realista, desfiguraban las paredes en toda su superficie. Me percaté de que los contornos de todas aquellas monstruosidades aparecían claros, mientras que los colores palidecían y se difuminaban, como si sobre ellos hubiera actuado una atmósfera húmeda. Me fijé también en el piso, que era de piedra. En el centro resplandecía el pozo circular, de cuyas fauces había yo escapado. Era el único en todo el calabozo.

Todo esto lo vi, confusamente y con gran esfuerzo, a causa de que mis circunstancias físicas habían cambiado radicalmente mientras dormía. Ahora yacía sobre mi espalda, estirado completamente sobre una especie de armazón muy baja, de madera. Me encontraba sólidamente amarrado a ella, sujeto con algo que parecía ser una correa de cuero. Se enredaba muchas veces sobre mis extremidades y mi cuerpo, dejando en libertad sólo mi cabeza, y una porción limitada de mi brazo izquierdo, lo suficiente como para que pudiera alimentarme, no sin un doloroso esfuerzo, de un plato de arcilla con comida, colocado a mi lado, en el suelo. Vi con horror que la jarra de agua había desaparecido. Y digo con horror, porque me consumía una sed insoportable. Me pareció que mis verdugos deliberadamente planeaban estimular esa sed, ya que la comida que contenía el plato era una carne sazonada y picante.

Mirando hacia arriba, vi completo el techo de mi prisión. Se encontraba a treinta o cuarenta pies de altura y era de construcción muy parecida a la de los muros laterales. En uno de sus paneles una figura muy singular cautivó por completo mi atención. Tenía pintada la figura del Tiempo, tal como generalmente la representan, sólo que en vez de una guadaña, lo que sujetaba era, a primera vista, lo que yo supuse que era la imagen pintada de un enorme péndulo, como el de los relojes antiguos. Sin embargo, había algo en la apariencia de esa máquina que me hizo observarla más detenidamente. Mientras observaba fijamente hacia arriba, ya que se encontraba exactamente encima de mí, creí percibir que se había movido. Un instante después se confirmó mi sospecha. Su vaivén era breve y, lógicamente, muy lento. Lo observé durante algunos minutos, algo atemorizado, pero más bien con una especie de fascinación. Aburrido, al cabo, de tanto observar aquel fastidioso movimiento, posé mi mirada sobre el resto de los objetos de mi celda.

Un ruido ligero atrajo mi atención y, al voltear hacia el suelo, descubrí varias ratas enormes que cruzaban la habitación. Habían salido del pozo, que se ubicaba justo a la derecha de mi campo visual. Salían en tropel, con los ojos voraces, atraídas por el olor de la carne. Me costó muchos esfuerzos espantarlas para que se alejaran.

Habría pasado apenas una media hora, tal vez incluso una hora (dudo, porque mi noción del tiempo era muy imperfecta), antes de que volviera a mirar hacia arriba. Y lo que entonces vi me dejó perturbado y atónito: el vaivén del péndulo había aumentado su trayectoria casi en una yarda y, como consecuencia natural, su velocidad era también mucho mayor. Pero lo que más me preocupó fue el hecho de que había *descendido* visiblemente. Y ahora observaba —inútil es decir con qué horror— que su extremidad inferior estaba formada por una media luna de acero resplandeciente, que medía alrededor de un pie, de punta a punta. Los cuernos de aquella media luna apuntaban hacia arriba, y la hoja inferior estaba evidentemente afilada como navaja de rasurar, pesada y sólida. Y también, como navaja de afeitar, se iba ensanchando desde el filo, hasta la parte que la unía al resto de la estructura, más gruesa y maciza. Estaba adosada a una pesada barra de bronce y toda la pieza hacía *silbar el aire* con cada vaivén.

Ya no podía dudar más acerca del horrible final que había decidido para mí el ingenio de los monjes en materia de torturas. Los agentes de la Inquisición sabían que a estas alturas yo ya conocía el pozo: *El pozo,* cuyos horrores habían sido destinados a un hereje tan osado como yo. . . *el pozo,* brotado del mismo infierno, y considerado por todos, a través de los rumores, como la *Ultima Thule* de todos sus castigos. Por puro azar me había salvado de caer en el pozo, pero ahora yo sabía que convertir el tormento en sorpresa o cautiverio eran una parte importante de aquel grotesco arte de dar muerte en los calabozos. Como fracasó el plan de hacerme caer en el pozo, el arrojarme al abismo ya no entraba en sus demoníacos cálculos. Por ello, y sin otra alternativa, lo que ahora me esperaba era una destrucción acaso más suave. . . . ¡Más suave!, alcancé a medio sonreír en medio de mi agonía, al pensar en cómo podría aplicarse tal término a mi situación.

¿Qué caso tiene hablar de las largas horas de prolongado horror más que mortal, durante las cuales conté las zumbantes oscilaciones del acero? Pulgada a pulgada, línea tras línea, aquello bajaba gradualmente de modo apreciable, a intervalos que me parecían eternidades. . . . Bajaba, descendía y seguía bajando. Pasaron varios días —sí, sin duda deben haber sido varios días—, antes de que su vaivén me pasara lo suficientemente cerca como para que sintiera el acre aliento del aire que desplazaba. El olor del afilado acero se me introducía en las fosas nasales. Oré al cielo; lo fatigué con mis plegarias para que hiciera descender el péndulo más rápidamente. Me puse loco, me puse frenético; incluso intenté con todas mis fuerzas despegarme de la estructura que me ataba, para acercarme de una vez a la oscilante cimitarra. Y luego, de pronto, sentí una súbita calma, y permanecí tendido, sonriendo ante aquella muerte resplandeciente, como sonríe un niño ante alguna chuchería inusual.

Hubo otro intervalo de absoluta insensibilidad, acaso muy breve, porque cuando de nuevo volví a la vida, no había habido ningún descenso perceptible en el péndulo. Y sin embargo, pudo haber sido más largo, porque yo sabía que aquellos demonios muy bien podían haber notado mi desmayo, y suspendido la oscilación a su capricho. Al momento de recobrar el sentido, me sentí extremadamente enfermo y con una debilidad inexpresable, como si fuera víctima de una prolongada inanición. Incluso en medio de aquellas agonías, la naturaleza humana reclamaba alimento. Haciendo un supremo esfuerzo, desplacé mi brazo izquierdo tan lejos como mis ataduras lo permitían, hasta alcanzar el pequeño mendrugo que las ratas me habían dejado. Al poner una porción de aquel mínimo alimento entre mis labios, cruzó por mi mente un fugaz pensamiento apenas formulado, de alegría y de incipiente esperanza. Y sin embargo. . . ¿qué tenía yo que ver con la esperanza? Se trataba, como ya dije, de una idea formulada a medias; con frecuencia tenemos los hombres ideas así, nunca completas. Sentía que había sido un pensamiento de alegría o de esperanza, pero sentí también que se extinguió, apenas lo formulaba. Me esforcé en vano por completarlo; por recuperarlo. Mis prolongados sufrimientos habían aniquilado las facultades normales de mi mente. Estaba convertido en un imbécil, en un pobre idiota.

La trayectoria del péndulo formaba un ángulo recto con respecto a mi cuerpo acostado. Me di cuenta de que la filosa media luna había sido diseñada para atravesar exactamente la región del corazón. Empezaría por rasgar la tela de mi sayal, para luego regresar, y repetir la operación una y otra, y otra vez. A pesar de la escalofriante amplitud de su recorrido pendular (unos treinta pies o más) y de la susurrante energía de su fuerza descendente, que hubiera bastado para rebanar incluso las planchas de hierro de las paredes, el rasgado de mi ropa era lo primero que, durante largos minutos, habría de ocurrir. Me detuve en esa idea. No me atreví a ir más allá de esta reflexión. Insistí sobre ella con pertinaz atención, como si con tal insistencia pudiera detenerse ahí el infernal descenso del acero. Me obligué a concentrarme en el sonido que produciría la cuchilla al romper una y otra vez, inexorablemente, mi vestimenta. Me concentré también en la peculiar sensación de escalofrío que el frotar de la tela produce sobre los nervios. Medité en todas estas trivialidades, hasta que los dientes me rechinaron.

Más abajo, se deslizaba cada vez más abajo. Aun encontré un placer frenético en comparar su velocidad de descenso con su movimiento pendular lateral. Hacia la derecha, hacia la izquierda, allá, lejos, y luego, de nuevo acá, con el chiflido de un alma en pena. ¡Hacia mi corazón, con el andar furtivo de un tigre! Y yo reía y aullaba alternativamente, según predominaba en mi mente una idea o la otra.

Más abajo inevitablemente; ¡despiadadamente más abajo! ¡Ahora zumbaba a tres pulgadas de mi pecho! Yo me esforzaba violentamente, furiosamente, por liberar mi brazo izquierdo. Pero sólo podía moverlo del codo hacia la mano. Y lo más que podía alcanzar con gran esfuerzo con la mano era el plato, situado a mi costado, y mi boca; pero nada más. ¡Si hubiera podido romper las ataduras que me sujetaban por encima del codo, hubiera podido agarrarme del péndulo e intentar detenerlo! ¡Y hubiera sido como tratar de detener una avalancha!

Más abajo, ¡incesantemente, inevitablemente más abajo! Me atragantaba y me agitaba a cada oscilación. Me encogía convulsivamente con cada nuevo vaivén. Mis ojos seguían su vuelo ascendente y descendente con la intensidad de la desesperación más insensata. Se cerraban espasmódicamente cada vez que aquello descendía. . . y sin embargo, la muerte hubiera significado un alivio —¡y qué indescriptible alivio!—; todos mis nervios se estremecían al pensar que bastaría la más mínima inclinación de la maquinaria para que aquella hacha reluciente y afilada me abriera el pecho. Era la esperanza lo que me hacía encogerme, y hacía temblar mis nervios. Era la esperanza la que triunfaba sobre el potro de tortura y la que susurraba en los oídos de los condenados a muerte, incluso en las mazmorras de la Inquisición.

Calculé que con diez o doce oscilaciones más el péndulo estaría ya en contacto con la tela de mi vestimenta, y con esta observación penetró de repente en mi espíritu toda la aguda, concentrada calma de la desesperación. Y por primera vez después de muchas horas —acaso de muchos días— logré pensar. Y se me ocurrió que la correa de cuero que me rodeaba era de una sola pieza. Estaba atado con *una sola* ligadura que daba vueltas en torno mío. ¡Y entonces, a la primera mordedura de aquel filo —como de hoja de rasurar— de la media luna, que cortara cualquier porción de la correa, la desataría lo suficiente como para permitirme retirar las ligaduras con el brazo izquierdo! Pero en ese caso, ¡qué aterradora resultaba la proximidad del acero! Y el resultado de la más leve sacudida, ¡qué mortal! Y, por otra parte, ¿acaso los cómplices de mi verdugo no habían previsto esta posibilidad? ¿Era probable, más aún, que la correa atravesara mi pecho en la trayectoria exacta del péndulo? Aterrado de que se frustrara esta débil esperanza, que era aparentemente la última, levanté mi cabeza hasta conseguir verme el pecho. La correa envolvía y sujetaba mis miembros por todos lados y en todos sentidos, *excepto en la trayectoria de la cuchilla mortal.*

Apenas había dejado caer la cabeza hasta su posición original, cuando brilló por un instante en mi cerebro algo que no puedo describir más que como la mitad, formulada a medias, de la idea liberadora a la que había aludido antes, y de la cual una sola mitad había andado flotando indefinidamente en mi cerebro, cuando llevé un poco de alimento a mis abrasados labios. La idea completa se me presentaba ahora; débil, apenas sensata, apenas definida, pero completa. Y procedí de inmediato, con la energía nerviosa que produce la desesperación, a ponerla en práctica.

Desde hacía muchas horas, el espacio adyacente al armazón al que estaba yo atado, era, literalmente, un hervidero de ratas. Salvajes y voraces, tumultuosas; sus ojillos enrojecidos centelleaban sobre mí, como esperando percibir la inmovilidad total de alguna parte mía, para convertirme entonces en su presa. "¿A qué clase de alimento —me pregunté— se han acostumbrado en ese pozo?"

A pesar de todos mis esfuerzos por evitarlo, habían devorado ya los escasos residuos de alimento que contenía el plato, excepto por una pequeña parte. Mi mano se acostumbró a un movimiento de vaivén hacia el plato; pero al cabo, ese gesto maquinal terminó por perder toda eficacia. En su voracidad, aquella plaga clavaba con frecuencia sus pequeños colmillos en mis dedos, dejando en ellos sus marcas. Entonces froté enérgicamente los restos de aquella vianda condimentada y aceitosa sobre la correa que me sujetaba, en todas las partes que pude alcanzar; y luego, dejando caer la mano y conteniendo la respiración, me quedé inmóvil.

Al principio, los glotones animales se inmovilizaron, temerosos, por el cambio de la agitación a la quietud; retrocedieron, alarmados. Muchos de ellos, incluso, regresaron al pozo. Pero eso fue sólo durante un momento. No en vano contaba yo con su espantosa voracidad. Al percatarse de que yo permanecía inmóvil, una rata o dos de las más atrevidas se treparon al armazón y se pusieron a olfatear las correas. Aquello fue como una señal para la invasión general. Brotando aprisa del pozo, cayeron sobre mí en tropel. Se encaramaron por la madera, escalándola, y cayeron en cientos sobre mi persona. El movimiento uniforme del péndulo no las perturbaba en absoluto. Lo esquivaban hábilmente, y regresaban a ocuparse afanosamente en devorar mis grasosas ataduras. Se amontonaban, moviéndose y apretándose sin parar, encima de mí. Se revolvían sobre mi garganta; sus labios fríos buscaban los míos; yo me sentía medio asfixiado, a causa de aquel peso que se incrementaba. Un asco que no tiene descripción en este mundo me inundaba el pecho y helaba mi corazón con un pesado vómito. Un minuto más, y sentía que aquel supremo esfuerzo terminaría. Percibí claramente que las ataduras se aflojaban. Sabía con certeza que en más de un sitio estaban ya cortadas. Y con otro esfuerzo sobrehumano *continué* inmóvil.

Y no me había equivocado en mis cálculos; no había yo soportado todo aquello en vano: al cabo sentí que estaba *libre*. La correa cayó en jirones alrededor de mi cuerpo. Pero el movimiento del péndulo alcanzaba ya mi pecho. Había cortado ya la tela de mi sayal. Había ya cortado también la tela, más delgada, de mi camisa. Después de dos viajes más, un agudo dolor sacudió todos mis nervios. Pero el momento de la liberación había llegado. Con una violenta sacudida de la mano ahuyenté a aquel tumulto de ratas, mis libertadoras. Luego, con un movimiento tranquilo y decidido, cauteloso, oblicuo y suave, me deslicé, librándome de los restos de la correa, fuera ya del alcance de la cimitarra. Al menos por el momento, *estaba libre.*

Libre. . . ¡y en las garras de la Inquisición! No había dado más de dos o tres pasos sobre el piso de piedra, alejándome de aquel camastro de horror, cuando cesó el movimiento de aquella máquina infernal y me di cuenta de que ascendía, hasta el techo, movida por alguna fuerza invisible. Fue ésa una lección que llenó de desesperación mi alma: indudablemente, estaban observando hasta el más insignificante de mis movimientos. ¡Libre! No había escapado de la muerte bajo una forma de agonía, sino para ser entregado a algo peor que la muerte bajo otra forma. Con ese pensamiento en la cabeza, fijé nerviosamente los ojos y observé las paredes de hierro que me rodeaban. Había algo raro —algún cambio que al principio no pude notar claramente— en aquel recinto. Durante un largo rato de ensoñación, escalofríos y distracción, me perdí en conjeturas vanas e incoherentes. Durante este período, me percaté por primera vez del origen de la luz sulfurosa que iluminaba la celda. Provenía de una fisura de casi media pulgada de ancho, que se extendía alrededor de la prisión, en la base de las paredes, que aparentemente — y en realidad así era— estaban completamente despegadas del piso. Intenté, inútilmente, por supuesto, mirar por aquella hendedura.

Al levantarme tras aquel intento, mi mente resolvió de golpe el misterio de los sutiles cambios en aquel recinto: había observado que, aunque los contornos de las figuras que aparecían sobre los muros se distinguían con claridad, los colores, en cambio, eran confusos y difuminados. Ahora esos colores tomaban, y cada vez más, una sorprendente e intensísima brillantez, que les daba a aquellas espectrales y diabólicas figuras un aspecto tal que estremecerían de pavor a nervios más templados que los míos. Ojos demoníacos, de una vivacidad salvaje y siniestra, me observaban desde mil sitios diferentes y —donde nada antes se veía— brillaban con los sombríos resplandores de un fuego que yo me esforzaba en percibir como irreal, imaginario.

¡Imaginario! ¡Si me bastaba con respirar para que llegaran hasta mí los vapores del hierro candente! Un olor sofocante invadía ahora toda la prisión. Un brillo más intenso iluminaba los miles de ojos clavados en mi agonía. Un tinte cada vez más rojizo coloreaba aquellos horrores sangrientos pintados en los muros. ¡Jadeaba! ¡Apenas podía respirar! ¡Me atragantaba! No cabía duda acerca de los designios de mis verdugos, los más despiadados, los más demoníacos de los hombres. Me alejé del metal ardiente, poniéndome en el centro de la celda. Ante el pensamiento de ser destruido por el fuego, la idea de la frescura del pozo se extendió sobre mi alma como un bálsamo. Corrí hacia aquel brocal de muerte. Clavé mi mirada en el fondo. El resplandor de la enrojecida bóveda iluminaba hasta la última oquedad. Y sin embargo, durante un feroz instante, mi espíritu se rehusó a comprender el significado de lo que veía. Al final, aquello se abrió paso, penetró a la fuerza en mi alma, y se grabó a fuego en mi razón estremecida. . . ¡Oh! ¡Si tuviera voz, y pudiera hablar! ¡Oh, horror! ¡Oh, cualquier horror, menos ése! Dando un grito me aparté del brocal y hundí el rostro entre mis manos, sollozando amargamente.

El calor aumentaba de prisa y una vez más miré hacia arriba, temblando como si tuviera fiebre. Había ocurrido un segundo cambio en la celda, y ahora, ese cambio afectaba evidentemente *su forma*. Igual que la primera vez, lo que intenté, al principio, fue captar, entender lo que pasaba. Pero no me dejaron en duda por mucho tiempo. La venganza de la Inquisición se presentaba veloz; sobre todo, después de lograr salvarme dos veces, por lo visto no debía retrasar más el enfrentar al Rey de los Terrores. Aquella habitación *había sido* cuadrada. Me di cuenta de que dos de sus ángulos de hierro eran ahora agudos y, consecuentemente, los otros dos, obtusos. Esa terrible diferencia se acentuaba rápidamente, con un grave retumbar; con un rugido sordo. En un instante más, la celda había cambiado de forma para convertirse en rombo. Pero no paró ahí la transformación; y francamente, yo ya no esperaba —ni deseaba— que se detuviera. Podría haber envuelto mi pecho con aquellos muros calentados al rojo, como si lo cubriera con un sudario de paz eterna. "¡La muerte —me decía—; no importa cuál, menos la del pozo!"

¡Insensato! ¿No pude comprender acaso que *dentro del pozo* aguardaba la razón de ser de los muros calentados al rojo? ¿Podría resistir su ardor? Y, suponiendo que lo lograra, ¿podría resistir su presión, antes de que me aplastaran? Y ahora, el rombo se adelgazaba, se estrechaba más y más, con una rapidez que no me daba tiempo ni para pensar. Su centro, en la parte más ancha, coincidía exactamente con el abismo abierto. Traté de retroceder, pero los muros que se cerraban me impelían irresistiblemente hacia él. Llegó finalmente un momento en que mi cuerpo, que se retorcía y se abrasaba, no encontró ya sitio ni siquiera para pisar el suelo firme de la prisión. Dejé de luchar, pero la agonía de mi espíritu encontró aún fuerzas para emitir un terrible, prolongado y último alarido de desesperación. Sentí que trastabillaba sobre el brocal y preferí no mirar hacia abajo. . .

¡De pronto, un discordante resonar de voces humanas! ¡Le siguió una tempestad de trompetas! ¡Un poderoso rugido, como de mil truenos! Los muros de fuego retrocedieron de prisa. Un brazo extendido sujetó el mío, en el instante mismo en que caía, desfallecido, sobre el pavoroso abismo. Era el brazo del general Lasalle. El ejército francés acababa de entrar a Toledo. La Inquisición había caído en manos de sus enemigos.

de Oscuridad al mediodía

obra teatral de Sidney Kingsley basada en la novela de Arthur Koestler

Rubashov, el protagonista, había sido un líder importante del Partido Comunista durante la Revolución Rusa. En 1937, cuando tiene lugar esta obra, se encuentra en la cárcel, acusado de ser un contra-revolucionario y falsamente acusado de crímenes que en realidad nunca ha cometido. En el tercer acto, Gletkin, el guardia de la cárcel, amenaza a Rubashov con ejecutarlo para que confiese. Los males de la Revolución Francesa —cárceles, injusticia, terror y ejecuciones— viven en la historia de otra revolución.

ACTO III

Hora. *Veinte horas más tarde.*

Escena. Rubashov *está sentado en el catre en su celda, escribiendo, sin zapatos. Se oye un golpeteo constante desde la celda contigua, a medida que se levanta el telón.* Rubashov *finalmente responde. Se ilumina la celda* 402.

402 (*golpea*). He intentado hablar con usted durante todo el día. Por qué no respondió.

Rubashov (*golpea*). He estado ocupado.

402 (*golpea*). ¿Haciendo qué?

Rubashov (*golpea*). Escribiendo.

402 (*golpea*). ¿Qué?

Rubashov (*golpea*). Una nueva teoría.

402 (*golpea*). ¿Sobre qué?

Rubashov (*sonriendo irónicamente, golpea*). Sobre la inmadurez de las masas. La necesidad de las dictaduras desde el punto de vista histórico.

402 (*golpea*). ¡Repita!

Rubashov (*golpea*). Olvídelo.

402 (*golpea*). ¿Qué ha sucedido?

Rubashov (*golpea*). Estoy esperando noticias del piso de arriba.

402 (*golpea*). ¿Por qué?

Rubashov (*golpea*). Voy a confesar.

402 (*golpea*). Yo antes me cuelgo.

Rubashov (*sonríe; golpea*). Cada cual a su manera.

402 (*golpea lentamente*). Creí que usted era una excepción. ¿No tiene sentido del honor?

Rubashov (*golpea*). Tenemos distintos conceptos de lo que es el honor.

402 (*golpea*). El honor es vivir y morir por los ideales de uno.

Rubashov (*golpea*). Yo estoy viviendo por los míos.

402 (*golpea más fuerte y agudamente*). El honor es tener decencia.

Rubashov (*golpea lentamente, con calma*). ¿Qué es la decencia?

402 (*golpea, muy emocionado*). Algo que la gente como usted nunca comprenderá.

Rubashov (*golpea*). Hemos reemplazado la decencia por la razón.

402 (*golpea*). ¿Qué razón?

Rubashov (*golpea*). La razón pura.

402 (*golpea*). Usted es un puro mercenario.

Rubashov (*golpea*). No me impresionan las alabanzas.

402 (*golpea*). No volveré a hablarle jamás.

(*Un ruido de llaves interrumpe la escena. Se encienden las luces en la celda de* Rubashov *y se abre la puerta de par en par. Entra un gigante uniformado con un revólver a la cintura, etc. Es el* Guardia.)

Guardia. ¡Póngase los zapatos!

Rubashov (*cruza hasta el catre; se pone los zapatos*). ¡Bueno! ¡Ya era hora! He estado esperando al comisario Ivanoff.

Guardia. ¡Póngase los zapatos!, y venga conmigo.

Rubashov. Podría haber sido más considerado al escoger la hora. Supongo que ustedes, los hombres de Neandertal, sólo salen después de medianoche, ¿eh?

Guardia. No hable tanto. Póngase los zapatos y apúrese.

Rubashov (*mira al* Guardia *y sonríe para sus adentros*). ¡Brutos! ¡Brutos! Pero de nada nos servirían si no lo fueran, ¿no?

(*Salen,* Rubashov *primero, seguido por el* Guardia.)

402 (*va al atisbadero de la puerta*). ¡Vendido! (*Golpea.*) ¡Rubashov es un cobarde!

302 (*golpea*). Se equivoca. Es valiente. Mi padre me lo dijo.

402 (*golpea*). Su padre está equivocado. . .

302 (*golpea*). ¿Qué hizo?

402 (*golpea*). Se está salvando el pellejo. Va a confesar. Recién lo llevaron al piso de arriba.

302 (*golpea*). ¡Dios mío! Rece por mí.

402 (*golpea*). ¿Por usted?

302 (*golpea*). Sí, por mí. (*Cruza y golpea en la pared de enfrente.*) Rubashov confiesa. Pásala.

202 (*gime, cruza a la pared de enfrente, golpea*). Rubashov confiesa. Pásala.

(*Crece el murmullo y el golpeteo. "Rubashov confiesa". Se encienden las luces en la oficina de* Ivanoff *cuando* Rubashov *entra con el* Guardia *por la derecha. Una luz más intensa está dispuesta para enceguecer a* Rubashov. *Hay un hombre sentado en el escritorio, de espaldas al público y a* Rubashov. *Arriba del escritorio, está sentada la* Secretaria, *una mujer joven, de espaldas a la habitación. Está afilando sus lápices. El hombre se da vuelta. ¡Es* Gletkin! Rubashov, *que había comenzado a sonreírse, queda paralizado. Con un gesto,* Gletkin *le indica al* Guardia *que se retire.*)

Gletkin. ¡Cierre la puerta!

(*El* Guardia *sale por la derecha. Enciende la encandiladora luz que cuelga del contrafuerte.* Rubashov *mira a su alrededor, observa a la* Secretaria *de espaldas a la habitación, frunce el ceño, se vuelve para escudriñar a* Gletkin, *que mantiene su rostro libre de toda expresión y levanta su declaración.*)

Procedamos con su caso. ¿Desea confesar todo?

Rubashov (*se frota los ojos*). Sí. Al comisario Ivanoff. No a usted.

Gletkin. Confesará ante mí, aquí y ahora, o se cierra el caso. ¡Y será sentenciado de inmediato! Ésas son las órdenes que recibí de arriba.

(Rubashov *frunce el ceño; mira a su alrededor. Se pone sus quevedos y busca la mirada de* Gletkin, *pero la fuerte luz lo enceguece. Se quita los quevedos.*)

Ésas son sus opciones. ¿Qué decide?

Rubashov. Estoy listo para declarar.

Gletkin. Tome asiento aquí.

Rubashov (*golpea*). Pero sólo con una condición: ¡que apague esa luz encandiladora! Guarde esas cosas para los delincuentes.

Gletkin (*con calma*). Usted no está en condiciones de exigir nada. De hecho, se le acusa de pertenecer a la peor clase de delincuentes.

Rubashov (*se enoja mucho, pero se contiene; vuelve el rostro, aunque con los ojos cerrados, hacia* Gletkin). ¿Exactamente de qué se me acusa? Sírvase leérmelo, por favor. Nadie lo ha hecho hasta el momento.

Gletkin. De acuerdo. ¡Siéntese aquí! (Rubashov *se sienta a la derecha del escritorio.* Gletkin *lee el informe oficial.*) "Enemigo del pueblo, Nicolai Semonovitch Rubashov, se le acusa de haber cometido actos en contra de la revolución, bajo la paga de hostiles gobiernos extranjeros; de haber cometido, instigado por sus agentes, actos de traición, de destrucción, de modo de causar escasez de bienes, socavando el poderío militar de la U.R.S.S. También se le acusa de haber instigado a un cómplice a que atentara contra la vida del Líder del Partido. Por lo cual, se le acusa de los delitos que contemplan los artículos 58-1A; 58-2; 58-7; 58-9 y 58-11 del Código Penal". (*Coloca el informe sobre el escritorio.*) ¿Escuchó de qué se le acusa? ¿Se declara culpable?

Rubashov. Me declaro culpable de estar reñido con la necesidad histórica. Me declaro culpable de sentimentalismo burgués. Me declaro culpable de haber deseado un alivio inmediato al Terror, una prolongación de la libertad de las masas. (*Mira a la* Secretaria, *que toma nota de esto con una sonrisa irónica.*) Ella se sonríe. No sea cínica, joven. Ahora finalmente me doy cuenta de que el régimen está en lo acertado y yo no. Nuestros tiempos exigen un recrudecimiento de la dictadura; cualquier aberración sentimental en el momento histórico actual podría resultar suicida. (*Coloca los papeles sobre el escritorio, hace una pausa y mira a la* Secretaria.) En este sentido, puede tacharme de contrarrevolucionario, pero sólo en este sentido. En cuanto a la disparatada acusación, no tengo nada que ver. La deniego de manera categórica.

Gletkin. ¿Ha terminado?

Rubashov. Niego que yo, Rubashov, haya jamás conspirado contra mi país. Niego trabajar bajo la paga de un gobierno extranjero. Niego todo acto de sabotaje. Niego haber jamás participado incluso mínimamente en algún acto de terrorismo contra el Líder del Partido. (*Dirigiéndose a la* Secretaria.) ¿Lo ha anotado todo, joven?

Gletkin. ¿Ha terminado?

Rubashov. Sí, he terminado.

Gletkin. Límpiese la boca entonces. Límpiese esa boca, que escupe mentiras. ¡Mentiras! ¡Mentiras!

¡Vómito! (*Se levanta. Toma los papeles y los arruga. Se los tira en la cara a* Rubashov.) Lo que acaba de decir es puro vómito. Suficiente de nobleza. Suficiente de fingir. Suficiente de fanfarronearse. ¡Lo que exigimos de usted no son palabras altisonantes, sino que confiese todos los crímenes que cometió!

Rubashov. No puedo confesar crímenes que no he cometido.

Gletkin. Oh, no, eso sí que no puede. (*Llama.*) ¡Guardia! (302 *y el* Guardia *entran por la derecha.*) Acérquese. (302 *se mueve hacia la izquierda.* Gletkin *rodea del escritorio para quedar a la derecha de* Rubashov. *El* Guardia *sale por la derecha.*) ¿Conoce a este individuo? ¡Hágame el favor de prestar atención! ¿Conoce a este individuo?

Rubashov. Me da la luz en los ojos. No puedo. . .

Gletkin. ¡Póngase de pie! ¡Póngase de pie! (Rubashov *se levanta.*) ¡Párese allí! ¿Lo reconoce ahora?

Rubashov. No.

Gletkin. ¿Jamás lo ha visto en su vida?

Rubashov (*duda*). Mm. . . No. . .

Gletkin. ¿Por qué dudó?

Rubashov (*examina el rostro*). No lo ubico.

Gletkin. Su memoria llegó a ser proverbial en el Partido. (*Se acerca a* Rubashov. *Larga pausa.*) ¿Se niega a responder?

Rubashov. No me niego a responder. Es que, simplemente, no lo ubico.

Gletkin. Bien. Tome asiento. (Rubashov *se sienta. Se vuelve hacia* 302.) Refresque la memoria al ciudadano Rubashov. ¿Dónde se vieron por última vez?

302. El ciudadano Rubashov me instigó a envenenar al Líder del Partido. . .

Gletkin (*molesto*). No le pregunté eso. Le pregunté dónde se vieron por última vez.

Rubashov. ¿El botón equivocado?

Gletkin. ¿Cómo?

Rubashov. El órgano automático tocó la melodía equivocada.

Gletkin (*se sienta*). Le advierto. Recuerde dónde está. No nos interesa, por así llamarlo, su ingenio. (*Mira a 302 y asiente.*)

302. Conocí al ciudadano Rubashov en Bruselas.

Gletkin. ¿Recuerda la fecha?

302. Claramente. Era el decimoséptimo aniversario de la Revolución. En su apartamento.

Rubashov (*después de estudiar a 302*). Sí, claro. La fecha es acertada. No había reconocido a Joseph Kieffer. (*A Gletkin.*) ¡Felicitaciones!

Gletkin. ¿Entonces admite que lo conocía? ¿Lo vio en el día y en las circunstancias antes mencionadas?

Rubashov. Se lo acabo de decir. Si me hubiera informado de entrada que se trataba del hijo de mi desafortunado amigo, el profesor Kieffer, lo hubiera reconocido antes.

Gletkin (*se vuelve hacia 302*). ¿A raíz de qué tuvo lugar dicha reunión?

302. Después de la recepción en la Legación, mi padre me llevó al apartamento del ciudadano Rubashov.

Gletkin. Continúe.

302. Hacía años que él y mi padre no se veían. Hablaron acerca de los inicios de la Revolución.

Gletkin. ¿Estaban bebiendo?

302. Sí. Bebían y hablaban. Nunca volví a ver a mi padre de tan buen humor en los últimos años.

Gletkin. ¡Eso sucedió tres meses antes de que se descubrieran los crímenes que su padre cometió contra la Revolución y que fuera ejecutado!

(302 *se pasa la lengua por los labios y permanece en silencio.* Rubashov *se vuelve hacia* Gletkin *repentinamente, pero al quedar enceguecido por la luz, cierra los ojos y se vuelve lentamente, frotando sus anteojos en su manga. El lápiz de la* Secretaria *raspea sobre el papel y se detiene. Se hace una pausa.*)

302. Sí.

Gletkin. ¡Continúe! Repita la conversación. Sólo lo esencial.

302 (*cruza las manos detrás de la espalda*). Dijo. . .

Gletkin. ¿Rubashov?

302. Sí. Rubashov dijo que dado que el Jefe se sentaba sobre el Partido con su ancho trasero, ya no se podía respirar debajo. Dijo que debían de aguantarse y esperar a que llegara la hora.

Gletkin. ¿Qué quiso decir con "que llegara la hora"?

302. La hora en que el Líder sería eliminado.

(Rubashov *se sonríe.*)

Gletkin. Estos recuerdos parecen divertirle.

Rubashov. Dos viejos amigos se emborrachan un poco, hablan sin prestar demasiada atención a lo que dicen, y usted se imagina una conspiración.

Gletkin (*arreglándose un puño*). Entonces, Rubashov habló de la hora en que el Líder del Partido sería eliminado. ¿Cómo sería eliminado?

302. Mi padre dijo que algún día el Partido le obligaría a dimitir.

Gletkin. ¿Y Rubashov?

302. Se rió. Dijo que el Jefe había convertido a los burócratas del Partido en sus marionetas. Dijo que sólo se podía quitar al Jefe de su puesto por la fuerza.

Rubashov. Con esto quise decir acción política.

Gletkin. ¿En oposición a qué?

Rubashov. Terrorismo individual.

Gletkin. En otras palabras, ¿consideraba mejor una guerra civil?

Rubashov. No, la acción de las masas.

Gletkin. Que lleva a la guerra civil. ¿Es esa la distinción que le parece tan válida?

Rubashov. Oiga, ¡no puedo pensar con claridad con esa maldita luz en los ojos!

Gletkin. No puedo cambiar la iluminación de la habitación para complacerle. (*Dirigiéndose a 302.*) Entonces, ¿Rubashov dijo que tenían que usar violencia? (*302 asiente.*) ¿Y sus palabras, más el alcohol que le había hecho beber, le enardecieron?

302 (*después de una pausa*). Yo no bebí, pero, sí, Rubashov me causó una profunda impresión.

Gletkin. ¿Y más adelante esa misma noche trazó su plan para que usted asesinara al Líder? (*302 permanece en silencio. Pestañea frente a la luz. Rubashov* *alza la cabeza. Una pausa, durante la cual sólo se oye el zumbido de la lámpara.*) ¿Desearía que le refrescaran la memoria?

302 (*tiembla, como si lo hubieran azotado con un látigo*). No sucedió esa noche, sino a la mañana siguiente.

Rubashov (a Gletkin). Según tengo entendido, ¿el acusado tiene derecho a hacer preguntas?

Gletkin. Usted no tiene ningún derecho aquí, pero haga sus preguntas.

Rubashov (*se alza y camina hacia* 302). Ahora bien, Joseph, si recuerdo bien, su padre recibió la Orden de Lenin al día siguiente de la celebración del decimoséptimo aniversario de la Revolución.

302. Sí.

Rubashov. Entonces estoy en lo cierto. Y si nuevamente recuerdo bien, Joseph, usted se encontraba con él cuando la recibió. (302 *asiente.*) Y, según recuerdo, la Orden fue presentada en Moscú. ¿No es cierto, Joseph? (302 *asiente.* Rubashov *hace una pausa y se vuelve hacia* Gletkin.) El profesor Kieffer tomó un avión a medianoche y el joven Kieffer lo acompañó. La supuesta instigación a cometer el asesinato nunca tuvo lugar, porque en el supuesto momento el joven Kieffer estaba a cientos de millas de distancia, en lo alto, entre las nubes.

(*El lápiz de la* Secretaria *se detiene repentinamente. Vuelve su rostro hacia* Gletkin. 302 *también se vuelve hacia* Gletkin, *pasándose la lengua por los labios, con una expresión de miedo y estupefacción en los ojos.* Rubashov *cruza el escenario y vuelve a su silla.*)

Gletkin. ¿Tiene alguna otra pregunta?

Rubashov. Eso es todo por el momento. (*Se sienta.*)

Gletkin (*con calma*). Ahora bien, Joseph. (*Se levanta y cruza el escenario hacia* 302). ¿Fue de viaje con su padre? ¿O en realidad lo alcanzó más tarde después de su encuentro con Rubashov?

302 (*su voz denuncia una especie de alivio*). ¡Más tarde! Me. . . me encontré con mi padre después.

Gletkin. ¿A tiempo como para acompañarlo en la presentación?

302. Sí

Gletkin (*asiente y se vuelve hacia* Rubashov). ¿Tiene alguna otra pregunta?

Rubashov (*sacude la cabeza*). No.

Gletkin (*se vuelve hacia* 302). Puede retirarse.

302. Gracias.

Gletkin. ¡Guardia!

(*El* Guardia *entra por la derecha y se lleva a* 302. *En la puerta,* 302 *se vuelve una vez más y mira a* Rubashov. Rubashov *lo mira y después desvía la mirada.* 302 *sale.*)

Rubashov (*a* Gletkin). ¡Pobre diablo! ¿Qué le han hecho?

Gletkin. ¡Lo mismo que le podemos hacer a usted!

(*Le gruñe a* Rubashov; *se le retuerce el rostro con una expresión terrible, amenazadora.*) Tenemos muchas maneras de hacer que alguien diga la verdad. (*Se dirige apresuradamente hacia* Rubashov, *lo toma y lo levanta.*)

Rubashov. Muy bien. ¿Qué es lo que quiere que firme? Si me tortura, firmaré cualquier cosa que ponga frente a mí. De inmediato diré cualquier cosa que usted desee que diga. Pero mañana me retractaré. En el juicio público me pondré de pie frente a la sala y gritaré al mundo para que me oiga: "Están ahogando la

Revolución en un mar de sangre. Se han alzado los tiranos sobre nuestros cadáveres". Se ha puesto bastante pálido. Sería el fin de su carrera, ¿no?, si yo hiciera eso. Usted me tiene por el cuello, joven, pero yo también le tengo por el cuello a usted. ¡No se olvide!

Gletkin. ¿Por qué hace de esto una cuestión tan personal?

Rubashov. La muerte, aun debido a una causa impersonal, es un asunto personal. La muerte, y también los ascensos. (*Toma asiento.*)

Gletkin (*cruza el escenario hacia la izquierda, se da vuelta*). Estoy aquí con el único fin de servir al Partido. No soy nadie. En este caso, el elemento personal ha sido eliminado junto con su amigo Ivanoff. . . (*Vuelve a cruzar el escenario y toma asiento.*)

Rubashov. ¿Eliminado?

Gletkin. No habrá confesiones parciales; no habrá negociaciones. No le prometemos nada.

Rubashov. ¿Eliminado? ¿Qué le sucedió a Ivanoff?

Gletkin. El Enemigo del Pueblo Ivanoff fue ejecutado temprano esta mañana.

Rubashov. Ya veo. ¿Por qué? ¿Fue por mi causa?

Gletkin. Quizá.

Rubashov. Quizá él creyó que yo era inocente.

Gletkin. Entonces no debería haberse hecho cargo de su caso. . .

Rubashov (*murmura*). Vaya, Sasha, vaya en paz. . .

Gletkin. Era corrupto, como muchos de su vieja guardia, y su actividad en contra de la Revolución en su caso. . .

Rubashov (*se levanta*). ¿En contra de la Revolución? ¡Estúpido joven! ¿Qué diablos sabe usted de la Revolución y de la vieja guardia? ¡Usted llevaba pañales cuando trabajábamos y luchábamos y estudiábamos y escribíamos una sola cosa: la Revolución! Vivimos durante doce años en la clandestinidad y probamos todas las cárceles de Europa. Conocimos la pobreza y la persecución, pero a cada segundo soñamos y construimos la Revolución con nuestra sangre y nuestros huesos; ¿y ahora tiene el coraje de sentarse allí y escupir a éstos, los héroes de su infancia? ¿Ha perdido la razón? ¿De veras cree que de repente nos hemos vuelto sobornables y corruptos?

Gletkin (*se levanta*). ¡Silencio! ¡Usted, despreciable, asqueroso anciano! Usted no hizo la Revolución: la Revolución lo hizo a usted. Ustedes, aventureros, se dejaron llevar por la corriente, la escoria del alzamiento popular. Pero no se equivoque, nuestro Líder sabía la verdad. Nunca lograron engañarlo. Los usó a ustedes, porque tenía que usar lo que se encontrara a mano. Pero sabía que ustedes eran defectuosos. Es por eso que nuestro Líder se ha tomado tanto trabajo con nosotros. Hemos aprendido a reconocer sus defectos, al igual que con la basura, por su olor. Ustedes fueron necesarios durante algún tiempo, al igual que los intelectuales y administradores después de la Revolución. ¡Pero una nueva generación está al mando ahora y sus días han terminado! ¿Entiende? ¡No habrá compromisos! ¡A usted no le ofrecemos nada! ¡Usted va a morir! La única pregunta es si usted morirá siendo inútil o si confesará y prestará así un último favor al Partido. Pero morir, morirá. ¿Entiende?

Rubashov. Entiendo. . .

Gletkin. Entonces, basta de arrogancia. ¡Guardia! (*Llama al* Guardia *hacia la derecha. Entra el* Guardia.) ¡El próximo testigo!

(*Las luces se encienden lentamente en las celdas. Se oye una trompeta. Vemos a* 402 *y al fantasmagórico* 302. 302 *golpea para dirigirse a* 402.)

302 (*golpea*). ¿Volvió Rubashov?

402 (*golpea*). No.

302 (*golpea*). ¿Cuánto tiempo hace?

402 (*golpea*). Lo tienen arriba. Ya debe hacer diez horas.

302 (*golpea*). Me pregunto si lo estarán torturando ahora.

402 (*golpea*). ¿Por qué lo harían? Confesó. . .

302 (*golpea*). Quieren más que eso de él.

402 (*golpea*). ¿Qué más hay?

302 (*golpea*). Hay más. Espero que haya entendido. Creo que sí. Lo miré a los ojos antes de irme. Pareció entender. Mi padre hablaba tan bien de él. . . ¡Ay, mi padre, mi padre!

402 (*golpea*). Coma su cena.

(*Las luces que titilan se vuelven a encender en la oficina de* Gletkin. *Diez horas de despiadado interrogatorio han dejado exhaustos a ambos hombres. El* Guardia, *con los ojos enrojecidos, empapado en sudor, el rostro morado, continúa interrogando a* Rubashov, *quien parece veinte años más viejo. Al borde de desvanecerse de cansancio, con el rostro pálido como los fantasmas que lo atormentan,* Rubashov *emplea cada gramo de fuerza de voluntad para obligarse a permanecer despierto y resistir la embestida fanática del* Guardia. *Un* secretario, *que ha reemplazado a la otra* secretaria, *también está pálido de cansancio, con el pelo desaliñado.*)

Guardia (*detrás de* Rubashov, *que está sentado*). ¿Es cierto? ¡Conteste sí o no!

Rubashov. No puedo. . .

Guardia. ¡Sí o no!

Rubashov. En parte. . .

Guardia (*con dureza*). ¡Sí o no! ¡Sí o no!

Rubashov. Sí. . . Sí.

Guardia (*cruza el escenario desde atrás del escritorio hacia la izquierda*). Sí. Bien. Y ahora volvamos al episodio Kieffer. Admite haber mantenido esta conversación con el profesor Kieffer. (*Pausa*) ¡Preste atención!

Rubashov. ¿Qué?

Guardia. ¿No se siente bien?

Rubashov. Estoy bien.

Guardia. ¿Quiere que llame al médico?

Rubashov. No.

Guardia. ¡De pie! (Rubashov *se pone de pie.*) ¡Firme! ¡La cabeza hacia arriba! Las manos a los lados. . . ¡Atención! (Rubashov *obedece. El* Guardia *toma asiento.*) Quizá esto lo mantenga despierto. ¿Admite haber tenido esta conversación? ¡Sí o no!

Rubashov. Varias veces conversamos. . .

Guardia (*rápidamente*). No le pregunté si conversó alguna vez; le pregunté sobre esta conversación en particular. Sí o no.

Rubashov. Según la filosofía de Hegel, a cada sí corresponde un no y a cada no corresponde un sí.

Guardia (*fuertemente*). Usted no está aquí como filósofo, sino como criminal. Mejor no hable de la filosofía de Hegel. Sería mejor, en primer lugar, para Hegel. ¿Admite haber tenido esta conversación? Sí o no.

Rubashov. Sí.

(*La* secretaria *y* Gletkin *entran por la derecha.* Gletkin *lleva dos libros abiertos.*)

Guardia. Sí. Bien.

Rubashov. Pero niego las conclusiones que usted saca.

Gletkin. ¿Eso significa que admite todo menos las consecuencias lógicas de lo que admite?

Guardia. ¡Basta con esta cruda mentira!

Rubashov. Yo no estoy mintiendo, joven.

Gletkin. Ha estado aquí durante diez horas, envenenando el ambiente con tácticas jesuitas. ¿Qué espera conseguir de esta manera?

Rubashov. ¿Conseguir? Nada.

(*El* secretario *se pone de pie, cruza el escenario hacia la derecha. La* secretaria *toma asiento.*)

Gletkin. ¡Entonces admita los crímenes que cometió y ponga fin a esto!

(*Cruza hasta el centro; toma dos libros más de la estantería.*)

Rubashov. ¿Admitir crímenes que no he cometido? Hasta a Danton le fue permitido defenderse en la Revolución Francesa.

Guardia (*se levanta, cruza hacia la derecha y vuelve al escritorio*). ¿Y qué pasó con la Revolución Francesa?

Gletkin (*cruza, se sienta en el escritorio, rápidamente*). Coletas empolvadas que declamaban acerca de su honor personal. Todo lo que le preocupaba a Danton y Compañía era terminar sus vidas con el canto del cisne. ¿Es eso lo que quiere?

(*El* Guardia *y el* secretario *salen por la derecha.*)

Rubashov. Estoy seguro de que no quiero aullar por la noche como un lobo.

Gletkin. Si ayuda o no a la Causa, ¿eso no importa?

Rubashov. Mi vida entera no tiene más que un solo propósito: servir a la Causa.

Gletkin. Sólo existe una manera de hacerlo en este momento. Una confesión de todo en un tribunal público. Una confesión voluntaria de todos estos crímenes.

Rubashov. Me he admitido culpable de una política falsa y dañina. ¿No es eso suficiente?

Gletkin. Nuestro país es hoy en día el bastión de una nueva era. Todo depende de que mantengamos el bastión intacto, manteniendo el país sólidamente unido.

Rubashov. ¿Cómo une al país, en qué sirve al Partido que sus miembros tengan que arrastrarse por el polvo? El nombre N. S. Rubashov es un trozo de la historia del Partido. Al arrastrarme por el barro, usted deshonra a la Revolución. Yo. . .

Gletkin. Yo. . . yo. . . me. . . me. . . (*Levanta el libro.*) ¿Reconoce este libro?

Rubashov. Sí.

Gletkin. ¿Quién lo escribió?

Rubashov. Yo lo escribí.

Gletkin (*abre el libro y lee*). Textual: "Para nuestro propósito, el individuo no existe. El yo, el me, es un concepto pequeñoburgués, el yo, ¡una ficción gramatical!"

Rubashov. Sí, estoy pagando, Richard. Pagando.

(*La secretaria se pone de pie.*)

Gletkin. ¿Por qué?

Rubashov. Por mis culpas.

Gletkin (*se pone de pie*). ¿Admite ser culpable? Ahora sí vamos a algún lado.

Rubashov. Lo que yo entiendo por culpa y lo que usted entiende por culpa son dos cosas bastante distintas.

Gletkin. Aun así, ¡usted plantó la semilla en la mente de Joseph Kieffer!

Rubashov. Sí.

Gletkin. ¡Era joven! ¡Susceptible!

Rubashov. Sí.

Gletkin. "Eliminar al Líder", dijo. ¿Correcto?

Rubashov. Sí.

Gletkin. Entonces, desde un punto de vista objetivo, usted es verdaderamente culpable.

Rubashov. Quizá lo sea. . .

(*La secretaria toma asiento.*)

Gletkin (*levanta un libro*). ¿Reconoce este libro?

Rubashov. Sí.

Gletkin. ¿Quién lo escribió?

Rubashov. Yo lo escribí.

Gletkin (*abre el libro y lee*). "Para nosotros, el resultado objetivo lo es todo. La buena fe desde el punto de vista objetivo es irrelevante. ¡Los que se equivoquen pagarán!" ¿Usted escribió esto?

Rubashov. Sí.

Gletkin. Bueno, está equivocado.

Rubashov. Sí.

Gletkin. Y pagará.

Rubashov. Estoy pagando. . .

Gletkin. ¡Con su vida. . .!

Rubashov. Mi vida ha sido el Partido. Mi vida no valdría nada, a menos que pudiera seguir trabajando para él.

Gletkin. ¡Siéntese! (Rubashov *obedece*. Gletkin *toma asiento.*) Existe sólo una manera en que puede servir al Partido ahora. Como ejemplo para las masas. "Para las masas, se debe exaltar lo correcto, pero debe aparecer negro como la brea aquello que está mal". ¿Usted escribió esto?

Rubashov. Sí.

Gletkin. Aun si le permitiéramos seguir viviendo, como usted bien dice, ¿para qué viviría?

Rubashov. Para nada. Sería un hombre sin patria, como el pequeño Luigi.

Gletkin. ¿Como quién?

Rubashov (*sacude la cabeza*). Olvídelo. . .

Gletkin. ¿Admite ser culpable?

Rubashov. De pensamiento. . .

Gletkin. ¿De pensamiento? (*Levanta un libro.*) ¿Y esto?

Rubashov. Sí, mío también.

Gletkin (*abre el libro y lee*). "Las consecuencias de nuestros pensamientos se sentirán hasta la séptima generación. Por lo cual, un mal pensamiento nuestro es más criminal que una mala acción de otros". ¿Usted escribió esto?

Rubashov. Sí. Yo lo escribí.

Gletkin. Entonces, cuando usted sostiene que no es culpable, ¿no está usted razonando de manera mecánica, ciudadano Rubashov? (Rubashov *se ríe amargamente.*) ¿De qué se ríe?

Rubashov. ¿Me estaba riendo?

Gletkin. Sí.

Rubashov. No me di cuenta.

Gletkin. ¿A menudo hace cosas sin darse cuenta?

Rubashov. No, no demasiado a menudo.

Gletkin. Estos actos de sabotaje, por ejemplo. . .

Rubashov. Los niego.

Gletkin. Quizá los cometió sin darse cuenta.

Rubashov. No los cometí en absoluto.

Gletkin. Esas fábricas tuvieron grandes pérdidas.

Rubashov. Sí.

Gletkin. ¿Lo admite?

Rubashov. Sí.

Gletkin. El sabotaje es un arma de la lucha de clases.

Rubashov. Sí. Pero yo no lo usé.

Gletkin. Usted ha defendido su uso una y otra vez.

Rubashov. Sí, pero no lo usé en este caso.

Gletkin. ¿No? (*Pausa. Busca entre los papeles.*) El caso de la mujer llamada Luba Loshenko. Era su secretaria. ¿Correcto?

Rubashov. Sí. . .

Gletkin. Y usted estaba enamorado de ella. (*Rubashov se endereza.*) ¿Correcto? (*Silencio.*) ¿Le doy las fechas? ¿El lugar? ¿Las conversaciones? Tengo todo aquí. . .

Rubashov (*casi imperceptible*). Sí. . . estaba. . .

Gletkin. ¡Hable más fuerte!

Rubashov. Sí. Admito haber tenido una relación con ella.

Gletkin. ¿Lo admite?

Rubashov. Dije que sí.

Gletkin. Fue enjuiciada y fusilada por sabotaje, ¿correcto?

Rubashov. Era inocente.

Gletkin. ¿Inocente? (*Se levanta, emocionado.*)

Rubashov (*su reacción indica que es algo que le afecta profundamente*). Sí.

Gletkin. No tenía móviles políticos. ¿Es eso lo que quiere decir?

Rubashov. Exactamente.

Gletkin. Exactamente. Sin embargo, ella era una joven común y corriente locamente enamorada, ciegamente, estúpidamente, la esclava y la herramienta de un hombre que, por el contrario, sí tenía móviles políticos: ¡usted!

Rubashov. ¿Qué móviles?

Gletkin. Usted odiaba la Revolución, y le enseñó a ella a odiarnos.

Rubashov. Eso no es cierto. Ella era inocente.

Gletkin. ¿Inocente? ¿Por qué no lo dijo en ese momento?

Rubashov. Usted lo sabe tan bien como yo: no había nada que yo pudiera hacer para salvarla.

Gletkin. ¿Entonces no hizo nada?

Rubashov. Nada.

Gletkin. Permaneció en silencio.

Rubashov. Permanecí en silencio.

Gletkin. ¡Para salvar su propio pellejo!

Rubashov. Para continuar trabajando. . .

Gletkin. Sin pellejo, uno no puede trabajar, por lo tanto, para salvar su propio pellejo. Y ese silencio suyo fue finalmente responsable de su ejecución. ¿Correcto?

Rubashov. Así me informaron.

Gletkin. Para su información, yo fui uno de los que la interrogaron.

Rubashov. ¿Usted. . .?

Gletkin (*hojea la transcripción*). Sí. Aquí tengo una transcripción del interrogatorio. Me pareció que quizá le interesaría. Noveno día. Décimo día. Sí, aquí está. Esta mujer Loshenko era sorprendente. Estos seres delgados y delicados a veces verdaderamente se mantienen firmes. ¡Escuche! (*Lee.*) "Interrogador: ¿Bajo órdenes de quién? Loshenko: De nadie. . . ."

Luba (*se materializa; está parada detrás del lienzo de la pared de la celda de* Rubashov). De nadie. Ya le he dicho un centenar de veces que no recibí órdenes.

Gletkin. Deje de mentir.

Luba. Diga lo que diga, usted no me creerá. ¡Dios mío! Estoy tan cansada. . . tan cansada.

Gletkin. Quiero saber la verdad.

Luba. Ya le he dicho la verdad, una y otra y otra y otra y otra vez. Estoy tan cansada. . . no puedo. . .

Gletkin. ¿Quién le dio las instrucciones?

Luba. Nadie.

Gletkin. Cometió sabotaje sin recibir instrucciones.

Luba. No, no, no; está tergiversando mis palabras. . .

Gletkin. Eso es lo que usted dijo.

Luba. No dije eso. Dije que no hice esas cosas y que nadie me pidió que las hiciera. . .

Gletkin. Tenemos todas las pruebas.

Luba. ¿Qué está tratando de hacerme decir?

Gletkin. Deje de encubrir a Rubashov.

Luba. No estoy encubriendo a nadie.

Gletkin. Está encubriendo a Rubashov.

Luba. Un hombre como él no necesita que nadie lo encubra. Un hombre como él. . .

Gletkin. Usted estaba enamorada de él, ¿no?

Luba. Lo amé.

Gletkin. Hubiera hecho cualquier cosa que él le pidiera.

Luba. No me hubiera pedido que cometiera un crimen.

Gletkin. ¡Idiota! Ese hombre la usó.

Luba. No. . .

Gletkin. La hizo pasar por tonta.

Luba. No.

Gletkin. Y ahora que lo necesita, ¿dónde está, dónde está?

Luba. Oh Dios. Dios, ¡haz que me dejen en paz!

Gletkin. ¡Dios está muerto, Luba Loshenko! Dios está muerto.

Luba. ¿Qué quiere de mí?

Gletkin. Rubashov la está responsabilizando de sus culpas.

Luba. No lo está haciendo.

Gletkin. ¡Piense con la cabeza! Se negó a declarar a favor de usted.

Luba. No lo creo.

Gletkin. ¡Aquí están las pruebas! ¡Mire! ¡Mire!

Luba. No quiero mirar.

Gletkin. Se le pidió que diera testimonio y se negó a hacerlo.

Luba. No lo creo. No le creo a usted, no le creo. . .

Rubashov. No tuve más remedio, Luba. ¿No lo ves? No tuve más remedio. No podría haberte salvado. Fue sólo una trampa para destruir mi utilidad. Lo intenté; me dirigí a todos lados, a mis amigos, en puestos altos. Dijeron: "No, no hay nada que se pueda hacer".

Gletkin. ¡Sálvese a usted misma! ¡Es su última oportunidad, Luba Loshenko! Admita haber cometido estos actos de sabotaje.

Luba. No puedo admitir haber cometido algo inexistente. No hubo ningún sabotaje. Sólo existieron hombres cansados y enfermos y atemorizados. . .

Gletkin (*se golpea la mano*). ¡Estúpida mujer! (Luba *se encoge.*) ¡Muy bien! Entonces morirá ¡de un disparo en la nuca!

Luba. ¿Qué nos están haciendo? ¿Qué nos están haciendo? No somos de piedra. . . tampoco somos máquinas. Somos seres humanos. Sentimos, pensamos, vemos, soñamos; somos parte de Dios. . . ¿Por qué nos han hecho esto? Dice que Dios está muerto, pero ustedes han creado su propio Dios. A partir de las tinieblas, de la miseria, las mentiras, el dolor. . . ¿Por qué? ¿Por qué le están haciendo esto a nuestro país?

Rubashov. No se suponía que fuera de este modo.

Luba. Han transformado nuestro hermoso país en una prisión; sí, en una prisión.

Rubashov. Queríamos construir un mundo nuevo y mejor.

Luba. Han encadenado a nuestro pueblo. Le han puesto cadenas en el corazón, en el cerebro. ¿Por qué, por qué?

Rubashov. Yo mismo no lo entiendo. Nuestros principios eran correctos.

Luba. Nuestro pueblo es más desgraciado que antes de la Revolución.

Rubashov. Nosotros diagnosticamos el mal, pero donde empleamos el bisturí de la cura. . .

Luba. Nuestro pueblo está cubierto de heridas.

Rubashov. Nuestra voluntad era pura; el pueblo debería amarnos. . .

Luba. Pero los odian.

Rubashov. ¿Por qué? ¿Por qué nos odian tanto? Les descubrimos la verdad.

Luba. En boca de ustedes, todo se torna en mentira.

Rubashov. Aportamos vida viva. . .

Luba. Los árboles del bosque se marchitan.

Rubashov. Canté un canto de esperanza.

Luba. Sus lenguas tartamudean y ladran.

Rubashov. Si, sí. . . Y todas las premisas de la verdad irreprochable me acarrearon a este extraño y fantasmagórico juego final. . . ¿Por qué? ¿Por qué?

Luba. ¡Kolya, Kolya, querido! Donde sea que estés. . . (*Desaparece y sólo se oye su llanto.*) ¡Kolya! ¡Kolya!

Rubashov. ¡Luba! ¡Luba. . .! ¿Qué te he hecho? ¿Qué te he hecho? ¡Culpable, culpable, culpable! Me voy a desmayar. (*Cae al suelo.*)

Gletkin (*dirigiéndose al* secretario). Es nuestro. Traiga el amoníaco. (*Llama.*) ¡Guardia! (*El* Guardia *entra por la derecha; la* secretaria *saca un frasco de amoníaco del cajón del escritorio y se lo da a* Gletkin.) Es nuestro. Ahora sabemos cuál es el punto débil. Tráiganlo. (*El* Guardia *levanta a* Rubashov *y lo pone de pie.*) Me dicen que no comió su comida hoy, camarada Rubashov. ¿Le gustaría un poco de sopa caliente?

Rubashov. Dormir. Tengo que dormir.

Gletkin. Entiende, camarada Rubashov, lo que el Partido espera de usted.

Rubashov. Sí.

Gletkin. Éste es el último servicio que puede prestar al Partido.

Rubashov. Tengo que dormir. Dormir.

Gletkin. Muy bien. (*Dirigiéndose al* Guardia.) Llévelo de vuelta a su celda. (*A* Rubashov.) Me ocuparé de que no le molesten.

Rubashov. Gracias, camarada Gletkin.

(*El* Guardia *lleva a* Rubashov *hacia la puerta de la derecha. Salen.* Gletkin *pide al* Guardia *que vuelva. Entra el* Guardia *y atraviesa el escenario hasta la derecha del escritorio.*)

Gletkin. Guardia: Dentro de veinte minutos exactamente, despiértelo y tráigalo de vuelta aquí. Yo lo interrogaré hasta medianoche, y usted lo hará hasta las cinco de la mañana. Yo lo volveré a interrogar a las cinco. (*Pestañea y se sujeta la espalda.*) Esta historia de Loshenko, es el punto débil. Haga que le roa las entrañas. Siga volviendo al tema. Ahora es sólo una cuestión de tiempo. (*Apaga la luz enceguecedora.*)

(*El* Guardia *sale por la derecha.*)

Secretario. Felicitaciones, camarada Gletkin.

Gletkin. Es sólo cuestión de complexión física.

(*La escena se desvanece. Se encienden las luces. Las siluetas sugieren una estampa de la Suprema Corte de la U.R.S.S., etc. Esta escena es esencialmente un recuerdo en la mente del pensativo* Rubashov *después de lo acontecido. La única figura que se distingue claramente es el Presidente, bañado en una luz blanca y caliente. A su derecha y a su izquierda se encuentran dos jueces detrás del banco que está detrás del lienzo de la pared de la celda de* Rubashov.)

Presidente. Camaradas jueces, han escuchado las pruebas en contra del ciudadano Rubashov. El camarada Fiscal de la U.R.S.S. ha resumido para la fiscalía. Acérquese, acusado Rubashov.

(Rubashov *entra por la puerta oculta que se encuentra en la izquierda de la celda, cruza al frente del escenario y aparece bajo una luz blanca frente a los jueces. El* Guardia *trae un micrófono desde la derecha, lo coloca frente a* Rubashov *y cruza al centro.*)

El acusado Rubashov puede realizar su último alegato.

Rubashov. Ciudadanos jueces. Cubierto de vergüenza, arrastrado por el polvo, a punto de morir, permítanme que sea de utilidad por última vez. Permitan que mi horrible historia demuestre cómo la más ligera desviación de la línea del Partido lo arrastra a uno inevitablemente a ser un contrarrevolucionario. Hoy me pregunto: "¿Por qué estoy muriendo?". Me enfrenta la nada absoluta. Por consiguiente, en el umbral de mi hora final, me arrodillo frente a mi país y mi pueblo. La mascarada política ha terminado. Estábamos muertos mucho antes de que el fiscal del estado pidiera nuestras cabezas. Con esto termina mi misión. He pagado mis deudas. Sería una burla pedir misericordia. ¡Deben odiarme y matarme! No tengo más nada que decir.

Presidente. Anunciaré la sentencia del Colegio Militar de la Suprema Corte. (*Lee.*) "Sentencia: el Colegio Militar de la Suprema Corte de la U.R.S.S condena a N. S. Rubashov a la pena mayor: a ser fusilado, con la confiscación de toda su propiedad personal."

(*Su voz se apaga, un rugido rítmico como el del oleaje que sube. Las luces se desvanecen sobre él. El tribunal desaparece. Sólo queda* Rubashov, *ahora de pie en su celda. Una verdosa luz mortecina, que vibra suavemente como si emergiera del mar, se alza lentamente sobre* Rubashov, *profundamente ensimismado en sus pensamientos, su frente surcada, su rostro una máscara trágica. El ritmo de las olas distantes se transforma en un golpear insistente. La extraña luz verdosa se desvanece a medida que se ve a* 402, *golpeando y suavemente repitiendo los golpes.*)

Rubashov (*saliendo de su ensueño, golpea*). ¿Sí?

402 (*golpea*). Pienso que 302 se comportó muy bien. Fue como un hombre valiente.

Rubashov (*golpea*). Sí.

(*Pausa.* 402 *está tratando de hacer la espera más llevadera.*)

402 (*golpea*). Todavía le quedan aproximadamente diez minutos. ¿Cómo se siente? ¿Qué está haciendo?

Rubashov (*golpea*). Estoy pensando.

402 (*golpea*). Hace mal pensar. ¿No va a mostrar la pluma blanca? Sabemos que es un hombre de veras. Un hombre.

(Rubashov *escucha por si viene algún ruido del pasillo.* 402 *adivina sus pensamientos.*)

402 (*golpea*). No escuche. Yo le diré a tiempo cuando lleguen. (*Pausa.*) ¿Qué haría si lo perdonaran?

Rubashov (*piensa, golpea*). Estudiaría astronomía.

402 (*golpea*). ¡Ja, ja! Nosotros quizá también. Pero dicen que es probable que haya vida en otras estrellas. Eso lo arruinaría todo. (*Pausa.*) ¿Puedo darle un consejo?

Rubashov (*golpea*). Sí.

402 (*golpea*). Pero no lo tome a mal. Una sugerencia técnica de un viejo soldado. Vacíe su vejiga. Siempre es mejor en estos casos. El espíritu es fuerte, pero la carne es débil.

Rubashov (*sonríe, golpea*). Gracias.

402 (*golpea*). ¿Por qué astronomía?

Rubashov (*golpea*). Cuando era niño, me encantaba estudiar las estrellas. Quería resolver el misterio del universo.

402 (*golpea*). ¿Por qué? Hábleme. Cuénteme.

Rubashov (*pausa, golpea*). Hace poco leí que descubrieron que el universo es finito. Han pasado cuarenta años y he leído esto. Si el fiscal hubiera preguntado: "Acusado Rubashov, ¿qué sabe del infinito?", no hubiera podido responderle. Quizá ahí yace mi verdadera culpa.

402 (*golpea*). Es demasiado tarde como para preocuparse por culpas.

Rubashov (*golpea*). No; ¿cómo puedo morir sin antes saber por qué estoy muriendo? (*Pausa. Golpea.*) Lo siento. Dígame, ¿qué le espera a usted?

402 (*golpea lentamente*) Dieciocho años más. Ni siquiera. Tan sólo seis mil quinientos treinta días. (*Pausa.*) Piénselo. De veras que le envidio. (*Pausa.*) Se me está derritiendo el cerebro. Me aborrezco a mí mismo. . .

Rubashov (*para sí mismo*). ¡Ustedes, pobres diablos! ¡Todos ustedes! Mis ciento ochenta millones de colegas prisioneros, ¿qué les he hecho? ¿Qué he creado? Si la historia se compone de operaciones matemáticas, Rubashov, déme la suma de ciento ochenta millones de pesadillas. Rápido, calcule la presión que hacen ciento ochenta millones de deseos. ¿Dónde en sus cálculos, Rubashov, figura el alma humana? ¿Se olvidó al comienzo de lo que estaba buscando, de lo que quería salvar?

402 (*golpea*). Vienen. (*Se oyen los pasos que se acercan.*) Qué pena. Justo ahora que estábamos teniendo una conversación tan agradable.

Rubashov (*golpea*). Usted me ha ayudado mucho. Gracias.

402 (*golpea*). Adiós. Le envidio. Le envidio.

(*La puerta de la celda de* Rubashov *se abre de golpe con un ruido sordo y* Gletkin *entra en la celda. Entra el* Guardia *con* Gletkin *en el centro. Cruza la puerta hacia la derecha.*)

Gletkin. Enemigo del pueblo, Nicolai Semonovitch Rubashov, antes de ser ejecutado, ¿tiene un último deseo?

(*Se produce una larga pausa.* Rubashov *lo estudia.*)

Rubashov. Sí, uno. Si pudiera tan sólo hacerle entender dónde fracasamos en el comienzo.

Gletkin. Éstas son sus últimas palabras. Aprovéchelas.

Rubashov. No se construye un paraíso con cemento. Hijo mío. . .

Gletkin. Yo no soy su hijo.

Rubashov. Sí, sí lo es. Eso es lo terrible. (*Pausa.*) Los medios se han tornado en el fin. Y las tinieblas se han cernido sobre la tierra.

Gletkin. ¿Tiene un último deseo, camarada Rubashov?

Rubashov. Morir.

(Gletkin *se dirige hacia* Rubashov, *que cruza hacia la puerta de la celda.* Gletkin *amartilla su revólver y sigue de cerca a* Rubashov. *El* Guardia *ha abierto la puerta de la derecha mientras que* Rubashov *es conducido fuera de la celda, pasillo abajo hacia la derecha.* 402 *comienza a golpear la puerta. De todas partes de la prisión provienen los golpes huecos y sordos, que se oyen cada vez más fuertes.* Rubashov *sale por una puerta abajo a la derecha, seguido por* Gletkin, *hacia un pasaje subterráneo fuera del escenario. Se cortan los golpes cuando el telón toca el suelo y cuando* Gletkin *desaparece del escenario hacia abajo a la derecha.*)

LA IMAGEN DESAPARECE GRADUALMENTE CON EL TELÓN.

La huelga

Tillie Olsen

Tillie Olsen, una famosa escritora de cuentos, fue testigo de una huelga de estibadores que ocurrió a principios de la década de los treinta. En el siguiente ensayo describe un sangriento choque entre los trabajadores y la policía. El terror y la violencia —las armas de la Revolución Francesa— una vez más dominan esta escena de nuestros días.

No me pidan que escriba acerca de la huelga y el terror. Me encuentro en un campo de batalla, y el hedor y el humo que se levantan lastiman mis ojos de tal modo que me resulta imposible voltear hacia atrás para mirar al pasado. Me queda solamente esta noche para dejar caer el manto ensangrentado del día de hoy; para abrirme paso por entre los tremendos acontecimientos que se nos echaron encima, aplastándose unos a otros, hasta el mero principio. Si pudiera alejarme un tiempo, si acaso tuviera yo tiempo y quietud, tal vez podría hacerlo. Y todo lo que ocurrió se resolvería dentro de un orden y una secuencia dados, y encajaría en limpios esquemas de palabras. Acaso podría, dando traspiés, aventurarme en el pasado y suavemente, dolorosamente, reconstruir la estructura en toda su imponente magnificencia, de tal modo que la belleza y el heroísmo, el terror y la trascendencia de aquellos días, pudieran entrar en su corazón y dejaran para siempre la cicatriz de esa visión.

Pero me encorvo sobre la máquina de escribir y detrás del humo todos aquellos días se vuelven torbellino, confusos como sueños. Los incidentes se precipitaron con violencia sobre nosotros como se abaten los truenos, y se fueron luego, como los truenos, también. Todavía se estremece en mí el recuerdo de aquella noche a principios de mayo, en Stockton, cuando en las manos llevaba el periódico, del que se destacaba, en gruesas letras, el encabezado: ESTIBADORES DEJAN EL TRABAJO. PELIGRO DE DISTURBIOS. ESTALLA LA HUELGA EN LOS MUELLES. Y parada ahí, sobre el rastrojo amarillo, recordé a Jerry cuando me decía quedito: ". . . Ya pasaron doce años. . . y seguimos aquí, sudando sangre; llevando a cuestas cargas cinco veces más pesadas de lo debido; pero aquí estamos, cada amanecer, día tras día, parados como en un mercado de esclavos a ver quién nos contrata. Nos vamos a lanzar a la huelga, ya verás; no sé si en unas cuantas semanas o meses, pero NOS VAMOS A LANZAR A LA HUELGA, y entonces ni el mismo infierno podrá detenernos".

N-I E-L M-I-S-M-O I-N-F-I-E-R-N-O. . . Aquellos días preñados deletreaban pesadamente las palabras. El puerto entero estaba muerto, a no ser por unos cuantos esquiroles que se escurrían por las noches, como ratas. El puerto, paralizado, pegado por uno de sus lados a la nata pegajosa de los barcos postrados, y rodeado por otro lado por el torrente vigilante de grupos de huelguistas que caminaban incesantemente hacia arriba y hacia abajo: un torrente humano que a veces se desbordaba en una inundación cuyas crestas sobrepasaban al vacilante litoral de la policía, parapetada a lo largo del malecón, y arrastraba a los esquiroles, en coléricas oleadas. NI EL MISMO INFIERNO PODRÁ DETENERNOS. Ése era el verdadero significado de las largas hileras de mujeres y niños que marchaban por la calle Market con estandartes que decían: "Ésta es también nuestra lucha y junto a los hombres llegaremos hasta el fin". . . Ése era también el significado de los marineros y los petroleros y los barrenderos y los pilotos y los escaladores, que fluían todos como fluyen los ríos: desembocando tumultuosamente en el mar.

Los jóvenes llegaron desde el muelle, con los ojos llameantes y con un sentimiento de invencibilidad que les cantaba en la sangre. Las historias que venían contando hablaban de esquiroles a quienes se les había enseñado una lección; de golpizas sangrientas. De todos modos, mi corazón se hinchaba como un globo feliz de estar de vuelta, de trabajar otra vez por el movimiento, pero las cosas que ocurrían allá abajo, en el muelle, los heroísmos cotidianos, los iba yo atesorando en mi interior, como se guarda la riqueza, para que jamás se perdieran. Aquel sentimiento de solidaridad volcándose sobre la ciudad, aquel deslinde de las clases, cada día más claro. En el Día Nacional de la Juventud me armé con todo aquello, escuchando a mi alrededor el machacar de los garrotazos; viendo caer a los muchachos en torrentes de sangre, de rodillas, mientras los compañeros de la vanguardia caían pisoteados bajo las patas de los caballos. . . .

Hubo una noche —que fue el clímax de aquellos primeros días— en que los trabajadores de San Francisco se amontonaron dentro del Auditorio para lanzarle una advertencia a los dueños de los barcos. Hay cosas que uno atesora como una luz en el pecho, como un fuego entrañable, y que se convierten en un calor invisible, que le permiten a uno superar el frío de la derrota y el hambre de la desesperación. Y esa noche fue eso: símbolo y portento de lo que habría de venir después. Nosotros, los compañeros de la Liga, llegamos en grupo al mitin y al subir las escaleras nos sentíamos como una sola llamarada; como una sola fuerza. Había algunos gorilas parados con gesto amenazador junto a la puerta, pero el miedo se traslucía detrás de ellos (la gente formaba una masa compacta tal que ni en sueños lo hubieran creído posible). Llegaba y llegaba gente, llenaba los pasillos y se amontonaba en la parte de atrás. Por las escaleras, nos llegaban desde abajo trozos de canciones que nosotros secundábamos, cuyos ecos cruzaban todo el salón, junto con las oleadas de solidaridad que nos mecían a todos y nos volvían un solo ser. Veinte mil nos apretujábamos ahí mientras el sombrío círculo azul de policías, atrás, en el vestíbulo, vacilaba y se disolvía como queriendo volverse invisible. Y es que ése era NUESTRO auditorio; nos lo habíamos apropiado. Y aun a varias cuadras a la redonda se escuchaba NUESTRA voz. El estruendo de nuestros aplausos, los potentes rugidos de apoyo para Bridges, para Caves, para Schumacher: "¡Es la pura verdad!" "¡Dilo tal cual, Harry!" "¡Hasta el final!" "¡Estamos contigo!" "¡Duro, compañeros!" "¡Somos macizos!". . . Y los discursos: "¡No podrán cargar sus barcos a punta de pistola y con gases lacrimógenos!" "¡Durante años no hemos sido para ellos más que un montón de anónimas bestias de carga, pero ahora. . .!" "¡Aunque signifique. . . la HUELGA GENERAL!"; las voces se alzaban, impulsadas por un mar de emociones de afecto, estremeciendo a veinte mil corazones.

Hubo un momento —que fue en realidad el primer mazazo directo al corazón de los patrones— en que entró el alcalde Rossi, resguardándose de los puños e imprecaciones con un anillo de sesenta gorilas y paniaguados. Los abucheos desbordaban los pechos que habían sentido y visto el tatuaje de sus porras en el embarcadero. . . En medio de todo eso, Rossi trató de desaparecer dentro de su gabardina y, al no poder, trató de henchirse con la invencible majestad de su oficio: "¡Recuerden; yo soy el Ejecutivo. . . Deben guardar respeto. . . a mí y a este cargo. . . Si no me quieren escuchar a mí, atiendan al menos a su alcalde. . . ¡Escúchenme!", pero las rechiflas lo circundaban una y otra vez hasta hacer callar su apagada voz de reptil. Nunca olvidará el momento en que, pidiendo el orden público, acusó a los presentes de no querer resolver el asunto por medios pacíficos, de anhelar tan sólo la violencia, haciendo que desde cada rincón se desgajaran gritos de: "¿Quién comenzó la violencia?" "¿Quién trajo gorilas al muelle?" "¿Quién ordenó los garrotazos?". Y un torrente de gritos enardecidos le contestó: "¡Cállate! ¡Tenemos que lidiar con tus garrotes, pero no tenemos que soportar tus palabras! ¡Lárgate! ¡LÁRGATE DE AQUÍ!". Ese recuerdo se enterró en lo más profundo de su corazón, y en el interior del corazón de todos aquéllos que lo comandaban; esa herida se convirtió en el cáncer de miedo que floreció aquel monstruoso jueves sangriento, y que se fue abriendo en un purulento lago de terror; pero el cáncer crece y crece; no tiene remedio.

Fue después de aquella noche cuando el alcalde formó su "Comité de Ciudadanos". Después de aquella noche los todavía sonrientes labios de la Asociación Industrial se expandieron en un gruñido de abierta animadversión, exhibiendo los duros dientes de las armas y los gases lacrimógenos. El ritmo de aquellos días fue enloqueciendo hasta llegar al paroxismo. La ciudad se convirtió en campamento; en campo de batalla; el aullar de las sirenas de las ambulancias enhebraba los días; la división de clases se agudizaba por todos lados; en los tranvías; en las esquinas, en las tiendas, las gentes hablaban, blasfemaban —algo incomprensible agitaba sus pechos—; furiosas con la policía, los periódicos, los patrones de los barcos.. . . Bajaban hasta los muelles pero no como curiosos espectadores, sino simplemente para estar ahí, observando silenciosos y tratando de aprender la lección que iban escribiendo los cuerpos que se movían abajo, buscando a ciegas el sentido de todo aquello: la policía "protegía vidas" a punta de garrotazos y arrojando granadas lacrimógenas sobre las masas de hombres iguales a ellos, al tiempo que los periódicos vociferaban mentiras. Aquéllos fueron los días en que después de cada ataque contra las guardias de los huelguistas, el teléfono repiqueteaba en el I.L.A. [sindicato de estibadores]: "¿Van YA por fin a intervenir?"; días en que el rumor de "HUELGA GENERAL" se expandía hasta llegar al estruendo; cuando por todos lados se levantaba el clamor: "TENEMOS QUE PONERLE FIN". Cuando volvían al sindicato, procedentes de los muelles, los rostros de los camaradas traían el aspecto sobreexcitado de quien ha participado en la batalla; esa intensa mirada de quien ha vivido y experimentado demasiados sentimientos en un tiempo demasiado breve. . . .

Sí; aquellos días se fueron exacerbando —y al llegar a este punto la máquina de escribir para, se detiene por un instante— hasta llegar al Jueves Sangriento. Todavía semanas después, mis puños se crispan ante aquel recuerdo y el odio se me agolpa, al punto que siento que voy a estallar. Aquel Jueves Sangriento, nuestro día, lo escribimos en las páginas de la historia, pero con letras de sangre y odio. Ese nuestro día lo ondeamos como estandarte, marchando junto con los otros días sangrientos, cuando las armas escupían la muerte sobre nosotros; esa muerte que permitiría que los ventrudos patrones se ahorraran unos cuantos dólares. Días en que el plomo llovió sobre nosotros, que íbamos con las manos desnudas y con los puños moviéndose juntos, para intentar defendernos. Ahoguen sus fuerzas en sangre, ordenaron, pero en lugar de hacerlo nos templaron con un acero imbatible: un odio que nunca se podrá olvidar.

Los periódicos proclamaron triunfantes: "Fue lo más cercano a una guerra. . . todo lo real que podría ser una guerra"; sin embargo, Bridges les replicó: "No fue guerra; fue MASACRE; las fuerzas armadas masacraron a gente desarmada". Palabras que yo leí a través de lágrimas de indignación y que cobraban vida y se retorcían como serpientes, para encabritarse de nuevo frente a mí: "Y una vez más, los policías, al darse cuenta de que sus granadas de gases lacrimógenos y sus cartuchos de gases no surtían efecto, dispararon sus revólveres contra las calles atestadas. Caían hombres (¡HOMBRES!) a derecha e izquierda". ". . . Y por todos lados se repetía aquella visión de hombres hincados de rodillas o yaciendo en charcos de sangre". "Rápidamente, de esquina a esquina, la batalla se movía; los amotinados se rehusaban obstinadamente a retroceder, de tal modo que la policía se veía obligada a. . ."; ". . . y la policía disparó cuarenta andanadas de bombas lacrimógenas sobre la multitud, antes de que se moviera. . ."

El orden público. . . deberá. . . prevalecer, ¿lo oyen? Esto es guerra. La GUERRA, en esta calle. "Un hombre se agarró la pierna y cayó sobre la acera"; "volvieron a estallar detonaciones como los disparos de las bombas de gas lacrimógeno, pero esta vez sin humo azul, y cuando los hombres se desperdigaron, dos cuerpos yacían sobre la acera, escurriendo sangre". Por encima, un avión descendía, se inclinaba súbitamente y dejaba caer gas nauseógeno en una nube de tortura, y fue cuando la gente de nuevo corrió de calle en calle, resistiendo con obstinación, convertida otra vez en una masa ciega, retrocediendo únicamente para recoger a sus heridos y con un sólo pensamiento toral y frenético en la mente: guerra, guerra, esto es GUERRA. Y luego las listas en los periódicos; los muertos; los lesionados por las balas; los heridos por cualquier causa; la G-U-E-R-R-A.

LA LEY —ya lo oíste, Howard Sperry, ex soldado, estibador en huelga, baleado en la espalda y el abdomen, a punto de morir; MUERTE, ORDEN PÚBLICO— ya lo oíste, y recuérdalo, Ben Martella, baleado en el brazo, la cara y el pecho; Joseph Beovich, estibador, laceración de cráneo con garrote y fractura de hombro; Edwin Hodges, Jerry Hart, Leslie Steinhart, Steve Hamrock,

Albert Simmons, respectivamente ingeniero marino, marinero en huelga, escalador, espectador inocente, baleado en la pierna, baleado en el hombro, lacerado en el pecho por las esquirlas de una granada lacrimógena, gaseado en los ojos, fracturas múltiples de cráneo por golpe de garrote; ya lo oíste —EL ORDEN PÚBLICO DEBE PREVALECER— todo está bien, Nick, con la pierna machacada y viendo a través de la niebla del dolor que lo que te recogió fue un carro de la policía, refunfuñando déjenme salir, no quiero ningún asqueroso gorila rondándome, y arrojándote a la calle, todavía estás tirado en una cama de hospital hasta el día de hoy.

EL ORDEN PÚBLICO —la gente, observando con horror y tratando de entender la lección que los cuerpos movientes estaban escribiendo. Aquel hombre deteniéndome en la esquina, viendo mis lágrimas de rabia mientras leía yo el periódico. . . "Escucha —me dijo, y habló porque tenía que hablar, porque en tan sólo una hora todas las creencias de su vida habían sido acribilladas y deshechas—. Escucha: yo estaba allá abajo, en el muelle, ¿y sabes qué estaban haciendo? ¡Estaban disparando; DISPARANDO! —y ese último verbo brotó angustioso y separado— disparándoles a matar, a hombres, a seres humanos les tiraron a ellos, como si hubieran sido animales; como blancos móviles; simplemente levantaban las armas y disparaban. . . yo los vi, ¿me crees?, ¿ME CREES?. . . como si fueran patos de feria; como si. . . ¿ME CREES?. . . ". Y buscaba al primero que pasaba y empezaba de nuevo: "Escucha. . .".

Yo no estuve allá abajo. . . en el campo de batalla. Pero mis ojos estaban angustiados por las imágenes que fui armando pedazo a pedazo, con las palabras de algunos camaradas, de los huelguistas, con las fotos que llenaban las planas de los periódicos. Me instalé en el sindicato, atormentada por los aullidos de las ambulancias que tronaban el aire, con una sensación increíble en los dedos, que los sentía como animalitos autónomos, saltando vivazmente de tecla en tecla, al ritmo sereno y ordenado del teclear de la máquina de escribir, sintiendo que en cualquier momento las paredes se derrumbarían y entraría toda aquella locura. Ambulancias rasgando el aire y desvaneciéndose; sirenas de patrullas policiacas; afuera, en el cielo, un gris aterrador, un gris cadavérico, como un gigantesco párpado muerto cerrándose sobre el mundo. Alguien entra, farfulla algunas palabras entre labios, nos da un vistazo de lo que pasa y se va. . . . Y yo ahí, haciendo tonaditas metálicas en el aire, porque eso es todo lo que puedo hacer; porque eso es lo que se supone que debo hacer.

Despacharon a la Guardia Nacional. . . "admitiendo su incapacidad de controlar la situación", y Barrows rugía: "Mis hombres no usarán garrotes o gases; hablarán con bayonetas". . . Middlestaedt. . . "Tiren a matar. Cualquier hombre que tire al aire será sometido a corte marcial". Con dos vehículos blindados de asalto, con ametralladoras y con obuses de artillería pesada, bajaron hasta el muelle para apoderarse de él y "proteger los intereses de la ciudadanía".

Me fui caminando por Market aquella noche. Un viento salvaje me desordenaba el cabello. Parecía que todo rastro de vida había sido arrasado de las calles; los pocos que pasaban se veían despavoridos, tensos, a la espera de que sucediera algo. Los carros en movimiento huían de prisa. Y una luz verdosa, indescriptiblemente amenazadora, lo cubría todo, produciendo grandes sombras movedizas. Calle abajo, los camiones retumbaban. De sucio color pardusco, con jóvenes sentados encima, como cadáveres encorvados y sin moverse, sujetando frenéticamente sus armas y mirando fijo al frente, con los ojos desorbitados por el miedo. . . . Los camiones los acarreaban hacia abajo, hasta el embarcadero, para que pudieran vender a sus hermanos y padres por dos dólares al día. Alguien dijo detrás de mí

—y nunca supe si fue mi propia voz, o lo pensé, o lo imaginé—: "Sigan, hijos de la chingada, no importa. . . No nos detendrán. Nunca olvidaremos lo que ocurrió hoy. . . Sigan no más, que ahora ya nada podrá detenernos".

De algún modo me encuentro de pronto abajo, en la esquina de Stuart y Mission; de alguna manera contemplo fijamente las flores diseminadas sobre un pedazo de acera, contemplo manchas que parecen óxido, contemplo, escrito en tiza, "Policía asesina. Dos disparos por la espalda", y al mirar hacia arriba descubro rostros, vistos antes en algún otro lado, pero ahora cambiados, transformados por alguna emoción interna, en rostros de acero. "Nick Bordoise. . . y Sperry, mientras iba a perforar su tarjeta de huelga, balaceado por la espalda por esos malditos gorilas. . .".

Nuestros hermanos

Howard S. Sperry, un estibador, un veterano de guerra, un HOMBRE de a de veras. En huelga desde el 9 de mayo de 1934, luchando por el derecho de ganar lo suficiente para una vida decente, en condiciones decorosas.. . . Nickolas Bordoise, miembro del Sindicato de Cocineros y Meseros durante diez años. Miembro también de la Internacional para la Defensa del Trabajo. No huelguista, sino tan sólo un trabajador que buscaba el bienestar de sus compañeros trabajadores en paro. . . .

Eso decía, en parte, aquel volante. Pero qué puede decirse de Howard Sperry, ex soldado, que sufrió los horrores de la guerra peleando por su patria, recordando a los hombres muertos y a los casi muertos que se contorsionaban ciegos sobre el campo de batalla, quien regresó a casa para morir en una nueva guerra; una guerra que ni siquiera sabía que existía. Qué se puede decir de Nick Bordoise, miembro del Partido Comunista, un hombre que, sin esperar a que se lo pidieran o a que le dieran las gracias, bajó todos los días hasta el embarcadero para dar a sus compañeros trabajadores un plato de sopa caliente que les entibiara la barriga. No faltó una voz que allá, en medio de lo más amarillo del pasto parchado, rodeado por lápidas heladas y algo extraño en el sol, narrara la historia de su vida. Calladamente, como si hubiera brotado desde los sumergidos corazones del mundo; como si ahí hubiera estado desde siempre y como si fuera a existir para siempre, aquella voz se levantó por encima de nuestras cabezas ceremoniosamente inclinadas. Y su historia era la historia de la vida de cualquier trabajador; de miles de pequeñas privaciones y frustraciones por él sufridas; de su valor, forjado y templado a golpes de frío, de oscuridad y pobreza; de su determinación, soldada por la rabia impotente que le abrasaba el corazón; de sus extenuantes horas de trabajo y fatiga; de su vida, entregada simplemente, tal como había vivido, y de todo lo que él sufrió; de todo lo que no debió vivir; y de lo que no debió ocurrir. . . .

Sólo unos cientos fuimos los que pudimos escuchar aquella voz, pero fueron miles quienes vieron pasar la procesión fúnebre, los camiones con los enormes montones de coronas funerarias de cincuenta centavos y de un dólar, y entendieron. Yo vi a toda esa gente; vi las miradas en aquellos rostros. Y tenían el mismo aspecto que tendrán cuando lleguen los días de la revolución. Vi los puños crispados hasta hacer blanquear los nudillos, y a la gente de pie, sin decir nada, dejando que aquello se les encajara en el corazón con una herida tan profunda que la cicatriz habrá de durarles para siempre: un tumor que nunca los dejará aquietarse.

"La vida —se maravillaban en los periódicos de los

capitalistas— la vida se detuvo y miró". Efectivamente, miraste tú, nuestro ejecutivo barato, Rossi, escondiéndote detrás de las cortinas, con el cáncer del miedo en el pecho, royéndolo, royéndote. Ustedes también, los miembros de la Asociación Industrial, paralizados, incrédulos, de dónde vienen tantos; en qué lugar de San Francisco se escondían; en qué fábricas, qué muelles, qué hacen allí, marchando, o parados y observando, sin decir nada, sólo mirando. . . . Qué nos querían decir, y ustedes, los policías, huyendo, escondiéndose detrás de los escaparates de las tiendas. . . .

Había una mujer embarazada parada en una esquina, cuya silueta se dibujaba contra el cielo, que bien podría haber sido de mármol, rígida, eterna, expresando un dolor vasto, innombrable. Pero su rostro ardía como una flama. Y un poco después la escuché decir desapasionadamente, como si por decirlo tantas veces no hubiera ya necesitado ninguna entonación: "Esto no lo vamos a olvidar. Nos lo tienen que pagar. . . algún día". Y en cada tramo cuadrado de acera había un hombre diciendo: "Nos vamos. Nos vamos a la huelga general. Y no habrá procesiones fúnebres para enterrar a sus muertos". "Asesinar —para no tener que pagar unos cuantos centavos más de salario, acuérdate de eso Johnny. . . . Nos lo van a pagar. No falta mucho. Huelga general".

Escuchen: es tarde.

Estoy afiebrada y cansada. Perdónenme que las palabras también sean afiebradas o confusas. Verán, si tuviera tiempo, si pudiera alejarme unos días. Pero escribo esto en un campo de batalla.

Lo demás: la huelga general, el terror, los arrestos, la prisión y las canciones por la noche deberán ser escritas en otro momento; deberán ser escritas después . . . Pero es que ahora han ocurrido tantas cosas. . . .

Acknowledgments

(*continued from page ii*)

Navajivan Trust: Excerpt from "Hind Swarj / Indian Rule" (*"Hind Swarj / Gobierno hindú"*) from *The Gandhi Reader* by Mohandas K. Gandhi. Translated and reprinted by permission of the Navajivan Trust, Ahmadabad, India.

Blast Books, Inc.: Excerpt from *Guillotine: Its Legend and Lore* (*Guillotina: Su leyenda y folklore*) by Daniel Gerould; Copyright © 1992 by Daniel Gerould. Translated and reprinted by permission of Blast Books, Inc.

Penguin Books, Ltd.: "Five Men" (*"Cinco hombres"*) from *Selected Poems* by Zbigniew Herbert, translated by Czeslaw Milosz and Peter Dale Scott (Penguin Books 1968); Translation Copyright © 1968 by Czeslaw Milosz. Translated and reprinted by permission of Penguin Books, Ltd.

Peters Fraser & Dunlop: Excerpt from *Darkness at Noon* (*Oscuridad al mediadía*) by Arthur Koestler. Translated and reprinted by permission of the Peters Fraser & Dunlop Group Ltd.

Elaine Markson Agency: "The Strike" (*"La huelga"*) by Tillie Olsen. Translated and reprinted by permission of Elaine Markson Agency on behalf of Tillie Olsen.